Table des matières

JUMP Math
Toronto, Canada
www.jumpmath.org

Writers: Dr. John Mighton, Dr. Sindi Sabourin, Dr. Anna Klebanov
Translator: Claudia Arrigo
Consultant: Jennifer Wyatt
Cover Design: Blakeley Words+Pictures
Special thanks to the design and layout team.
Cover Photograph: © iStockphoto.com/Grafissimo

This French edition of the JUMP Math Workbooks for Grade 6 has been produced in partnership with and with the financial support of the Vancouver Board of Education.

ISBN: 978-1-897120-96-5

First published in English in 2009 as Jump Math Book 6.1 (978-1-897120-77-4).

Fifth printing July 2106

Printed and bound in Canada

Table des matières

PARTIE 1

Les régularités et l'algèbre

Logique numérale

La mesure

Probabilité et traitement de données

Géométrie

PARTIE 2
Les régularités et l'algèbre

Logique numérale

La mesure

Probabilité et traitement de données

Géométrie

PA6-1 : Les suites croissantes

Dans une **suite croissante**, chaque nombre est plus grand que le nombre précédent.

Deborah veut continuer cette régularité : 6 , 8 , 10 , 12 , ___?___

Elle trouve la **différence** entre les deux premiers nombres :

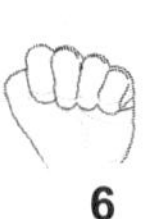

6 (2) 8 , 10 , 12 , ___?___

Elle trouve que la différence entre les autres nombres est aussi 2.
La régularité de la suite est donc d'additionner 2 à chaque fois :

6 (2) 8 (2) 10 (2) 12 , ___?___

Pour continuer cette régularité, Deborah additionne 2 au dernier nombre de la suite.

Ainsi, le dernier nombre de la suite est 14 :

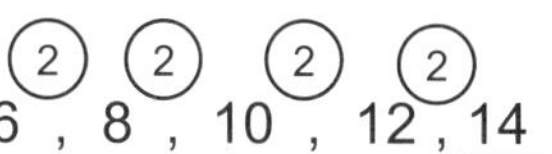

6 (2) 8 (2) 10 (2) 12 (2) 14

1. Prolonge les régularités suivantes. Commence en trouvant l'intervalle entre les nombres..

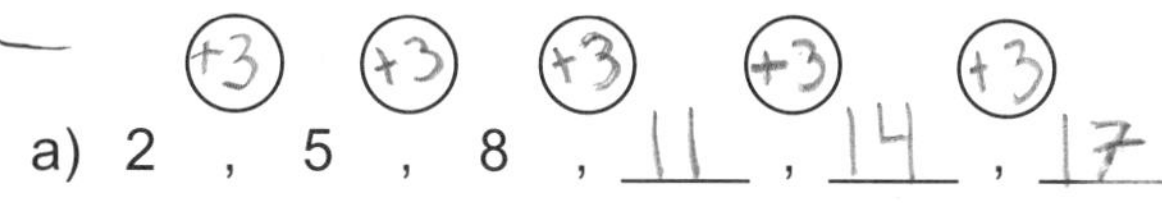

a) 2 , 5 , 8 , 11 , 14 , 17

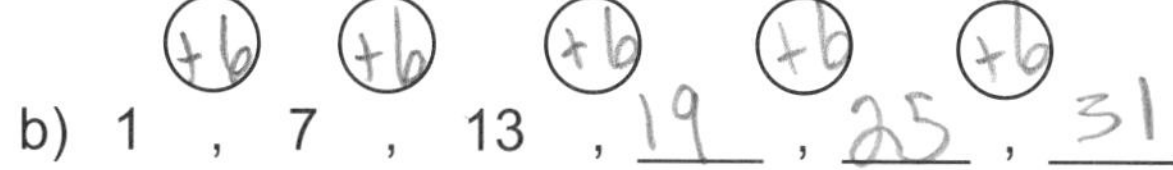

b) 1 , 7 , 13 , 19 , 25 , 31

c) 2 , 7 , 12 , 17 , 22 , 27

d) 4 , 8 , 12 , 16 , 20 , 24

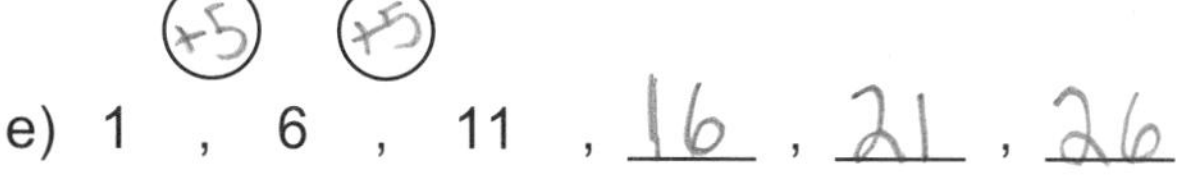

e) 1 , 6 , 11 , 16 , 21 , 26

f) 4 , 10 , 16 , 22 , 28 , 34

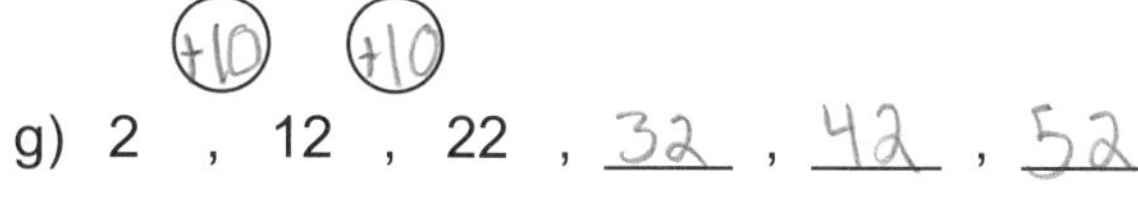

g) 2 , 12 , 22 , 32 , 42 , 52

h) 7 , 15 , 23 , 31 , 39 , 47

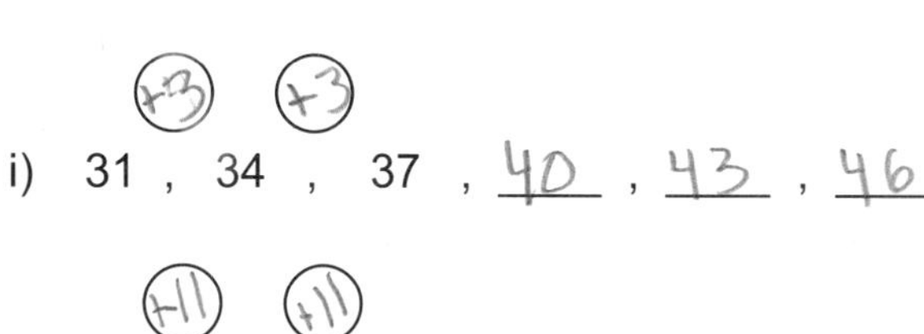

i) 31 , 34 , 37 , 40 , 43 , 46

j) 92 , 98 , 104 , 110 , 116 , 122

k) 12 , 23 , 34 , 45 , 56 , 67

l) 0 , 8 , 16 , 24 , 32 , 40

2. Une plante qui mesure 17 cm de haut pousse de 2 cm chaque jour.

   a) Quelle hauteur aura la plante après trois jours? 23cm

   b) Dans combien de jours la plante aura-t-elle atteint 27 cm de haut? 2 jour

PA6-2 : Les suites décroissantes

Dans une **suite décroissante**, chaque nombre est plus petit que le nombre précédent.

Inder veut continuer cette régularité : 25 , 23 , 21 , __?__

Elle trouve la **différence** entre les deux premiers nombres :

25

24

23

(-2)
25 , 23 , 21 , __?__

(-2) (-2)

Elle trouve que la différence entre les autres nombres est aussi 2.
La régularité de la suite est donc de soustraire 2 à chaque fois.

Ainsi, le dernier nombre de la suite est 19 :

(-2) (-2) (-2)
25 , 23 , 21 , __19__

1. Prolonge les régularités suivantes :

a) 18 (-3) 15 (-3) 12 (-3) __9__ (-3) __6__ (-3) __3__

b) 32 ◯ 26 ◯ 20 ◯ ____ ◯ ____ ◯ ____

c) 52 (-5) 47 (-5) 42 (-5) __37__ (-5) __32__ (-5) __27__

d) 34 ◯ 30 ◯ 26 ◯ ____ ◯ ____ ◯ ____

e) 51 (-5) 46 (-5) 41 (-5) __36__ (-5) __31__ (-5) __26__

f) 84 ◯ 80 ◯ 76 ◯ ____ ◯ ____ ◯ ____

g) 62 (-11) 51 (-11) 40 (-11) __29__ (-11) __18__ (-11) __7__

h) 97 ◯ 89 ◯ 81 ◯ ____ ◯ ____ ◯ ____

i) 71 (-7) 64 (-7) 57 (-7) __50__ (-7) __43__ (-7) ____

j) 62 ◯ 58 ◯ 54 ◯ ____ ◯ ____ ◯ ____

k) 82 ◯ 73 ◯ 64 ◯ ____ ◯ ____ ◯ ____

l) 84 ◯ 72 ◯ 60 ◯ ____ ◯ ____ ◯ ____

Utilise des suites décroissantes pour résoudre les problèmes suivants :

2. Judi a épargné 49 $. Elle dépense 8 $ chaque jour.
   Combien d'argent lui restera-t-il après 5 jours?

3. Yen a un rouleau de 74 timbres. Elle utilise 7 timbres chaque jour pendant 4 jours. Combien de timbres lui reste-t-il?

PA6-3 : Prolonger une régularité en utilisant une règle

1. Continue les suites suivantes en <u>additionnant</u> les nombres donnés :

   a) (additionne 4) 41, 45, _______, _______, _______

   b) (additionne 8) 60, 68, _______, _______, _______

   c) (additionne 3) 74, 77, _______, _______, _______

   d) (additionne 11) 20, 31, _______, _______, _______

   e) (additionne 8) 61, 69, _______, _______, _______

   f) (additionne 11) 31, 42, _______, _______, _______

2. Continue les suites suivantes en <u>soustrayant</u> les nombres donnés :

   a) (soustrais 3) 25, 22, _______, _______, _______

   b) (soustrais 2) 34, 32, _______, _______, _______

   c) (soustrais 6) 85, 79, _______, _______, _______

   d) (soustrais 12) 89, 77, _______, _______, _______

   e) (soustrais 8) 57, 49, _______, _______, _______

   f) (soustrais 7) 57, 50, _______, _______, _______

BONUS

3. Crée ta propre régularité. Indique ensuite le nombre que tu as additionné ou soustrait chaque fois :

   _______ , _______ , _______ , _______ , _______ Ma règle : _______________________

4. Quelle suite suivante a été faite en additionnant 7? Encercle-la.
   INDICE : Vérifie tous les nombres dans la suite.

   a) 4, 10, 18, 21 b) 4, 11, 16, 21 c) 3, 10, 17, 24

5. **72, 61, 50, 39, 28 ...**

   Brenda dit que la suite ci-dessus a été faite en soustrayant 12 à chaque fois.
   Sanjukta dit qu'elle a été faite en soustrayant 11.
   Qui a raison?

   ____

   ____

PA6-4 : Identifier les règles de régularités

1. Quel nombre a été additionné pour faire la suite?

a) 12, 17, 22, 27 additionne ____ b) 32, 35, 38, 41 additionne ____

c) 28, 34, 40, 46 additionne ____ d) 50, 57, 64, 71 additionne ____

e) 101, 106, 111, 116 additionne ____ f) 269, 272, 275, 278 additionne ____

2. Quel nombre a été soustrait pour faire la suite?

a) 58, 56, 54, 52 soustrais ____ b) 75, 70, 65, 60 soustrais ____

c) 320, 319, 318, 317 soustrais ____ d) 191, 188, 185, 182 soustrais ____

e) 467, 461, 455, 449 soustrais ____ f) 939, 937, 935, 933 soustrais ____

3. Énonce la règle pour chaque régularité suivante :

a) 419, 412, 405, 398, 391 soustrais ____ b) 311, 319, 327, 335, 343, 351 additionne ____

c) 501, 505, 509, 513 ____________ d) 210, 199, 188, 177, ____________

e) 653, 642, 631, 620, 609 ____________ f) 721, 730, 739, 748, 757, 766 ____________

g) 807, 815, 823, 831 ____________ h) 1731, 1725, 1719, 1713, ____________

4. Utilise les trois premiers nombres pour trouver la règle. Remplis ensuite les espaces vides :

a) 52, 57, 62, 67, _____, _____ La règle est : Commence à 52 et additionne 5

b) 78, 75, 72, _____, _____, _____ La règle est : ____________________

c) 824, 836, 848, _____, _____, _____ La règle est : ____________________

d) 1 328, 1 319, 1 310, _____, _____, _____ La règle est : ____________________

5. **5, 11, 17, 23, 29 ...**

Tim dit que la règle pour la régularité est : « Commence à 5 et soustrais 6 à chaque fois. »
Jack dit que la règle est : « Additionne 5 à chaque fois. »
Hannah dit que la règle est : « Commence à 5 et additionne 6 à chaque fois. »

a) Qui a la bonne règle? ____________________

b) Quelles erreurs ont fait les autres? ____________________

____

PA6-5 : Introduction aux tableaux en T

Claude fait une **régularité croissante** avec des carrés. Il inscrit le nombre de carrés dans chaque figure dans un tableau en T. Il inscrit aussi le nombre de carrés qu'il ajoute chaque fois qu'il crée une nouvelle figure.

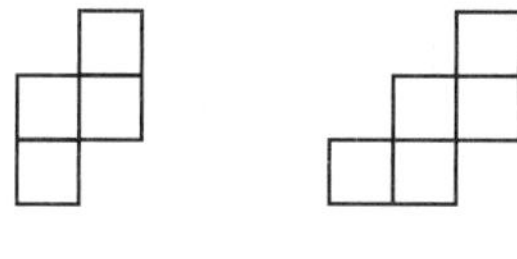

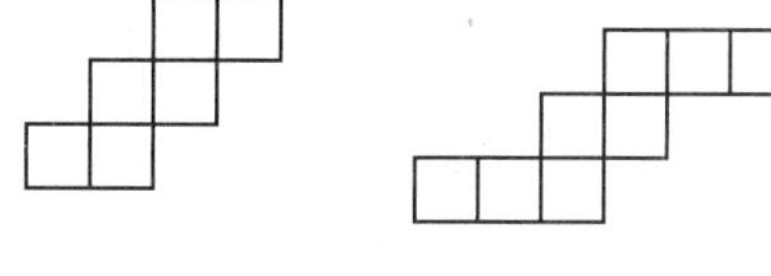

Figure 1 Figure 2 Figure 3

Figure	# de carrés	
1	4	
2	6	2
3	8	2

← Nombre de carrés ajoutés chaque fois

Le nombre de carrés dans les figures est 4, 6, 8, …

Claude écrit une règle pour cette régularité numérique.
RÈGLE : Commence à 4 et additionne 2 à chaque fois.

---

1. Claude fait d'autres régularités croissantes avec des carrés.
   Combien de carrés ajoute-t-il pour faire chaque nouvelle figure?
   Écris ta réponse dans les cercles. Écris ensuite une règle pour la régularité.

a)

Figure	Nombre de carrés	
1	2	
2	8	+6
3	14	+6

Règle :

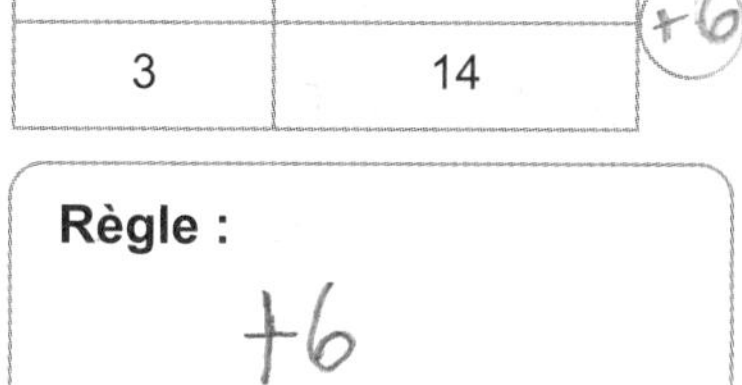

b)

Figure	Nombre de carrés	
1	3	
2	9	+6
3	15	+6

Règle :

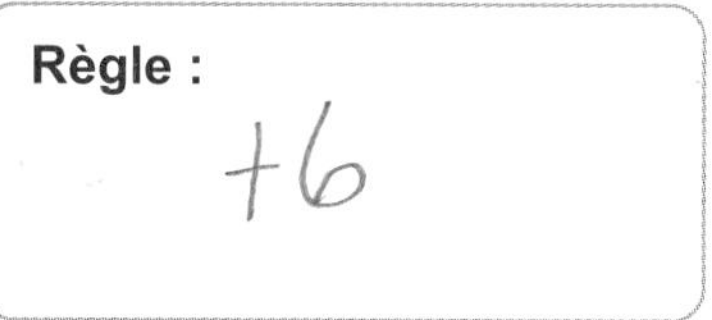

c)

Figure	Nombre de carrés	
1	1	
2	6	+5
3	11	+5

Règle : c'est plus cinq.

d)

Figure	Nombre de carrés	
1	1	
2	8	+7
3	15	+7

Règle :

e)

Figure	Nombre de carrés	
1	5	
2	13	+8
3	21	+8

Règle : +8

f)

Figure	Nombre de carrés	
1	11	
2	22	+11
3	33	+11

Règle :

g)

Figure	Nombre de carrés
1	3
2	12
3	21

+9 +9

Règle : +9

h)

Figure	Nombre de carrés
1	6
2	13
3	20

+7 +7

Règle : +7

i)

Figure	Nombre de carrés
1	7
2	13
3	19

+6 +6

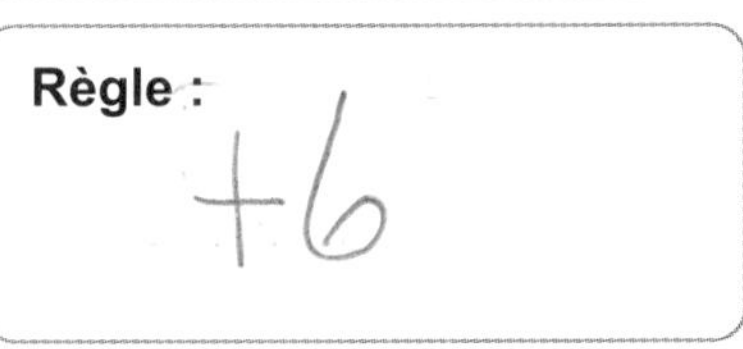

Règle : +6

2. Prolonge la régularité numérique. Combien de carrés seraient utilisés dans la figure 6?

a)

Figure	Nombre de carrés
1	2
2	10
3	18
4	26
5	34
6	42

+8 +8

b)

Figure	Nombre de carrés
1	4
2	9
3	14
4	19
5	24
6	29

+5 +5

c)

Figure	Nombre de carrés
1	7
2	11
3	15
4	19
5	23
6	27

+4 +4

3. Après avoir fait la figure 3, Claude n'a plus que 35 carrés. A-t-il assez de carrés pour compléter la figure 4?

a)

Figure	Nombre de carrés
1	4
2	13
3	22
4	31

OUI NON

b)

Figure	Nombre de carrés
1	6
2	17
3	28
4	39

OUI NON

c)

Figure	Nombre de carrés
1	9
2	17
3	25
4	33

OUI NON

4. Dans ton cahier, fais un tableau en T pour montrer combien de formes seraient utilisées pour faire la figure 5 dans chaque régularité.

a) 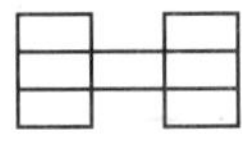 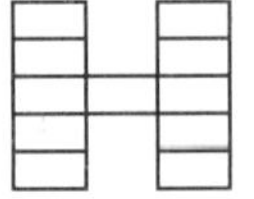 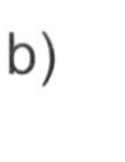

b) 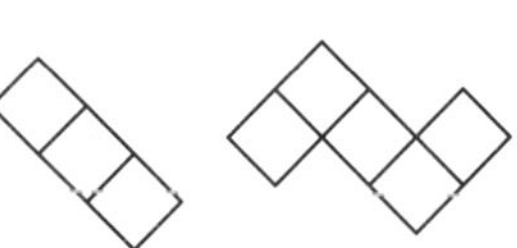 

PA6-6 : Les tableaux en T

1. Compte le nombre de segments de ligne (les lignes qui relient deux points) dans chaque figure. Fais un trait sur les segments de ligne quand tu les comptes, comme dans l'exemple.
INDICE : Compte les segments de ligne autour de l'extérieur des figures en premier.

Exemple : 1 2 3 4 5 6 7

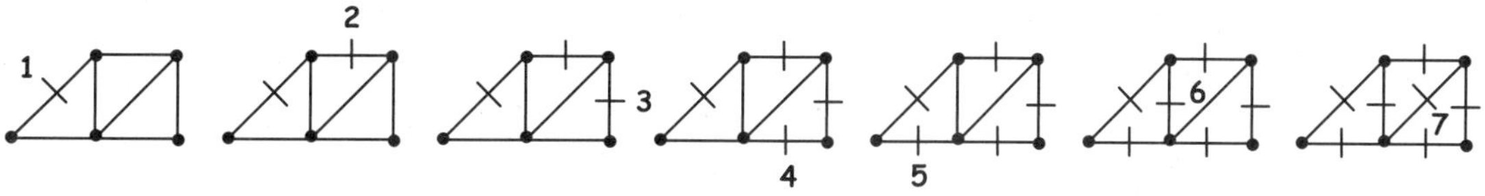

a) 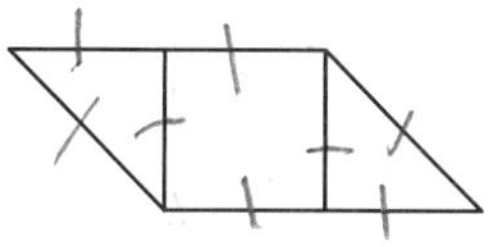 8 b) 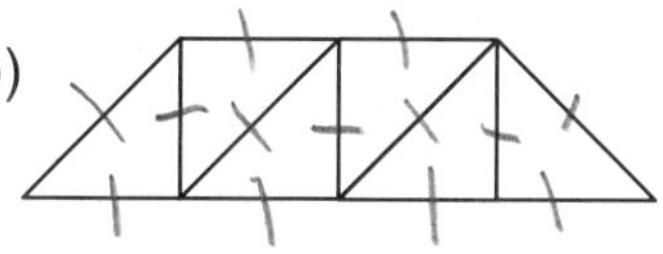 13 c) 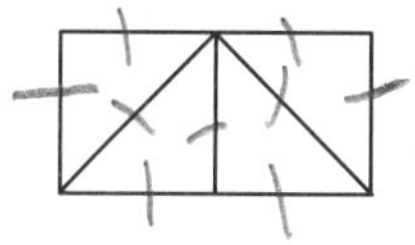 9

2. Continue la régularité suivante et complète le tableau :

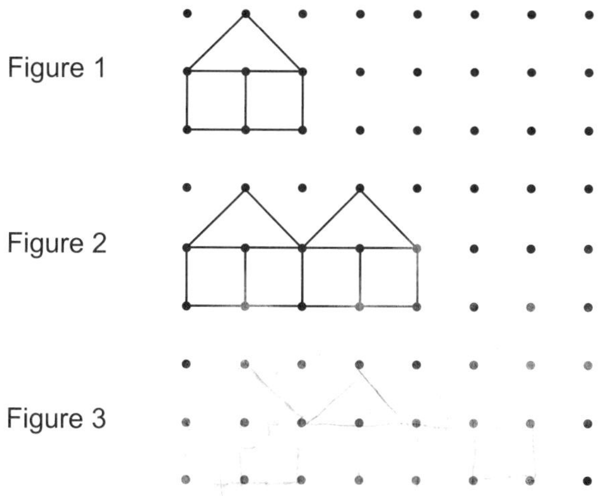

Figure	Nombre de segments de ligne
1	9
2	17
3	25

a) Combien de segments de ligne seraient utilisés pour la figure 4? 33

b) Combien de segments de ligne seraient utilisés pour faire une figure avec 5 triangles ? 41

3. Continue la régularité suivante et complète le tableau :

Figure 1

Figure 2

Figure 3

Figure 4

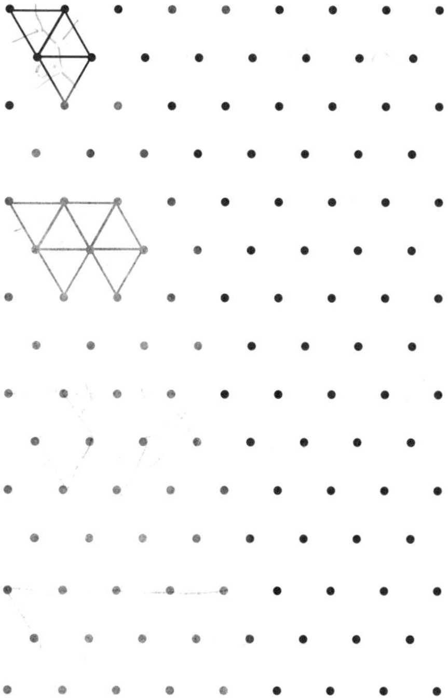

Figure	Nombre de triangles	Nombre de segments de ligne
1	3	7
2	6	13
3	9	19
4	12	25

a) Combien de segments de ligne seraient utilisés pour la figure 5? 31

b) Combien de triangles seraient utilisés pour la figure 6? 18

4. Il est tombé 17 cm de neige à 5 h.
Il tombe 4 cm de neige par heure.
Combien de centimètres de neige seront tombés à 9 h?

Heure	Profondeur de neige
5 h	17 cm
6 h	21 cm
7 h	25 cm
8 h	29 cm
9 h	33 cm

(+4) (+4) (+4) (+4)

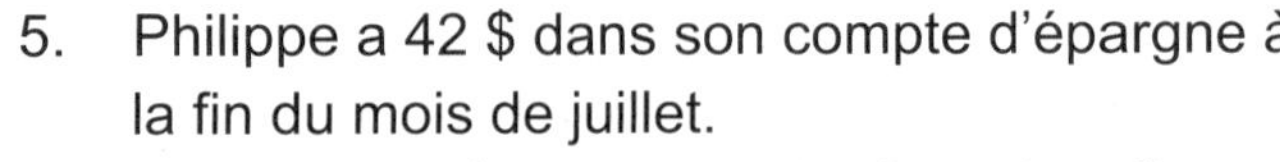

5. Philippe a 42 $ dans son compte d'épargne à la fin du mois de juillet.
Il épargne 9 $ chaque mois. Combien d'argent aura-t-il à la fin du mois d'octobre?

Mois	Épargnes
juillet	42 $
août	51 $
septembre	60 $
octobre	69 $

6. L'aquarium de Sarah perd de l'eau.
À 6 h, l'aquarium contient 21 L d'eau.
À 7 h, l'aquarium contient 18 L d'eau, et à 8 h il contient 15 L.

a) Combien d'eau l'aquarium perd-il chaque heure? 3 litre

b) Combien de litres restera-t-il dans l'aquarium à 10 h? 9 litre

c) Combien d'heures faudra-t-il jusqu'à ce qu'il ne reste plus d'eau dans l'aquarium? 13 h

Heure	Montant d'eau dans l'aquarium
6 h	21 L
7 h	18 L
8 h	15 L
9 h	12 L
10 h	9 L

7. Un magasin loue des planches à neige à 7 $ pour la première heure, et à 5 $ de l'heure par la suite. Combien cela coûterait-il de louer une planche à neige pendant 6 heures?

8. a) Combien de triangles April doit-elle utiliser pour faire une figure avec 10 carrés?

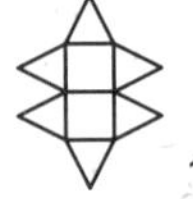
1

2

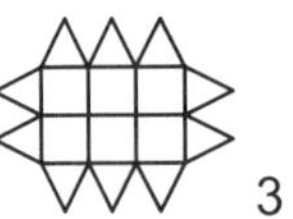
3

b) April dit qu'il lui faut 15 triangles pour faire la figure 6. A-t-elle raison? non

9. Merle épargne 55 $ en août. Par la suite, elle épargne 6 $ par mois.
Alex épargne 42 $ en août. Par la suite, il épargne 7 $ par mois.
Qui aura épargné le plus d'argent à la fin janvier?

Merle à Alex à

77 $

PA6-7 : Les tableaux en T (avancé)

Les **termes** d'une suite sont les nombres ou les éléments dans la suite.

Le **rang du terme** signifie la position du nombre ou de l'élément dans la suite.

*Le **rang du terme est 4** (4e position dans la suite).*

4, 7, 10, 13, 16

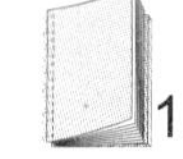

1. Dessine un tableau en T pour chaque suite pour trouver le terme donné :

   a) Trouve le 5e terme : 3, 8, 13, 18, …   b) Trouve le 7e terme : 42, 46, 50, 54,…

2. Ben dit que le 6e terme dans la suite 7, 13, 19,… est 53. A-t-il raison? Explique.

3. Trouve les termes qui manquent dans chaque suite.

   a) 8, 12, ______, 20   b) 11, ______, ______, 26

   c) 15, ______, ______, 24, ______   d) 59, ______, ______, ______, 71

4.

Rang du terme	Terme
1	13
2	15
3	18
4	19
5	21

Rang du terme	Terme
1	25
2	29
3	34
4	37
5	41

Chaque tableau en T a été fait en additionnant un nombre de façon répétitive.

Trouve et corrige les erreurs dans les tableaux.

5. Rita fait une décoration de Noël en utilisant un hexagone (partie coloriée), des pentagones (parties pointillées) et des triangles.

   a) Combien de pentagones doit-elle utiliser pour faire 7 décorations?

   b) Rita utilise 6 hexagones pour faire des décorations de Noël. Combien de triangles et combien de pentagones a-t-elle utilisés?

   c) Rita utilise 36 pentagones. Combien de triangles a-t-elle utilisés?

6. Un tigre de Sibérie qui vient de naître pèse 1 300 g. Il grossit d'environ 100 g par jour. Un bébé nouveau-né pèse 3 300 g. Il grossit d'environ 200 g par semaine.

   a) Le bébé tigre et le bébé humain sont nés le même jour. Lequel pèse plus après…

   i) 2 semaines?   ii) 6 semaines?

   b) Après combien de semaines le bébé tigre et le bébé humain auront-ils atteint le même poids?

PA6-8 : Les régularités répétitives

Gene fait une **régularité répétitive** en utilisant des blocs :

*Voici le **cœur** de la régularité de Gene.*

Le **cœur** d'une régularité est la partie qui se répète.

---

1. Encercle le cœur des régularités suivantes. Le premier est déjà fait pour toi

a) 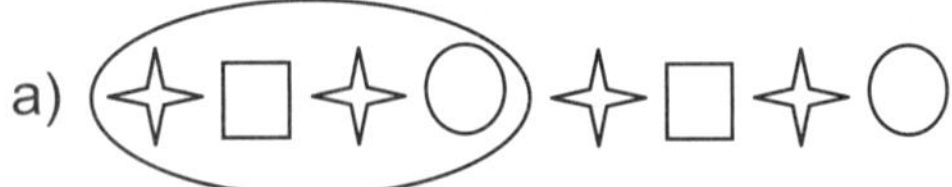

b) 

c) 

d) 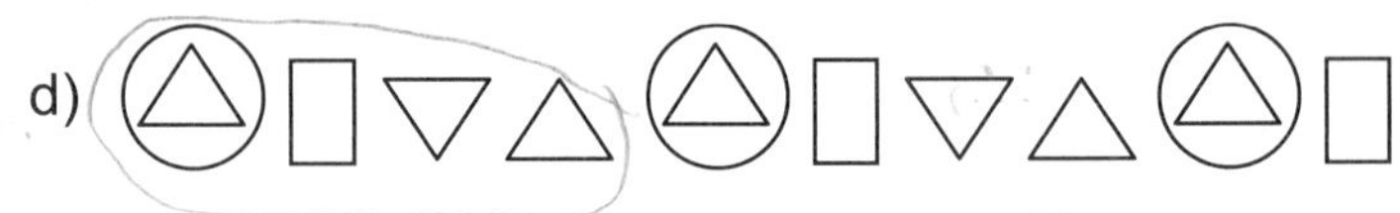

e) 

f) 

g) 

h) 

i) 

j) 

2. Encercle le cœur de la régularité. Continue ensuite la régularité.

a) 

b) 

c) 4 5 4 6 1 4 5 4 6 1 

d) 2 2 0 2 2 0 2 2 0 2 ___ ___ ___ ___ ___ ___

e) A A C A A C A ___ ___ ___ ___ ___ ___

f) 2 6 2 2 6 2 2 6 2 2 6 ___ ___ ___ ___ ___ ___

3. Crée ta propre régularité répétitive dans l'espace ci-dessous.

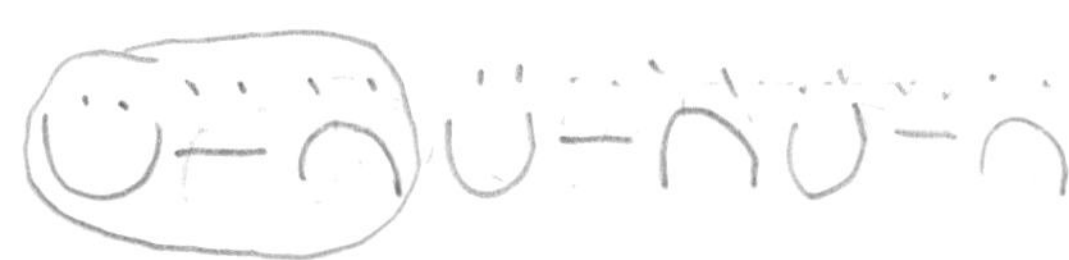

PA6-9 : Prolonger les régularités et prédire les positions

1. Angèle fait une régularité répétitive avec des blocs bleus (**B**) et jaunes (**J**).
   La boîte montre le cœur de sa régularité. Continue la régularité en écrivant des « B » et des « J » :

a) 

b) 

2. Joseph a essayé de continuer la régularité dans la boîte. Est-ce qu'il a continué la régularité correctement? **INDICE : Colorie les cases jaunes (J) si cela peut t'aider.**

a) 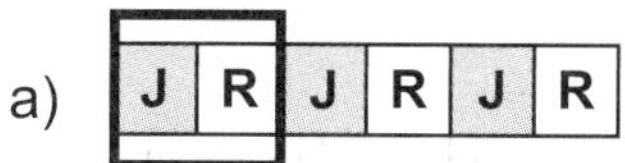 

b)   NON

c) 

d)  

e)  

f) 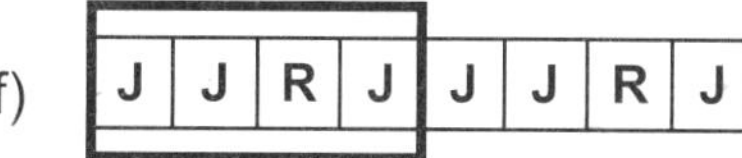  NON

3. Pour chaque régularité suivante, dis si les blocs dans le rectangle sont le <u>cœur</u> de la régularité :

a) 

OUI NON

b) 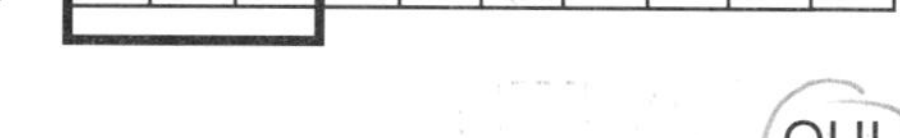

OUI NON

c) 

d) | J | R | R | J | J | R | R | J | J | R | R | J |

OUI NON

e) 

f) | R | J | R | J | J | R | J | R | J | J |

OUI NON

4. Fais un rectangle autour des blocs qui forment le cœur de la régularité :

a) 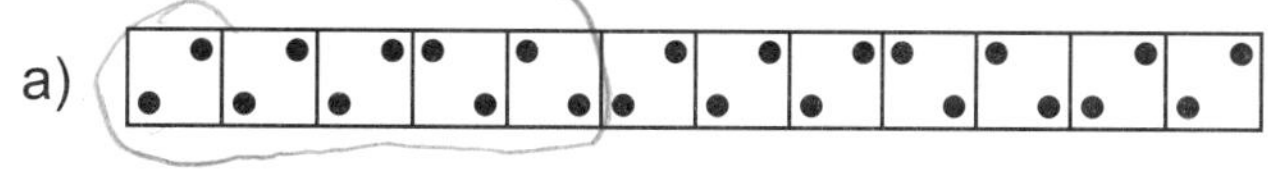

b) 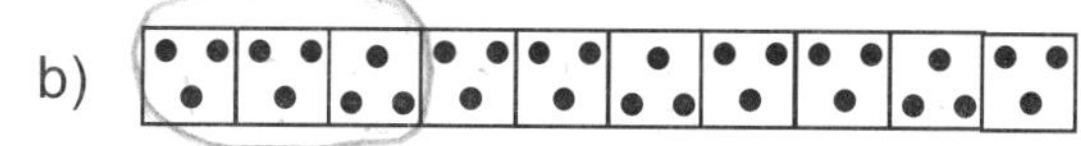

c) 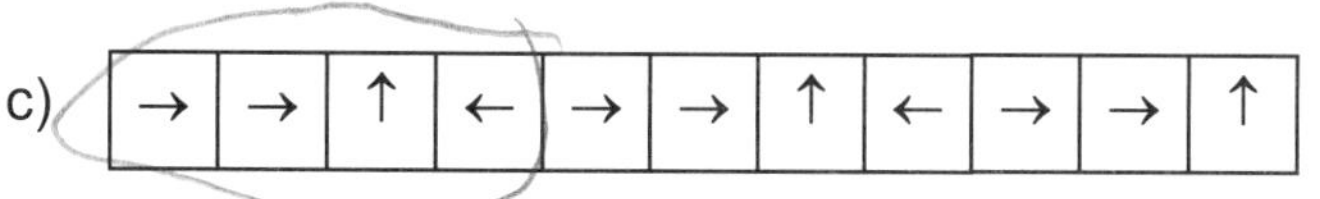

d) 

PA6-9 : Prolonger les régularités et prédire les positions

(suite)

Sally veut prédire la couleur du 17e bloc dans la régularité. Elle trouve d'abord le cœur de la régularité.

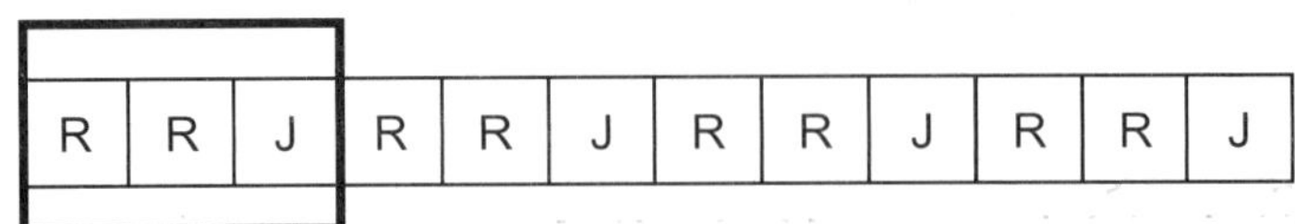

Le cœur comprend 3 blocs. Sally fait un « X » à tous les trois nombres dans un tableau de centaines.

Chaque X indique la position du bloc où se termine le cœur.

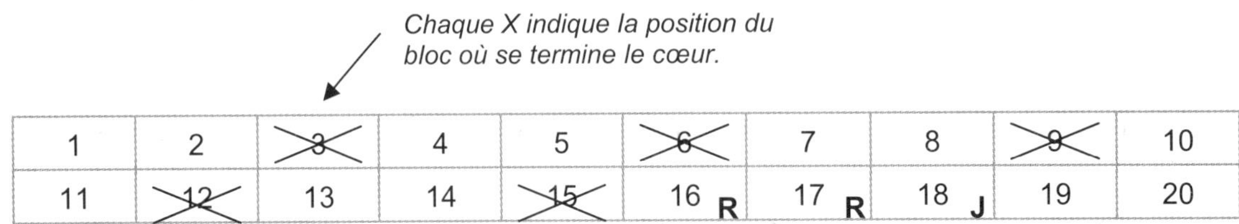

1	2	~~3~~	4	5	~~6~~	7	8	~~9~~	10
11	~~12~~	13	14	~~15~~	16 R	17 R	18 J	19	20

Le cœur se termine au 15e bloc.

Sally écrit les lettres du cœur sur le tableau, en commençant par le 16e bloc.

Le 17e bloc est rouge.

---

5. Dans les régularités suivantes, fais un rectangle autour des blocs qui forment le cœur.

a) 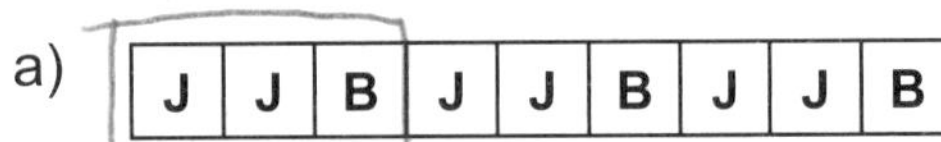

b) 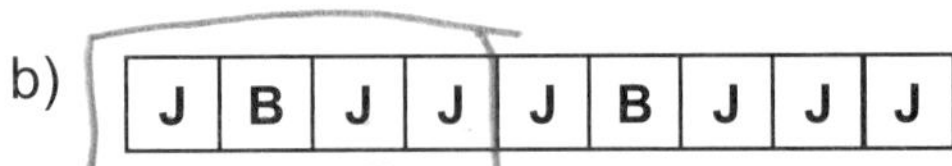

c)

B	J	J	B	B	J	J	B	B	J	J

d) 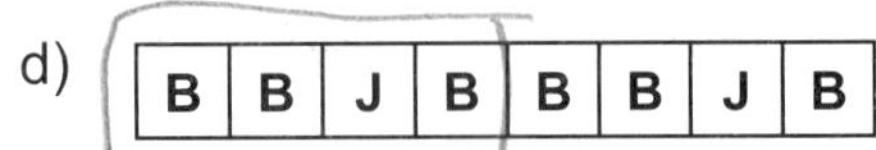

e) 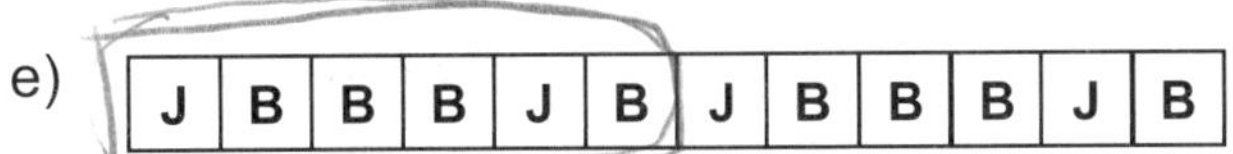

f) 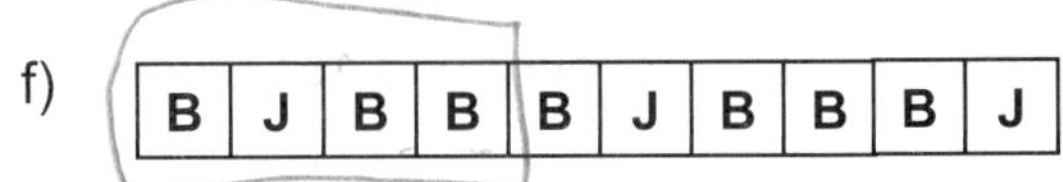

6. Prédis la couleur du 19e bloc en utilisant le tableau ci-dessous :
NOTE : Commence en trouvant le cœur de la régularité.

B	B	J	J	B	B	J	J

Couleur : Jaune

1	2	3	4	5	6	7	8	9	10
11	12	13	14	15	16	17	18	19	20

7. Prédis la couleur du 18e bloc en utilisant le tableau ci-dessous :

B	R	R	J	B	R	R	J	B

Couleur : rouge

1	2	3	4	5	6	7	8	9	10
11	12	13	14	15	16	17	18	19	20

8. Prédis la couleur du 16e bloc en utilisant le tableau ci-dessous :

B	R	B	J	R	B	R	B	J	R

Couleur : Blue

1	2	3	4	5	6	7	8	9	10
11	12	13	14	15	16	17	18	19	20

PA6-9 Prolonger les régularités et prédire les positions
(suite)

9. Fais une boîte autour des blocs qui forment le cœur de la régularité. Prédis ensuite la couleur du 29e bloc en utilisant le tableau ci-dessous :

J	B	R	J	B	R	J	B

Couleur : ___________

1	2	3	4	5	6	7	8	9	10
11	12	13	14	15	16	17	18	19	20
21	22	23	24	25	26	27	28	29	30

ENSEIGNANT : Pour cet exercice, vos élèves doivent avoir une copie du tableau de centaines du guide de l'enseignant.

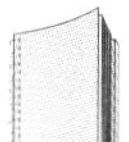

10. 

Megan crée une régularité en plaçant 37 autocollants entre son lit et sa fenêtre. Les deux soleils sont à côté de son lit. Quel autocollant est à côté de sa fenêtre?

11. Crée une régularité répétitive qui utilise quatre couleurs et dont le cœur est composé de dix carrés :

Quelle est la couleur du 97e carré? Comment le sais-tu?

12. a) Quelle est la valeur de la 15e pièce de monnaie dans cette régularité? Comment le sais-tu?

b) Quelle est la valeur totale des 20 premières pièces de monnaie?

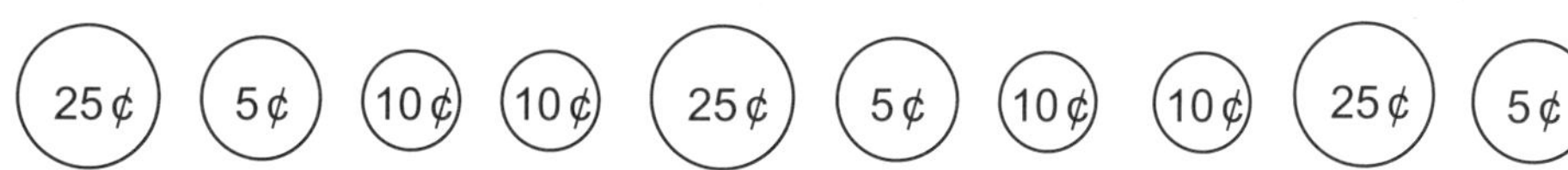

BONUS

13.

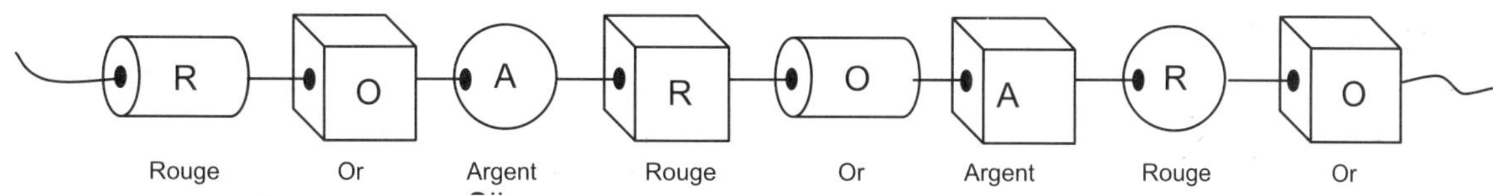

Décris la 25e perle de cette décoration de Noël.

14. Pour chaque régularité, fais un dessin dans la boîte à sa droite pour représenter les carrés dans la 52e colonne.

INDICE : Examine les régularités dans chaque rangée séparément.

a)

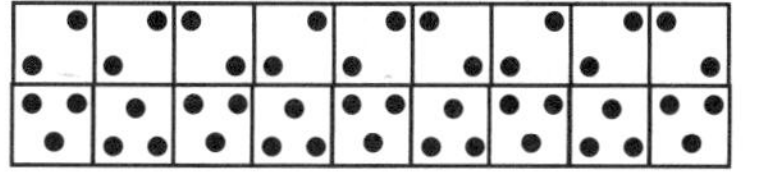

b)

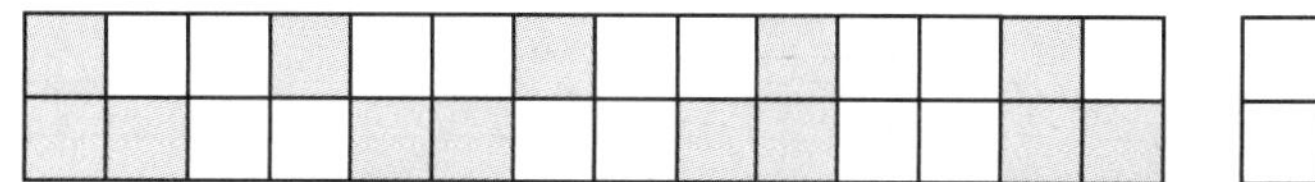

PA6-10 : Les droites numériques

Jacqui est en randonnée à bicyclette à 300 km de sa maison. Elle peut parcourir 75 km par jour.

Si elle commence son trajet pour rentrer chez elle le mardi matin, à quelle distance sera-t-elle de sa maison jeudi soir?

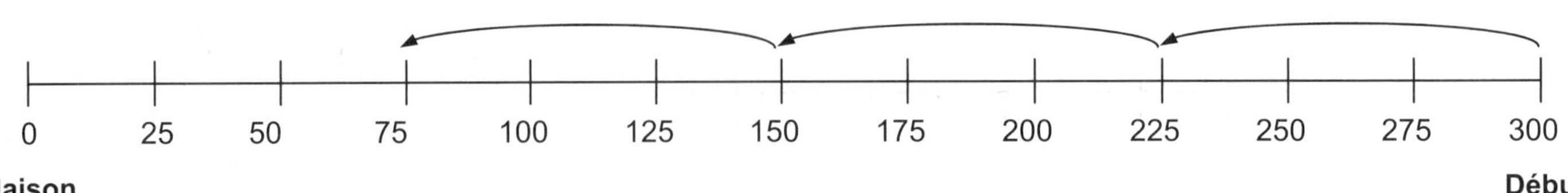

Elle sera à 75 km de sa maison le jeudi soir.

---

1. Mercredi matin, Blair est dans un terrain de camping à 18 km du lac Tea. Il espère marcher 5 km en direction du lac par jour.

   À quelle distance sera-t-il du lac vendredi soir? _______________

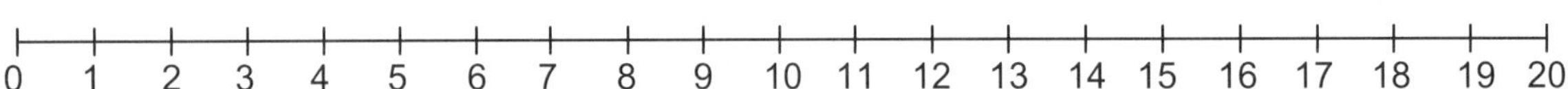

2. Le samedi matin, Samantha est à 400 km de sa maison. Elle peut parcourir 75 km à bicyclette par jour.

   À quelle distance de sa maison sera-t-elle mardi soir? _______________

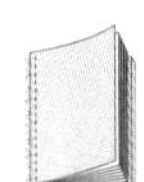

Trace une droite numérique et écris les nombres dans le tableau pour résoudre le problème.

3. Un aquarium qui peut contenir 90 L d'eau perd 15 L d'eau par minute.

   Combien d'eau restera-t-il dans l'aquarium après 5 minutes?

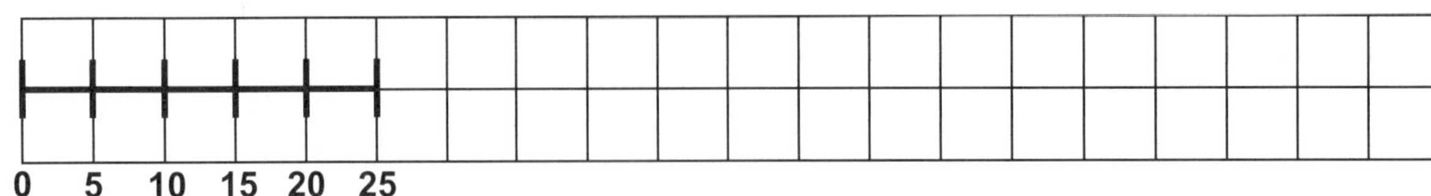

4. Brenda est à 70 km de sa maison.

   Elle peut parcourir 15 km par heure à bicyclette.

   À quelle distance de sa maison sera-t-elle dans 3 heures?

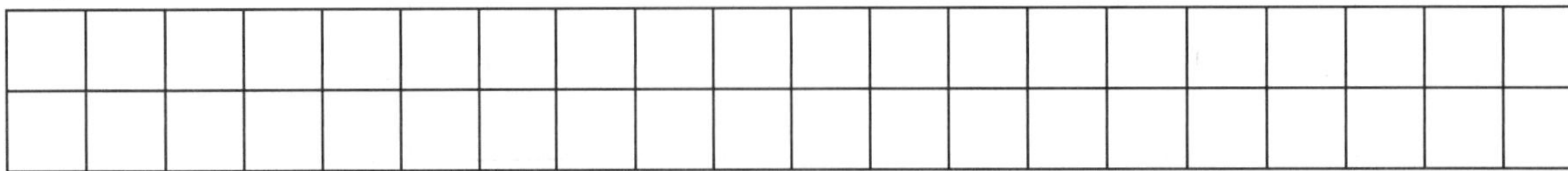

5. Une classe d'élèves en 6e année est en voyage à 250 km de chez eux. L'autobus voyage à une vitesse de 75 km par heure. À quelle distance de chez eux les élèves seront-ils après 3 heures?

6. Paul plante 5 arbres dans une rangée.
   L'arbre le plus près est à 5 mètres de sa maison. L'arbre le plus loin est à 17 mètres de sa maison.
   L'écart entre les arbres est le même d'un arbre à l'autre.
   Quelle distance y a-t-il entre les arbres?
   INDICE : Place la maison de Paul au point zéro sur la droite numérique.

7. La maison de Michel est à 18 mètres de l'océan.
   Il dort dans une chaise à 3 mètres de sa maison (vers l'océan). La marée monte de 5 mètres par heure. Combien de temps avant que la marée ne mouille ses pieds?

8. L'étagère-bibliothèque de Robert a 5 tablettes.
   La tablette la plus haute est à 150 cm du plancher, et la tablette la plus basse est à 30 cm du plancher.
   Quelle est la distance entre les deux tablettes?

9. Aaron s'entraîne pour jouer au football.
   Il court 5 mètres vers l'avant et 2 mètres vers l'arrière toutes les 4 secondes.
   À quelle distance sera-t-il de son point de départ après 16 secondes?

PA6-11 : Les plus petits communs multiples

Les multiples de 2 et de 3 sont marqués d'un X sur les droites numériques ci-dessous :

multiples de 2 : X at 0, 2, 4, 6, 8, 10, 12, 14, 16 (0 1 2 3 4 5 6 7 8 9 10 11 12 13 14 15 16)

multiples de 3 : X at 0, 3, 6, 9, 12, 15 (0 1 2 3 4 5 6 7 8 9 10 11 12 13 14 15 16)

0 est un multiple de chaque nombre

Le **plus petit commun multiple** (**PPCM**) de 2 et de 3 est 6 : 6 est le plus petit nombre (excluant 0) divisible également à la fois par 2 et 3.

---

1. Marque les multiples des nombres donnés sur les droites numériques. Quel est le plus petit commun multiple de chaque paire?

a) **3:** 0 1 2 3 4 5 6 7 8 9 10 11 12 13 14 15 16

4: 0 1 2 3 4 5 6 7 8 9 10 11 12 13 14 15 16 **PPCM =** _____

b) **4:** 0 1 2 3 4 5 6 7 8 9 10 11 12 13 14 15 16

6: 0 1 2 3 4 5 6 7 8 9 10 11 12 13 14 15 16 **PPCM =** _____

2. Trouve le plus petit commun multiple de chaque paire de nombres. Le premier est déjà fait pour toi.
INDICE : Compte par multiples du plus grand nombre jusqu'à ce que tu trouves un nombre divisible par les deux nombres sans laisser un reste.

a) 3 et 5	b) 4 et 10	c) 3 et 9	d) 2 et 6
3: 3, 6, 9, 12, **15**, 18			
5: 5, 10, **15**, 20			
PPCM = 15	PPCM = ______	PPCM = ______	PPCM = ______

e) 2 et 10 f) 3 et 6 g) 3 et 12 h) 4 et 8 i) 8 et 10

j) 5 et 15 k) 6 et 10 l) 3 et 10 m) 6 et 8 n) 6 et 9

3. Paul visite la bibliothèque tous les quatre jours en janvier (à partir du 4 janvier).
Werda visite la bibliothèque tous les six jours (à partir du 6 janvier).
Nigel visite la bibliothèque tous les 8 jours (à partir du 8 janvier).

À quelle date du mois visiteront-ils tous la bibliothèque le même jour?

PA6-12 : Décrire et créer des régularités

Dans la première suite, chaque nombre est plus grand que celui qui le précède. La suite est toujours **croissante** : 7 8 10 15 21

Dans la deuxième suite, chaque nombre est plus petit que celui qui le précède. La suite est toujours **décroissante** : 25 23 18 11 8

---

1. Trouve le montant par lequel la suite augmente (croissante) ou diminue (décroissante) et écris la réponse dans le cercle. Écris un nombre avec un signe **+** si la suite augmente, et un signe **–** si elle diminue. Le premier est déjà fait pour toi.

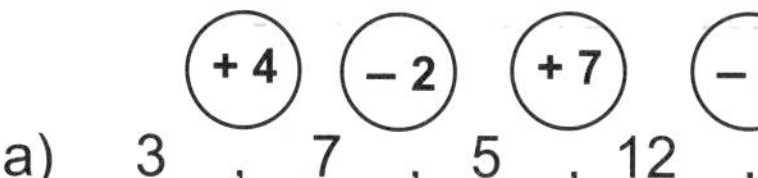

a) 3 (+ 4) 7 (− 2) 5 (+ 7) 12 (− 4) 8

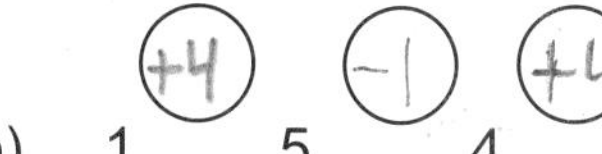

b) 1 , 5 , 4 , 8 , 3

c) 2 , 6 , 9 , 19 , 25

d) 4 , 8 , 7 , 1 , 10

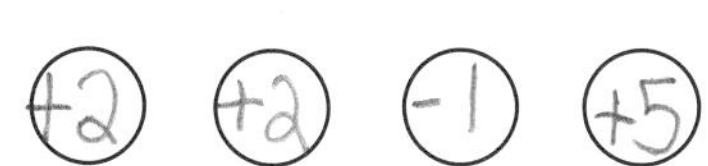

e) 4 , 6 , 8 , 7 , 12

f) 17 , 16 , 19 , 10 , 11

g) 27 , 20 , 25 , 19 , 13

h) 58 , 61 , 54 , 62 , 57

2. Associe chaque suite à la phrase qui la décrit. Cette suite ...

a) **A** ... augmente de 5 à chaque fois.
B ... augmente de différents montants.

B 9 , 13 , 19 , 23 , 25

A 8 , 13 , 18 , 23 , 28

b) **A** ... diminue de différents montants.
B ... diminue du même montant.

A 21 , 20 , 18 , 15 , 11

B 13 , 10 , 7 , 4 , 1

BONUS

c) **A** ... augmente de 5 à chaque fois.
B ... diminue de différents montants.
C ... augmente de différents montants.

C 18 , 23 , 29 , 33 , 35

B 27 , 24 , 20 , 19 , 16

A 24 , 29 , 34 , 39 , 44

d) **A** ... augmente et diminue.
B ... augmente du même montant.
C ... diminue de différents montants.
D ... diminue du même montant.

C 31 , 29 , 25 , 13 , 9

A 10 , 14 , 9 , 6 , 5

D 18 , 16 , 14 , 12 , 10

B 8 , 11 , 14 , 17 , 20

3. Écris une règle pour chaque régularité (utilise les mots <u>additionne</u> et <u>soustrais</u> et dis à partir de quel nombre commence la régularité) :

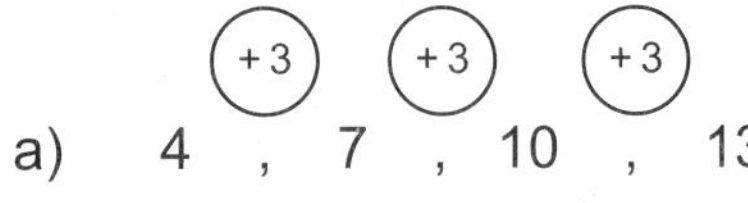

a) 4 , 7 , 10 , 13 (+3, +3, +3) Commence à 4 et additionne 3.

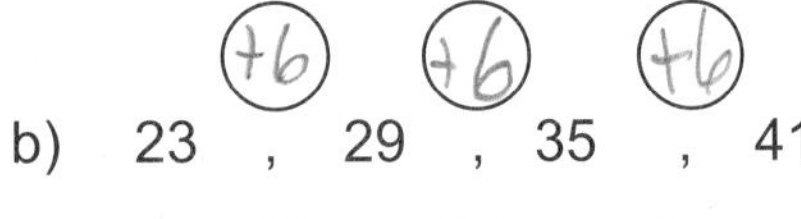

b) 23 , 29 , 35 , 41 (+6, +6, +6) commence à 23 et additione

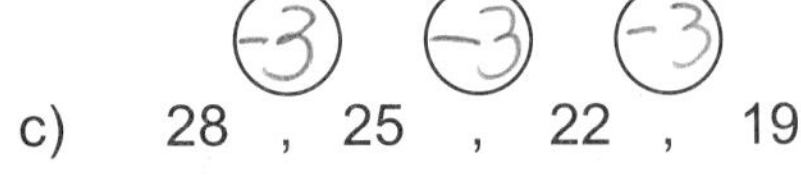

c) 28 , 25 , 22 , 19 (−3, −3, −3) commence à 28 et soustrais 3

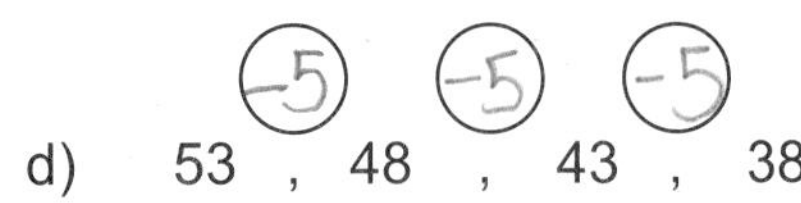

d) 53 , 48 , 43 , 38 (−5, −5, −5) commence à 53 et soustrais 5

4. Écris une règle pour chaque régularité.
NOTE : Une des suites n'a pas de règle. Essaie de la trouver.

a) 9 , 14 , 19 , 24 +5

b) 27 , 19 , 11 , 3 −8

c) 39 , 31 , 27 , 14 , 9 −8 −4

d) 81 , 85 , 89 , 93 +4

5. Décris chaque régularité en disant si elle est <u>croissante</u>, <u>décroissante</u> ou <u>répétitive</u> :

a) 1 , 3 , 6 , 9 , 12 , 15 croissante

b) 2 , 8 , 9 , 2 , 8 , 9 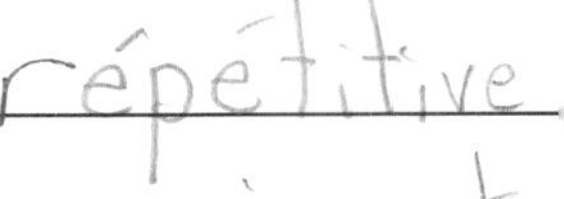 répétitive

c) 29 , 27 , 25 , 23 , 22 décroissante

d) 2 , 6 , 10 , 14 , 17 croissante

e) 3 , 9 , 4 , 3 , 9 , 4 répétitive

f) 61 , 56 , 51 , 46 , 41 décroissant

6. Écris les cinq premiers termes dans les régularités suivantes :

a) Commence à 38 et additionne 4.
b) Commence à 67 et soustrais 6.
c) Commence à 98 et additionne 7.

7. Crée une régularité croissante avec des nombres. Écris la règle de ta régularité. Crée ensuite une régularité décroissante avec des nombres, et écris la règle.

8. Crée une régularité répétitive avec des : a) lettres b) formes c) nombres

9. Crée une régularité et demande à un(e) ami(e) de trouver la règle de ta régularité.

PA6-13 : Les régularités à 2 dimensions

ENSEIGNANT : Révisez les nombres ordinaux avant de commencer les exercices sur cette page.

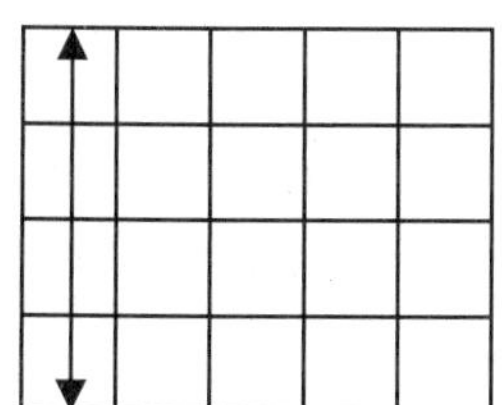

Les **colonnes** vont de haut en bas.

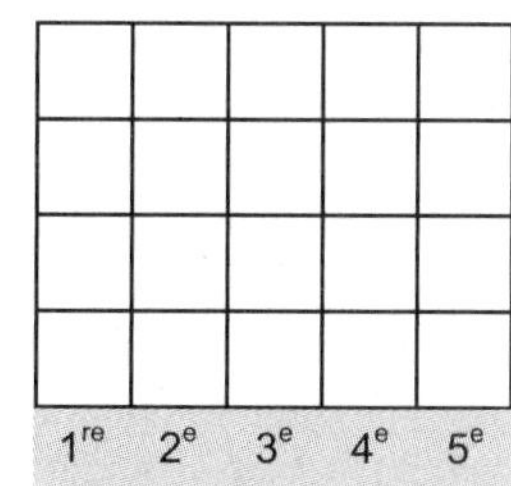

Les **colonnes** sont numérotées de gauche à droite (dans cet exercice).

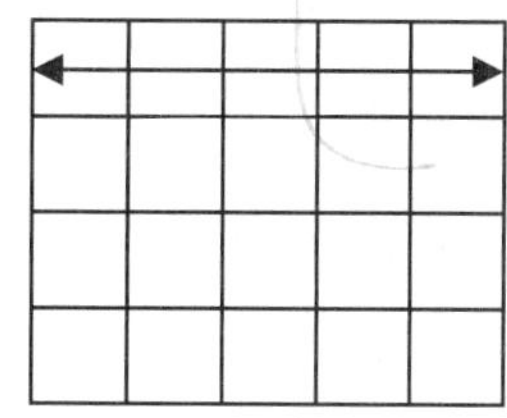

Les **rangées** vont de côté.

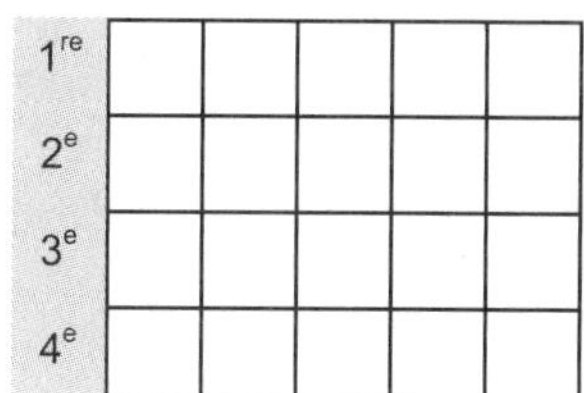

Les **rangées** sont numérotées de haut en bas (dans cet exercice).

1. Colorie ...

a)

2	6	10
10	14	18
18	22	26

la 2e rangée

b)

2	6	10
10	14	18
18	22	26

la 1re colonne

c)

2	6	10
10	14	18
18	22	26

la 3e colonne

d)

2	6	10
10	14	18
18	22	26

les diagonales
(une est déjà coloriée)

2. Décris les régularités que tu vois dans les tableaux de nombres suivants.
NOTE : Tu devras utiliser les mots « rangées », « colonnes » et « diagonales » dans ta réponse.

a)

1	3	5
5	7	9
9	11	13

b)

6	12	18	24
12	18	24	30
18	24	30	36
24	30	36	42

c)

16	20	24	28
12	16	20	24
8	12	16	20
4	8	12	16

3. Crée ta propre régularité et décris-la :

4. Place les lettres X et Y de sorte que chaque rangée et chaque colonne ait deux X et deux Y :

5. a) Quelle rangée du tableau ci-contre a une régularité décroissante (en regardant de gauche à droite)?

b) Quelle colonne a une régularité répétitive?

c) Écris les règles des régularités dans les première et deuxième colonnes.

d) Décris le lien entre les nombres dans les troisième et quatrième colonnes.

e) Décris une autre régularité que tu vois dans le tableau.

f) Nomme une rangée ou une colonne qui ne semble pas avoir de régularité.

0	4	8	6	2
5	6	7	5	9
10	8	6	4	2
15	10	5	3	9
20	12	4	2	2

PA6-14 : Les régularités (avancé)

1. Dans un carré magique, la somme des nombres de chaque rangée, de chaque colonne et de chaque diagonale est identique (le « nombre magique » du carré) :

   Quel est le nombre magique du carré ci-contre? ________

2	9	4
7	5	3
6	1	8

2. Complète les carrés magiques.

a)

2		6
9	5	
4	3	

b) 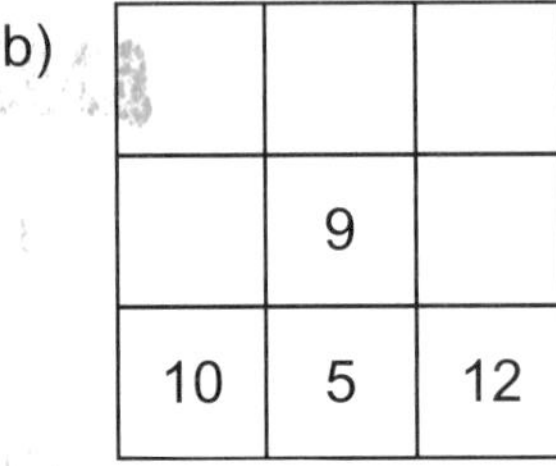

	9	
10	5	12

c) 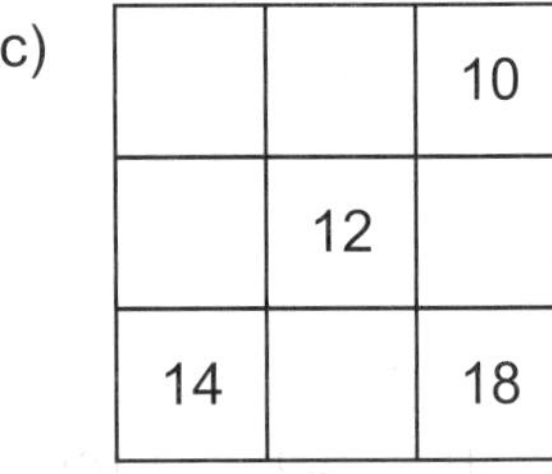

		10
	12	
14		18

3. Voici des exemples de pyramides de nombres :

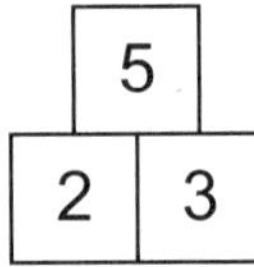

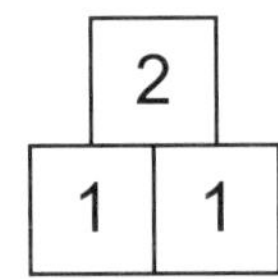

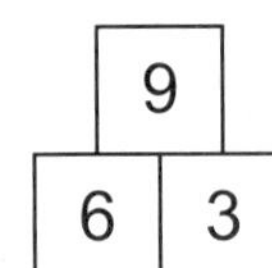

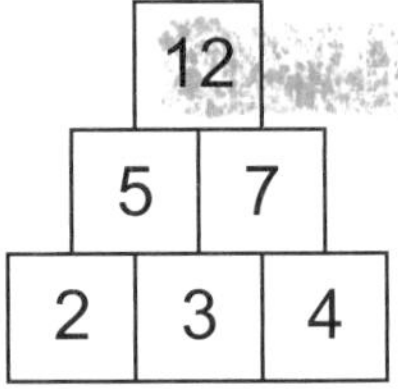

Peux-tu trouver la règle utilisée pour créer les régularités dans les pyramides ci-dessus? Décris-la.

4. En utilisant la règle que tu as décrite à la question 3, trouve les nombres qui manquent :

a) 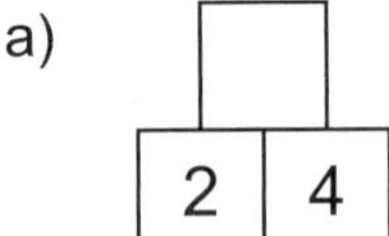

b) 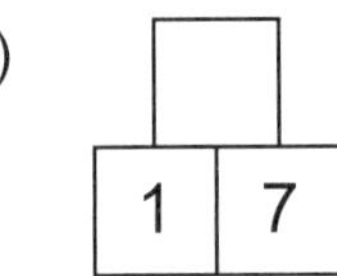

c) 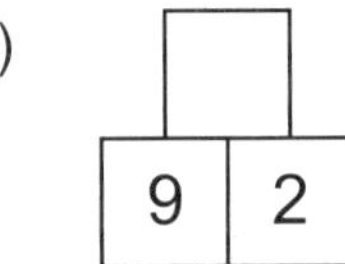

d) 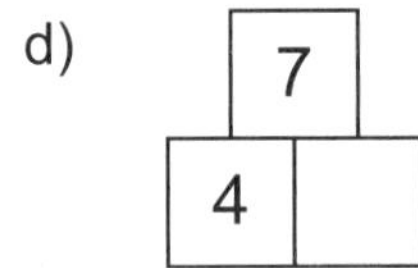

e) 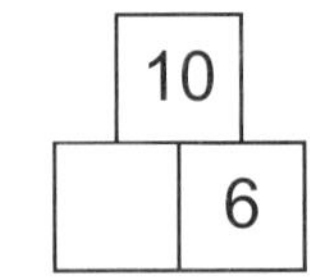

f) 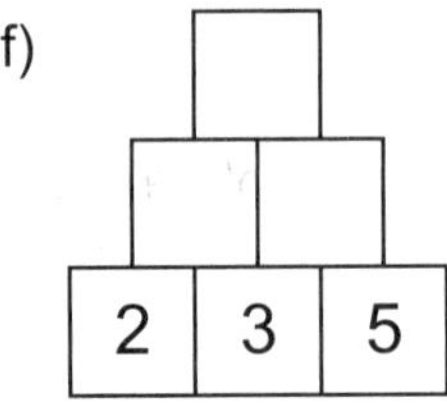

g) 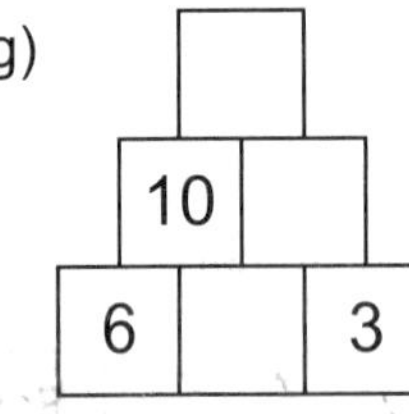

h) 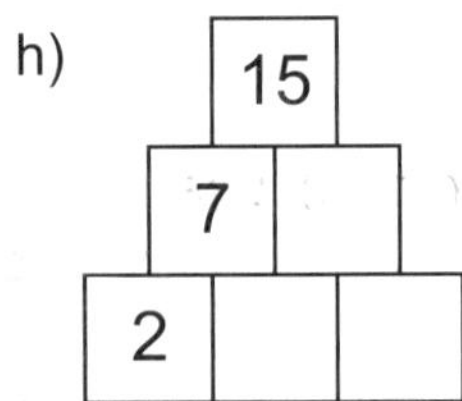

i) 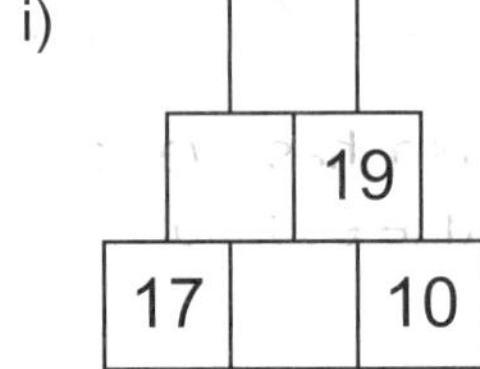

j) 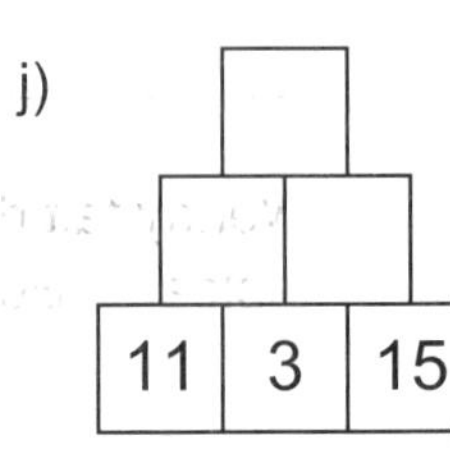

k) 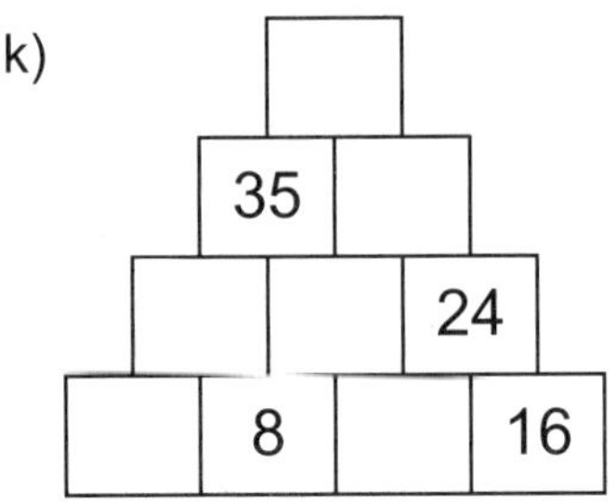

l) 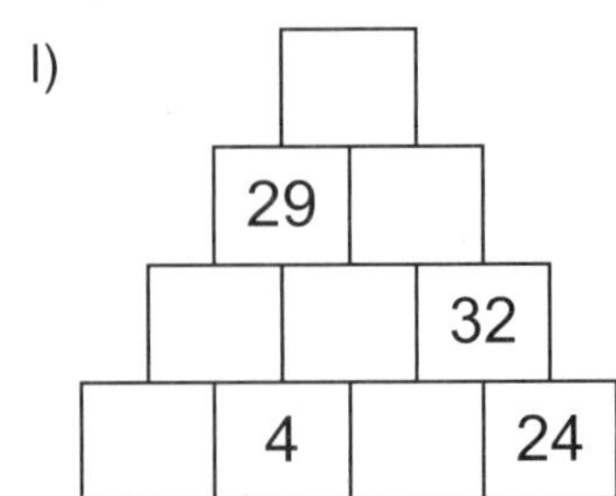

m) 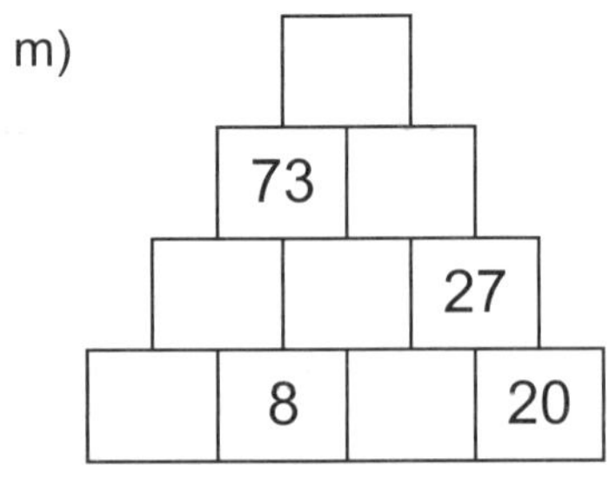

André crée une allée dans son jardin en utilisant 6 pierres triangulaires pour 1 pierre carrée.

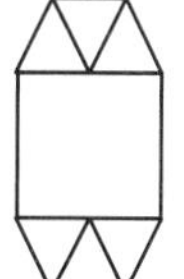
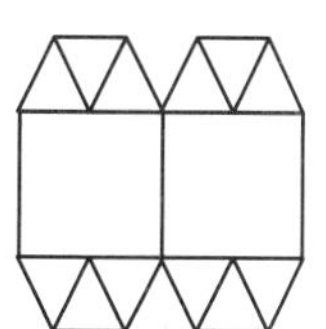
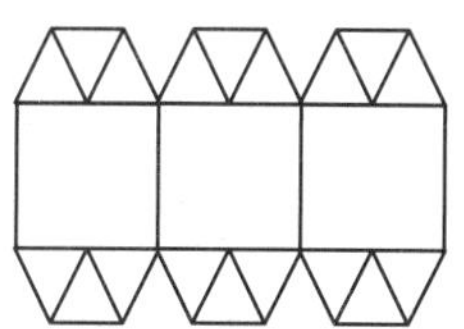

Il écrit une équation qui montre comment calculer le nombre de triangles à partir du nombre de carrés :

carrrés × 6 = triangles

ou (formule abrégée) : **6 × c = t**

Carrés (c)	6 × c = t	Triangles (t)
1	6 × 1 = 6	6
2	6 × 2 = 12	12
3	6 × 3 = 18	18

1. Chaque tableau représente un dessin différent pour l'allée. Complète les tableaux.

a)

Carrés (c)	4 × c = t	Triangles (t)
1	4 × 1 = 4	4
2	4 × ☐ = 8	
3	4 × ☐ = 12	

b)

Carrés (c)	3 × c = t	Triangles (t)
1	3 × ☐ = 3	
2	3 × ☐ = 6	
3	3 × ☐ = 9	

2. Écris une règle qui indique comment calculer le nombre de triangles à partir du nombre de carrés :

a)

Carrés	Triangles
1	4
2	8
3	12

b)

Carrés	Triangles
1	5
2	10
3	15

c)

Carrés	Triangles
1	2
2	4
3	6

d)

Carrés	Triangles
1	6
2	12
3	18

3. Wendy fait des broches avec des carrés (c), des rectangles (r) et des triangles (t). Complète les tableaux. Écris une équation (telle que **4 × c = t**) pour chaque dessin.

a) 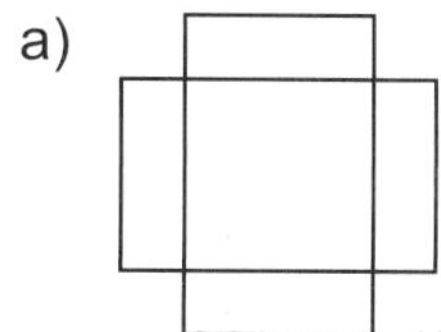

Carrés (c)	Rectangles (r)
1	
2	
3	

b) 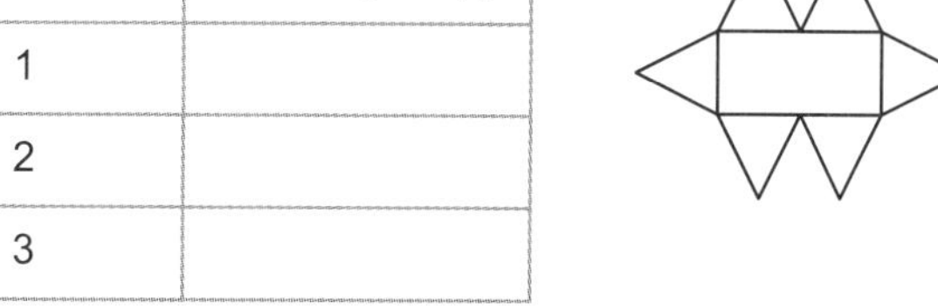

Rectangles (r)	Triangles (t)
1	
2	
3	

c)

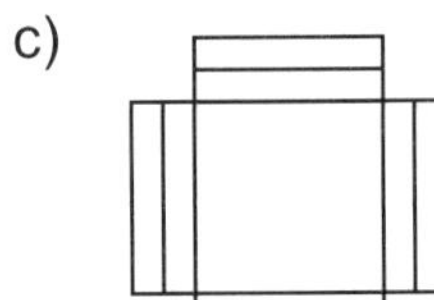

Carrés (c)	Rectangles (r)

d)

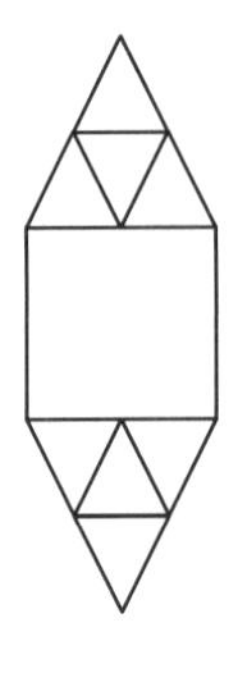

Carrés (c)	Triangles (t)

e)

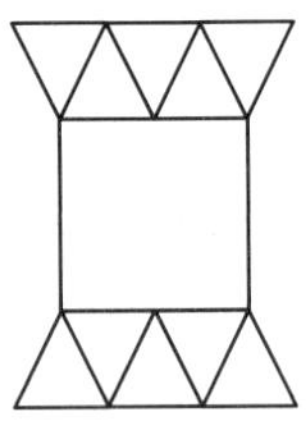

Carrés (c)	Triangles (t)

f)

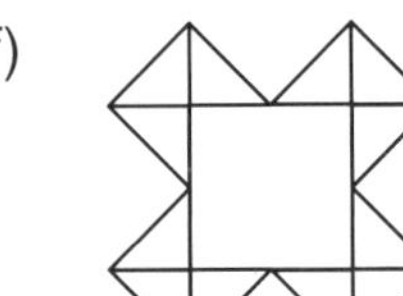

Carrés (c)	Triangles (t)

4. Wendy a 39 triangles.

   A-t-elle assez de triangles pour faire 7 broches en utilisant le dessin indiqué?

   Comment peux-tu le savoir sans faire un tableau?

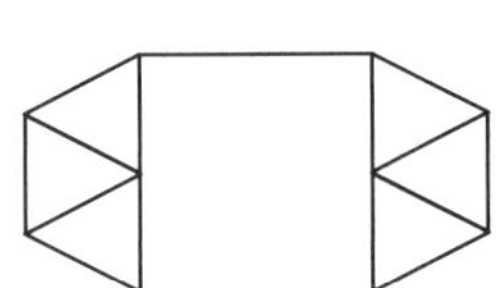

5. Crée un dessin pour chaque équation, en utilisant des carrés (c) et des triangles (t).

   a) $6 \times c = t$

   b) $5 \times c = t$

6. Crée un dessin en utilisant des carrés et des triangles, et écris ensuite une équation pour ton dessin.

Dans un auditorium, le nombre de chaises dans chaque rangée est toujours 4 de plus que le numéro de la rangée. Kelly écrit une équation qui montre comment calculer le nombre de chaises à partir du numéro de la rangée :

numéro de rangée + 4 = nombre de chaises (ou la formule abrégée **r + 4 = c**)

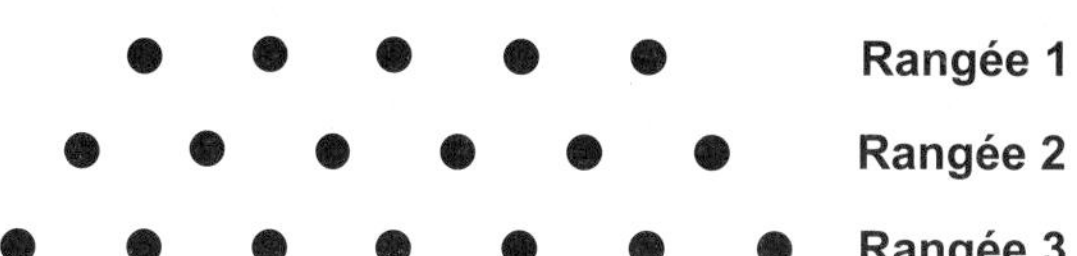

Rangée	r + 4 = c	Chaises
1	1 + 4 = 5	5
2	2 + 4 = 6	6
3	3 + 4 = 7	7

---

7. Chaque tableau représente un arrangement différent des chaises. Complète les tableaux.

a)

Rangée	r + 6 = c	Chaises
1	1 + 6 = 7	7
2	+ 6 =	
3	+ 6 =	

b)

Rangée	r + 9 = c	Chaises
1	+ 9 =	
2	+ 9 =	
3	+ 9 =	

8. Dis quel nombre tu dois additionner au numéro de la rangée pour obtenir le nombre de chaises. Écris une équation en utilisant **r** pour le numéro de la rangée et **c** pour le nombre de chaises.

a)

Rangée	Chaises
1	5
2	6
3	7

Additionne 4.
r + 4 = c

b)

Rangée	Chaises
1	8
2	9
3	10

c)

Rangée	Chaises
1	9
2	10
3	11

d)

Rangée	Chaises
7	12
8	13
9	14

9. Complète les tableaux. Écris ensuite, dans la boîte, une équation pour chaque arrangement de chaises.

a)

Rangée	Chaises

b)

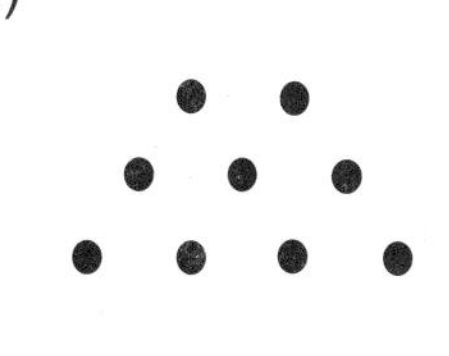

Rangée	Chaises

PA6-15: Identifier les règles de tableaux en T – Partie 1 *(suite)*

10. Applique la règle donnée aux nombres dans la colonne « entrée ». Écris ta réponse dans la colonne « sortie ».

a)

ENTRÉE	SORTIE
1	
2	
3	

Règle : Additionne 4 au nombre dans la colonne « entrée ».

b)

ENTRÉE	SORTIE
5	
6	
7	

Règle : Soustrais 4 du nombre dans la colonne « entrée ».

c)

ENTRÉE	SORTIE
3	
5	
6	

Règle : Multiplie le nombre dans la colonne « entrée » par 6.

d)

ENTRÉE	SORTIE
32	
8	
40	

Règle : Divise chaque nombre dans la colonne « entrée » par 4.

e)

ENTRÉE	SORTIE
18	
19	
20	

Règle : Additionne 10 au nombre dans la colonne « entrée ».

f)

ENTRÉE	SORTIE
4	
5	
6	

Règle : Multiplie le nombre dans la colonne « entrée » par 8.

11. Pour chaque tableau, énonce la règle qui indique comment arriver au nombre dans la colonne « sortie » à partir du nombre dans la colonne « entrée ».

a)

ENTRÉE	SORTIE
2	6
3	7
4	8

Règle :

b)

ENTRÉE	SORTIE
3	8
5	10
7	12

Règle :

c)

ENTRÉE	SORTIE
1	7
2	14
3	21

Règle :

d)

ENTRÉE	SORTIE
3	15
2	10
1	5

Règle :

e)

ENTRÉE	SORTIE
2	16
4	32
6	48

Règle :

f)

ENTRÉE	SORTIE
19	16
15	12
21	18

Règle :

PA6-16 : Identifier les règles de régularités – Partie 1

1. Complète le tableau en T pour chaque régularité. Écris ensuite une règle qui indique comment calculer le deuxième nombre à partir du premier nombre.

a)

Nombre de lignes verticales	Nombre de lignes horizontales

Règle :

b) 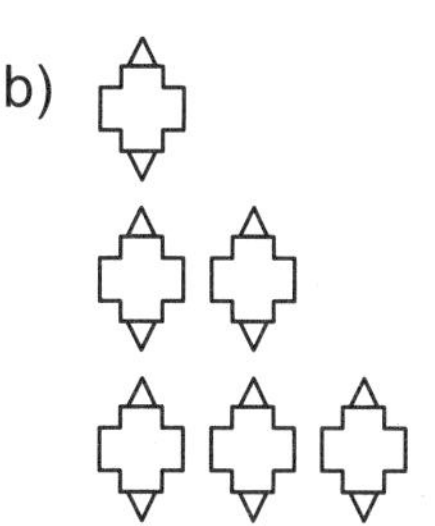

Nombre de croix	Nombre de triangles

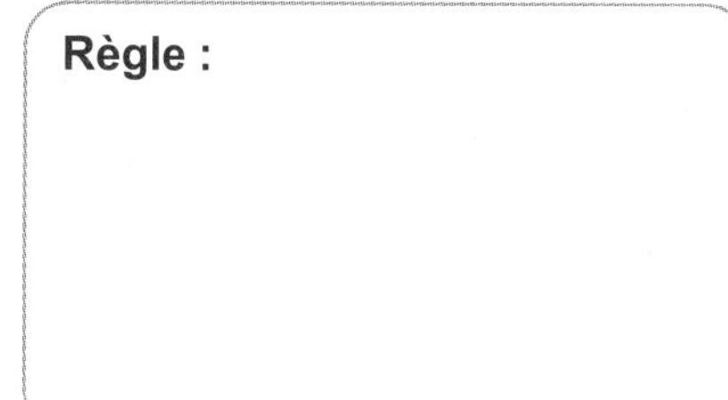

Règle :

c) 

Nombre de soleils	Nombre de lunes

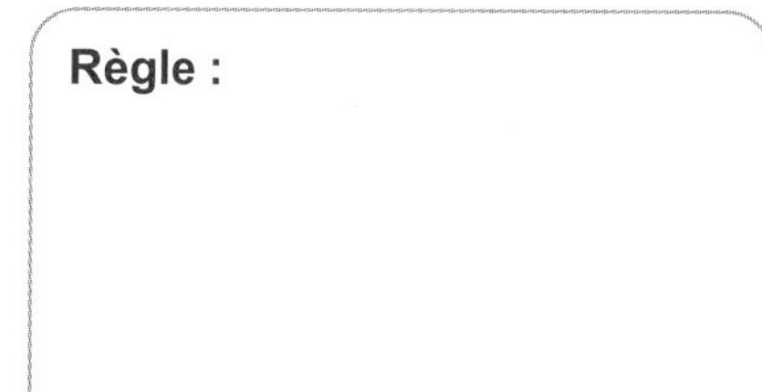

Règle :

d) 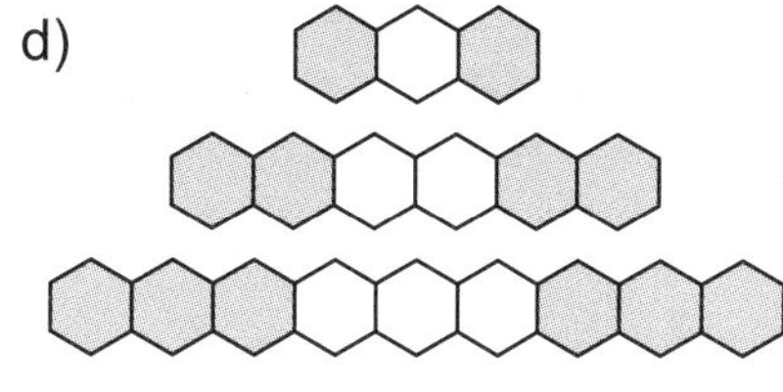

Nombre d'hexagones pâles	Nombre d'hexagones foncés

Règle :

e) 

Nombre de diamants	Nombre d'étoiles

Règle :

2. Fais un tableau en T et écris une règle pour le nombre d'hexagones et de triangles.

Figure 1 **Figure 2** 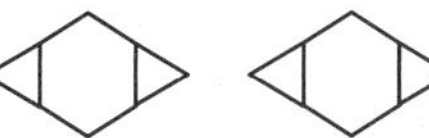 **Figure 3** 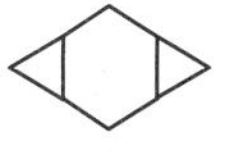 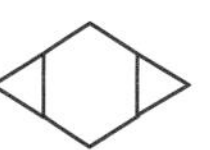 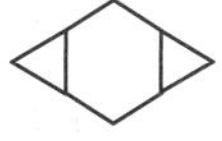

3. Combien de triangles te faut-il pour 9 hexagones en suivant la régularité à la question 2? Comment le sais-tu?

PA6-17 : La variation directe

Remplis le tableau et écris une règle pour le nombre de blocs dans chaque figure, comme pour a).

1. a)

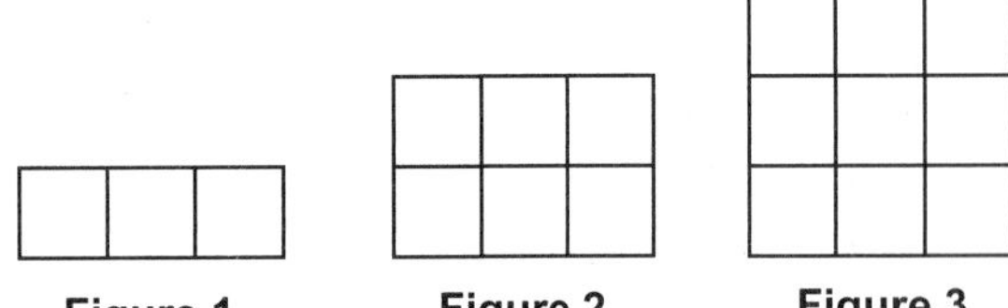

Figure 1 Figure 2 Figure 3

Règle : 3 × Numéro de la figure

Numéro de la figure	Nombre de blocs
1	
2	
3	

b)

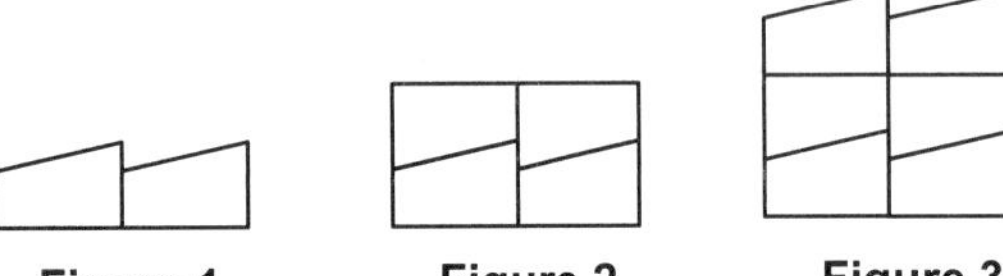

Figure 1 Figure 2 Figure 3

Règle : ______________________

Numéro de la figure	Nombre de blocs

c)

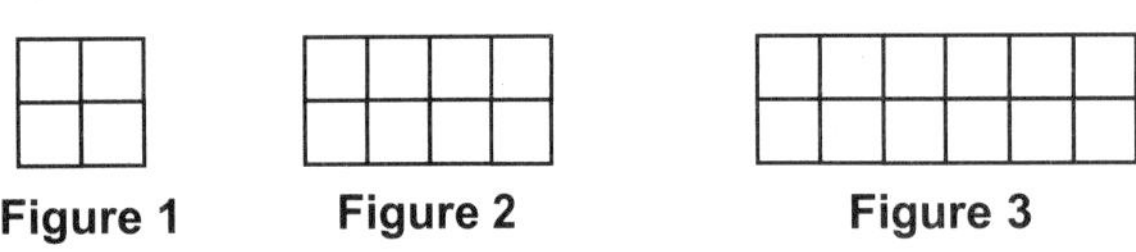

Figure 1 Figure 2 Figure 3

Règle : ______________________

Numéro de la figure	Nombre de blocs

d)

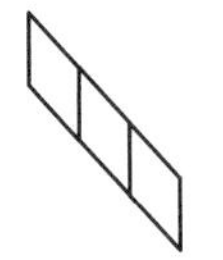

Figure 1

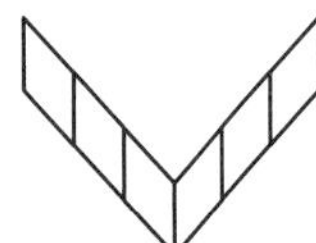

Figure 2

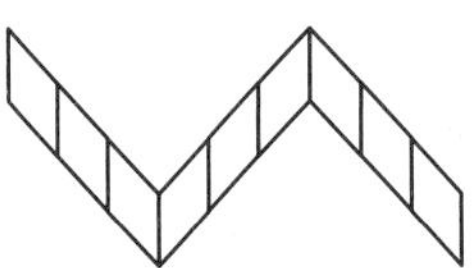

Figure 3

Règle : ______________________

Numéro de la figure	Nombre de blocs

Dans chaque exemple ci-dessus, tu peux trouver le **nombre total de blocs** en *multipliant* le **numéro de la figure** par le **nombre de blocs dans la première figure**. Dans ces cas, on peut dire que le **nombre de blocs** varie directement avec le numéro de la figure.

2. Encercle les suites où le nombre de blocs varie directement avec le numéro de la figure.

a)

Numéro de la figure	Nombre de blocs
1	3
2	6
3	9

b)

Numéro de la figure	Nombre de blocs
1	4
2	7
3	10

c)

Numéro de la figure	Nombre de blocs
1	6
2	12
3	18

d)

Numéro de la figure	Nombre de blocs
1	5
2	10
3	16

PA6-18 : Identifier les règles de régularités - Partie II

1. Pour chaque régularité ci-dessous, le nombre de blocs *coloriés* augmente directement en relation avec le numéro de la figure. Cependant, le nombre *total* de blocs n'augmente pas directement.

   i) Écris une règle pour le nombre de blocs *coloriés* dans chaque suite.

   ii) Écris une règle pour le *nombre total* de blocs dans chaque suite.

a)

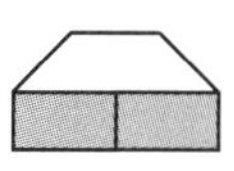
Figure 1

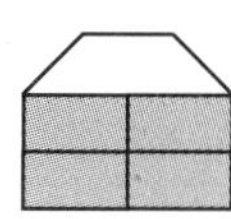
Figure 2

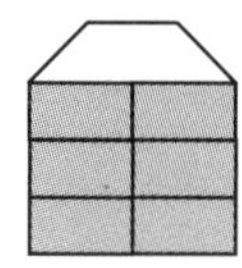
Figure 3

Règle pour le nombre de blocs coloriés :

2 × Numéro de la figure

Règle pour le nombre total de blocs :

2 × Numéro de la figure + 1

b)

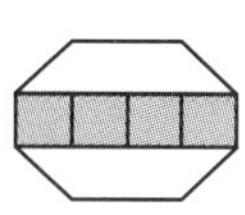
Figure 1

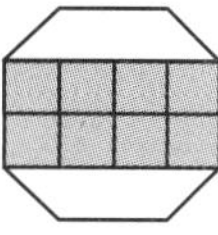
Figure 2

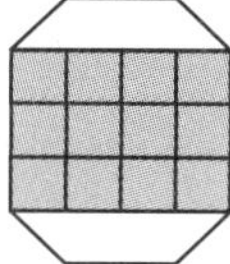
Figure 3

Règle pour le nombre de blocs coloriés :

____

Règle pour le nombre total de blocs :

____

c)

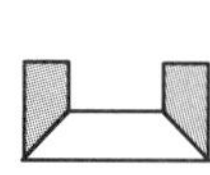
Figure 1

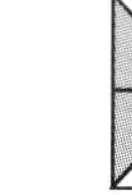
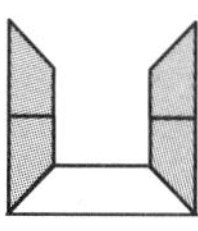
Figure 2

Figure 3

Règle pour le nombre de blocs coloriés :

____

Règle pour le nombre total de blocs :

____

d)

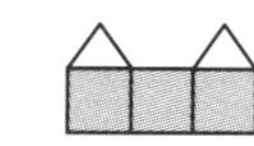
Figure 1

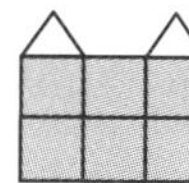
Figure 2

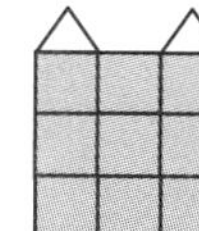
Figure 3

Règle pour le nombre de blocs coloriés :

____

Règle pour le nombre total de blocs :

____

e) Règle pour le nombre de blocs coloriés :

____

Règle pour le nombre total de blocs :

____

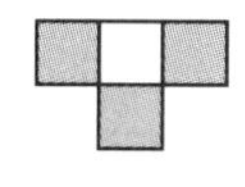
Figure 1

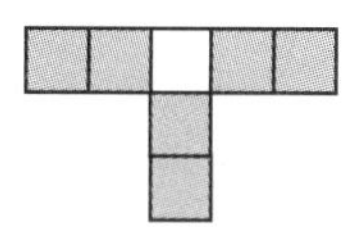
Figure 2

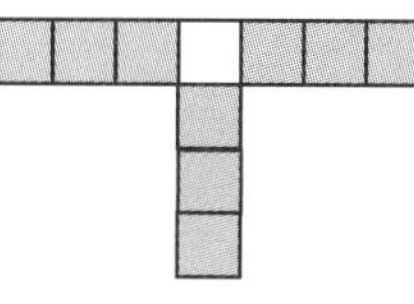
Figure 3

2. Dessine ou construis une suite de figures qui correspond avec les tableaux suivants. Colorie la partie de chaque figure qui varie directement en relation avec le numéro de la figure.

a)

Numéro de la figure	Nombre de blocs
1	5
2	7
3	9

b)

Numéro de la figure	Nombre de blocs
1	6
2	10
3	14

c)

Numéro de la figure	Nombre de blocs
1	7
2	10
3	13

PA6-19 : Prédire les écarts entre les termes d'une régularité

1. Remplis le tableau en utilisant la règle donnée.

a) Règle : Multiplie par 4 et additionne 3

ENTRÉE	SORTIE
1	
2	
3	

Écart : ____________________

b) Règle : Multiplie par 2 et additionne 3

ENTRÉE	SORTIE
1	
2	
3	

Écart : ____________________

c) Règle : Multiplie par 5 et additionne 4

ENTRÉE	SORTIE
1	
2	
3	

Écart : ____________________

d) Règle : Multiplie par 10 et additionne 1

ENTRÉE	SORTIE
1	
2	
3	

Écart : ____________________

e) Compare **l'écart** dans chaque régularité ci-dessus à la règle pour la régularité. Que remarques-tu?

____

____

2. Pour chaque régularité ci-dessous, fais un tableau en T tel qu'indiqué. Écris le nombre total de blocs (coloriés et non coloriés) et l'écart.

Peux-tu prédire l'écart pour chaque régularité avant de remplir le tableau?

Numéro de la figure	Nombre de blocs
1	
2	
3	

Figure 1

Figure 2

Figure 3

Figure 1

Figure 2

Figure 3

Figure 1

Figure 2

Figure 3

Peux-tu écrire une règle pour chaque régularité qui indique comment trouver le nombre de blocs à part du numéro de la figure?

PA6-20 : Identifier les règles de tableaux en T – Partie II

Dans le tableau en T ci-contre, le nombre de sortie est calculé à partir du nombre d'entrée en utilisant deux opérations.

ENTRÉE	SORTIE
1	5
2	8
3	11

Pour trouver la règle :

Étape 1 :
Trouve l'écart entre les nombres dans la colonne SORTIE.

ENTRÉE	ENTRÉE x ÉCART	SORTIE	
1		5	
			3
2		8	
			3
3		11	

Étape 2 :
Multiplie les nombres dans la colonne ENTRÉE par le chiffre de l'écart.

ENTRÉE	ENTRÉE x ÉCART	SORTIE	
1	3	5	
			3
2	6	8	
			3
3	9	11	

Étape 3 :
Quel nombre dois-tu additionner à chaque nombre dans la deuxième colonne?

ENTRÉE	ENTRÉE x ÉCART	SORTIE	
1	3	5	
			3
2	6	8	
			3
3	9	11	

Additionne 2

Étape 4 :
Écris une règle pour le tableau en T : Multiplie le nombre d'entrée par 3 et additionne 2

. Suis les étapes indiquées ci-dessus pour trouver la règle qui indique comment calculer le nombre de SORTIE à partir du nombre d'ENTRÉE.

a)

ENTRÉE	ENTRÉE x ÉCART	SORTIE
1		9
2		13
3		17

Additionne ____

Règle : Multiplie par ____ et additionne _____.

b)

ENTRÉE	ENTRÉE x ÉCART	SORTIE
1		3
2		5
3		7

Additionne ____

Règle : Multiplie par _____ et additionne ____.

c)

ENTRÉE	ENTRÉE x ÉCART	SORTIE
1		7
2		10
3		13

Additionne ____

Règle : Multiplie par ____ et additionne _____.

d)

ENTRÉE	ENTRÉE x ÉCART	SORTIE
1		6
2		8
3		10

Additionne ____

Règle : Multiplie par _____ et additionne ____.

PA6-20 : Identifier les règles de tableaux en T – Partie II *(suite)*

2. Écris une règle qui indique comment calculer la SORTIE à partir de l'ENTRÉE.

a)

ENTRÉE	ENTRÉE x ÉCART	SORTIE
1		9
2		14
3		19

Multiplie par _____ et additionne _____.

b)

ENTRÉE	ENTRÉE x ÉCART	SORTIE
1		12
2		18
3		24

Multiplie par _____ et additionne _____.

c)

ENTRÉE	ENTRÉE x ÉCART	OUTPUT
1		6
2		10
3		14

Multiplie par _____ et additionne _____.

d)

ENTRÉE	ENTRÉE x ÉCART	SORTIE
1		6
2		11
3		16

Multiplie par _____ et additionne _____.

3. Écris la règle qui indique comment calculer le nombre de SORTIE à partir du nombre d'ENTRÉE.
NOTE : Cette fois-ci, tu dois soustraire plutôt qu'additionner.

a)

ENTRÉE	ENTRÉE x ÉCART	SORTIE
1		4
2		9
3		14

Multiplie par _____ et soustrais _____.

b)

ENTRÉE	ENTRÉE x ÉCART	SORTIE
1		1
2		4
3		7

Multiplie par _____ et soustrais _____.

c)

ENTRÉE	ENTRÉE x ÉCART	SORTIE
1		2
2		6
3		10

Multiplie par _____ et soustrais _____.

d)

ENTRÉE	ENTRÉE x ÉCART	SORTIE
1		5
2		11
3		17

Multiplie par _____ et soustrais _____.

4. Écris la règle qui indique comment arriver au nombre de sortie à partir du nombre d'entrée. Chaque règle peut comporter une ou deux opérations.

a)

Entrée	Sortie
1	2
2	7
3	12
4	17

Règle :

b)

Entrée	Sortie
1	3
2	9
3	15
4	21

Règle :

c)

Entrée	Sortie
1	5
2	6
3	7
4	8

Règle :

d)

Entrée	Sortie
1	7
2	9
3	11
4	13

Règle :

e)

Entrée	Sortie
0	4
1	8
2	12
3	16

Règle :

f)

Entrée	Sortie
1	4
2	8
3	12
4	16

Règle :

BONUS

5. Trouve la règle en devinant et en vérifiant.

a)

Entrée	Sortie
5	27
6	32
7	37
8	42

Règle :

b)

Entrée	Sortie
4	7
5	9
6	11
7	13

Règle :

c)

Entrée	Sortie
57	63
58	64
59	65
60	66

Règle :

d)

Entrée	Sortie
2	7
4	13
6	19
8	25

Règle :

e)

Entrée	Sortie
10	31
9	28
3	10
1	4

Règle :

f)

Entrée	Sortie
8	13
4	5
3	3
7	11

Règle :

PA6-21 : Appliquer les règles de régularités

1. Pour chaque régularité, dessine la figure 4 et remplis le tableau en T.
   Écris ensuite une règle qui indique comment calculer le nombre d'entrée à partir du nombre de sortie.

a) 1 2 3 4

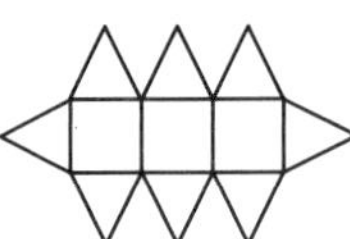

Figure	Nombre de triangles
1	
2	
3	
4	

Règle pour le tableau en T : ______________________________

Utilise cette règle pour prédire combien de triangles il te faudra pour la figure 9 : ____________

b) 1 2 3 4

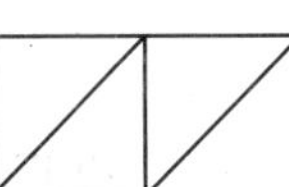

Figure	Nombre de segments de ligne
1	
2	
3	
4	

Règle pour le tableau en T : ______________________________

Utilise cette règle pour prédire combien de segments de ligne la figure 11 aura : ____________

c) 1 2 3 4

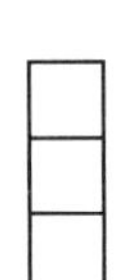
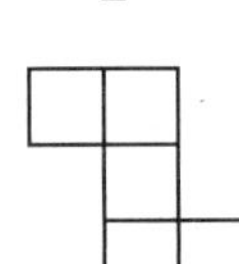
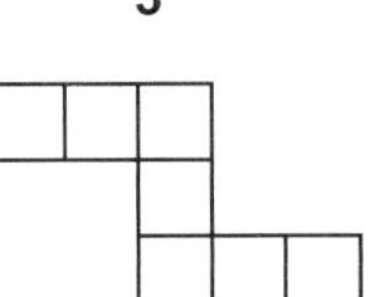

Figure	Nombre de carrés
1	
2	
3	
4	

Règle pour le tableau en T : ______________________________

Utilise cette règle pour prédire le nombre de carrés dont tu auras besoin pour la figure 10 : ______

d) 1 2 3 4

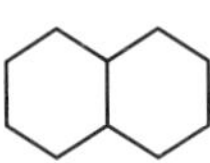

Figure	Périmètre
1	
2	
3	
4	

Règle pour le tableau en T : ______________________________

Utilise cette règle pour prédire le périmètre de la figure 23 : ____________

NS6-1 : Introduction à la valeur de position

1. Écris la valeur de position du chiffre souligné.

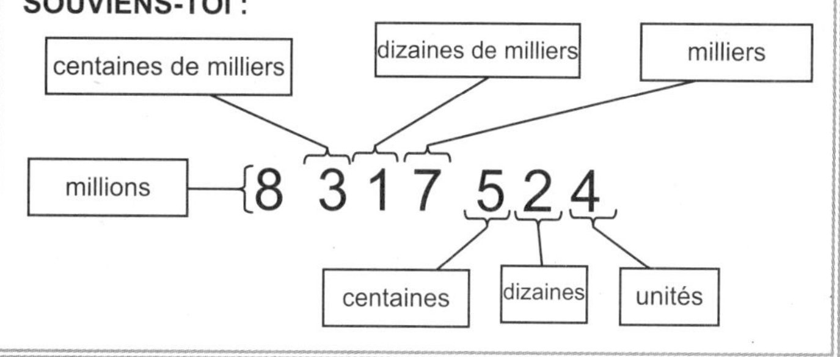

a) 56 236 — dizaines

b) 1 956 336 — unité de millions ✓

c) 8 256 601 — centaine de millier ✓

d) 6 453 156 — centaine ✓

e) 7 103 256 — unité ✓

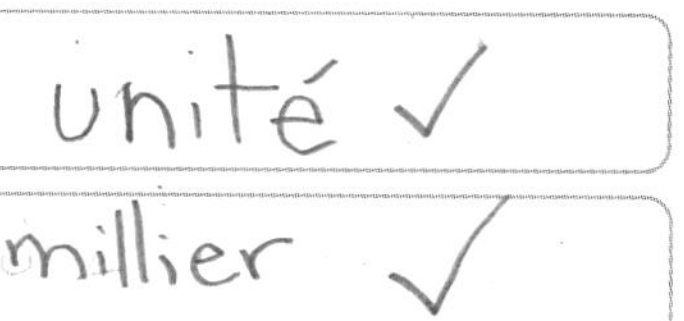

f) 2 589 143 — dizaine de millier ✓

g) 923 156 — millier ✓

2. Donne la valeur de position du chiffre 5 dans chacun des nombres ci-dessous.
INDICE : En premier, souligne le 5 dans chaque question.

a) 35 689 — millier ✓
b) 5 308 603 — millions ✓
c) 36 905 — unité ✓

d) 215 — unité ✓
e) 2 542 — centaine ✓
f) 3 451 628 — dizaine de millier ✓

g) 43 251 — dizaine ✓
h) 152 776 — dizaine de millier ✓
i) 1 543 001 — centaine de millier ✓

3. Tu peux aussi écrire les nombres en utilisant un tableau de valeur de position.

Exemple :

4 672 953 serait :

millions	centaines de milliers	diz. de milliers	milliers	centaines	diz.	unités
4	6	7	2	9	5	3

Écris les nombres suivants dans le tableau de valeur de position.

	millions	centaines de milliers	diz. de milliers	milliers	centaines	dizaines	unités
a) 2 316 953	2	3	1	6	9	5	3
b) 62 507			6	2	5	0	7
c) 5 604 891	5	6	0	4	8	9	1
d) 1 399				1	3	9	9
e) 17						1	7
f) 998 260		9	9	8	2	6	0

NS6-2 : Valeur de position

Le nombre 684 523 est un **nombre à 6 chiffres**.

- Le **chiffre** 6 vaut 600 000 – la **valeur** du chiffre 6 est 600 000.
- Le **chiffre** 8 vaut 80 000 – la **valeur** du chiffre 8 est 80 000.
- Le **chiffre** 4 vaut 4 000 – la **valeur** du chiffre 4 est 4 000.
- Le **chiffre** 5 vaut 500 – la **valeur** du chiffre 5 est 500.
- Le **chiffre** 2 vaut 20 – la **valeur** du chiffre 2 est 20.
- Le **chiffre** 3 vaut 3 – la **valeur** du chiffre 3 est 3.

---

1. Écris la **valeur** de chaque chiffre.

a) 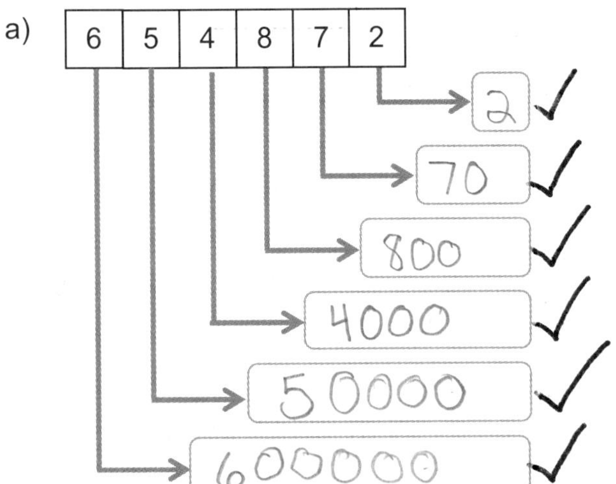

b) 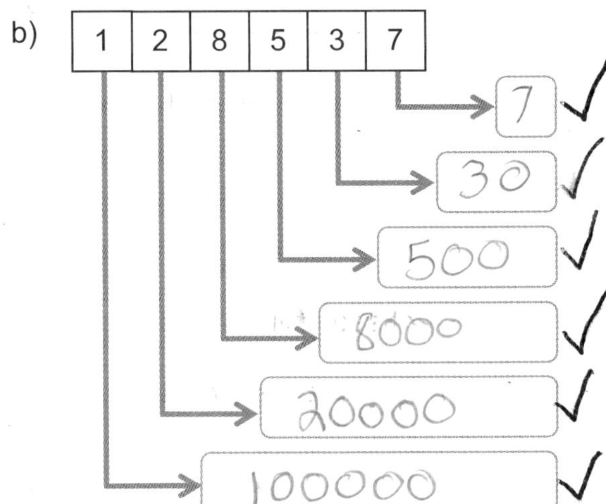

2. Que vaut le chiffre 7 dans chacun des nombres? Le premier est déjà fait pour toi.

a) 8 476	b) 38 725	c) 93 726	d) 730 025
70	700 ✓	700 ✓	700 000 ✓

e) 7 250	f) 64 297	g) 43 075	h) 382 457
7000 ✓	7 ✓	70 ✓	7 ✓

3. Remplis les espaces vides.

a) Dans le nombre 4 523, le <u>chiffre</u> 5 vaut 500.

b) Dans le nombre 34 528, le <u>chiffre</u> 3 vaut 30 000.

c) Dans le nombre 420 583, la <u>valeur</u> du chiffre 8 est 80.

d) Dans le nombre 75 320, la <u>valeur</u> du chiffre 7 est 70 000.

e) Dans le nombre 723 594, le chiffre 2 est dans la position des <u>dizaines de milliers</u>.

NS6-3 : Lire et écrire les grands nombres

1. Indique si les nombres soulignés représentent des **milliers** ou des **millions.**

   a) 327 510 210 millions

   b) 216 772 015 milliers

   c) 879 054 815 milliers

   d) 65 321 879 millions

> Mots pour la position des dizaines :
>
> dix, vingt, trente, quarante, cinquante, soixante, soixante-dix, quatre-vingts, quatre-vingt-dix

2. Écris la valeur des chiffres soulignés.

   a) 375 231 872 trois cent soixante-quinze millions

   b) 287 036 253 trente-six milliers

   c) 79 253 812 soisante-~~vingt~~ dix-neuf millions

   d) 3 770 823 sept-cent soisante-vingt millier

3. Écris les nombres pour les adjectifs numéraux.

   a) Deux cent quatre-vingt-trois millions quatre cent vingt-deux mille 283 422

   b) Soixante-treize millions cinquante-sept mille cent quatre 73 057 104

   c) Neuf cent sept millions quatre cent trois mille vingt et un 907 403 21

4. Écris les adjectifs numéraux pour les nombres.

   a) 275 381 210 b) 89 023 100 c) 998 325 593

5. Écris les nombres dans le tableau en mots.

Évolution des dinosaures	*Évolution des oiseaux*	*Extinction des dinosaures*
Période triasique	Période jurassique	Période crétacée

Il y a 248 milliions d'années | Il y a 214 millions d'années | Il y a 206 millions d'années | Il y a 65 millions d'années

6. Complète chaque phrase en écrivant un nombre dans les centaines de milliers ou les centaines de millions.

   a) La population d'une petite ville peut être de ...

   b) La population d'un grand pays peut être de ...

7. Écris les nombres dans le tableau en mots.

Planète	**Distance du soleil (km)**
Mercure	57 600 000
Vénus	107 520 000
Terre	148 640 000

8. Les **milliards** viennent après les millions.
   La planète Neptune est à 4 468 640 000 km du soleil. Écris ce nombre en mots.

9. Explique comment le système de valeur de position rend l'écriture et la lecture des grands nombres plus faciles.

NS6-4 : Représentation de matériaux de la base dix

ENSEIGNANT : Montrez à vos éleves les deux façons de représenter un nombre sous forme décomposée.

1. Écris chaque nombre sous forme décomposée (chiffres et mots).

Exemple :

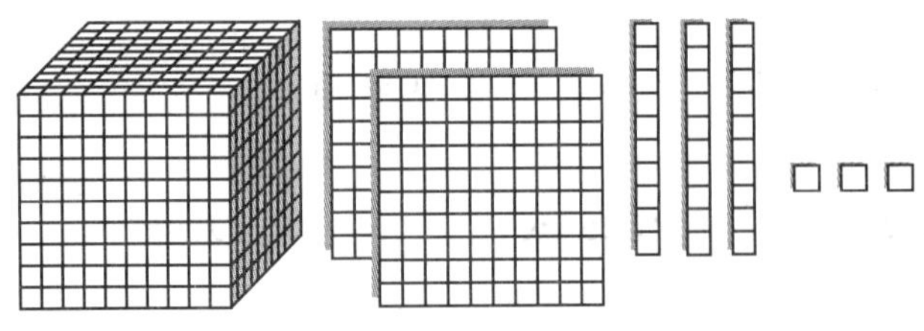

SOUVIENS-TOI :

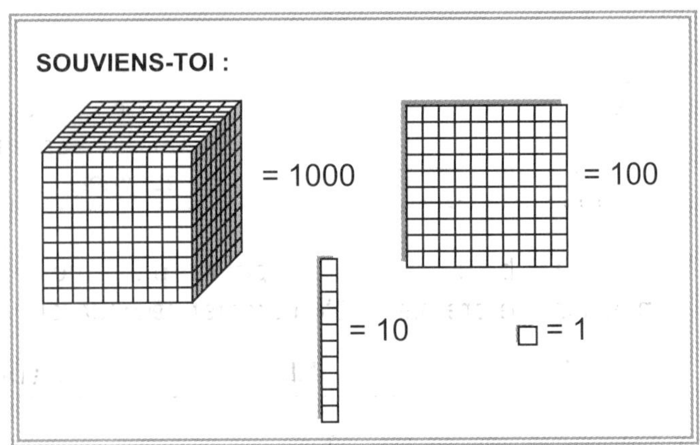

_1_ millier + _2_ centaines + _3_ diz. + _3_ unités = 1 233

a)

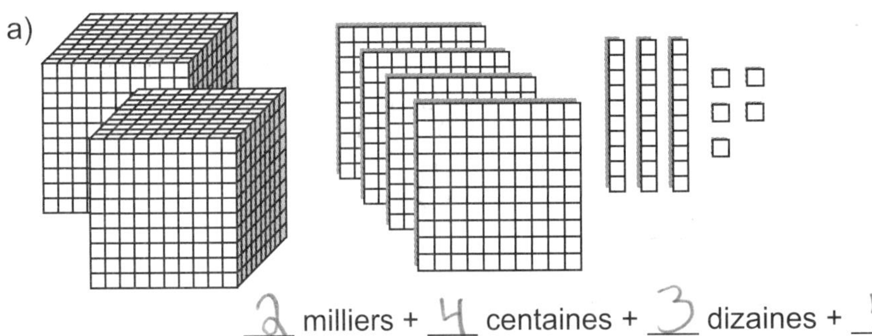

_2_ milliers + _4_ centaines + _3_ dizaines + _5_ unités = 2 435

b)

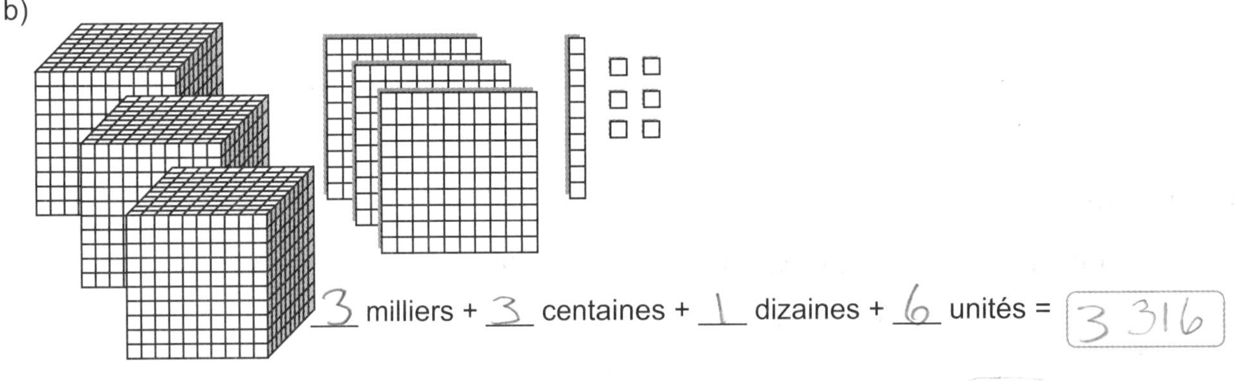

_3_ milliers + _3_ centaines + _1_ dizaines + _6_ unités = 3 316

c)

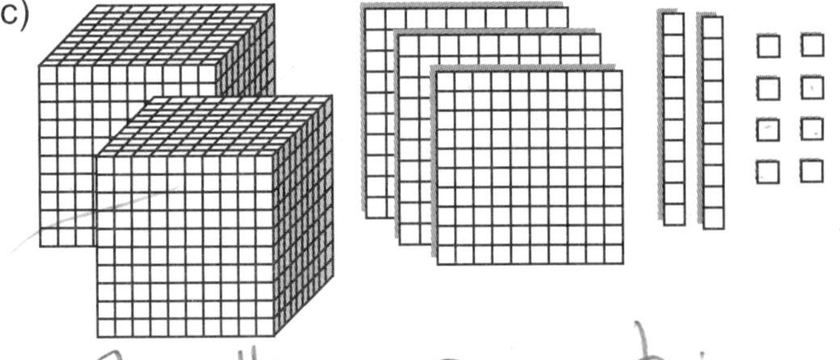

2 millier + 3 centaine + 2 dizaines + 8 uni = 2 328

Étapes pour tracer un bloc des milliers :

Étape 1 : Trace un carré :

Étape 2 : Trace des lignes à partir des trois sommets :

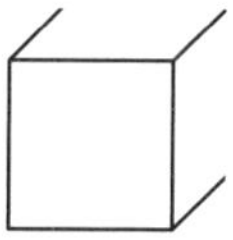

Étape 3 : Relie les lignes :

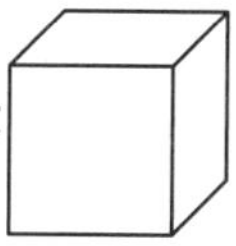

2. Utilise les blocs de base dix pour représenter les nombres donnés dans le tableau de valeur de position. Le premier a été commencé pour toi.

	Nombre	Milliers	Centaines	Dizaines	Unités
a)	3 468	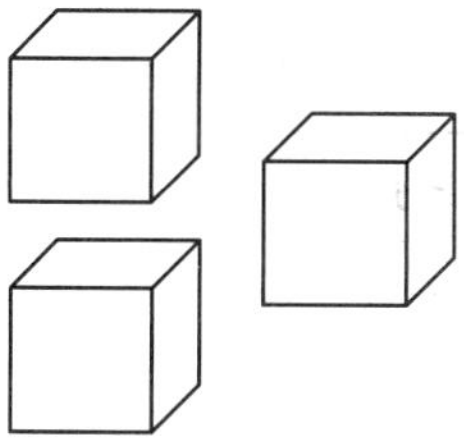	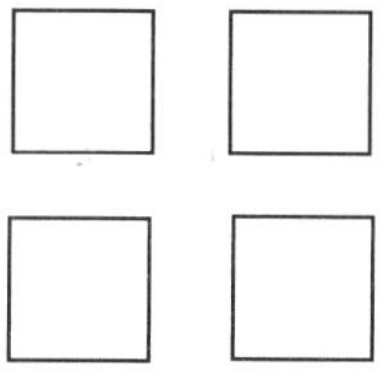		
b)	1 542	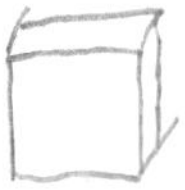	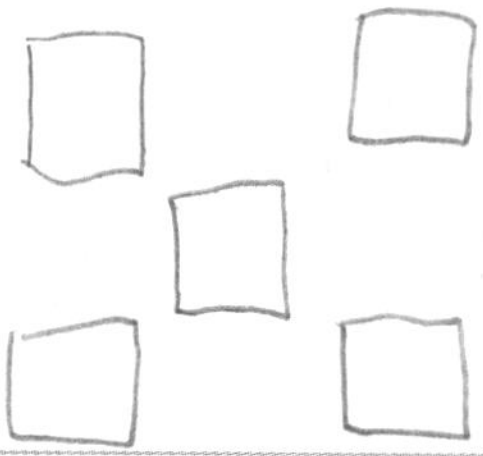		
c)	2 609				

3. Écris les nombres montrés par les blocs de base dix.

	Milliers	Centaines	Dizaines	Unités	Nombre
a)	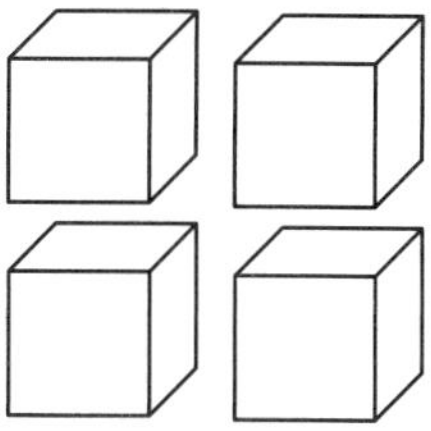	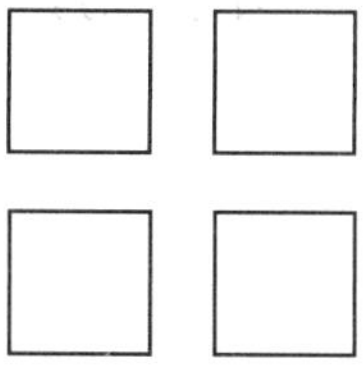	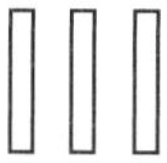		________
b)	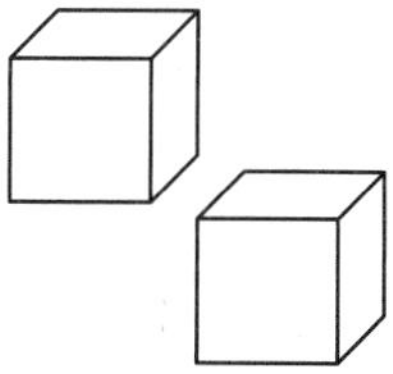	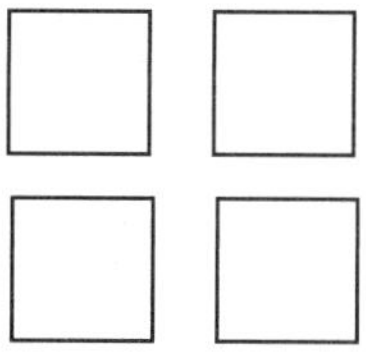	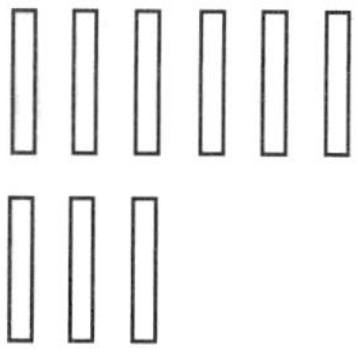		________

NS6-5 : Représentation sous forme décomposée

1. Décomposer les nombres suivants en nombres et en mots. Le premier est déjà fait pour toi.

   a) 2 536 784 = 2 millions + 5 centaines de milliers + 3 dizaines de milliers + 6 milliers + 7 centaines + 8 dizaines + 4 unités

   b) 6 235 401 = 6 millions+2 centaine de milliers+3 dizaine de millier+5 millier+4centaines+1 unité.

   c) 3 056 206 = 3 millions+5dizainesde milliers+6 milliers+ 2 centaines+6unités.

2. Écris le nombre sous forme décomposée (en utilisant des chiffres). Le premier est déjà fait pour toi.

   a) 72 613 = 70 000 + 2 000 + 600 + 10 + 3
   b) 36 = 30+6
   c) 526 = 500+20+6
   d) 12 052 = 10 000+2000+50+2
   e) 2 382 = 2 000+300+80+2
   f) 56 384 = 50 000+6000+300+80+4
   g) 3 082 385 = 3 000 000+80 000+2000+300+80+5

3. Écris le nombre pour chaque somme.

   a) 6 000 + 700 + 40 + 7 = 6747
   b) 800 + 60 + 8 = 868
   c) 3 000 + 30 + 2 = 3 032
   d) 50 000 + 6 000 + 400 + 90 + 3 = 56 493
   e) 10 000 + 6 000 + 200 + 30 + 4 = 16 234
   f) 30 000 + 2 000 + 500 = 32 500
   g) 90 000 + 3 000 + 600 + 7 = 93 607

BONUS

   h) 300 000 + 2 000 000 + 5 + 70 000 + 200 = 32 570 200

4. Trouve le nombre qui manque.

   a) 2 000 + 600 + 40 + 5 = 2 645
   b) 4 000 + 200 + 80 + 5 = 4 285
   c) 40 000 + 3 000 + 700 + 10 + 5 = 43 715
   d) 80 000 + 5 000 + 200 + 60 + 3 = 85 26
   e) 20 000 + 6 000 + 300 + 2 = 26 302
   f) 9 000 + 400 = 9 400
   g) 6 000 + 80 = 6 080
   h) 80 000 + 7 000 + 5 = 87 005
   i) 300 000 + 90 000 + 700 + 2 = 390 702

5. Écris chaque nombre sous forme décomposée. Trace ensuite un modèle de base dix.

Exemple : 3 152 = 3 000 + 100 + 50 + 2

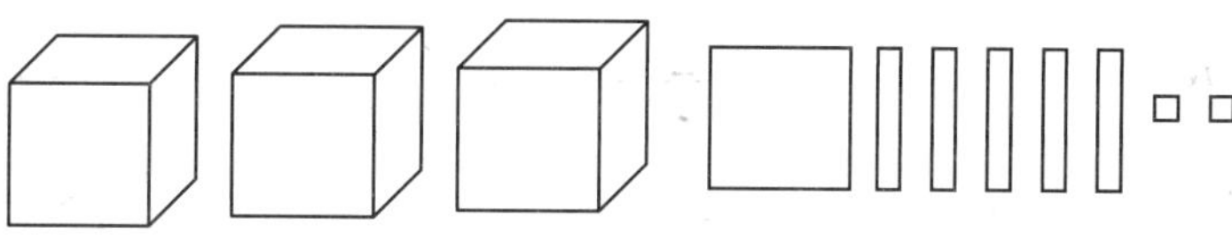

a) 4 354 = 4000 + 300 + 50 + 4

b) 2 604 = 2000 + 600 + 4

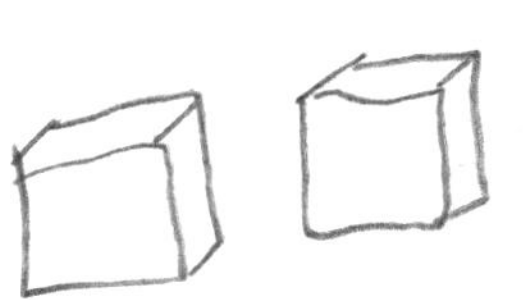

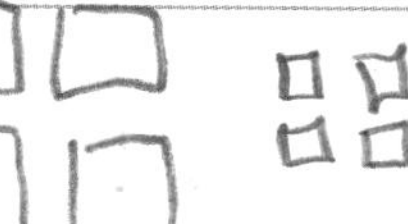

6. Représente le nombre 8 564 de quatre façons différentes – en traçant un modèle de base dix, avec des adjectifs numéraux, et sous forme décomposée (2 façons).

Exemple : 234 – Deux cent trente-quatre

234 = 2 centaines + 3 dizaines + 4 unités *forme décomposée (mots)*

234 = 200 + 30 + 4 *forme décomposée (chiffres)*

7. Dans le nombre 38 562, quelle est la somme du chiffre des dizaines et du chiffre des milliers?

8000 + 60 = 8 060

8. Combien y a-t-il de nombres à deux chiffres dont la somme des chiffres est douze?

0

9. Avec 5 blocs, construis ou trace le modèle d'un nombre de sorte ...

- que le nombre soit impair
- qu'il y ait deux fois autant de blocs de milliers que de blocs de centaines

10. Combien de blocs de milliers te faudrait-il pour représenter un million?

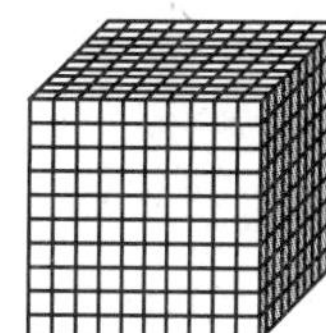

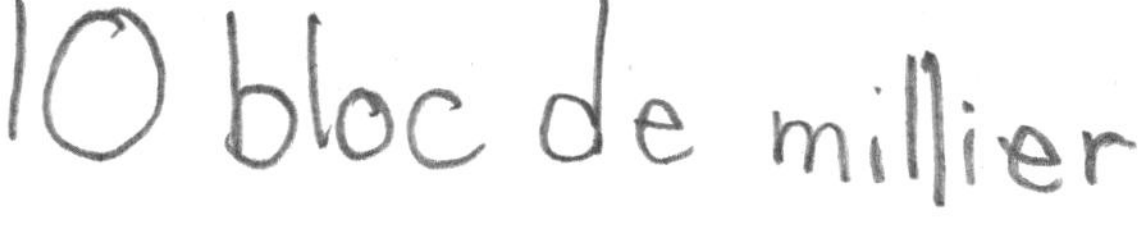

10 bloc de millier

NS6-6 : Comparer et mettre des nombres en ordre

1. Écris la **valeur** de chaque chiffre. Complète ensuite la phrase.

a) 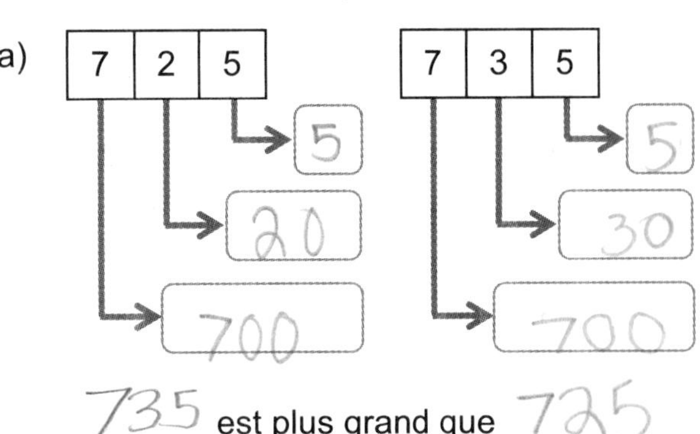

_______ est plus grand que _______

b) 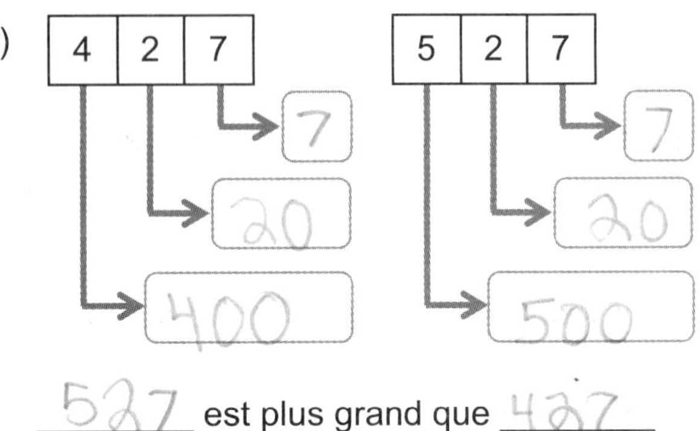

_______ est plus grand que _______

2. Encercle les deux chiffres qui sont différents dans chaque paire de nombres. Écris ensuite le plus grand nombre dans la boîte.

a) 83 752
83 762
83 762

b) 273 605
272 605

c) 614 852
614 858

d) 383 250
483 250

e) 812 349
813 349

f) 569 274
579 274

g) 323
324

h) 195 385
196 385

3. Lis les nombres de gauche à droite. Encercle la première paire de chiffres qui sont différents. Écris ensuite le plus grand nombre dans la boîte.

a) 641 583
641 597
641 597

b) 384 207
389 583

c) 576 986
603 470

d) 621 492
621 483

4. Le symbole d'inégalité « > » dans **7 > 5** indique que « sept est plus grand que cinq ».
Le symbole « **<** » dans **8 < 10** indique que « huit est plus petit que dix ».
Écris dans chaque boîte le symbole d'inégalité qui s'applique.

a) 8 653 [>] 8 486
b) 15 332 [ ] 16 012
c) 9 000 [ ] 7 999
d) 323 728 [ ] 323 729
e) 648 175 [ ] 648 123
f) 72 382 [ ] 8 389
g) 24 489 [ ] 38 950
h) 85 106 [ ] 83 289
i) 1 572 306 [ ] 1 573 306

NS6-7 : Différences de 10 à 10 000

1. Écris « 10 de plus », « 10 de moins », « 100 de plus », « 100 de moins » dans les espaces vides.

   a) 70 est _______________ que 60
   b) 500 est _______________ que 600
   c) 40 est _______________ que 30
   d) 100 est _______________ que 90

2. Écris « 100 de plus », « 100 de moins », « 1 000 de plus » ou « 1 000 de moins » dans les espaces vides.

   a) 1 000 est _______________ que 2 000
   b) 14 000 est _______________ que 15 000
   c) 5 900 est _______________ que 6 000
   d) 70 000 est _______________ que 69 000

3. Écris « 1 000 de plus », « 1 000 de moins », « 10 000 de plus » ou « 10 000 de moins » dans les espaces vides.

   a) 7 000 est _______________ que 6 000
   b) 13 000 est _______________ que 14 000
   c) 40 000 est _______________ que 50 000
   d) 60 000 est _______________ que 50 000
   e) 8 000 est _______________ que 7 000
   f) 40 000 est _______________ que 39 000

4. Écris « 10 000 de plus », « 10 000 de moins », « 100 000 de plus » ou « 100 000 de moins » dans les espaces vides.

   a) 200 000 est _______________ que 100 000
   b) 70 000 est _______________ que 80 000
   c) 160 000 est _______________ que 150 000
   d) 400 000 est _______________ que 500 000
   e) 190 000 est _______________ que 200 000
   f) 800 000 est _______________ que 900 000

5. Encercle la paire de chiffres qui sont différents. Remplis ensuite les espaces vides.

   a) 385 237
      395 237

      385 237 est 10 000 de moins que 395 237.

   b) 291 375
      291 475

      291 375 est _______________ que 291 475.

   c) 143 750
      133 750

      143 750 est _______________ que 133 750.

   d) 522 508
      532 508

      522 508 est _______________ que 532 508.

   e) 96 405
      96 415

      96 405 est _______________ que 96 415.

   f) 3 752 582
      3 751 582

      3 752 582 est _______________ que 3 751 582.

NS6-7 : Différences de 10 à 10 000 *(suite)*

6. Remplis les espaces vides.

a) ____________ est 10 de plus que 3 782
b) ____________ est 100 de moins que 39 927
c) ____________ est 100 de plus que 3 782
d) ____________ est 1 000 de moins que 15 023
e) ____________ est 10 000 de plus que 287 532
f) ____________ est 1 000 de moins que 23 685
g) ____________ est 10 000 de plus que 8 305
h) ____________ est 100 000 de plus que 4 253
i) _________ est 100 000 de moins que 273 528
j) ____________ est 10 000 de plus que 178 253

7. Remplis les espaces vides.

a) 226 + 10 = _________
b) 28 573 + 10 = _________
c) 39 035 + 10 = _________
d) 42 127 + 100 = _________
e) 63 283 + 1 000 = _________
f) 58 372 + 10 000 = _________
g) 2 873 – 10 = _________
h) 485 – 10 = _________
i) 837 – 100 = _________
j) 32 487 – 1 000 = _________
k) 81 901 – 100 = _________
l) 25 836 – 10 000 = _________
m) 382 507 + 10 000 = ____________________
n) 1 437 652 – 100 000 = ____________________

8. Remplis les espaces vides.

a) 685 + _________ = 695
b) 302 + _________ = 402
c) 2 375 + _________ = 2 385
d) 2 617 + _________ = 2 717
e) 43 210 + _________ = 44 210
f) 26 287 + _________ = 26 387
g) 1 287 – _________ = 1 187
h) 6 325 – _________ = 6 315
i) 14 392 – _________ = 14 292
j) 386 053 – _______________ = 376 053
k) 1 260 053 + 1000 = _______________

BONUS

9. Continue les régularités numériques.

a) 6 407, 6 417, 6 427, _________ , _________
b) 46 640, 47 640, 48 640, _________ , _________
c) 624 823, 624 833, ______________ , 624 853
d) ______________ , 28 393, 28 403, 28 413

10. Encercle la paire de chiffres qui sont différents. Remplis ensuite les espaces vides.

a) 827 325
827 335

827 325 est 10 de moins que 827 335

b) 382 305
482 305

_________ est _________ de plus que _________

c) 925 778
915 778

_________ est _________ de moins que _________

NS6-8 : Comparer des nombres (avancé)

1. Écris dans chaque boîte le nombre représenté par les matériaux de base dix. Encercle ensuite le plus grand nombre de chaque paire.
INDICE : S'il y a le même nombre de milliers, compte le nombre de centaines ou de dizaines.

a) (i) 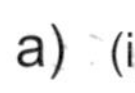 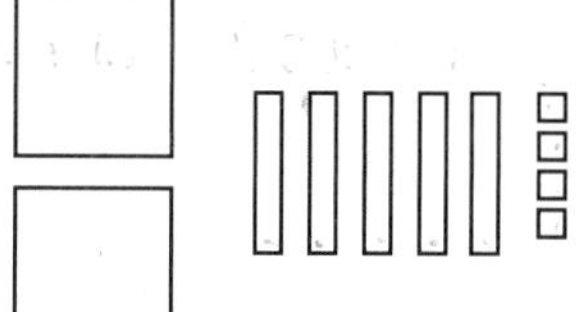  (ii) 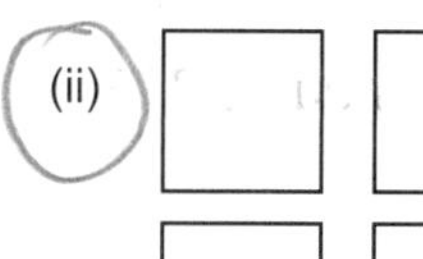  

b) (i) 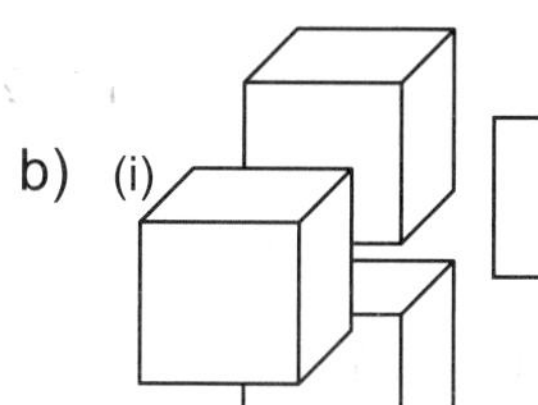 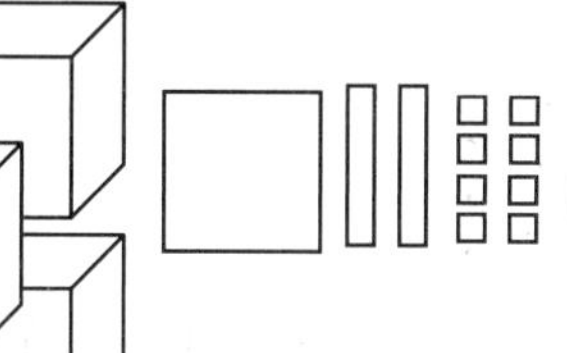 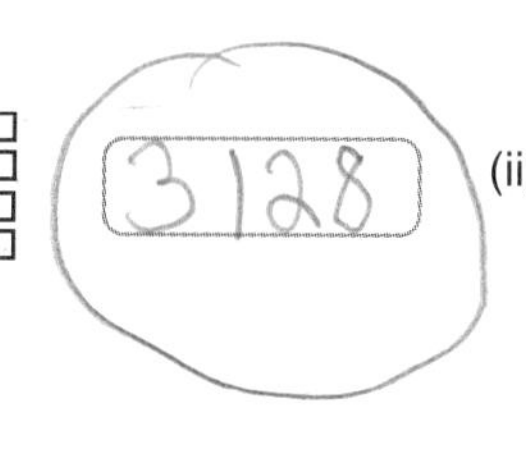 (ii) 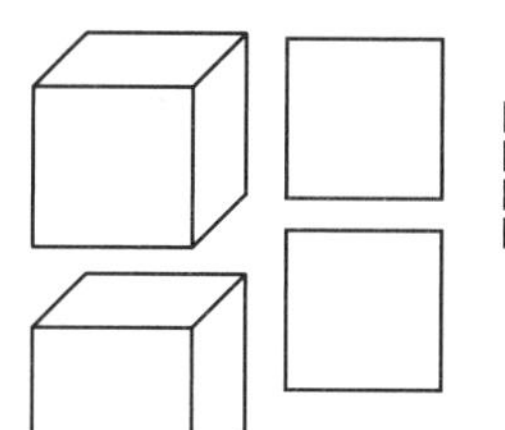 

2. Encercle le plus grand nombre dans chaque paire.

a) 47 ou quarante-huit b) trois mille cinq cent sept ou 3 508 c) quatre-vingt-dix-neuf ou 88

d) six cent cinquante-cinq ou 662 e) 60 385 ou soixante mille quatre cent vingt-cinq

3. Fais une liste de tous les nombres à deux chiffres que tu peux faire en utilisant les chiffres donnés. N'utilise chaque chiffre qu'une fois. Encercle ensuite le plus grand nombre.

a) 6, 7 et 8

b) 2, 9 et 4

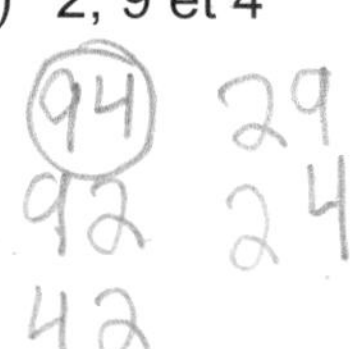

c) 5, 2, et 0

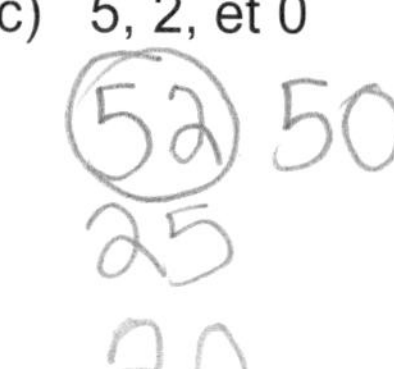

4. Crée le plus grand nombre possible à quatre chiffres avec les chiffres donnés. N'utilise chaque chiffre qu'une seule fois.

a) 4, 3, 2, 6 6432 b) 7, 8, 9, 4 9874 c) 0, 4, 1, 2 4210

5. Crée le plus grand nombre possible avec les chiffres donnés. N'utilise chaque chiffre qu'une seule fois.

a) 3, 4, 1, 2, 8 84321 b) 2, 8, 9, 1, 5 98521 c) 3, 6, 1, 5, 4 65431

6. Utilise les chiffres pour créer le plus grand nombre, le plus petit nombre et un nombre entre les deux.

	Chiffres	Plus grand nombre	Nombre entre les deux	Plus petit nombre
a)	8 5 7 2 1	87521	57218	12578
b)	2 1 5 3 9	95321	25391	12359
c)	3 0 1 5 3	53310	33501	1335

NS6-8 : Comparer des nombres (avancé) *(suite)*

7. Mets les nombres en ordre croissant, en commençant avec le <u>plus petit</u> nombre.

a) 683 759, 693 238, 693 231

683759, 693231, 693238

b) 473 259, 42 380, 47 832

42380, 47832, 473259

c) 385 290, 928 381, 532 135

385290, 532135, 928 381

d) 2 575, 38 258, 195

195, 2575, 38 258

8. Quel est le plus grand nombre plus petit que 10 000 dont les chiffres sont tous les mêmes? 99999

9. Identifie le plus grand nombre parmi les paires de nombres suivantes en écrivant **>** ou **<**.

a) 63 752 [<] 63 750

b) 927 385 [<] 928 303

c) 572 312 [>] 59 238

d) 1 230 075 [>] 1 230 123

10.

Ville	Population
Ottawa	774 072
Hamilton	662 401
Kitchener	414 284

a) Quelle ville a une population plus grande que 670 000?

Ottawa

b) Place les populations par ordre, de la plus petite à la plus grande.

414 284, 662 401, 774 072

11. Quel est le plus grand nombre possible que tu peux faire avec :

a) 3 chiffres? 999

b) 4 chiffres? 9999

c) 5 chiffres? 99999

12. Utilise les chiffres 0, 1, 2, 3, 4 pour créer un nombre pair plus grand que 42 000 et plus petit que 43 000

42310

13. Utilise les chiffres 4, 5, 6, 7, 8 pour créer un nombre impair plus grand que 64 000 et plus petit que 68 000

87654

14. Quel chiffre peux-tu placer dans le ☐ pour rendre l'expression vraie?

a) 54 [4] 21 est entre 54 348 et 54 519.

b) 76 [2] 99 est entre 76 201 et 76 316.

NS6-9 : Regrouper

Nancy a 3 blocs de centaines, 14 blocs de dizaines et 8 blocs d'unités.
Elle échange 10 blocs de dizaines pour 1 bloc de centaines.

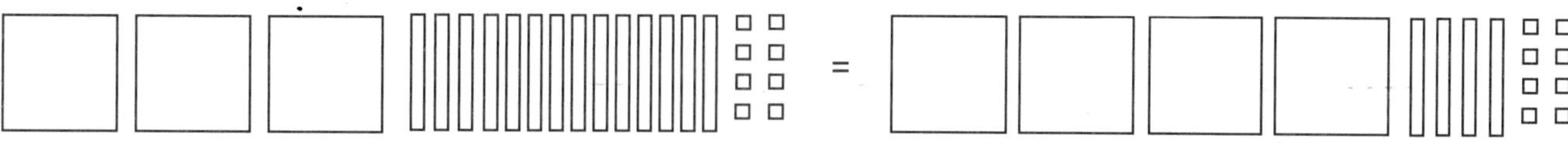

3 centaines + 14 dizaines + 8 unités = 4 centaines + 4 dizaines + 8 unités

---

1. Regroupe 10 blocs d'unités en 1 bloc de dizaines.

a) 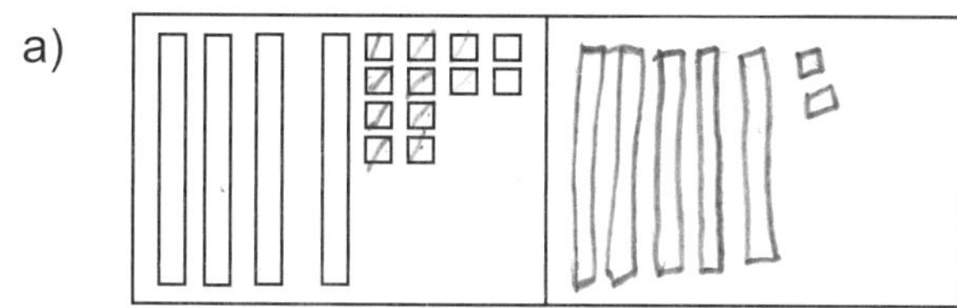

4 dizaines + 12 unités = 5 dizaines + 2 unités

b) 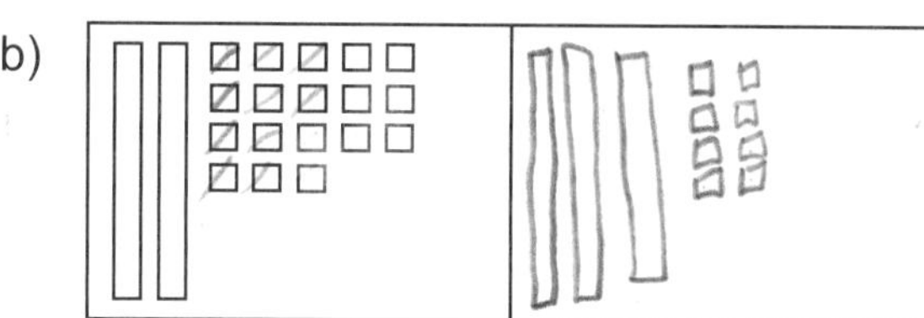

2 dizaines + 18 unités = 3 dizaines + 8 unités

2. Échange des unités pour des dizaines.

a) 53 unités = 5 dizaines + 3 unités
b) 85 unités = 8 dizaines + 5 unités
c) 14 unités = 1 dizaines + 4 unités
d) 27 unités = 2 dizaines + 7 unités
e) 32 unités = 3 dizaines + 2 unités
f) 16 unités = 1 dizaines + 6 unités
g) 11 unités = 1 dizaines + 1 unités
h) 82 unités = 8 dizaines + 2 unités
i) 93 unités = 9 dizaines + 3 unités

3. Complète les tableaux en regroupant 10 dizaines en une centaine.

a)

centaines	dizaines
7	28
7 + 2 = 9	8

b)

centaines	dizaines
6	24
6+2=8	4

c)

centaines	dizaines
3	15
3+1=4	5

d)

centaines	dizaines
6	36
6+3=9	6

e)

centaines	dizaines
8	19
8+1=9	9

f)

centaines	dizaines
2	20
2	2

4. Échange des dizaines pour des centaines ou des unités pour des dizaines. Le premier est déjà fait.

a) 6 centaines + 7 dizaines + 19 unités = 6 centaines + 8 dizaines + 9 unités

b) 2 centaines + 6 dizaines + 15 unités = 2centaines + 7 dizaines+5 unité

c) 8 centaines + 28 dizaines + 9 unités = 1 millier + 8 dizaines+ 9 unités

NS6-9 : Regrouper *(suite)*

Rupa a 1 bloc de milliers, 12 blocs de centaines, 1 bloc de dizaines et 2 blocs d'unités.

Elle regroupe 10 blocs de centaines en un bloc de milliers.

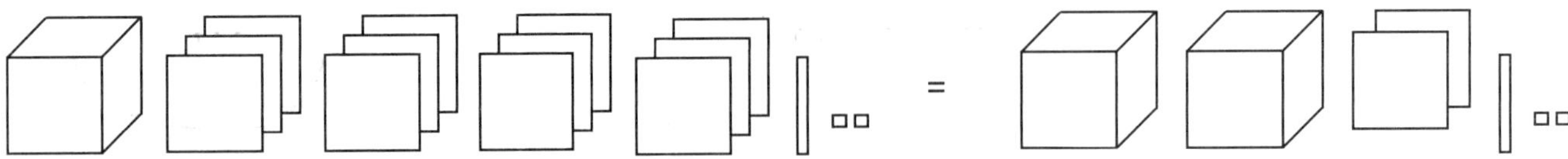

1 millier + 12 centaines + 1 dizaine + 2 unités = 2 milliers + 2 centaines + 1 dizaine + 2 unités

---

5. Complète les tableaux en regroupant 10 centaines en 1 millier.

a)

milliers	centaines
5	25
5 + 2 = 7	5

b)

milliers	centaines
3	12
3+1=4	2

c)

milliers	centaines
8	20
8+2=10	

6. Échange 10 centaines pour un millier. Le premier est déjà fait pour toi.

a) 5 milliers + 23 centaines + 2 dizaines + 5 unités = 7 milliers + 3 centaines + 2 dizaines + 5 unités

b) 1 millier + 54 centaines + 2 dizaines + 6 unités = 6 milliers + 4 centaines + 2 dizaines + 6 unités

c) 8 milliers + 15 centaines + 3 dizaines + 0 unités = 9millier+5centaine

7. Échange les milliers pour des dizaines de milliers, les centaines pour des milliers, les dizaines pour des centaines, ou les unités pour des dizaines.

a) 2 milliers + 13 centaines + 2 dizaines + 5 unités = 3 milliers + 3 centaines + 2 dizaines + 5 unités

b) 5 milliers + 2 centaines + 3 dizaines + 56 unités = 5milliers+2centaines+8dizaine 6unités

c) 3 dizaines de milliers + 27 milliers + 2 centaines + 37 dizaines + 8 unités = 5dizaines demilliers+ 7milliers+5centaines+7dizaines+8unités

8. Teresa veut créer un modèle représentant le nombre 6 mille 5 cent et quatre-vingt-dix. Elle a 5 blocs de milliers, 14 blocs de centaines et 30 blocs de dizaines.

Peut-elle créer le modèle?

Utilise des diagrammes et des nombres pour expliquer ta réponse.

NS6-10 : Additionner en regroupant

1. Additionne les nombres ci-dessous en dessinant une image et en additionnant les chiffres. Utilise le matériel de base dix pour montrer comment tu peux combiner les nombres et regrouper. (Le premier est déjà fait pour toi.)

a) **26 + 36**

	Matériel de base dix		Chiffres	
	dizaines	unités	diz.	unités
26			2	6
36			3	6
somme		regroupe 10 unités en une dizaine	5	12
	après avoir regroupé		6	2

b) **57 + 27**

	Matériel de base dix		Chiffres	
	dizaines	unités	diz.	unités
			5	7
			2	7
			7	14
			8	4

2. Additionne les chiffres dans la colonne des unités. Montre comment tu pourrais regrouper 10 unités en 1 dizaine. Le premier est déjà fait pour toi.

dizaines vont ici

a) 1 / 16 + 17 = 3 (*unités vont ici*)

b) 1 / 24 + 36 = 60

c) 1 / 57 + 19 = 76

d) 1 / 73 + 19 = 92

e) 1 / 57 + 35 = 92

3. Additionne les nombres en regroupant. Le premier est déjà fait pour toi.

a) 1 / 46 + 25 = **71**

b) 1 / 33 + 48 = 81

c) 1 / 72 + 19 = 91

d) 1 / 85 + 17 = 102

e) 1 / 47 + 26 = 73

f) 1 / 38 + 43 = 81

g) 1 / 69 + 9 = 78

h) 1 / 74 + 19 = 83

i) 1 / 43 + 39 = 82

j) 1 / 68 + 29 = 97

NS6-11 : Additionner des nombres à 3 chiffres

Simon additionne **363 + 274** en utilisant du matériel de base dix.

363 = 3 centaines + 6 dizaines + 3 unités

+ 274 = 2 centaines + 7 dizaines + 4 unités

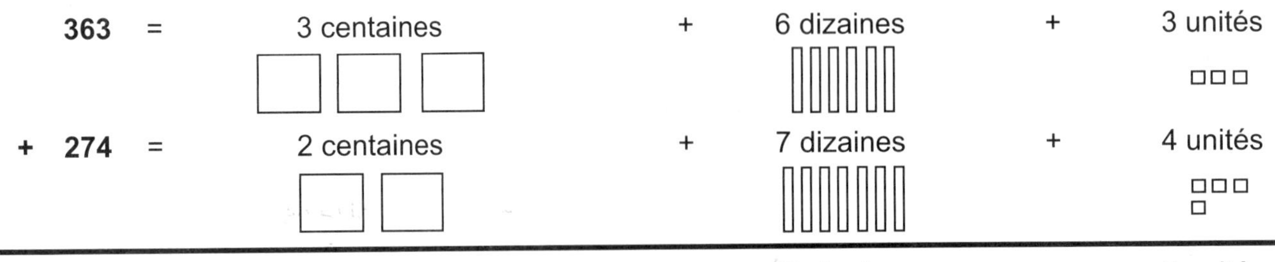

= 5 centaines + 13 dizaines + 7 unités

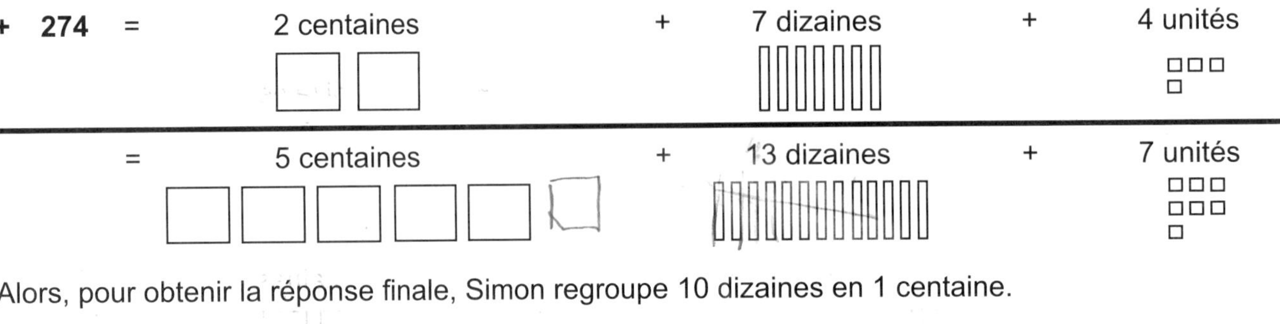

Alors, pour obtenir la réponse finale, Simon regroupe 10 dizaines en 1 centaine.

= 6 centaines + 3 dizaines + 7 unités

1. Additionne les nombres ci-dessous en utilisant le matériel de base dix ou en faisant un dessin dans ton cahier. Inscris ton travail ci-dessous.

483	= 3 centaines	+ 18 dizaines	+ 3 unités	
+ 245	= 1 centaines	+ 14 dizaines	+ 5 unités	
	= 4 centaines	+ 18 dizaines	+ 3 unités	
après avoir regroupé	= 2 centaines	+ 4 dizaines	+ 5 unités	

2. Additionne. Tu vas devoir regrouper. On a commencé le premier pour toi.

a) 364 + 253 = 17

b) 571 + 255 = 826

c) 652 + 94 = 746

d) 364 + 482 = 846

e) 447 + 172 = 619

3. Additionne, en regroupant si nécessaire.

a) 168 + 323 = 491

b) 255 + 362 = 617

c) 295 + 123 = 418

d) 465 + 159 = 624

e) 457 + 303 = 760

f) 465 + 264 = 729

4. Additionne en alignant les chiffres correctement dans le tableau. On a commencé le premier pour toi.

a) 449 + 346

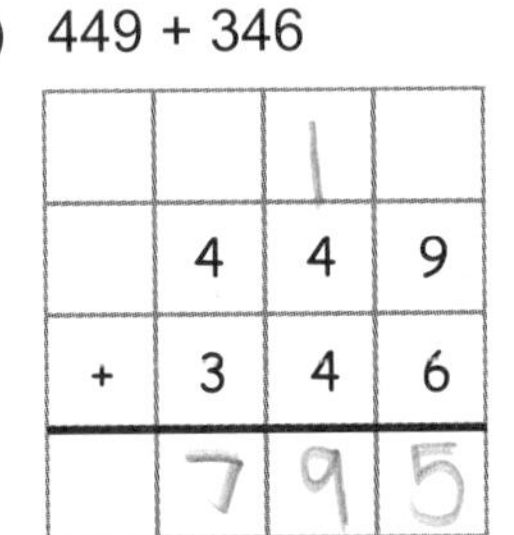

b) 273 + 456

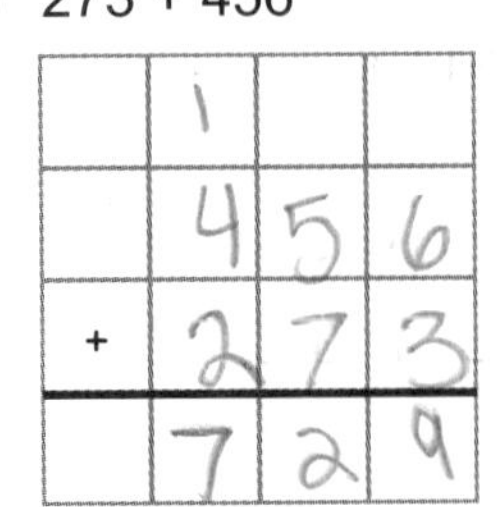

c) 832 + 109

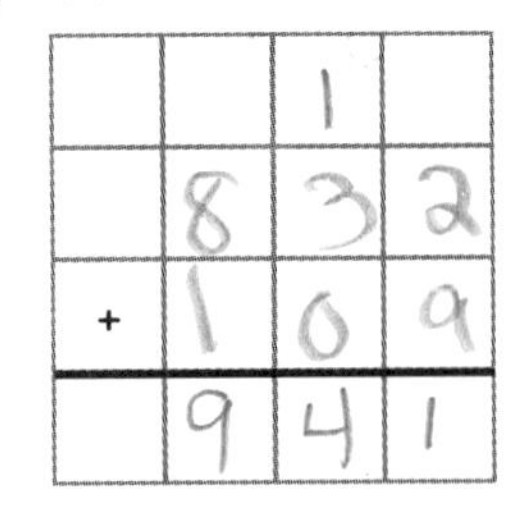

d) 347 + 72

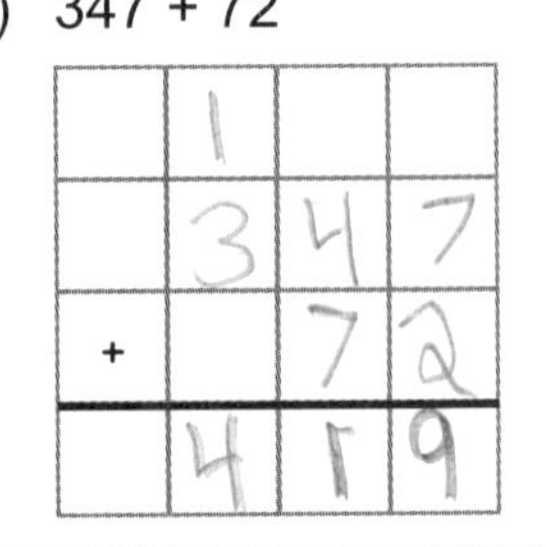

NS6-12 : Additionner des nombres plus grands

Samuel additionne **2 974 + 2 313** en utilisant du matériel de base dix.

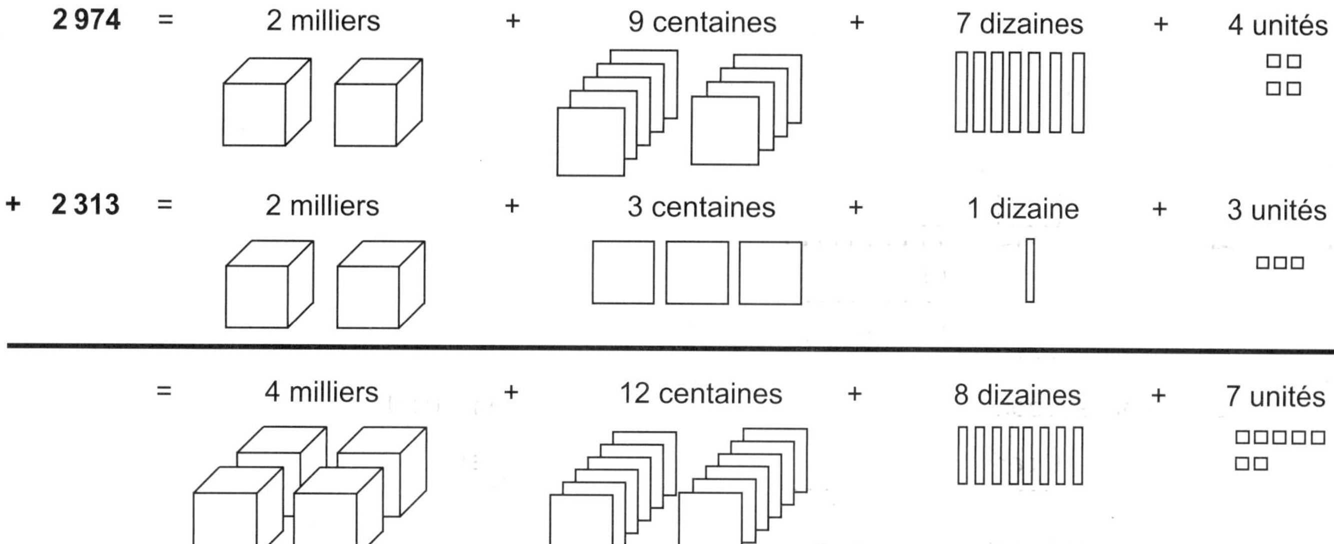

Alors, pour obtenir la réponse finale, Samuel échange 10 centaines pour 1 millier.

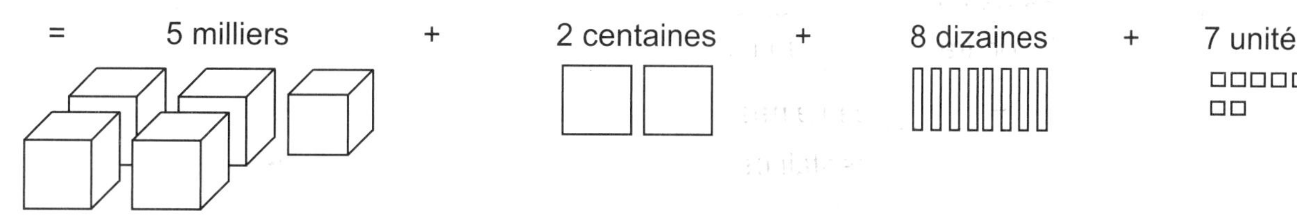

---

1. Additionne les nombres ci-dessous en utilisant le matériel de base dix ou en faisant un dessin dans ton cahier. Inscris ton travail ci-dessous.

5 486	=	4	milliers	+	13	centaines	+	18	dizaines	+	6 unités
+ 3 713	=	2	milliers	+	17	centaines	+	1	dizaines	+	3 unités
	=	5	milliers	+	4	centaines	+	8	dizaines	+	6 unités
après avoir regroupé	=	3	milliers	+	7	centaines	+	1	dizaines	+	3 unités

2. Additionne. (Tu vas devoir regrouper.) On a commencé le premier pour toi.

a)	b)	c)	d)	e)
1	1	1	1	1
4 6 8 3	2 5 3 7	8 6 5 4	3 1 7 4	5 9 4 6
+ 2 7 1 2	+ 4 6 2 1	+ 7 2 4	+ 4 9 2 3	+ 2 4 3 2
7 3 9 5	7158	9378	8097	8278

3. Additionne. Tu vas devoir regrouper les dizaines en centaines.

a)	b)	c)	d)	e)
1				
8 5 6 3	4 4 8 7	3 6 8 3	2 4 7 8	9 5 9 3
+ 1 3 5 1	+ 2 3 5 1	+ 3 1 3 2	+ 2 7 1	+ 2 5 2
9914	8			

4. Additionne (en regroupant ou en reportant si nécessaire).

a)	b)	c)	d)	e)
5 8 4 6	3 5 6 4	6 5 3 4	8 8 5 4	2 4 4 3
+ 1 1 3 5	+ 2 8 1 3	+ 3 2 9 4	+ 1 0 6 3	+ 5 9 3 5

f)	g)	h)	i)	j)
6 7 5 2	3 4 7 3	5 6 7 5	8 2 3 0	2 5 4 8
+ 2 3 3 4	+ 5 2 4 3	+ 9 2 3	+ 1 4 8 8	+ 3 4 8 1

5. Additionne en alignant les chiffres correctement dans le tableau. Pour certaines réponses, tu devras peut-être regrouper deux fois.

a) 2 468 + 7 431

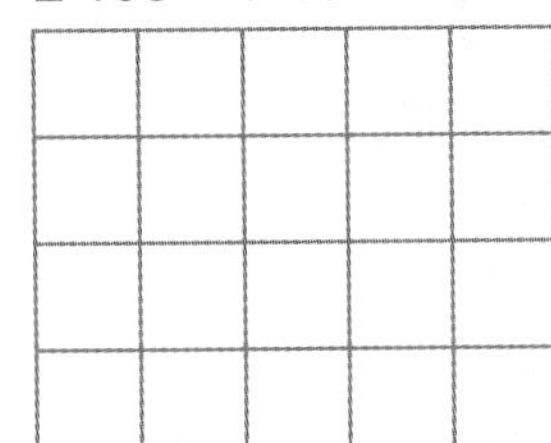

b) 8 596 + 1 235

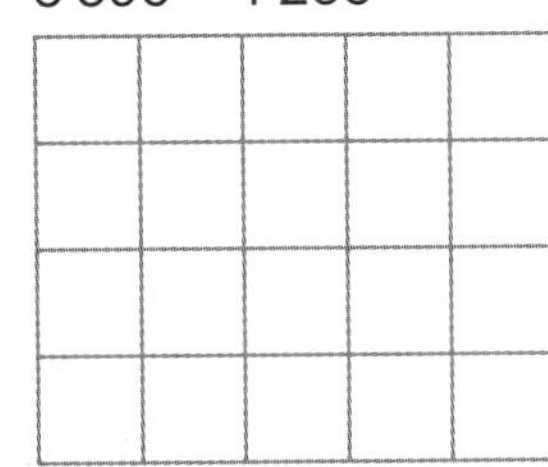

c) 6 650 + 2 198

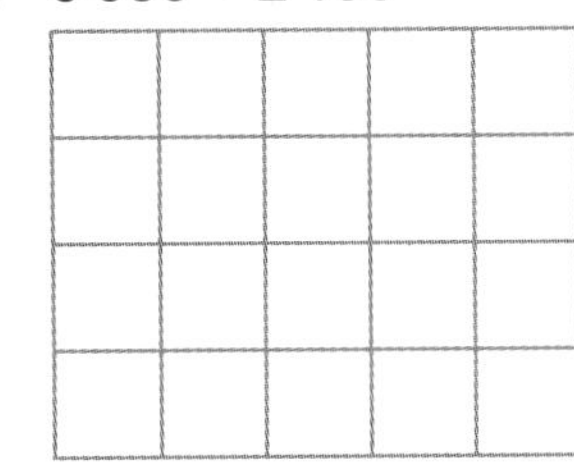

d) 8 359 + 48

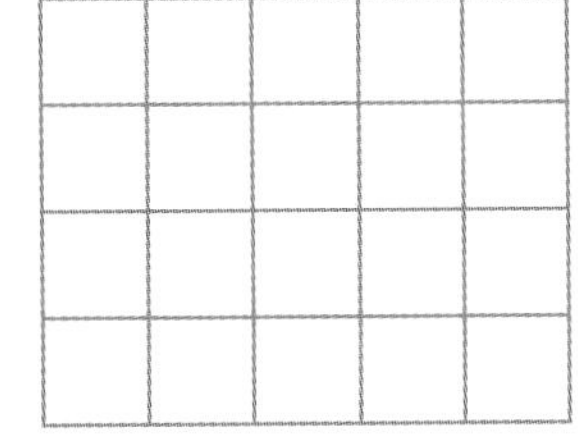

6. Additionne (en regroupant si nécessaire)

a)	b)	c)	d)
5 4 5 5	7 3 2 4 6	1 4 5 6 8 3	2 3 5 2 7 5
+ 1 2 7 3	+ 1 8 3 8 2	+ 3 2 9 2 3 4	+ 5 1 2 9 1 3

e) 5 326 + 1 234 + 6 762 f) 3 658 + 6 343 + 4 534 g) 389 + 3247 + 712 + 52

7. Un **palindrome** est un nombre (ou un mot) qui est identique quand il est lu de gauche à droite et de droite à gauche.

Par exemple : 363, 51 815 et 2 375 732 sont tous des nombres palindromes.

Pour chacun des nombres indiqués ci-dessous, suis les mêmes étapes que pour le nombre 124.

Étape 1 : Renverse les chiffres : 124 → 421

Étape 2 : Additionne les deux nombres : 124 + 421 = 545

Étape 3 : Si le nombre que tu crées *n'est pas* un nombre palindrome, répète les étapes 1 et 2 avec le nouveau nombre. La plupart des nombres deviennent éventuellement des nombres palindromes si tu continues à répéter ces étapes.

Crée des nombres palindromes à partir des nombres suivants :

a) 216 b) 154 c) 651 d) 23153 e) 371 f) 258 g) 1385

NS6-13 : Soustraire des nombres

Marc soustrait **54 − 17** en utilisant du matériel de base dix.

<u>Étape 1</u> :
Marc représente 54 en utilisant du matériel de base dix ...

dizaines	unités
5	4

Voici comment Marc utilise les chiffres pour montrer son travail :

$$\begin{array}{r} 54 \\ -\ 17 \\ \hline \end{array}$$

<u>Étape 2</u> :
7 (le chiffre d'unité de 17) est plus grand que 4 (le chiffre d'unité de 54) alors Marc regroupe un bloc de dizaines en 10 unités ...

dizaines	unités
4	14

Voici comment Marc montre comment il a regroupé :

$$\begin{array}{r} {\scriptstyle 4\ 14} \\ \not{5}\not{4} \\ -\ 1\ 7 \\ \hline \end{array}$$

<u>Étape 3</u> :
Marc soustrait 17 (il enlève 1 bloc de dizaines et 7 unités) ...

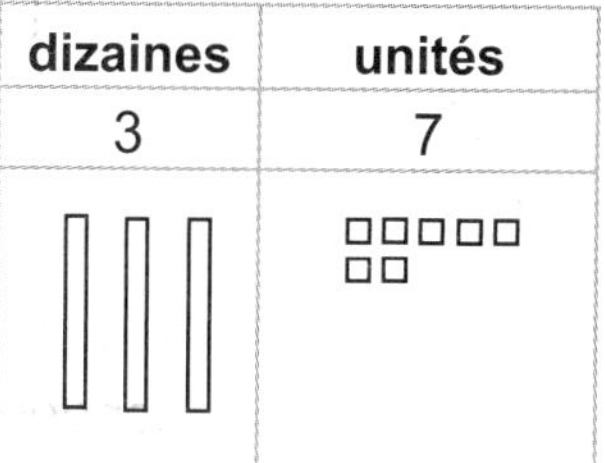

dizaines	unités
3	7

Et voici comment Marc peut soustraire 14 – 7 unités et 4 – 1 dizaines :

$$\begin{array}{r} {\scriptstyle 4\ 14} \\ \not{5}\not{4} \\ -\ 1\ 7 \\ \hline 3\ 7 \end{array}$$

---

1. Pour les questions suivantes, Marc n'a pas assez d'unités pour soustraire. Aide-le en regroupant un bloc de dizaines en 10 unités. Montre comment il peut réécrire l'énoncé de soustraction.

a) **53 − 36**

dizaines	unités
5	3

	5	3
−	3	6

dizaines	unités
4	13

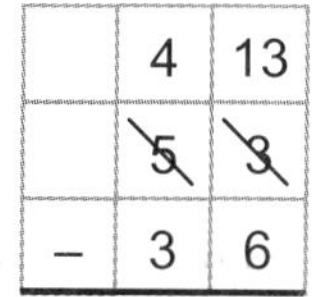

	4	13
	~~5~~	~~3~~
−	3	6

b) **65 − 29**

dizaines	unités
6	5

	6	5
−	2	9

dizaines	unités

	6	5
−	2	9

c) **45 − 27**

dizaines	unités
4	5

	4	5
−	2	7

dizaines	unités

	4	5
−	2	7

d) **53 − 48**

dizaines	unités
5	3

	5	3
−	4	8

dizaines	unités

	5	3
−	4	8

NS6-13 : Soustraire de nombres *(suite)*

2. Soustrais en regroupant. Le premier est déjà fait pour toi.

a)

	7	12
	~~8~~	~~2~~
−	3	7
	4	5

b)

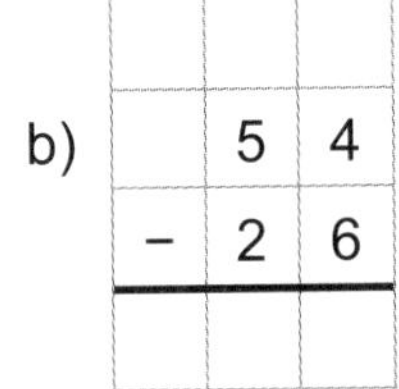

	5	4
−	2	6

c)

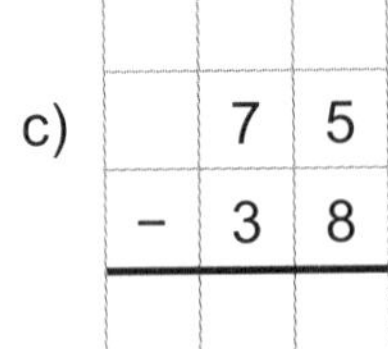

	7	5
−	3	8

d)

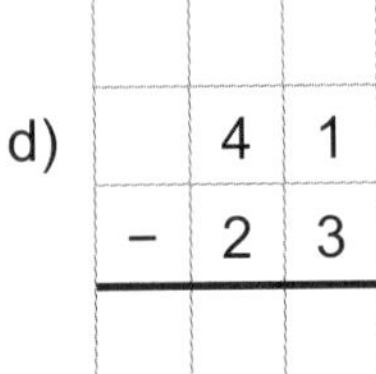

	4	1
−	2	3

e)

	6	7
−	4	9

3. Pour les questions où tu dois regrouper, écris « À l'aide! » dans l'espace fourni. Comment sais-tu que tu dois regrouper? Écris ta réponse dans ton cahier. Si tu travailles avec un partenaire, discutez-en.

a) 58 − 19 À l'aide! ______ 8 est moins que 9

b) 34 − 13 ______

c) 85 − 27 ______

d) 48 − 42 ______

e) 68 − 35 ______

f) 91 − 25 ______

g) 85 − 24 ______

h) 66 − 8 ______

i) 25 − 16 ______

j) 93 − 47 ______

k) 56 − 9 ______

l) 85 − 12 ______

4. Pour soustraire 425 −182, Rita regroupe un bloc de centaines en 10 blocs de dizaines.

centaines	dizaines	unités
4	2	5

centaines	dizaines	unités
3	12	5

centaines	dizaines	unités
2	4	3

Soustrais en regroupant les centaines en dizaines. On a commencé le premier pour toi.

a)

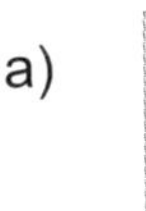

	5	13	
	~~6~~	~~3~~	8
−	4	5	3

b)

	8	5	4
−	3	7	2

c)

	7	5	5
−	3	8	2

d)

	4	2	3
−	1	8	2

5. Soustrais en regroupant les dizaines en unités. On a commencé le premier pour toi.

a) 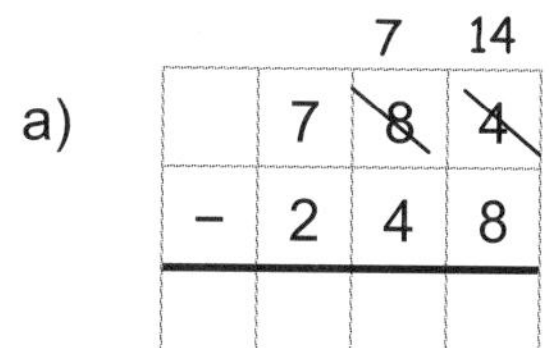

b)

	3	4	3
−	2	1	9

c)

	8	2	5
−	5	1	7

d)

	6	7	1
−	3	1	6

6. Pour les questions ci-dessous, tu devras regrouper *deux fois*.

Exemple :

Étape 1 :
```
  2 16
8 3 6
− 3 5 8
```

Étape 2 :
```
  2 16
8 3 6
− 3 5 8
      8
```

Étape 3 :
```
   12
7 2 16
8 3 6
− 3 5 8
      8
```

Étape 4 :
```
   12
7 2 16
8 3 6
− 3 5 8
    7 8
```

Étape 5 :
```
   12
7 2 16
8 3 6
− 3 5 8
  4 7 8
```

a)

	9	3	4
−	4	5	6

b)

	7	4	7
−	2	6	9

c)

	5	3	2
−		5	9

d)

	8	9	2
−	4	9	5

7. Pour soustraire 5 267 – 3 415, Laura regroupe un bloc de milliers en 10 blocs de centaines.

milliers	centaines	diz.	unités
5	2	6	7

milliers	centaines	diz.	unités
4	12	6	7

milliers	centaines	diz.	unités
1	8	5	2

Soustrais en regroupant les milliers en centaines. On a commencé le premier pour toi.

a) 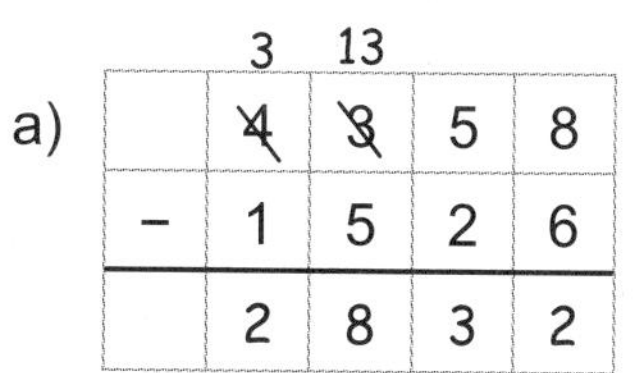

b) 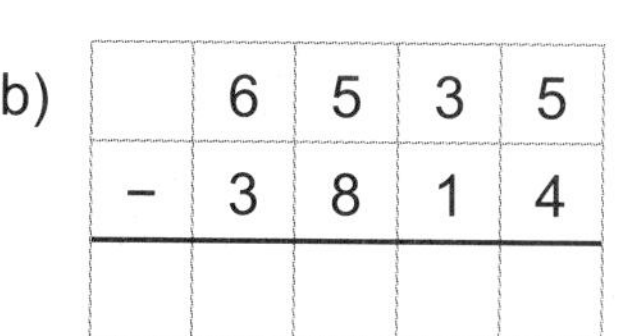

c)

	7	3	6	2
−	4	5	1	2

d) 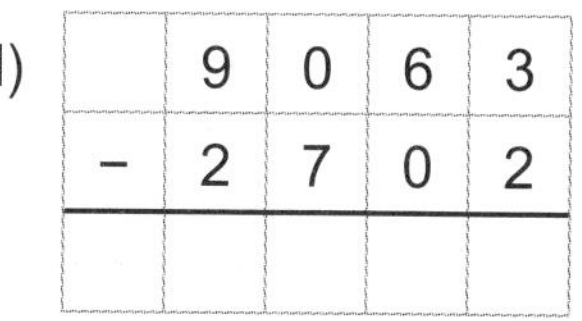

NS6-13 : Soustraire des nombres *(suite)*

8. Pour certaines des questions ci-dessous, tu devras regrouper.

a)

	3	6	4	8
−	1	9	3	4

b)

	9	1	2	4
−	6	0	6	2

c)

	8	5	4	2
−	3	4	6	1

d)

3	2	8	3	9
−	4	6	2	8

9. Pour les questions ci-dessous, tu devras regrouper *trois* fois (c'est-à-dire, regroupe une dizaine en 10 unités, une centaine en 10 dizaines, et un millier en 10 centaines).

Exemple :

Étape 1 :	Étape 2 :	Étape 3 :	Étape 4 :	Étape 5 :
		11	11	13 11
1 13	1 13	3 ~~1~~ 13	3 ~~1~~ 13	5 ~~3~~ ~~1~~ 13
6 4 ~~2~~ ~~3~~	6 4 ~~2~~ ~~3~~	6 ~~4~~ ~~2~~ ~~3~~	6 ~~4~~ ~~2~~ ~~3~~	~~6~~ ~~4~~ ~~2~~ ~~3~~
− 3 7 4 6	− 3 7 4 6	− 3 7 4 6	− 3 7 4 6	− 3 7 4 6
	7	7 7	6 7 7	2 6 7 7

a)

	9	5	4	2
−	1	7	6	3

b)

	6	4	3	7
−	2	6	7	8

c)

	4	5	6	3
−	1	7	9	5

d)

	7	8	4	3
−	4	8	6	5

10. Pour les questions ci-dessous, tu devras regrouper *deux*, *trois* ou *quatre* fois.

Exemple :

Étape 1 :	Étape 2 :	Étape 3 :	Étape 4 :
	9	9 9	9 9
0 10	0 ~~10~~ 10	0 ~~10~~ ~~10~~ 10	0 ~~10~~ ~~10~~ 10
~~1~~ ~~0~~ 0 0	~~1~~ ~~0~~ ~~0~~ 0	~~1~~ ~~0~~ ~~0~~ ~~0~~	~~1~~ ~~0~~ ~~0~~ ~~0~~
− 7 5 6	− 7 5 6	− 7 5 6	− 7 5 6
			2 4 4

a)

	1	0	0	0
−		4	6	8

b)

	1	0	0
−		3	2

c)

1	0	0	0	0
−	6	4	8	6

d)

	1	0	0	0	0
−		5	1	1	1

ENSEIGNANT :
Référez-vous au guide de l'enseignant pour une méthode de soustraction rapide pour les questions semblables aux questions 10 a) à d) ci-dessus.

NS6-14 : L'addition et la soustraction

Réponds aux questions suivantes dans ton cahier.

1. Une école a 150 élèves.
   80 des élèves sont des garçons.

   Combien d'élèves sont des filles?

2. Raj a 150 timbres.
   Sharif a 12 timbres de moins que Raj.
   Cedric a 15 timbres de plus que Raj.

   Combien de timbres les enfants ont-ils en tout?

3. Camille a parcouru 2 357 km à bicyclette en une année, et 5 753 km l'année suivante.

   Combien de kilomètres a-t-elle parcourus en tout?

4. Deux villes avoisinantes ont une population de 442 670 et de 564 839 respectivement.

   Quelle est la population totale des deux villes?

5. Une épicerie avait 480 boîtes de soupe.

   En une semaine, l'épicerie a vendu :

   - 212 boîtes de soupe à la tomate
   - 57 boîtes de soupe au poulet
   - 43 boîtes de soupe aux champignons

   Combien de boîtes de soupe reste-t-il?

6. Une tortue-boîte peut vivre 100 ans.
   Un lapin peut vivre 15 ans.

   Combien d'années une tortue-boîte peut-elle vivre de plus qu'un lapin?

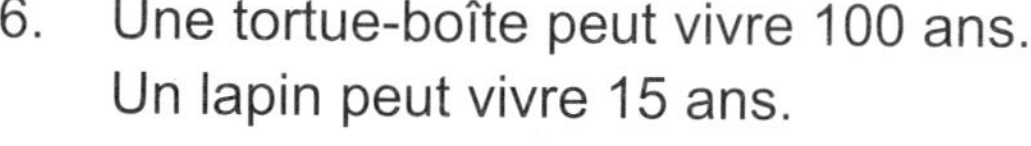

7. Dans le nombre 432...

   - Le chiffre des centaines est un de plus que le chiffre des dizaines.
   - Le chiffre des dizaines est un de plus que le chiffre des unités.

   Crée un nombre avec les mêmes caractéristiques :

   8 7 6

   Maintenant écris ce nombre à l'envers :

   6 7 8

   Écris ensuite ces deux nombres dans un tableau et fais une soustraction (assure-toi d'écrire le plus grand nombre dans la première ligne).

   Répète l'exercice avec d'autres nombres. Ta réponse sera toujours 198!

   BONUS
   Peux-tu expliquer comment ça marche?

8. Le lac Ontario a 1 146 km de rivage.

   Le lac Érié a 1 402 km de rivage.

   Combien de kilomètres de rivage le lac Érié a-t-il de plus que le lac Ontario?

9. Le fleuve Nîl mesure environ 6 690 km de long et l'Amazone mesure 6 440 km de long.

   De combien le Nîl est-il plus long que l'Amazone?

NS6-15 : Les concepts de la logique numérale

Réponds aux questions suivantes dans ton cahier.

1. Le tableau ci-dessous montre la superficie de quelques-unes des plus grandes îles au Canada.

Île	**Superficie (en km^2)**
Île de Baffin	507 450
Île d'Ellesmere	196 240
Terre-Neuve	108 860
Île de Vancouver	31 290

a) Écris les superficies, de la plus petite à la plus grande île.

b) De combien la superficie de la plus grande île est-elle plus grande que celle de la plus petite île?

c) De combien la superficie de l'île d'Ellesmere est-elle plus grande que celle de Terre-Neuve?

d) La superficie du Groenland est de 2 166 086 km^2. La superficie des îles de Baffin et de Vancouver *ensemble* est-elle plus grande que celle du Groenland?

2. Utilise une fois chacun les chiffres 4, 5, 6, 7 et 8 pour créer …

 a) le plus grand nombre impair possible.

 b) un nombre entre 56 700 et 57 000.

 c) un nombre pair dont la somme du chiffre des dizaines et du chiffre des centaines est 12.

 d) un nombre aussi près que possible de 70 000 (explique comment tu sais que ta réponse est juste).

3. Il y a 390 000 espèces de plantes et 1 234 400 espèces d'animaux.

 Combien d'espèces d'animaux y a-t-il de plus que d'espèces de plantes?

4. Utilise une fois chacun les nombres 1, 2, 3 et 4 dans chaque question.

a)

$$\begin{array}{r} \square\ \square \\ +\ 2\ \square \\ \hline \square\ 6 \end{array}$$

b)

$$\begin{array}{r} \square\ \square \\ -\ \square\ \square \\ \hline 1\ 1 \end{array}$$

c)

$$\begin{array}{r} \square\ \square \\ +\ \square\ \square \\ \hline 5\ 5 \end{array}$$

5. Voici quelques dates importantes de l'histoire de la science :

- En 1543, Copernic a publié un livre dans lequel il proposait que le soleil était le centre de notre système solaire.
- En 1610, Galilée a utilisé sa toute nouvelle invention, le télescope, pour découvrir les lunes de Jupiter.
- En 1667, Isaac Newton a annoncé la loi de la gravité.

 a) Copernic a publié son livre il y a combien d'années?

 b) Combien d'années y a-t-il entre chaque paire de dates données?

NS6-16 : Les matrices et les facteurs

Quand tu multiplies une paire de nombres, le résultat s'appelle le **produit** des nombres. Tu peux représenter le produit en utilisant une **matrice**.

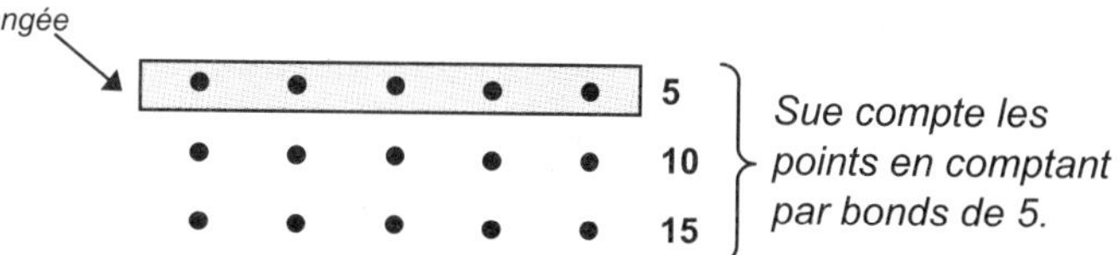

Sue écrit un énoncé de multiplication pour la matrice : **3 × 5 = 15** (3 et 5 s'appellent des **facteurs** de 15)

---

1. Écris un énoncé de multiplication pour chaque matrice.

a)

3 rangées

4 points par rangée

3 x 4 = 12

b)

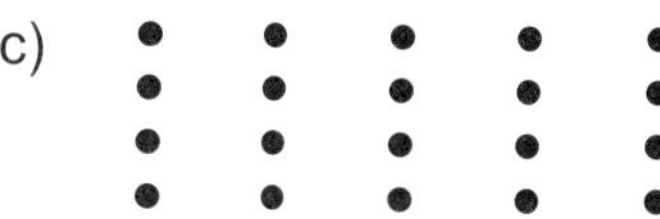

_____ rangées

_____ points par rangée

____

c)

____

____

____

2. Écris le produit de chaque matrice.

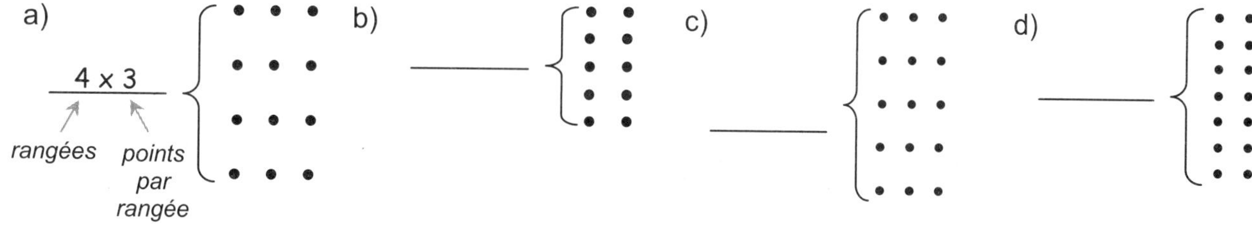

3. Dessine une matrice pour trouver les produits.

a) 2 × 5 b) 3 × 7 c) 4 × 6 d) 1 × 8 e) 4 × 2

4. Il n'y a que *trois* façons d'arranger 4 points dans une matrice.
   Il n'y a donc que 3 façons d'écrire 4 en un produit de deux facteurs.

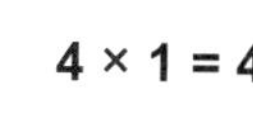

De combien de façons peux-tu écrire chaque nombre comme produit de deux facteurs? (Dessine des matrices pour t'aider.)

a) 6 b) 8 c) 9 d) 10 e) 12

5. Les nombres indiqués à côté des matrices à la question 4 s'appellent les **facteurs** de 4.
   Les facteurs de 4 sont les nombres 1, 2 et 4.

   Fais une liste des facteurs des nombres 6, 8, 9, 10 et 12.

NS6-17 : Les nombres premiers et les nombres composés

Un nombre **premier** a deux facteurs différents (ni plus ni moins) : lui-même et 1.

Un nombre **composé** a plus de deux facteurs : il a au moins un nombre **autre que** lui-même et 1.

---

1. a) Combien de facteurs différents a le nombre 1? ______ b) « 1 » est-il un nombre premier? ______

2. Fais une liste de tous les nombres premiers plus petits que 10 : ______

3. Fais une liste de tous les nombres composés entre 10 et 20 : ______

4. Quel est le plus grand nombre premier plus petit que 30? ______

5. Encercle les nombres premiers.

   1 25 14 13 17 20 27 15 12 18 29 33

6. Ératosthène est un savant né en Libye il y a plus de 2 000 ans. Il a développé une méthode qui permet d'identifier systématiquement les nombres premiers. Cette méthode s'appelle le **crible d'Ératosthène**.

   Suis les directives ci-dessous pour identifier les nombres premiers de 1 à 100.

   a) Raye le nombre 1 (il n'est pas un nombre premier).

   b) Encercle le nombre 2, et raye tous les multiples de 2.

   c) Encercle le nombre 3, et raye tous les multiples de 3 (qui n'ont pas été rayés précédemment).

   d) Encercle le nombre 5, et raye tous les multiples de 5 (qui n'ont pas été rayés précédemment).

   e) Encercle le nombre 7, et raye tous les multiples de 7 (qui n'ont pas été rayés précédemment).

   f) Encercle tous les nombres qui restent.

   Tu viens d'utiliser le **crible d'Ératosthène** pour trouver tous les nombres premiers de 1 à 100!

1	2	3	4	5	6	7	8	9
11	12	13	14	15	16	17	18	19
21	22	23	24	25	26	27	28	29
31	32	33	34	35	36	37	38	39
41	42	43	44	45	46	47	48	49
51	52	53	54	55	56	57	58	59
61	62	63	64	65	66	67	68	69
71	72	73	74	75	76	77	78	79
81	82	83	84	85	86	87	88	89
91	92	93	94	95	96	97	98	99

7. La différence entre les nombres premiers 3 et 5 est de 2.
   Trouve trois paires de nombres premiers plus petits que 20 dont la différence est de 2.

NS6-18 : Encore plus de nombres premiers, de facteurs et de nombres composés

1. Fais une liste de tous les facteurs de chaque nombre (le premier est déjà fait pour toi).

a) 25: 1, 5, 25 ________ b) 8: ________

c) 12: ________ d) 16: ________

e) 9: ________ f) 18: ________

g) 50: ________ h) 45: ________

i) 60: ________ j) 42: ________

2. Fais une coche à côté des nombres qui sont des nombres composés.

____ 30 ____ 31 ____ 32 ____ 33 ____ 34 ____ 35 ____ 36 ____ 37

3. Écris un nombre entre 0 et 20 qui a …

a) deux facteurs : ______ b) quatre facteurs : _____ c) cinq facteurs : ______

4. Raye les nombres qui ne sont *pas* des multiples de 4.

12	19	34	20	50	40

5. Écris les trois nombres plus petits que 40 qui ont 2 et 5 comme facteurs : ______ ______ ______

AVANCÉ

6. Écris trois nombres composés consécutifs. ☐ ☐ ☐

7. Écris cinq multiples impairs de 3 entre 10 et 40 : ______ ______ ______ ______ ______

8. Je suis un nombre premier plus petit que 10.
Si tu additionnes 10 ou 20 à mon nombre, le résultat est un nombre premier.
Quel nombre suis-je?

9. Quel nombre n'est ni un nombre premier, ni un nombre composé? Explique.

10. Trouve la **somme** des cinq premiers nombres composés. Montre ton travail.

11. Combien de nombres premiers y a-t-il entre 30 et 50? Explique comment tu le sais.

NS6-19 : La factorisation première

Chaque nombre composé peut être exprimé sous la forme d'un produit de nombres premiers. Ce produit s'appelle la **factorisation première** du nombre original.

Exemple : Trouve la factorisation première de 20.

La réponse ne peut pas être 10×2 (car 10 est un nombre composé).

$\mathbf{5 \times 2 \times 2}$ est la factorisation première de 20.

---

1. Tu peux trouver la factorisation première d'un nombre en utilisant un **arbre de facteurs**. Voici comment tu peux créer un arbre de facteurs pour le nombre 20.

Étape 1 :
Trouve une paire de nombres (qui n'inclut pas le nombre 1) dont le produit est 20.

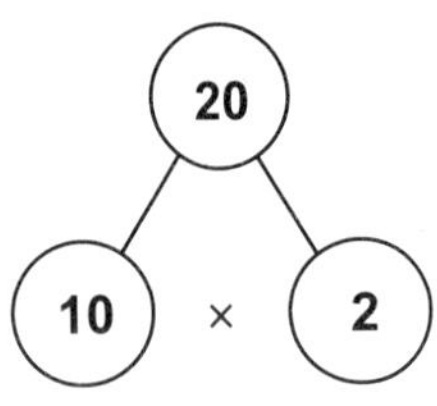

Étape 2 :
Répète l'Étape 1 pour les nombres sur les « branches » de l'arbre.

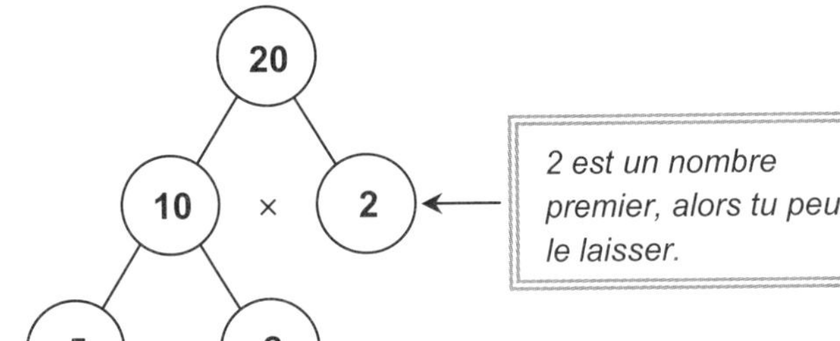

Complète l'arbre de facteurs pour les nombres ci-dessous.

a) 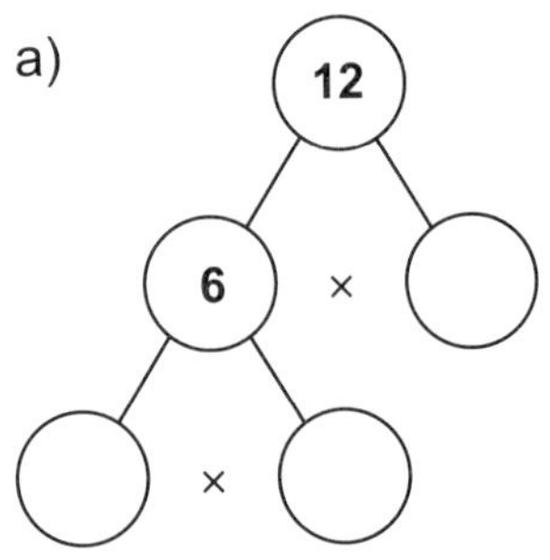

b) 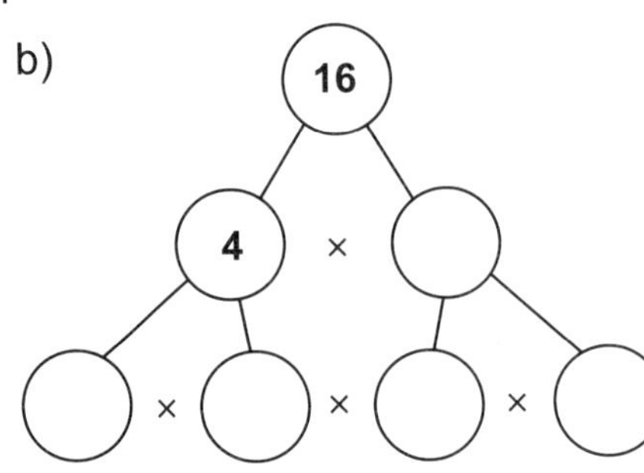

c) 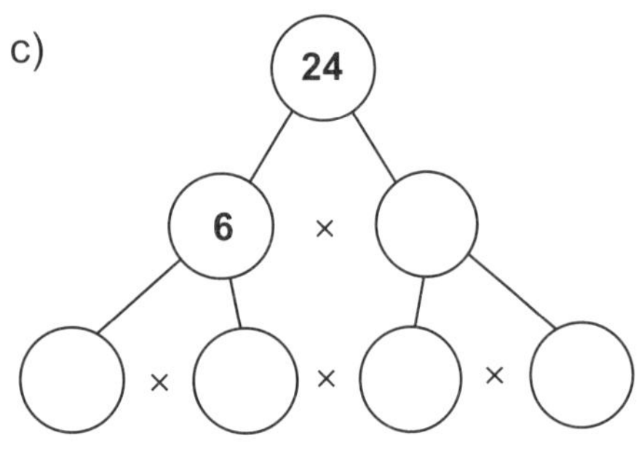

2. Écris la factorisation première pour les nombres ci-dessous. On a commencé le premier pour toi.
INDICE : Trouve d'abord une factorisation première et puis fais la factorisation de tous les nombres composés.

a) $30 = 10 \times 3 =$

b) $18 =$

c) $8 =$

d) $14 =$

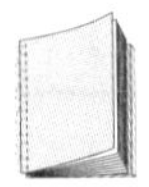

3. En utilisant un arbre de facteurs, trouve la factorisation première des nombres suivants :

a) 30 b) 36 c) 27 d) 28 e) 75

4. Voici des exemples des différents arbres de facteurs. Peux-tu trouver un arbre de facteurs pour le nombre 24 qui est différent de l'arbre à la question 1 c)?

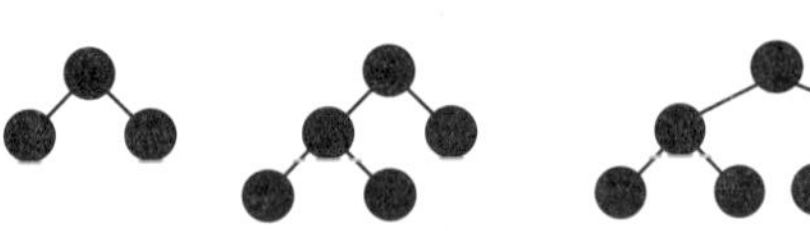

NS6-20 : Les multiples de 10

Pour multiplier **4 × 20**, Alain fait 4 groupes avec 2 blocs de dizaines chacun (20 = 2 dizaines).

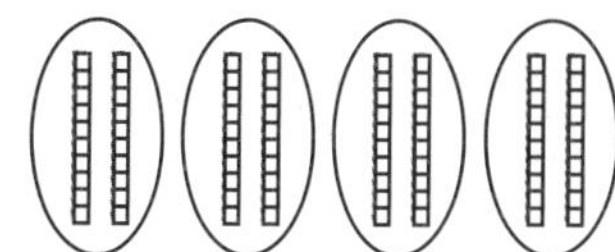

4 × 20 = 4 × 2 dizaines
= 8 dizaines
= 80

Pour multiplier **4 × 200**, Alain fait 4 groupes avec 2 blocs de centaines chacun (200 = 2 centaines).

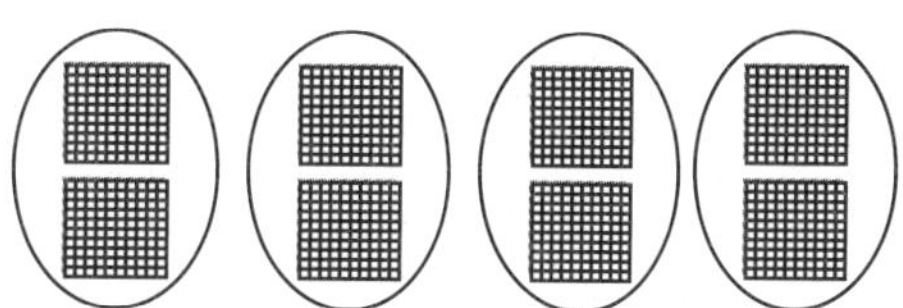

4 × 200 = 4 × 2 centaines
= 8 centaines
= 800

Alain remarque une régularité :

4 × 2 = 8
4 × 20 = 80
4 × 200 = 800

1. Dessine un modèle pour chaque énoncé de multiplication. Calcule ensuite la réponse. Le premier est déjà fait pour toi.

a) 5 × 30

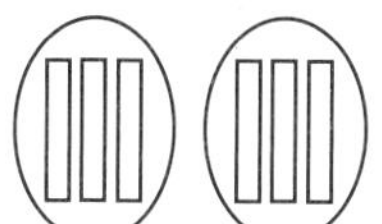
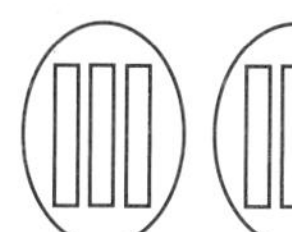
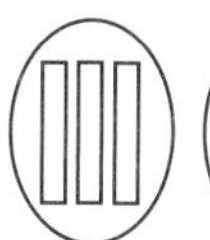
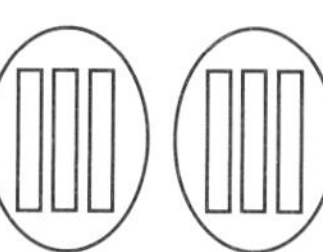

5 × 30 = 5 × __3__ dizaines = __15__ dizaines = __150__

b) 3 × 40

3 × 40 = 3 × ____ dizaines = ____ dizaines = ____

2. Regroupe pour trouver la réponse.

a) 3 × 60 = 3 × ________ dizaines = ________ dizaines = ________
b) 6 × 50 = 6 × ________ dizaines = ________ dizaines = ________
c) 4 × 50 = 4 × ________ dizaines = ________ dizaines = ________
d) 5 × 40 = 5 × ________ dizaines = ________ dizaines = ________

3. Complète la régularité en multipliant.

a)	b)	c)	d)
5 × 3 = ______	6 × 1 = ______	3 × 4 = ______	4 × 5 = ______
5 × 30 = ______	6 × 10 = ______	3 × 40 = ______	4 × 50 = ______
5 × 300 = ______	6 × 100 = ______	3 × 400 = ______	4 × 500 = ______

4. Multiplie.

a) 7 × 30 = ______	b) 30 × 5 = ______	c) 3 × 40 = ______	d) 80 × 3 = ______
e) 4 × 400 = ______	f) 500 × 8 = ______	g) 5 × 80 = ______	h) 300 × 6 = ______
i) 3 × 900 = ______	j) 700 × 6 = ______	k) 8 × 20 = ______	l) 700 × 3 = ______

5. Dessine un modèle de base dix (cubes = milliers) pour montrer : 7 × 1 000 = 7 000.

6. Tu sais que 6 × 3 = 18. Base-toi sur ce fait pour multiplier 6 × 3 000. Explique.

NS6-21 : Le calcul mental

Pour multiplier **4 × 22**, Leela réécrit 22 sous forme de somme : 22 = 20 + 2

Elle multiplie d'abord 4 par 20 : 4 × 20 = 80

Elle multiplie ensuite 4 par 2 : 4 × 2 = 8

Enfin, elle additionne les résultats : 80 + 8 = 88

Ainsi, Leela peut conclure que **4 × 22 = 88**.

L'illustration montre comment Leela est arrivée au bon résultat :

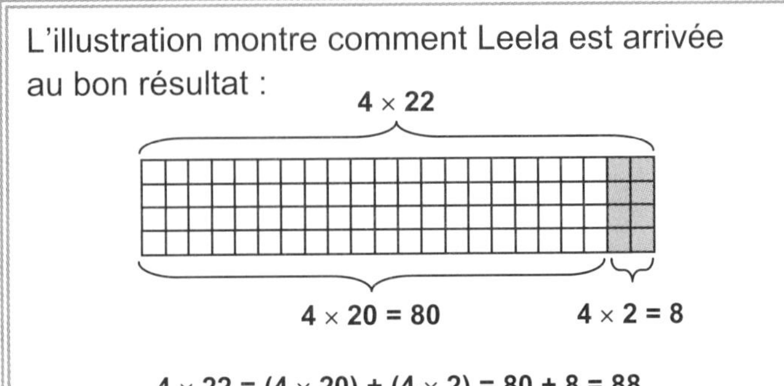

---

1. Utilise l'illustration pour écrire la multiplication sous forme de somme. On a commencé le premier.

a)

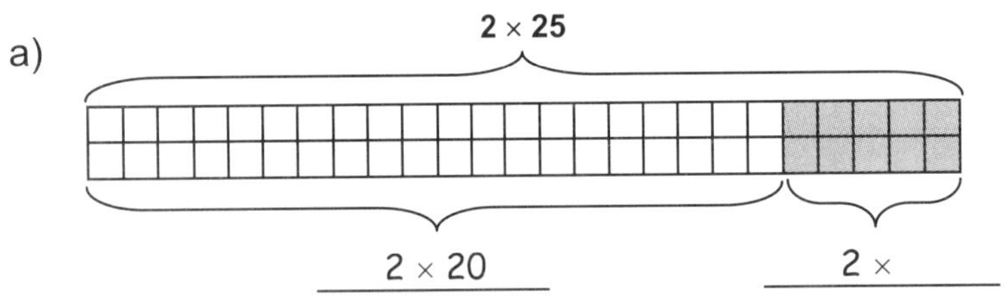

2 × 25 = (2 × ____) + (2 × ____)

b)

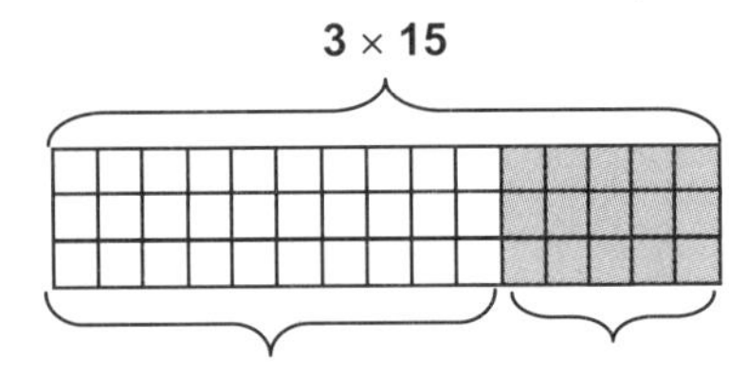

3 × 15 = (________) + (________

2. Multiplie en utilisant la méthode de Leela. Le premier est déjà fait pour toi.

a) 5 × 13 = 5 × 10 + 5 × 3 = 50 + 15 = 65

b) 4 × 21 = ________ + ________ = ________ = ________

c) 3 × 43 = ________ + ________ = ________ = ________

d) 2 × 432 = 2 × 400 + 2 × 30 + 2 × 2 = 800 + 60 + 4 = 864

e) 3 × 312 = ________________________

f) 4 × 321 = ________________________

3. Multiplie dans ta tête en multipliant les chiffres séparément.

a) 3 × 12 = ______ b) 3 × 52 = ______ c) 6 × 31 = ______ d) 7 × 21 = ______

e) 5 × 31 = ______ f) 3× 43 = ______ g) 6 × 51 = ______ h) 2 × 44 = ______

i) 4 × 521 = ______ j) 3 × 621 = ______ k) 5 × 411 = ______ l) 2 × 444 = ______

m) 3 × 632 = ______ n) 4 × 422 = ______ o) 4 × 212 = ______ p) 2 × 421 = ______

4. a) Stacy a 4 bibliothèques. Elle place 821 livres sur chaque bibliothèque. Combien de livres a-t-elle placés en tout?

b) Nickalo a 3 boîtes. Il place 723 crayons dans chaque boîte. Combien de crayons a-t-il placés en tout?

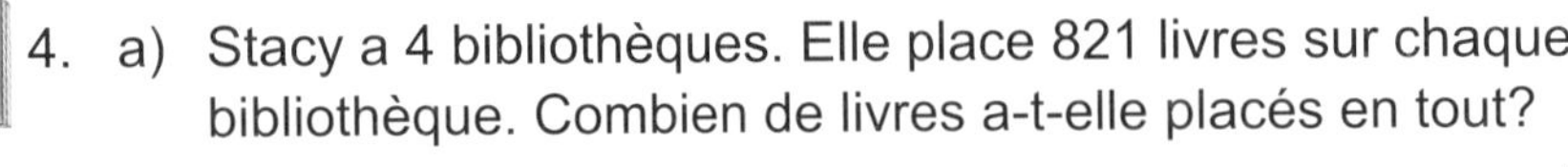

NS6-22 : La méthode de multiplication standard

Clara utilise un tableau pour multiplier 3 × 42 :

Étape 1 :
Elle multiplie le chiffre des unités du nombre 42 par 3 (3 × 2 = 6).

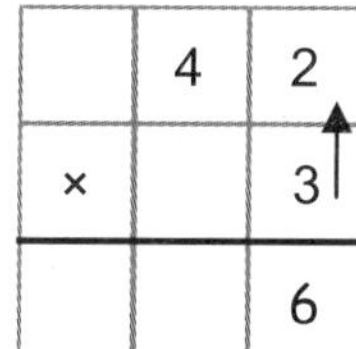

Étape 2 :
Elle multiplie le chiffre des dizaines du nombre 42 par 3 (3 × 4 dizaines = 12 dizaines).

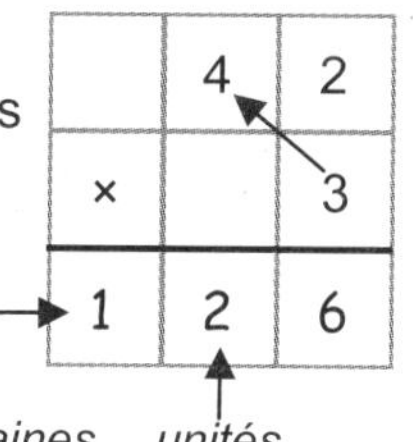

Elle regroupe 10 dizaines en 1 centaine.

centaines *unités*

1. Utilise la méthode de Clara pour trouver les produits.

a)

	5	1
×		3

b)

	8	2
×		3

c)

	6	2
×		2

d)

	5	1
×		4

e)

	5	1
×		5

f)

	6	1
×		6

g)

	8	3
×		3

h)

	7	4
×		2

i)

	9	4
×		2

j)

	4	2
×		4

k)

	8	3
×		2

l)

	4	1
×		5

m)

	3	1
×		7

n)

	3	2
×		4

o)

	6	3
×		2

p)

	6	3
×		3

q)

	2	2
×		4

r)

	3	1
×		9

s)

	4	1
×		5

t)

	6	1
×		9

u)

	8	1
×		7

v)

	9	2
×		3

w)

	9	2
×		4

x)

	5	2
×		3

y)

	5	2
×		4

z)

	8	3
×		4

aa)

	9	3
×		2

bb)

	7	1
×		9

cc)

	5	3
×		3

dd)

	6	2
×		3

ee)

	4	4
×		2

ff)

	6	4
×		2

gg)

	5	1
×		5

hh)

	8	1
×		7

ii)

	9	3
×		3

2. Trouve les produits suivants.

a) 3 × 63 b) 6 × 50 c) 5 × 61 d) 2 × 94 e) 4 × 42

NS6-23 : Regrouper des nombres pour multiplier

Alicia utilise un tableau pour multiplier 3 × 24 :

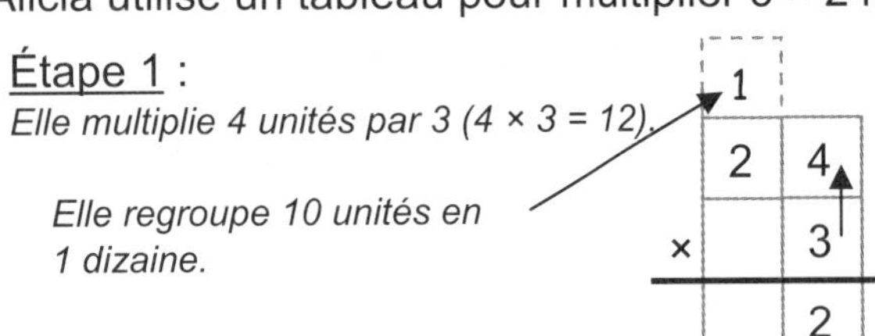

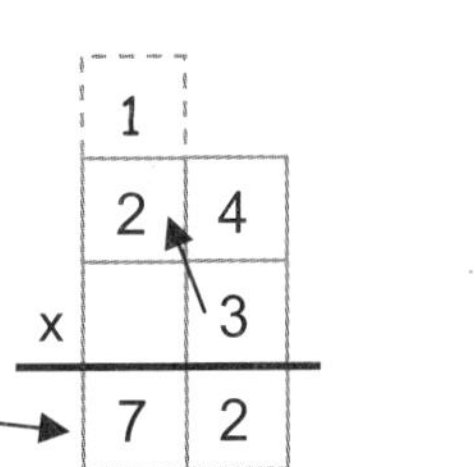

1. En utilisant la méthode d'Alicia, complète la première étape de la multiplication. La première est faite.

a) 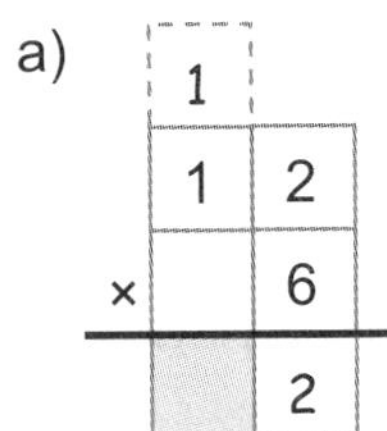

b) 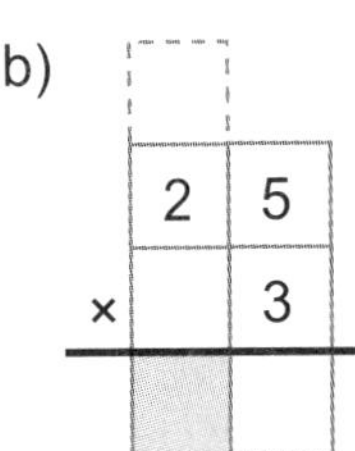

c) 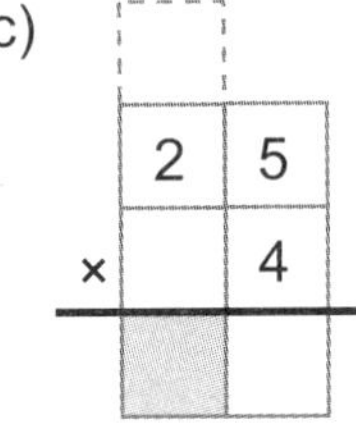

d) 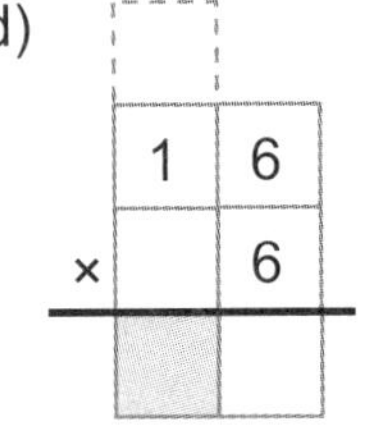

e) 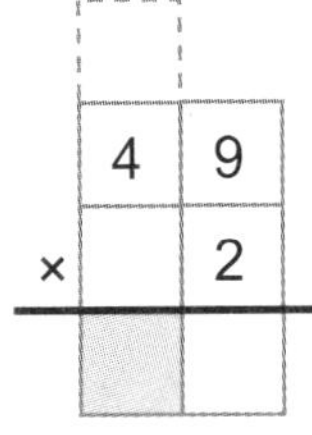

2. En utilisant la méthode d'Alicia, complète la deuxième étape de la multiplication.

a) 1 / 2 4 / × 4 / 9 6

b) 1 / 3 5 / × 3 / 5

c) 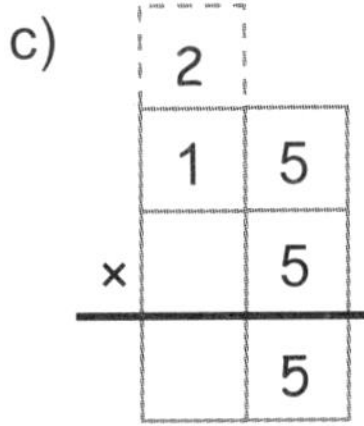

d) 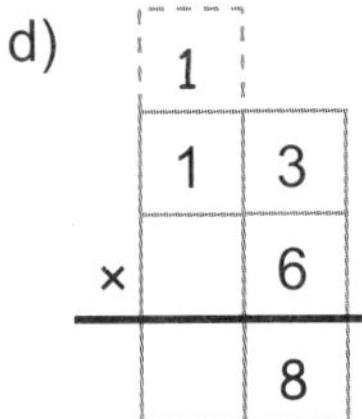

e) 2 / 1 6 / × 4 / 4

f) 1 / 4 6 / × 2 / 2

g) 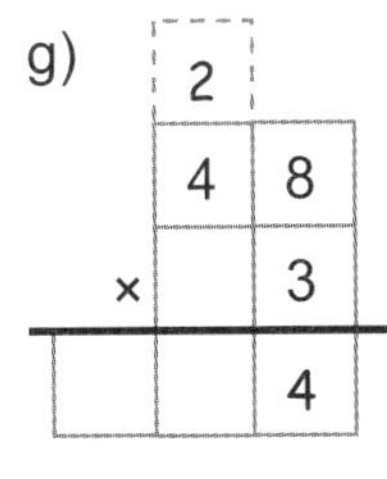

h) 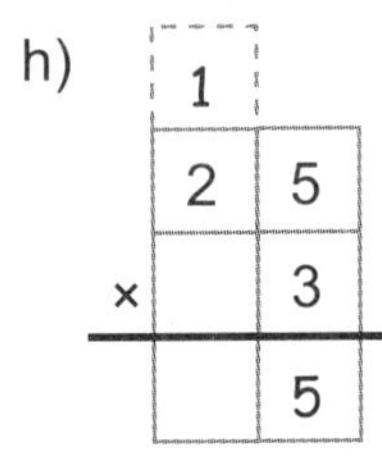

i) 2 / 2 9 / × 3 / 7

j) 3 / 1 6 / × 6 / 6

3. En utilisant la méthode d'Alicia, complète la première et la deuxième étape de la multiplication.

a) 3 5 / × 2

b) 1 5 / × 6

c) 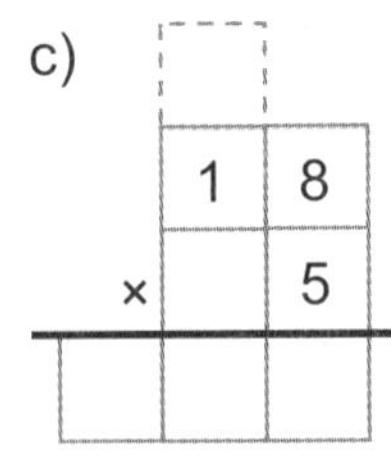

d) 2 5 / × 3

e) 2 4 / × 4

f) 2 7 / × 5

g) 3 2 / × 8

h) 3 5 / × 6

i) 2 6 / × 7

j) 4 6 / × 8

NS6-24 : Multiplier un nombre à 3 chiffres par un nombre à 1 chiffre

Dillon multiplie **2** × **213** de trois façons différentes :

1. Avec un **tableau** :

	centaines	diz.	unités
	2	1	3
×			2
	4	2	6

2. **Sous forme décomposée** :

$$\begin{array}{r} 200 + 10 + 3 \\ \times\ 2 \\ \hline = 400 + 20 + 6 \\ = 426 \end{array}$$

3. Avec des **matériaux de base dix** :

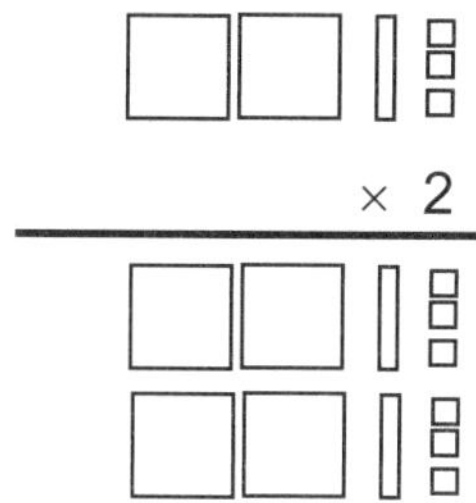

---

1. Réécris l'énoncé de multiplication sous forme décomposée. Fais ensuite la multiplication.

a) 234 × 2

_____ + _____ + _____
× 2
= _____ + _____ + _____
= _____

b) 133 × 3

_____ + _____ + _____
× 3
= _____ + _____ + _____
= _____

2. Multiplie.

a) 41 × 4 b) 434 × 2 c) 312 × 3 d) 124 × 2 e) 323 × 3

3. Multiplie en regroupant les unités en dizaines.

a) 227 × 2 b) 216 × 4 c) 224 × 3 d) 436 × 2 e) 116 × 6

4. Multiplie en regroupant les dizaines en centaines. Dans e), regroupe aussi les unités en dizaines.

a) 364 × 2 b) 151 × 6 c) 242 × 4 d) 171 × 5 e) 256 × 3

5. Multiplie.

a) 5 × 134 b) 7 × 421 c) 6 × 132 d) 9 × 134 e) 8 × 124 f) 6 × 135

6. Fais un dessin dans ton cahier pour montrer le résultat de la multiplication.

a) 

b)  

c) 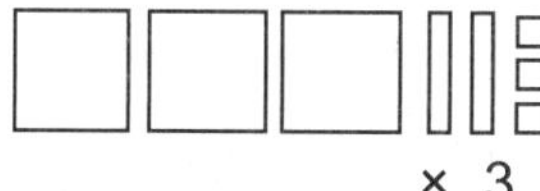

NS6-25 : Multiplier par 10, 100 et 1 000

1. a) Compte par bonds de 10 quinze fois. Quel nombre as-tu atteint? _______________
   b) Trouve le produit : 10 × 15 = _______________
   c) Compte par bonds de 100 quinze fois. Quel nombre as-tu atteint? _______________
   d) Trouve le produit : 100 × 15 = _______________

2. Combien de zéros ajoutes-tu à un nombre quand tu multiplies le nombre par ...
   a) 10? Tu ajoutes ___ zéro. b) 100? Tu ajoutes ___ zéros. c) 1000? Tu ajoutes ____ zéros.

3. Continue la régularité.

a)		b)		c)	
10 × 6 =	____________	10 × 36 =	____________	10 × 85 =	____________
100 × 6 =	____________	100 × 36 =	____________	100 × 85 =	____________
1000 × 6 =	____________	1000 × 36 =	____________	1000 × 85 =	____________
10 000 × 6 =	____________	10 000 × 36 =	____________	10 000 × 85 =	____________

4. Trouve les produits.

a) 19 × 10 = ____________	b) 10 × 56 = ____________	c) 10 × 83 = ____________
d) 42 × 100 = ____________	e) 80 × 100 = ____________	f) 13 × 100 = ____________
g) 100 × 40 = ____________	h) 10 × 23 = ____________	i) 1 000 × 6 = ____________
j) 572 × 10 = ____________	k) 1 000 × 28 = ____________	l) 93 × 1 000 = ____________

5. Arrondis chaque nombre au **chiffre le plus significatif.**
   Trouve ensuite le produit des nombres arrondis.

> Le premier chiffre (qui n'est pas zéro) dans un nombre (c'est-à-dire, le chiffre qui est le plus à gauche) est appelé le **chiffre le plus significatif.**

chiffre le plus significatif

a) 12 × 29	b) 11 × 23	c) 12 × 58	d) 13 × 74	e) 68 × 110	f) 61 × 120
10 × 30					
= 300					

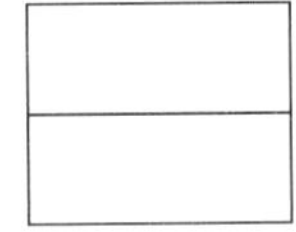

6. Al travaille 38 heures par semaine. Il gagne 12 $ de l'heure. Environ combien gagne-t-il par semaine? Comment as-tu trouvé ta réponse?

7. Combien de billets de cent dollars te faudrait-il pour faire ...
   a) cent mille dollars? b) un million de dollars? Explique.

8. Qu'est-ce qui vaut le plus : 25 723 pièces de 10 cents ou 231 524 pièces de 1 cent?

NS6-26 : Le calcul mental – Les multiples de dix

Erin veut multiplier **20 × 32**.

Elle sait trouver 10 × 32, alors elle réécrit 20 × 32 comme le double de 10 × 32.

20 × 32 = 2 × **10 × 32**
= 2 × 320
= 640

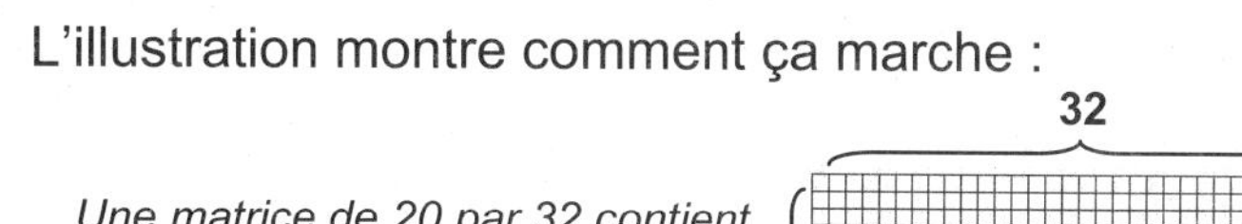

Une matrice de 20 par 32 contient le même nombre de carrés que deux matrices de 10 par 32.

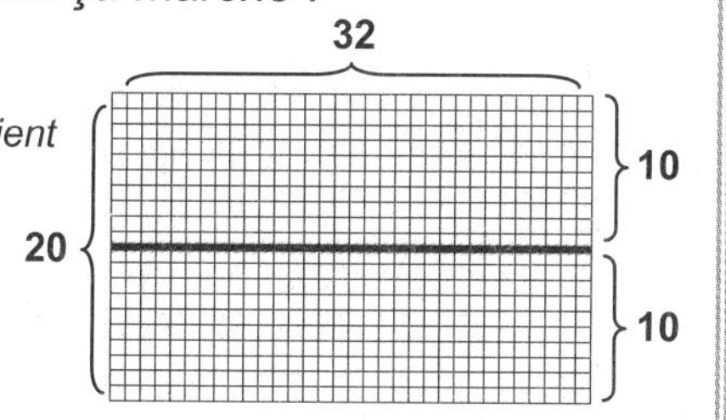

1. Écris chaque nombre sous la forme d'un produit de deux facteurs (où l'un des facteurs est 10).

a) 30 = 3 × 10 b) 40 = ______ c) 70 = ______ d) 50 = ______

2. Écris 1 produit équivalent pour chaque matrice. Le premier est déjà fait pour toi.

a)

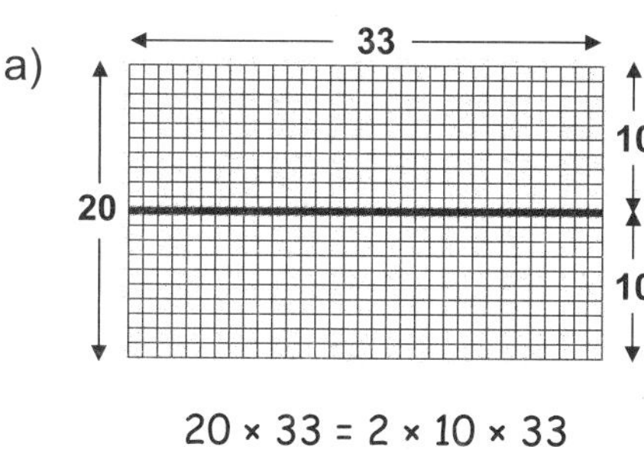

20 × 33 = 2 × 10 × 33

b)

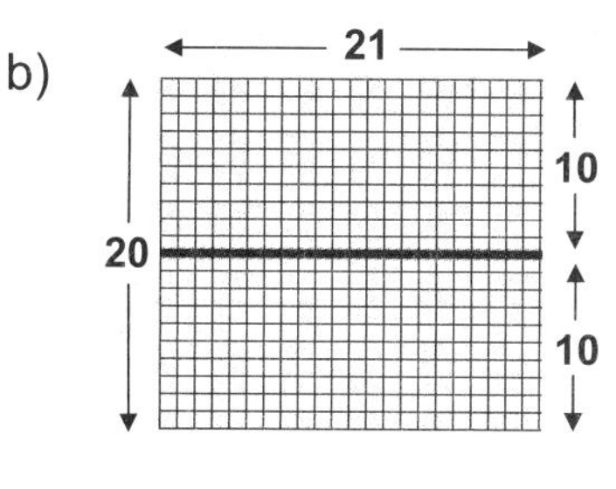

20 × 21 = ______

c)

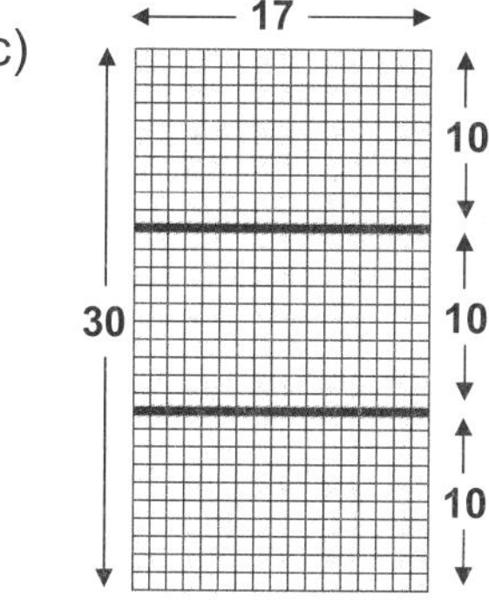

30 × 17 = ______

3. Trouve chaque produit en deux étapes.

Étape 1 : Multiplie le deuxième nombre par 10.
Étape 2 : Multiplie le résultat par le chiffre des dizaines du premier nombre.

a) 20 × 24 = 2 × 240 = ______ b) 30 × 32 = ______ = ______ c) 40 × 12 = ______ = ______ d) 50 × 41 = ______ = ______

4. Trouve le produit en faisant un calcul mental.

a) 30 × 33 = ______ b) 20 × 60 = ______ c) 20 × 80 = ______ d) 40 × 34 = ______
e) 20 × 42 = ______ f) 30 × 83 = ______ g) 64 × 20 = ______ h) 30 × 74 = ______
i) 40 × 42 = ______ j) 30 × 53 = ______ k) 60 × 51 = ______ l) 91 × 50 = ______
m) 60 × 30 = ______ n) 80 × 40 = ______ o) 52 × 90 = ______ p) 18 × 30 = ______

5. Estime le produit. (Arrondis chaque facteur au chiffre le plus significatif.)

a) 36 × 58 ≈ 40 × 60 = 2 400 b) 33 × 72 ≈ ______ c) 28 × 82 ≈ ______
d) 63 × 48 ≈ ______ e) 71 × 32 ≈ ______ f) 21 × 16 ≈ ______

NS6-27 : Multiplier un nombre à 2 chiffres par un multiple de dix

Ed multiplie **20 × 37** en écrivant le produit sous la forme d'une somme de deux produits plus petits.

20 × 37 = (20 × 7) + (20 × 30)
= 140 + 600
= 740

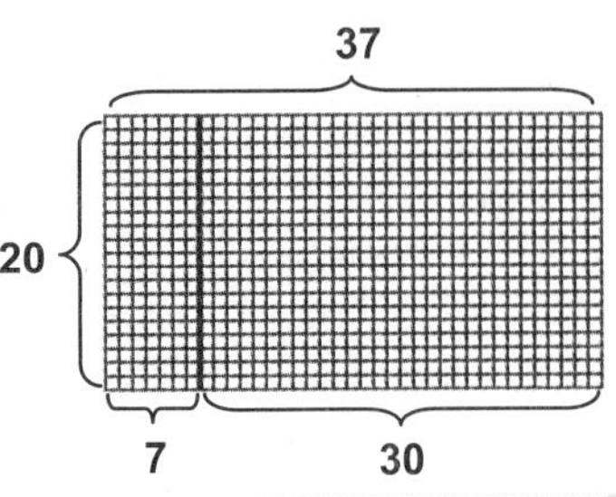

Il écrit chaque étape de la multiplication dans un tableau :

	3	7
×	2	0
		0

Étape 1 :
Ed multiplie 2 × 7 = 14. Mais en réalité, il multiplie **20** × 7, alors il écrit d'abord un zéro à la place des unités.

Retenue : **1**

	3	7
×	2	0
	4	0

Étape 2 :
Ensuite, puisque 2 × 7 = 14, Ed écrit le 4 à la place des dizaines et le 1 au haut de la colonne des centaines.

Retenue : 1

	3	7
×	2	0
7	4	0

Étape 3 :
Ed multiplie ensuite **20** × **30** (= 600). Comme raccourci, il multiplie 2 × 3 = 6 et ensuite il additionne le 1 du haut de la colonne des centaines : 6 + 1 = 7 (= 700).

1. Pratique les deux premières étapes de la multiplication indiquées ci-dessus. La première est déjà faite.
NOTE : Dans un des problèmes ci-dessous, tu ne devras pas regrouper les centaines.

a) 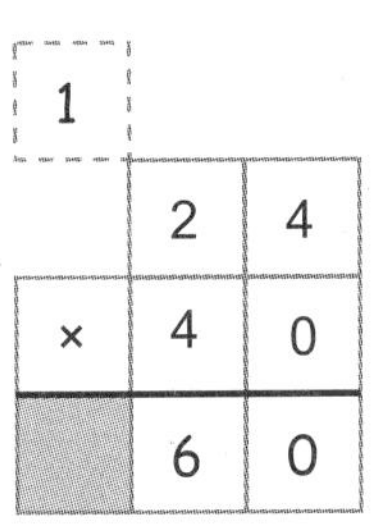

b) 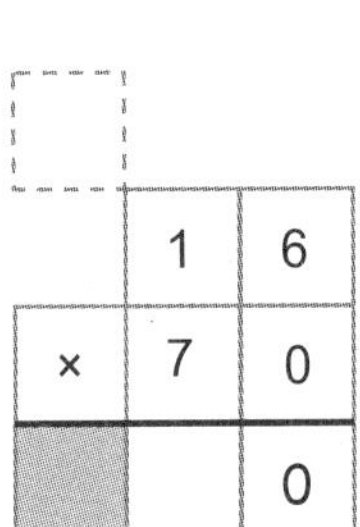

c) 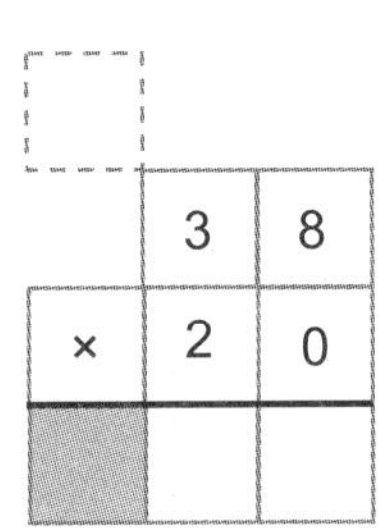

d) 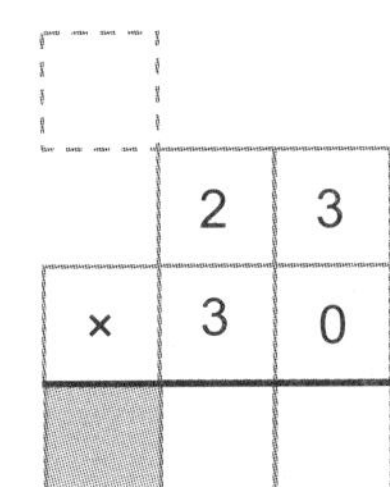

e) 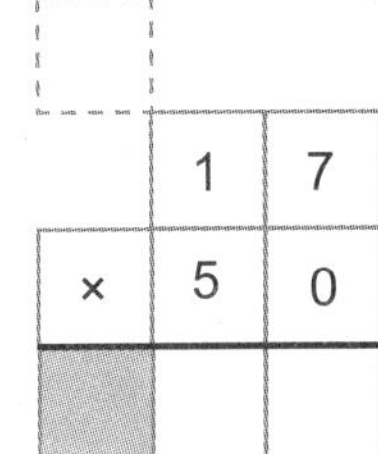

2. Multiplie.

a) 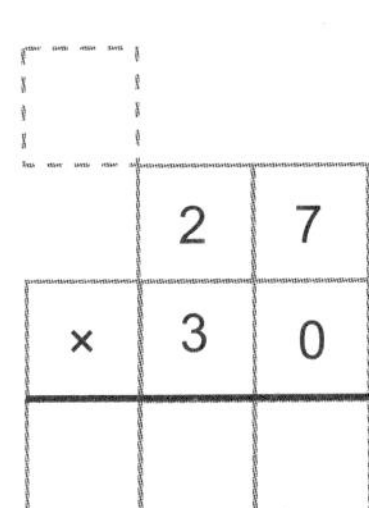

b)

	2	4
×	5	0

c) 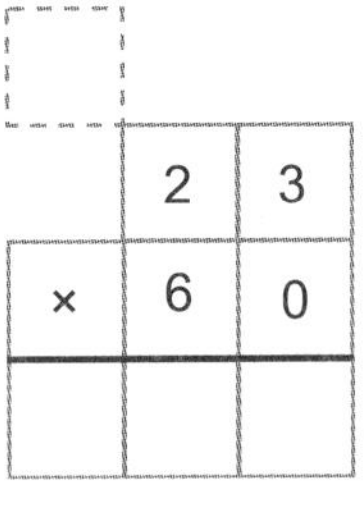

d) 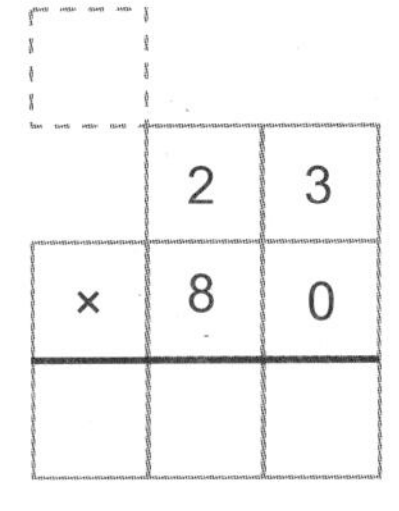

e) 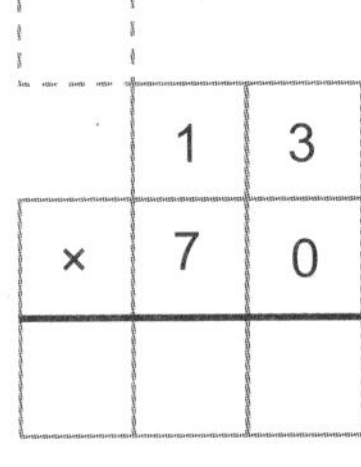

f) 36 × 30

g) 42 × 20

h) 26 × 40

i) 12 × 60

j) 32 × 70

3. Réécris chaque produit sous la forme d'une somme et ensuite trouve la réponse.

a) 20 × 14 = (20 x 10) + (20 x 4) = 200 + 80 = 280

b) 30 × 23 = ______________________

c) 40 × 32 = ______________________

NS6-28 : Multiplier un nombre à 2 chiffres par un nombre à 2 chiffres

Grace multiplie **26 × 28** en écrivant le produit sous la forme d'une somme de deux produits plus petits.

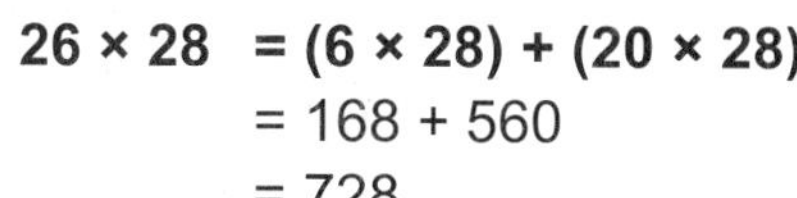

26 × 28 = (6 × 28) + (20 × 28)
= 168 + 560
= 728

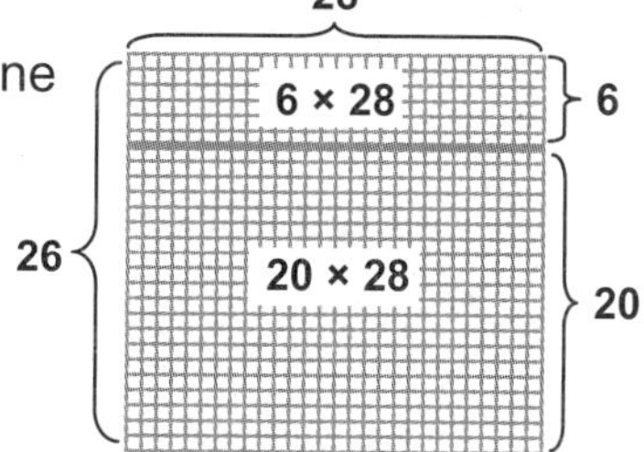

Elle écrit chaque étape de la multiplication dans un tableau :

Étape 1 :
Elle multiplie **6 × 28** :

	2	8
×	2	6

→

	4	
	2	8
×	2	6
		8

→

	4	
	2	8
×	2	6
1	6	8

1. Pratique la première étape de la multiplication.

a)

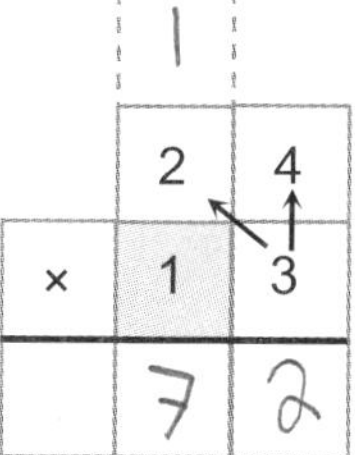

	1	
	2	4
×	1	3
	7	2

b)

	1	
	3	6
×	2	3
1	0	8

c)

	1	
	3	3
×	3	6
1	9	8

d)

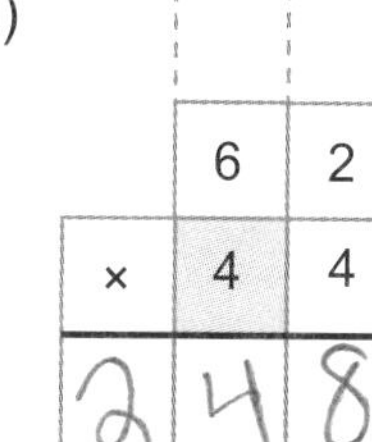

	6	2
×	4	4
2	4	8

e)

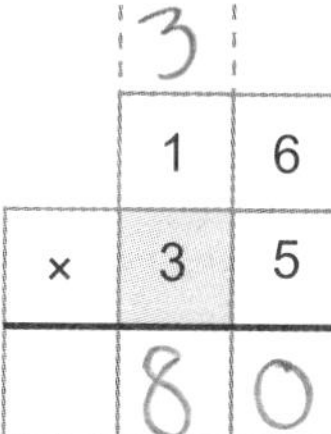

	3	
	1	6
×	3	5
	8	0

f)

	1	
	2	5
×	4	3
	7	5

g)

	1	
	3	6
×	4	3
1	0	8

h)

	2	
	2	4
×	5	6
1	4	4

i)

	2	
	3	4
×	2	6
2	0	4

j)

	5	
	3	7
×	1	8
2	9	6

Étape 2 :
Grace multiplie **20 × 28**.
(Remarque qu'elle commence par écrire un 0 à la place des unités parce qu'elle multiplie par 20.)

	4	
	2	8
×	2	6
1	6	8
		0

→

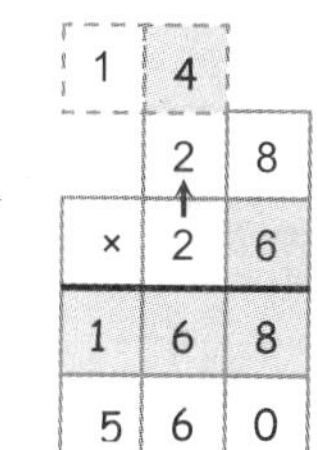

1	4	
	2	8
×	2	6
1	6	8
	6	0

→

1	4	
	2	8
×	2	6
1	6	8
5	6	0

2. Pratique la deuxième étape de la multiplication.

a)

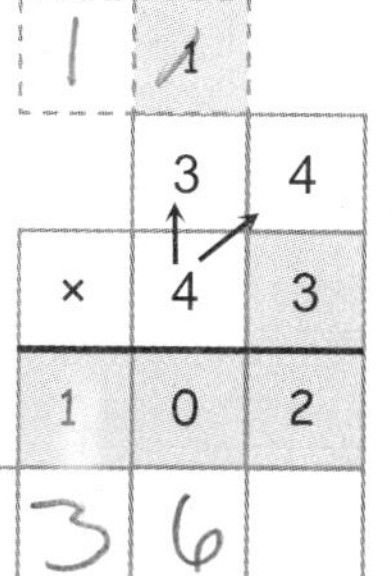

	1	1	
		3	4
	×	4	3
	1	0	2
1	3	6	

b)

	1	2	
		4	5
	×	2	4
	1	8	0
	9	0	

c)

	5	1	
		6	9
	×	6	2
	1	3	8
4	1	4	

d)

	1	3	
		5	6
	×	3	6
	3	3	6
1	6	8	

e)

	1	3	
		6	7
	×	2	5
	3	3	5
1	3	4	

NS6-28 : Multiplier un nombre à 2 chiffres par un nombre à 2 chiffres
(suite)

3. Pratique les deux premières étapes de la multiplication.

a)
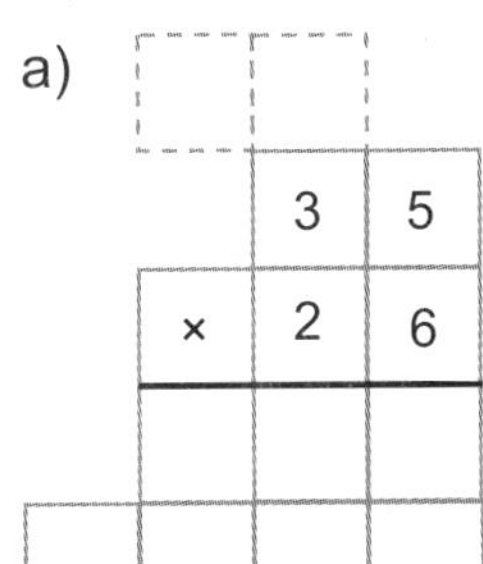

b)

		1	3
	×	3	7

c)

		3	2
	×	5	4

d)

		4	5
	×	3	5

e)
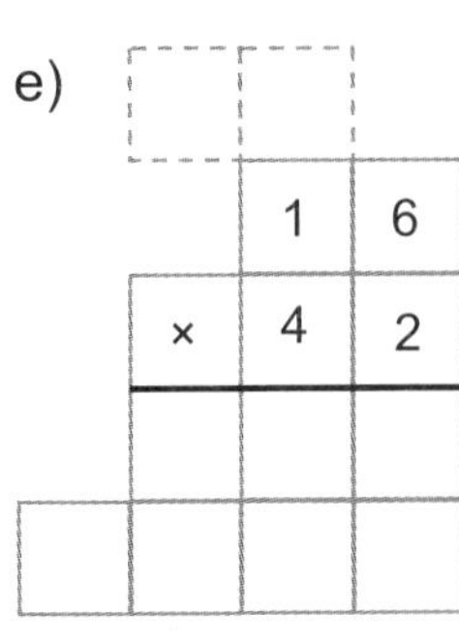

f)
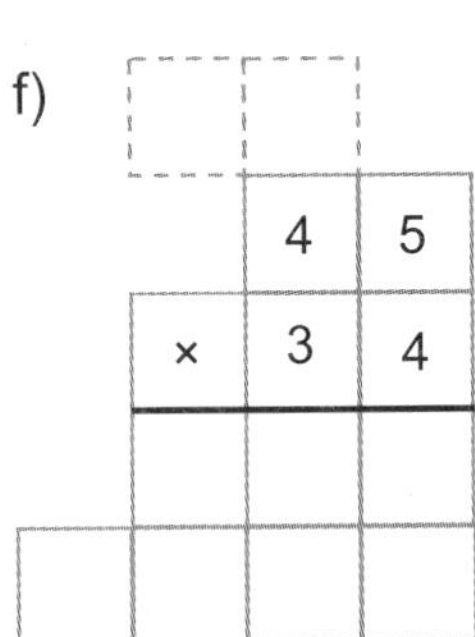

g)
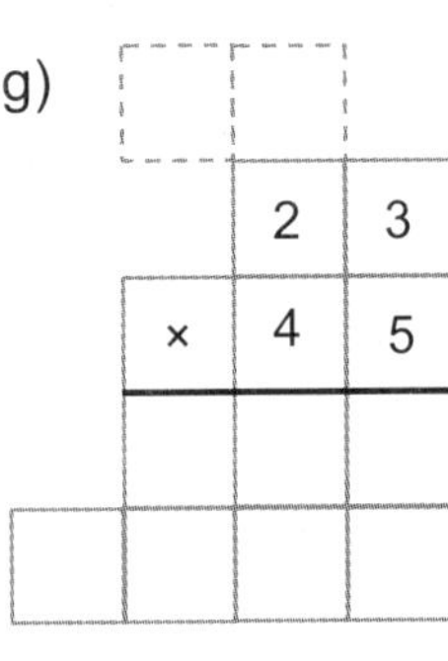

h)
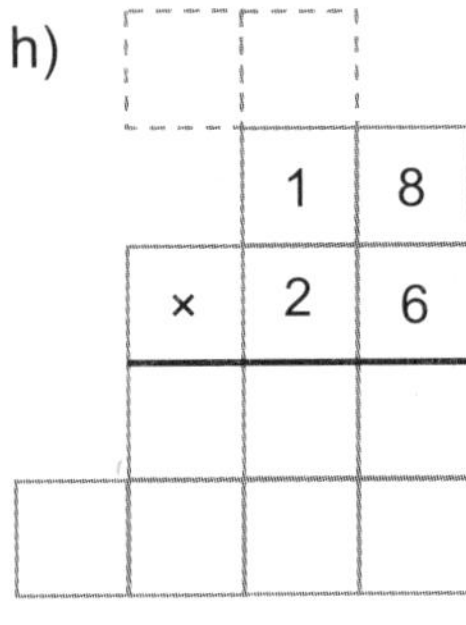

i)

		9	2
	×	3	2

j)
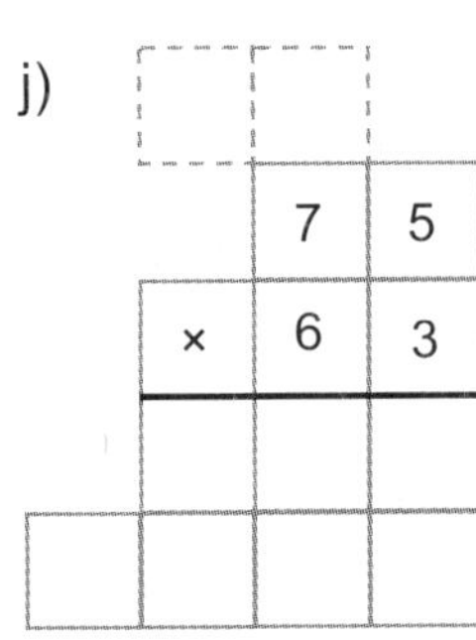

Étape 3 :
Grace complète la multiplication en additionnant les produits de **6 × 28** et **20 × 28**.

4. Complète la multiplication en additionnant les nombres dans les deux dernières rangées des tableaux.

a)

		1	4	
			2	8
		×	2	6
		1	6	8
	+	5	6	0
		7	2	8

b)

		2	3	
			5	4
		×	6	8
		4	3	2
+	3	2	4	0

c)

		2	1	
			7	6
		×	4	3
		2	2	8
+	3	0	4	0

d)

		4	2	
			2	7
		×	6	3
			8	1
+	1	6	2	0

e)

		4	3	
			1	9
		×	5	4
			7	6
	+	9	5	0

5. Multiplie.

a)
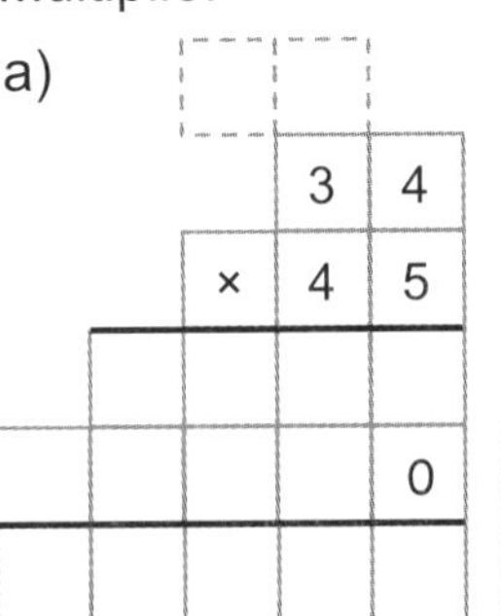

b)

			1	9
		×	6	4

c)

			7	4
		×	5	2

d)

			5	4
		×	3	4

e)

			8	7
		×	3	2

6. Trouve les produits.

a) 35 × 23 b) 64 × 81 c) 25 × 43 d) 42 × 87 e) 13 × 94 f) 28 × 37

NS6-29 : Des problèmes de multiplication

1. Double les unités et les dizaines séparément, et additionne le résultat :
$2 \times 36 = 2 \times 30 + 2 \times 6 = 60 + 12 = 72$.

	25	45	16	28	18	17	35	55	39
Double									

2. Les matrices de carrés ci-contre montrent que $2 \times 3 = 3 \times 2$:

2 × 3

3 × 2

a) Sur du papier quadrillé, trace une matrice de carrés pour montrer que $7 \times 5 = 5 \times 7$.

b) Si A et B sont des nombres, est-ce que A × B est toujours égal à B × A? Explique.

c) Trace autant de matrices rectangulaires que possible en utilisant 12 carrés. Comment montrent-elles les facteurs de 12?

3. Réarrange les produits pour pouvoir trouver la réponse dans ta tête.

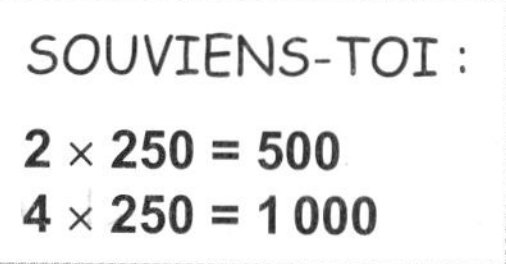
SOUVIENS-TOI :

$2 \times 250 = 500$

$4 \times 250 = 1\,000$

Exemple : $2 \times 8 \times 35$
$= 2 \times 35 \times 8$
$= 70 \times 8$
$= 560$

Exemple : $4 \times 18 \times 25$
$= 4 \times 25 \times 18$
$= 100 \times 18$
$= 1800$

a) $2 \times 7 \times 25$

b) $4 \times 84 \times 25$

c) $2 \times 29 \times 500$

d) $4 \times 475 \times 25$

e) $2 \times 36 \times 2 \times 250$

f) $25 \times 2 \times 50 \times 4$

g) $2 \times 2 \times 15 \times 250$

h) $2 \times 853 \times 500$

i) $4 \times 952 \times 25$

4.

Imprimante	Taux d'impression
A	1 page toutes les 2 secondes
B	90 pages par minute
C	2 pages par seconde
D	160 pages en 2 minutes

Quelle imprimante est la plus rapide? Explique comment tu le sais.

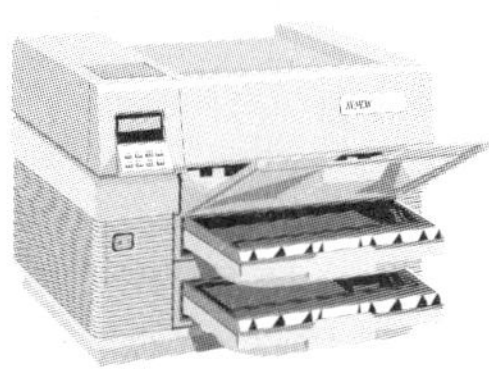

5.

Montant	Coût
20 premières	32 cents pour chaque mangue
20 prochaines	25 cents pour chaque mangue
Plus que 40	17 cents pour chaque mangue

Le tableau indique le prix qu'une épicerie paie pour les mangues.
Combien l'épicerie paierait-elle pour :

a) 15 mangues?

b) 30 mangues?

c) 50 mangues?

NS6-30 : Les concepts de la multiplication

1. Tu peux multiplier un nombre à 3 chiffres par un nombre à 2 chiffres en utilisant la méthode que tu as déjà apprise.

   Multiplie :

   a) 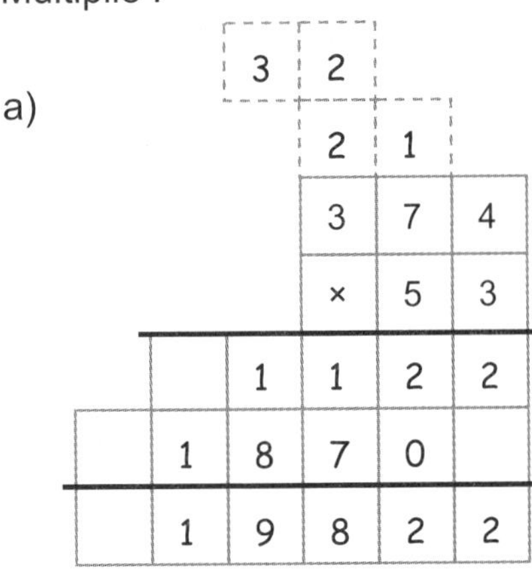
   b) 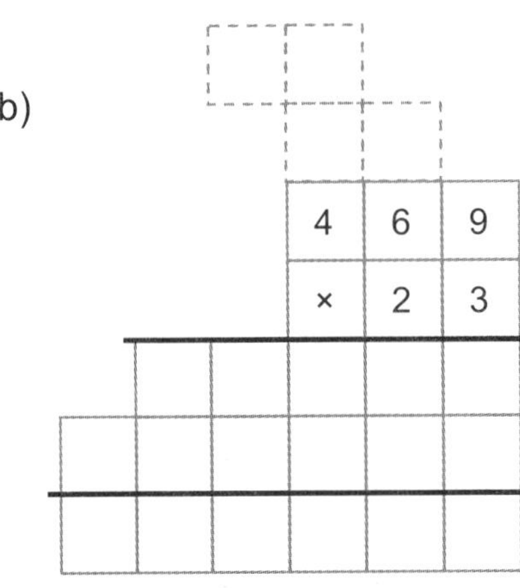
   c) 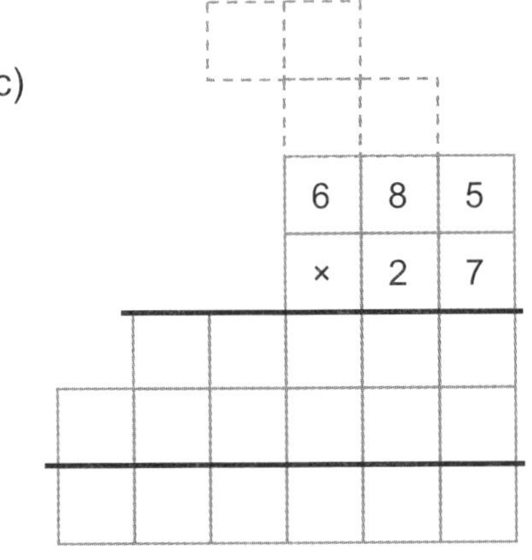

2. Raye les nombres qui ne sont <u>pas</u> des multiples de 4.

   13 24 32 50 40 2 27

3. Écris les multiples impairs de 7 entre 20 et 80.

4. Quel est le cinquième nombre premier? Explique comment tu le sais.

5. Multiplie :

   a) 569 × 34 b) 792 × 87 c) 926 × 96 d) 5243 × 88

6. L'élévation de la chaîne de montagnes Karakoram au Tibet augmente de 2 cm par année. De combien de centimètres de plus sera l'élévation de la chaîne de montagnes dans 500 ans?

7. Chaque panier peut contenir 47 pommes. Il y a 326 paniers. Combien de pommes y a-t-il en tout?

8. Quel est le plus grand facteur de 24 qui est plus petit que 24?

9. Hassim joue au basketball chaque semaine pendant 136 minutes. Il doit accumuler 1 350 minutes pour pouvoir travailler dans un camp d'été. Aura-t-il accumulé assez d'heures après 7 semaines?

10. Trouve les chiffres qui manquent.

    a) 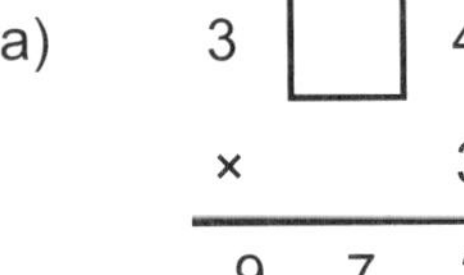
    b) 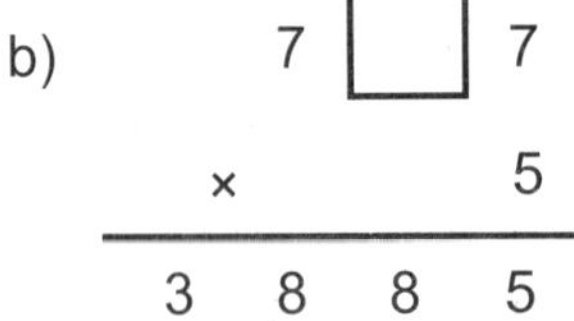
    c) 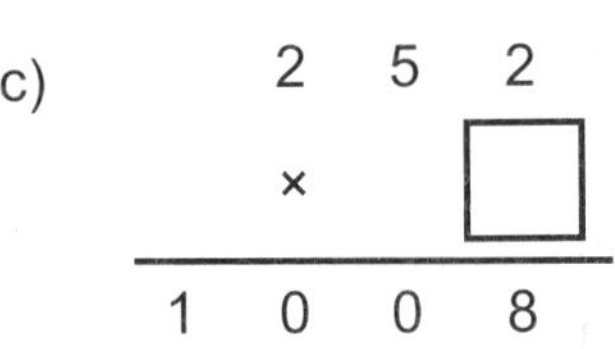

NS6-31 : Les ensembles

Abdul a 16 pommes. Un plateau peut contenir 4 pommes. Il y a 4 plateaux.

Qu'est-ce qui a été partagé ou divisé en **ensembles** ou en **groupes ?** *(Pommes)*

Combien d'**ensembles** y a-t-il? *(Il y a 4 ensembles de pommes.)*

Combien d'objets divisés sont dans chaque **ensemble**? *(Il y a 4 pommes dans chaque ensemble.)*

---

1. a)

Qu'est-ce qui et divisé ou partagé en ensembles? ______________________

Combien y a-t-il d'ensembles? _______

Combien dans chaque ensemble? ______

b)

Qu'est ce qui est partagé ou divisé en ensembles? ______________________

Combien y a-t-il d'ensembles? _______

Combien dans chaque ensemble? _______

2.

	Qu'est-ce qui est partagé ou divisé en ensembles?	Combien d'ensembles?	Combien par ensemble?
a) 8 livres pour chaque éleve 32 livres 4 élèves			
b) 4 fleurs dans chaque vase 6 vases 24 fleurs			
c) 5 pommes par plateau 20 pommes 4 plateaux			
d) 3 arbres par rangée 7 rangées 21 arbres			

3. En utilisant des cercles pour les <u>ensembles</u> et des points pour les <u>articles</u>, fais un dessin pour montrer :

a) 6 ensembles
3 articles par ensemble

b) 4 groupes
5 articles par groupe

c) 2 ensembles
9 articles par ensemble

NS6-32 : Deux façons de partager

Amanda a 16 biscuits. Elle a deux façons de **partager** (ou de diviser) les biscuits également.

Méthode 1 : Elle peut décider combien d'ensembles (ou groupes) de biscuits elle veut faire.

Par exemple :
Amanda veut faire 4 ensembles de biscuits. Elle fait 4 cercles. Elle met ensuite un biscuit à la fois dans les cercles jusqu'à ce qu'elle ait placé les 16 biscuits.

Méthode 2 : Elle peut décider combien de biscuits elle veut mettre dans chaque ensemble.

Par exemple :
Amanda veut mettre 4 biscuits dans chaque ensemble. Elle compte 4 biscuits. Elle continue de compter des ensembles de 4 biscuits jusqu'à ce qu'elle ait placé les 16 biscuits.

---

1. Partage **24** points également. Combien de points y a-t-il par ensemble?
   INDICE : Place un point à la fois.

   a) 4 ensembles :

   Il y a _____ points par ensemble.

   b) 6 ensembles :

   Il y a _____ points par ensemble.

2. Partage les formes également parmi les ensembles.
   INDICE : Compte les formes en premier. Divise par le nombre de cercles.

   △△△△
   △△△△
   △△△△

   a)

   b)

3. Partage les carrés également parmi les ensembles.

   □□□□□□
   □□□□□□
   □□□□□□

4. Regroupe les lignes afin qu'il y ait trois lignes par ensemble. Dis combien il y a d'ensembles.

   a) | | | | | | | | |

   Il y a _____ ensembles.

   b) | | | | | | | | | | | | | | | | | | | | |

   Il y a _____ ensembles.

   c) | | | | | | | | | | | |

   Il y a _____ ensembles.

5. Regroupe **18** bonbons afin qu'il y ait …

   a) 9 bonbons dans chaque ensemble.

   b) 6 bonbons dans chaque ensemble.

6. Écris ce que tu sais dans chaque cas. Fais un point d'interrogation si tu ne sais pas la réponse.

	Qu'est-ce qui a été partagé ou divisé en ensembles?	**Combien y a-t-il d'ensembles? ou Combien par ensemble?**
a) Beth a 42 billes. Elle met 6 billes dans chaque bocal.	billes	Il y a 6 billes par ensemble.
b) Il y a 30 personnes dans 6 voitures.	personnes	Il y a 6 ensembles de personnes.
c) Jenny a 18 autocollants. Elle les donne à ses 2 sœurs.		
d) Mike a 40 photos. Il met 8 photos par page dans un album.		
e) 24 enfants sont assis à 3 tables.		
f) Il y a 35 fleurs dans 5 vases.		

7. Divise les points dans des ensembles.
INDICE : Si tu sais le nombre d'ensembles, dessine les cercles pour les ensembles en premier. Si tu sais combien il y a d'articles dans chaque ensemble, remplis un cercle à la fois en y mettant le bon nombre de points.

a) 21 points; 3 ensembles

_____ points par ensemble

b) 14 points; 7 points par ensemble

_____ ensembles

c) 36 points; 9 points par ensemble

d) 20 points; 4 ensembles

NS6-33 : Diviser en comptant par bonds

Tu peux résoudre le problème de division **12 ÷ 4 = ?** en comptant par bonds sur la droite numérique.

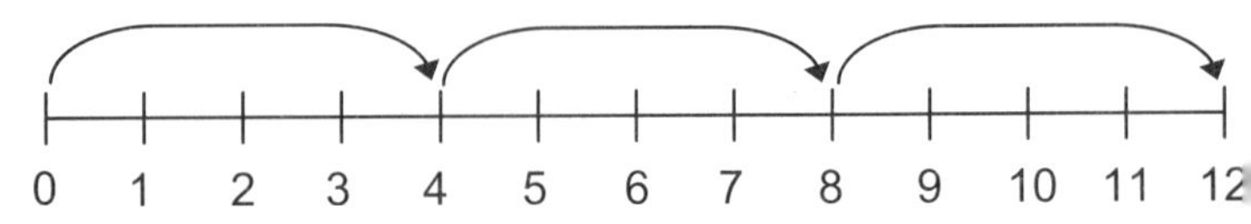

Si tu divises 12 dans des ensembles de 4, combien d'ensembles obtiens-tu? La droite numérique montre que tu as besoin de faire trois bonds de 4 pour te rendre à 12.

4 + 4 + 4 = 12 donc ... **12 ÷ 4 = 3**

---

1. Utilise la droite numérique pour trouver la réponse à l'énoncé de division. Fais des flèches pour montrer comment tu comptes par bonds.

a) 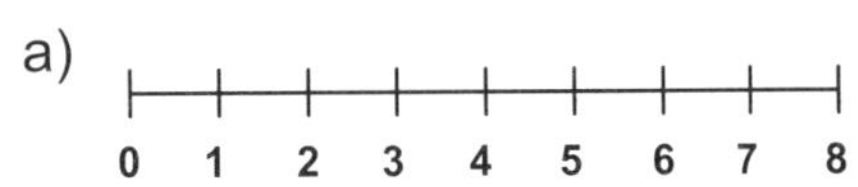

8 ÷ 2 = ____

b) 

16 ÷ 8 = ____

2. Quel énoncé de division est représenté par les dessins ci-dessous?

a) 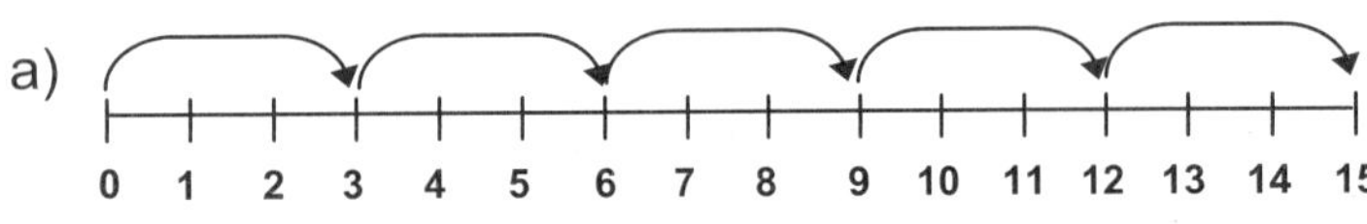

____

b) 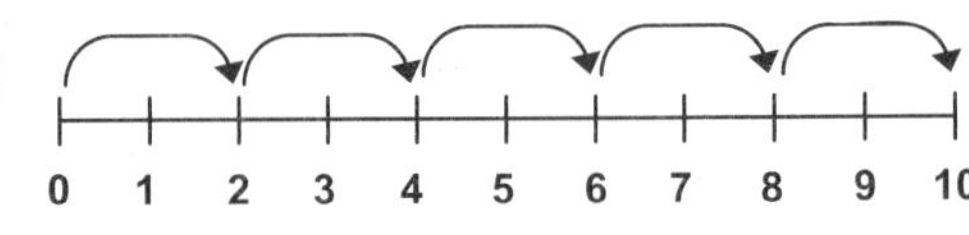

____

3. Tu peux aussi trouver la réponse à une question de division en comptant par bonds sur tes doigts.

Par exemple, pour trouver **45 ÷ 9**, compte par 9 jusqu'à ce que tu te rendes à 45 ... Le nombre de doigts levés quand tu dis « 45 » est la réponse.

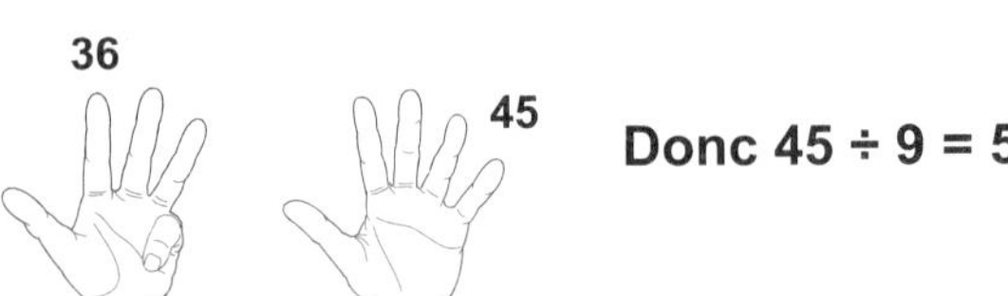

Donc 45 ÷ 9 = 5

Trouve les réponses en comptant par bonds sur tes doigts.

a) 35 ÷ 5 = ____ b) 12 ÷ 6 = ____ c) 32 ÷ 8 = ____ d) 21 ÷ 7 = ____ e) 45 ÷ 5 = ____

f) 36 ÷ 4 = ____ g) 25 ÷ 5 = ____ h) 42 ÷ 6 = ____ i) 27 ÷ 3 = ____ j) 16 ÷ 2 = ____

k) 36 ÷ 6 = ____ l) 35 ÷ 7 = ____ m) 18 ÷ 3 = ____ n) 21 ÷ 3 = ____ o) 40 ÷ 8 = ____

4. Il y a 24 fleurs dans 6 bouquets. Combien y a-t-il de fleurs dans chaque bouquet? ____________

5. Il y a 36 arbres dans 9 rangées. Combien y a-t-il d'arbres dans chaque rangée? ____________

6. Amy utilise 8 crayons en un mois. Combien de mois lui faudra-t-il pour utiliser 32 crayons? ________

NS6-34 : Les restes

Win-Chi veut partager 13 crêpes avec 3 amis.
Il a 4 assiettes, une pour lui-même et une pour chacun de ses amis.
Il met une crêpe à la fois dans chaque assiette.

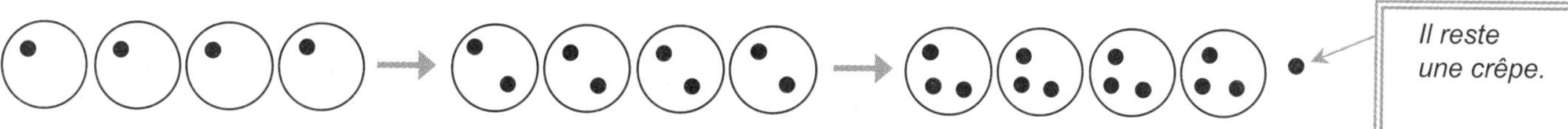

Il reste une crêpe.

On ne peut pas partager treize crêpes également en 4 ensembles.
Chaque personne reçoit 3 crêpes, et il en reste *une*.
Le « reste » est une crêpe.

13 ÷ 4 = 3 Reste 1 OU 13 ÷ 4 = 3 R1 **NOTE : R signifie « reste »**

---

1. Peux-tu partager 9 crêpes de façon égale dans 2 assiettes?
   Montre ton travail en utilisant des points pour les crêpes et des cercles pour les assiettes.

2. Pour chaque question, distribue les points le plus également possible parmi les cercles.

   a) 10 points dans 3 cercles

   ____ points par cercle; ____ points qui restent

   b) 17 points dans 4 cercles

   ____ points par cercle; ____ points qui restent

3. Distribue les points le plus également possible. Fais un dessin et écris un énoncé de division.

   a) 13 points dans 3 cercles

   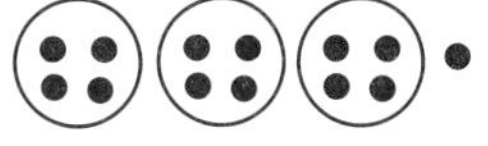

   13 ÷ 3 = 4 R1

   b) 19 points dans 3 cercles

   c) 36 points dans 5 cercles

   d) 33 points dans 4 cercles

   e) 43 points dans 7 cercles

4. Huit amis veulent partager 25 pommes.
   Combien de pommes chaque ami recevra-t-il?
   Combien de pommes restera-t-il?

5. Trois frères ont plus de 5 mais moins de 13 affiches d'animaux.
   Ils se partagent également les affiches, sans qu'il n'y ait de reste.
   Combien d'affiches ont-il en tout? (Montre toutes les réponses possibles.)

6. Trouve quatre façons différentes de partager 19 biscuits en groupes égaux de sorte qu'il en reste un.

NS6-35 : La longue division – 2 chiffres par 1 chiffre

Linda prépare une collation pour quatre classes.
Elle doit diviser 95 craquelins en 4 groupes.
Elle utilisera la longue division et un modèle pour résoudre le problème.

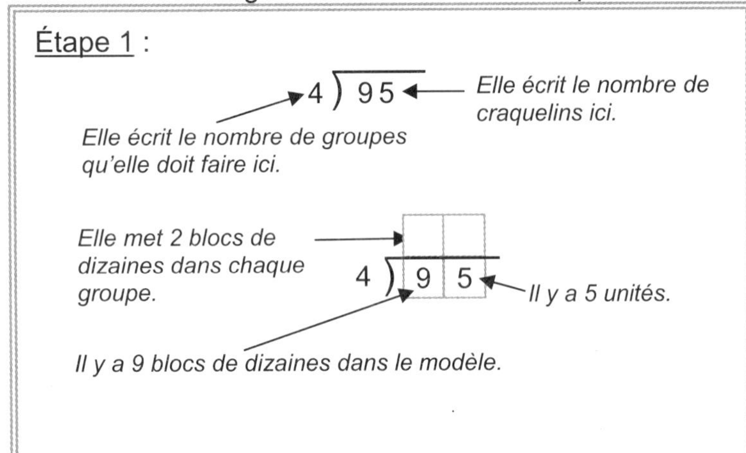

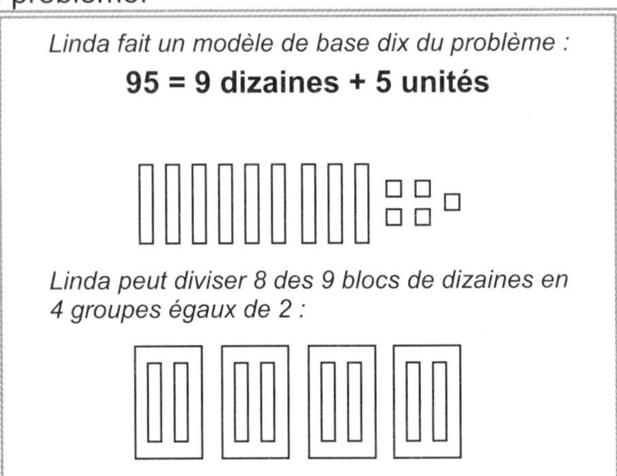

1. Linda a écrit un énoncé de division pour résoudre un problème.
   Combien de groupes veut-elle faire?
   De combien de blocs de dizaines et d'unités a-t-elle besoin pour faire un modèle du problème?

a) 2) 53	b) 5) 71	c) 4) 95	d) 5) 88
groupes ______	groupes ______	groupes ______	groupes ______
blocs de dizaines _____	blocs de dizaines _____	blocs de dizaines _____	blocs de dizaines _____
unités ______	unités ______	unités ______	unités ______

2. Combien de blocs de dizaines peux-tu mettre dans chaque groupe?

a) 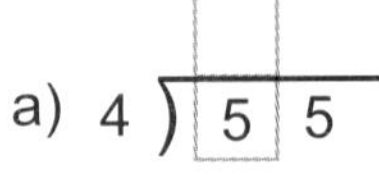

b) 5) 9 7　　c) 3) 7 6　　d) 3) 8 9　　e) 4) 9 2

f) 4) 4 8　　g) 5) 8 7　　h) 3) 8 1　　i) 7) 8 5　　j) 8) 9 6

3. Pour chaque énoncé de division, écris le nombre de groupes qui ont été faits et le nombre de blocs de dizaines par groupe.

a) 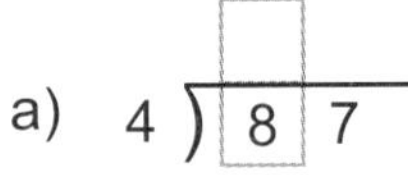

b) 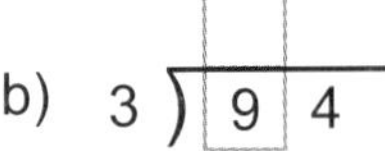

c) 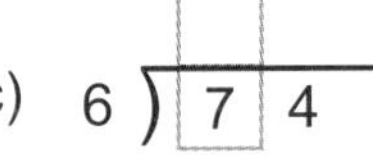

d) 2) 9 8

a)	b)	c)	d)
groupes ______	groupes ______	groupes ______	groupes ______
nombre de dizaines par groupe ______	nombre de dizaines par groupe ______	nombre de dizaines par groupe ______	nombre de dizaines par groupe ______

<u>Étape 2</u> :

Il y a 2 blocs de dizaines par groupe. → 2

4) 9 5 ⟶ × 2 / 4) 9 5 / 8

Il y a 4 groupes.

2 × 4 = Il y a 8 blocs de dizaines.

Dans le modèle :

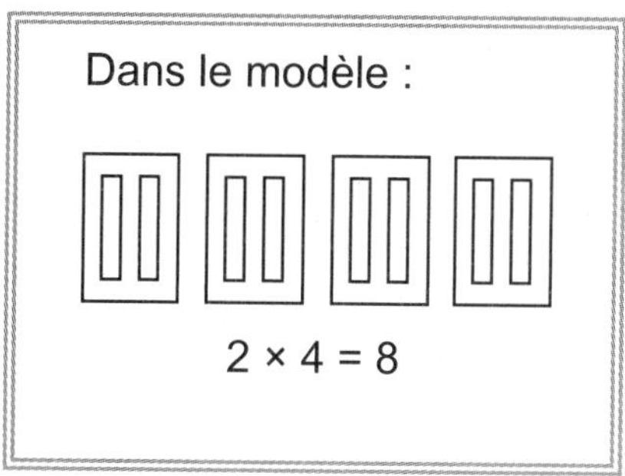

4. Pour chaque question, trouve combien de dizaines ont été placées en multipliant.

a)

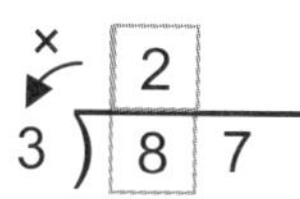

Combien de groupes? _______

Combien de dizaines? _______

Combien de dizaines par groupe? _______

Combien de dizaines placées en tout? _____

b) 2 / 4) 9 5

Combien de groupes? _______

Combien de dizaines? _______

Combien de dizaines par groupe? _______

Combien de dizaines placées en tout? _____

5. Compte par bonds pour trouver combien de dizaines peuvent être placées dans chaque groupe. Fais ensuite une multiplication pour savoir combien de dizaines tu as placées.

a) 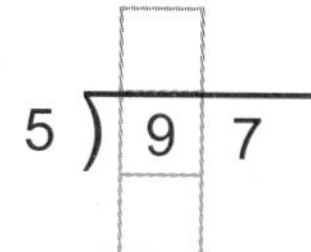

b) 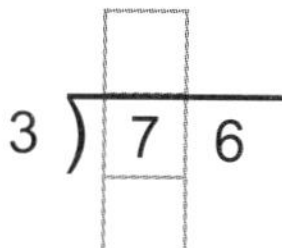

c) 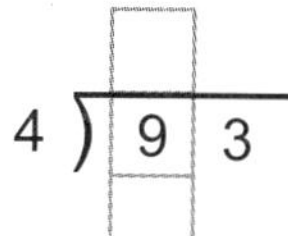

d) 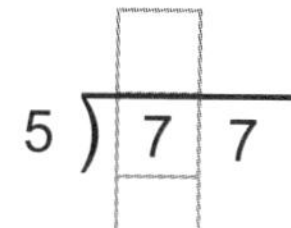

e) 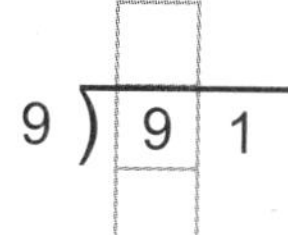

f) 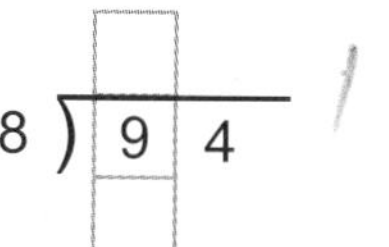

g) 5) 9 4

h) 2) 8 8

i) 7) 9 5

j) 8) 9 9

k) 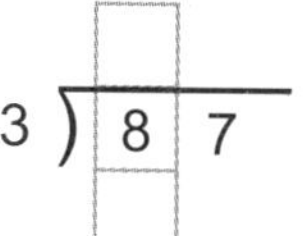

l) 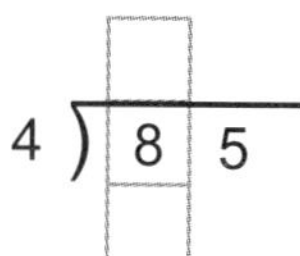

m) 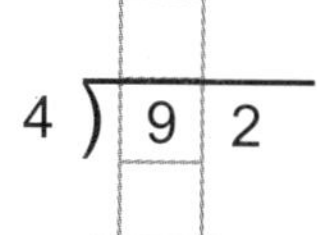

n) 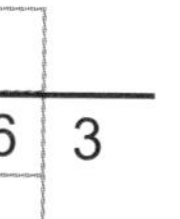

o) 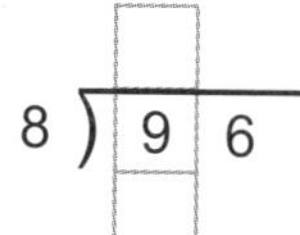

p) 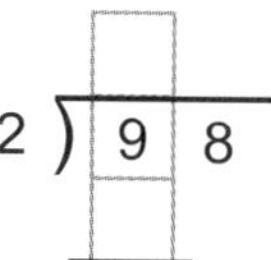

q) 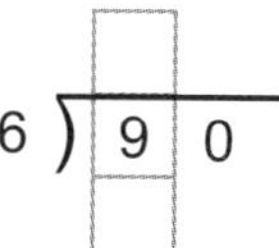

r) 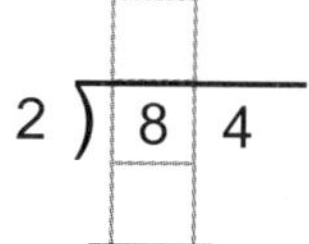

s) 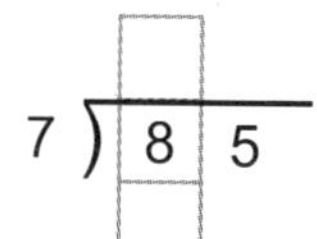

t) 3) 8 1

Étape 3 :

Il y a 9 blocs de dizaines. Linda en a placé 8.

Elle soustrait pour trouver combien il en reste (9 – 8 = 1).

Dans le modèle :

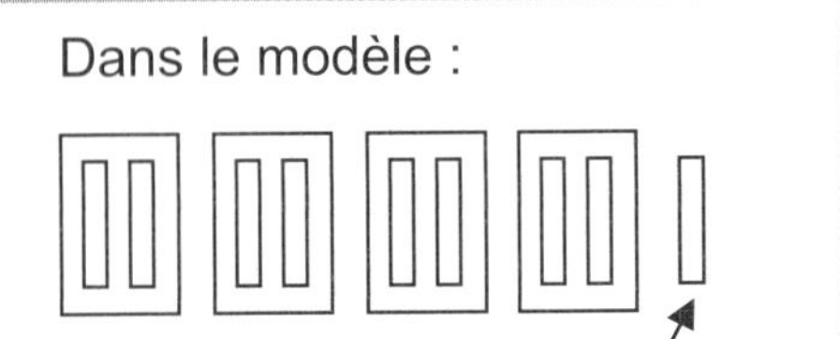

Il reste 9 – 8 = 1.

6. Utilise, pour chaque question, les trois premières étapes de la longue division.

a) 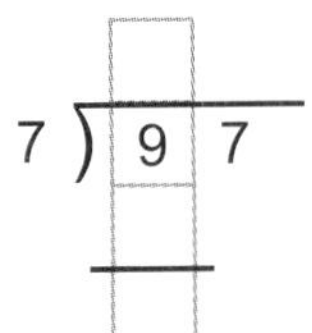
b) 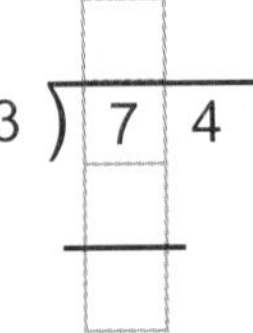
c) 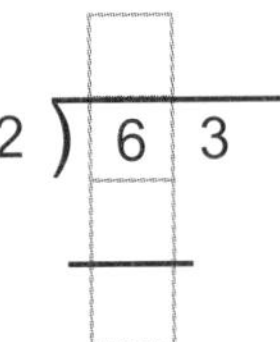
d) 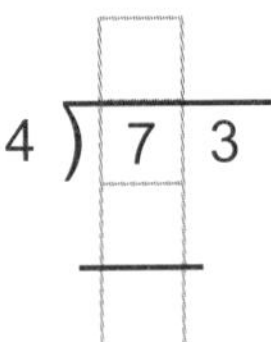
e) 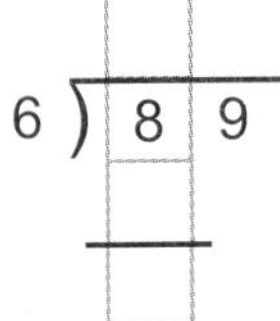

f) 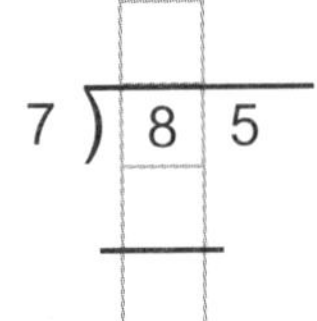
g) 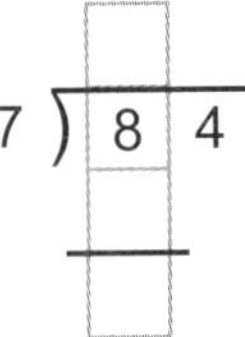
h) 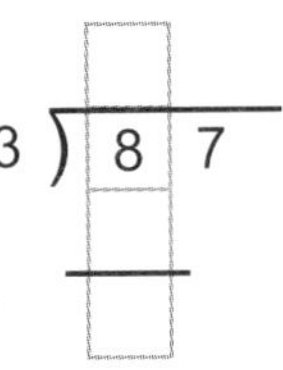
i) 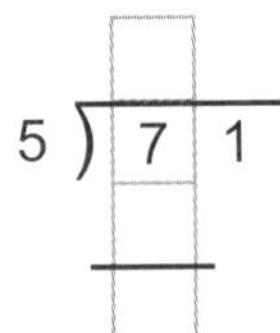
j) 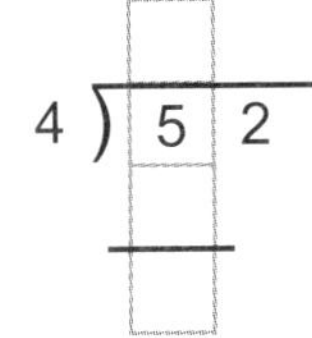

Étape 4 :

Il reste un bloc de dizaines et 5 unités, donc il reste 15 unités en tout. Linda écrit un 5 à côté du 1 pour le démontrer.

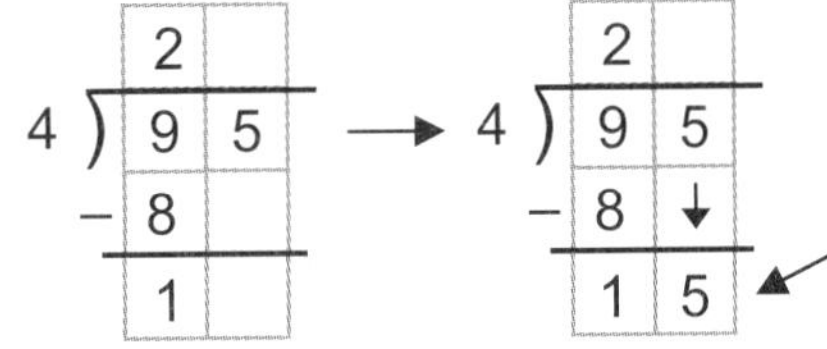

Il y a cette quantité d'unités qui restent.

Dans le modèle :

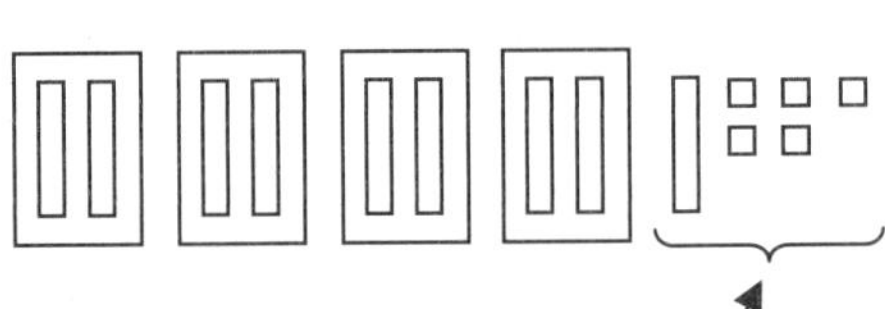

Il reste encore 15 unités à placer dans les 4 groupes.

7. Utilise les quatre premières étapes de la longue division pour résoudre les problèmes suivants :

a) 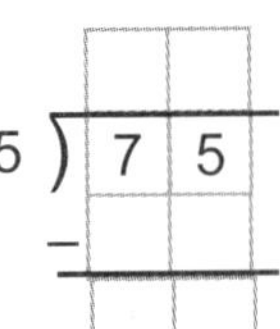
b) 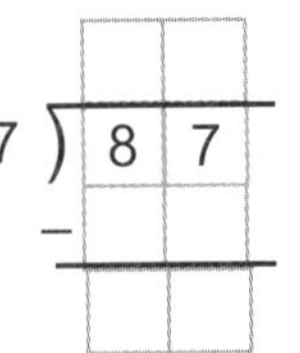
c) 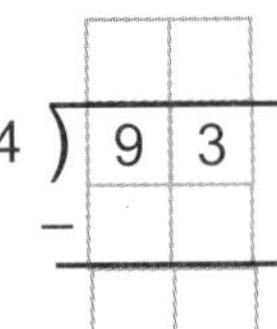
d) 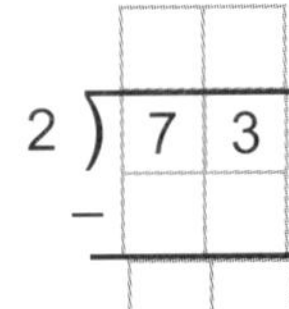
e) 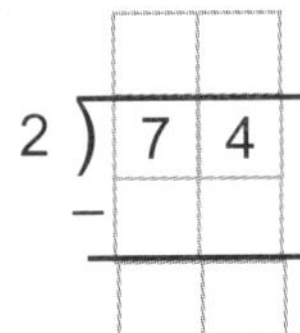

f) 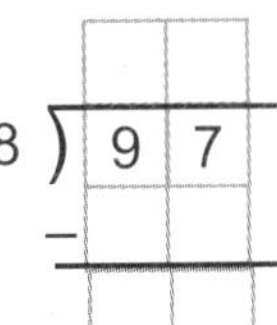
g) 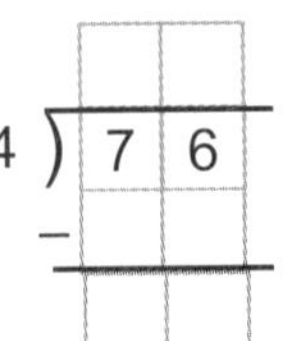
h) 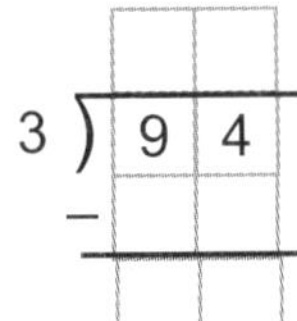
i) 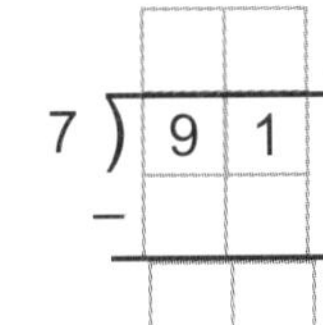
j) 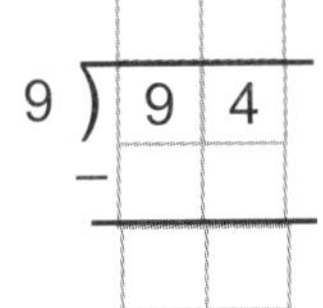

Étape 5 :

Linda trouve le nombre d'unités qu'elle peut placer dans chaque groupe en divisant 15 par 4.

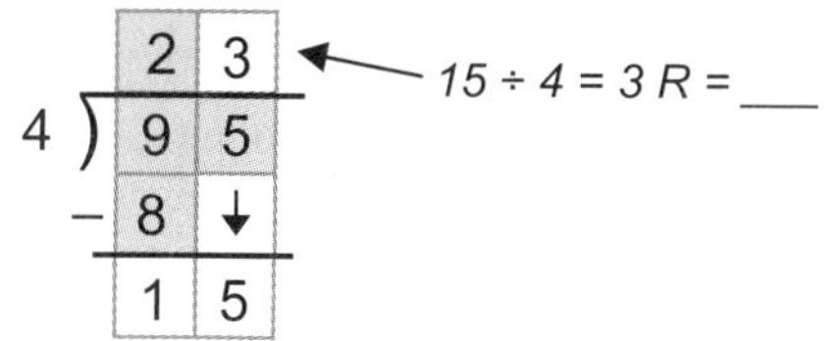

Dans le modèle :

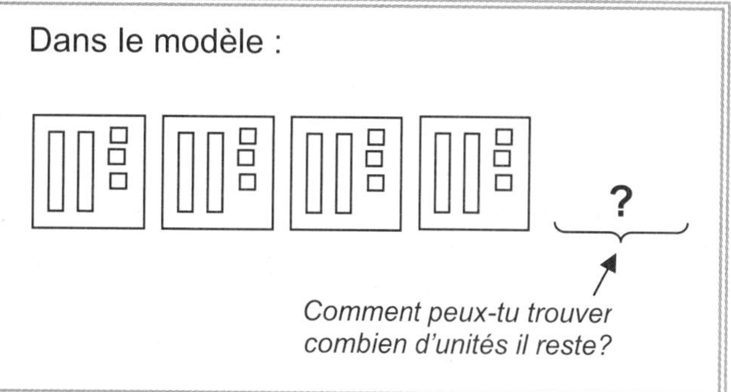

8. Utilise les cinq premières étapes de la longue division pour résoudre les problèmes suivants :

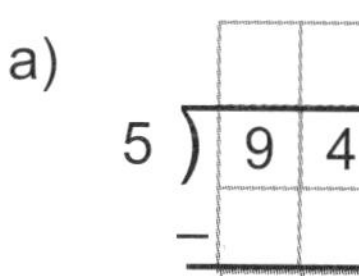
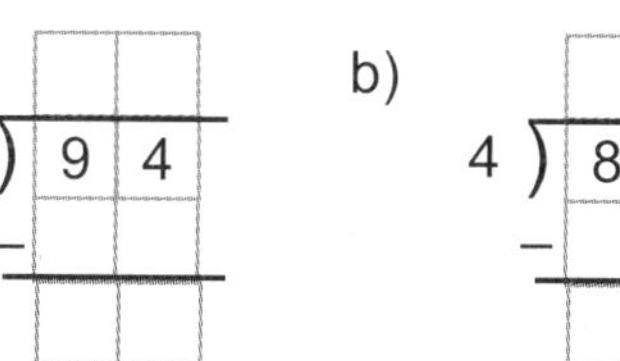
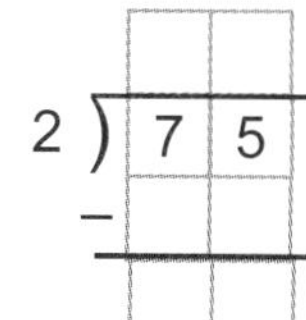
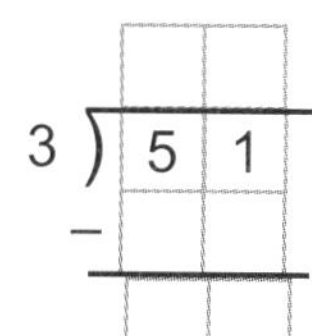
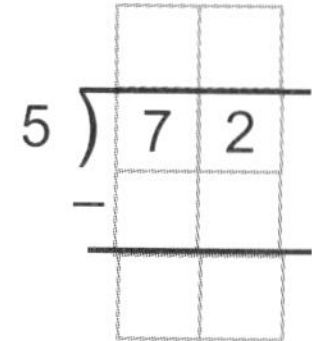

a) $5\overline{)94}$ b) $4\overline{)87}$ c) $2\overline{)75}$ d) $3\overline{)51}$ e) $5\overline{)72}$

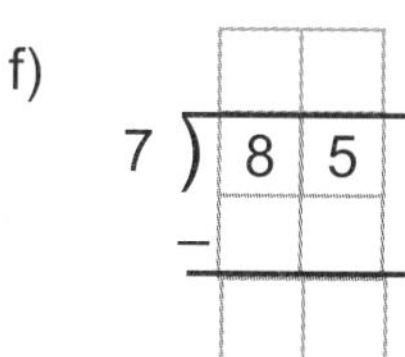
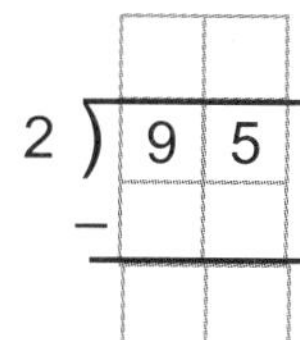
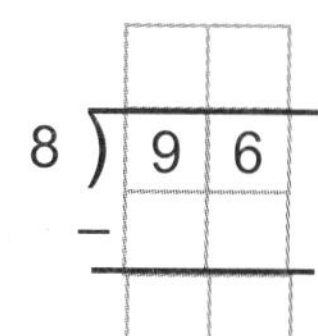
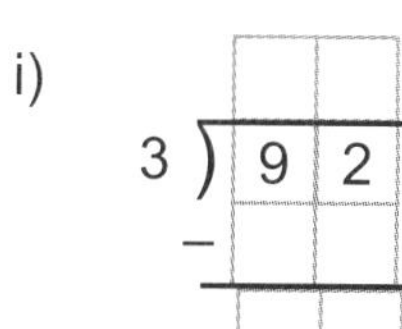
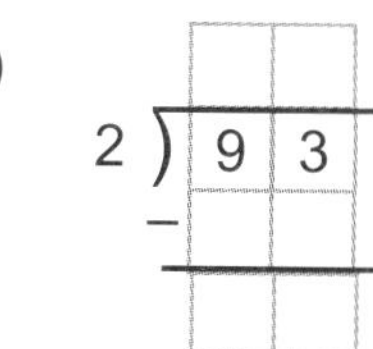

f) $7\overline{)85}$ g) $2\overline{)95}$ h) $8\overline{)96}$ i) $3\overline{)92}$ j) $2\overline{)93}$

Étapes 6 et 7 :

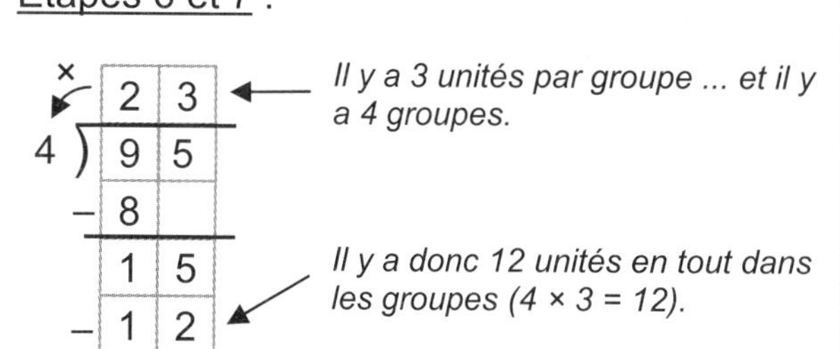
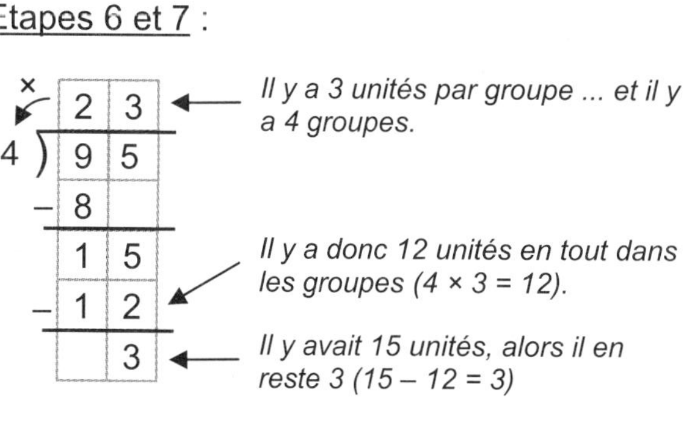

Dans le modèle :

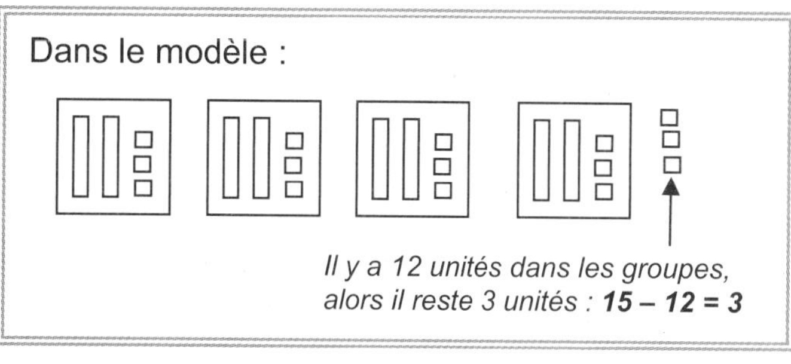

L'énoncé de division et le modèle montrent qu'elle peut donner 23 craquelins à chaque classe, et qu'il en restera 3.

9. Utilise toutes les sept étapes de la longue division pour résoudre les problèmes suivants :

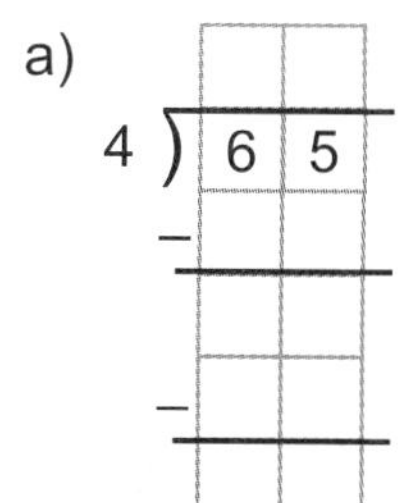
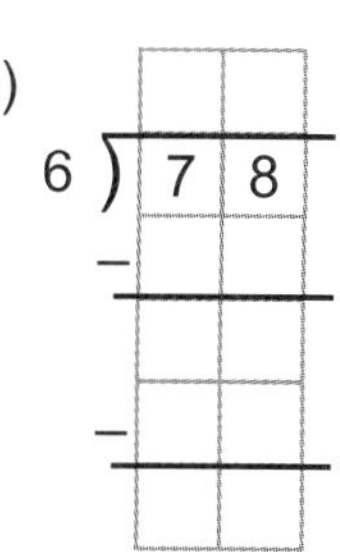
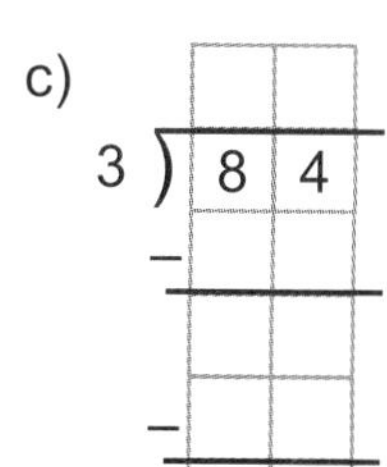
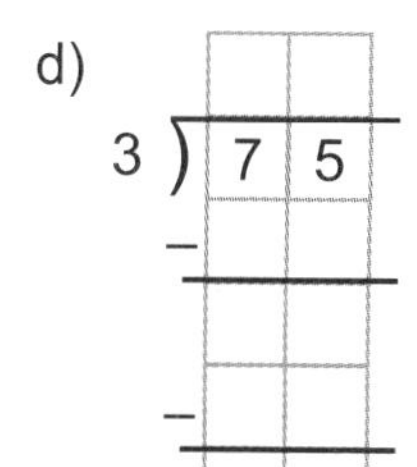
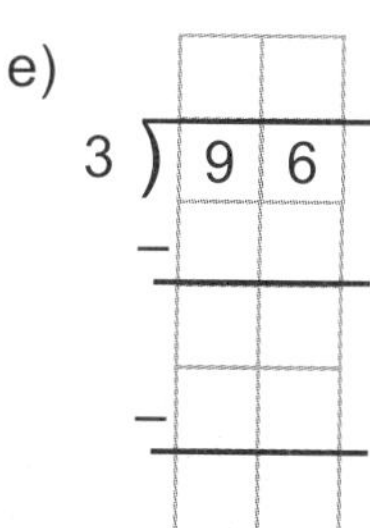

a) $4\overline{)65}$ b) $6\overline{)78}$ c) $3\overline{)84}$ d) $3\overline{)75}$ e) $3\overline{)96}$

f) 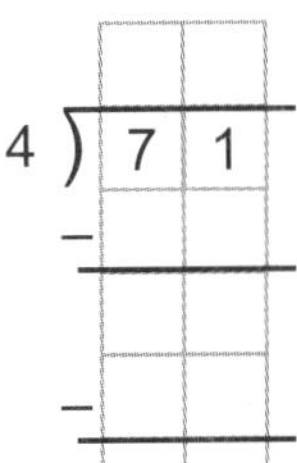

g) 5) 8 4

h) 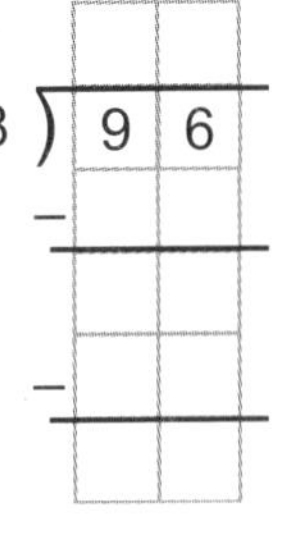

i) 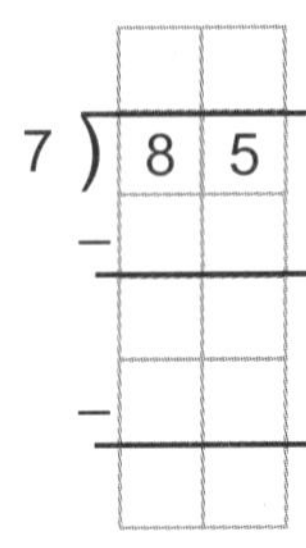

j) 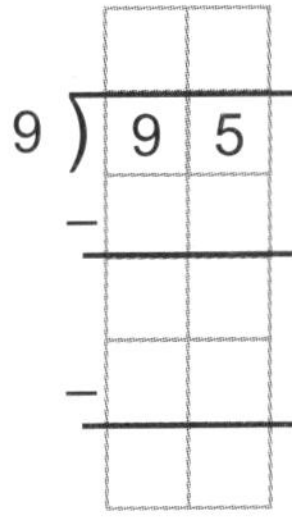

k) 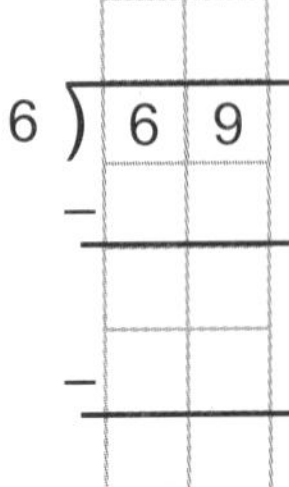

l) 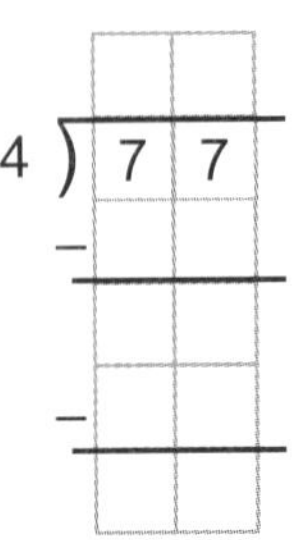

m) 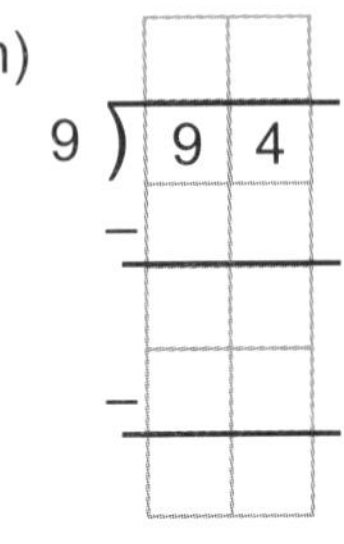

n) 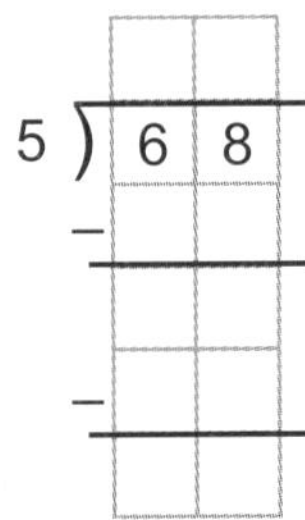

o) 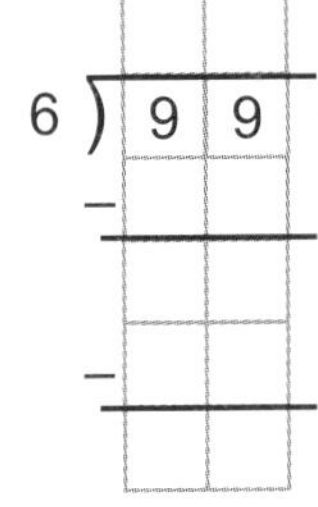

10. Alain met 99 sandwiches dans des assiettes de 8. Combien de sandwiches reste-t-il?

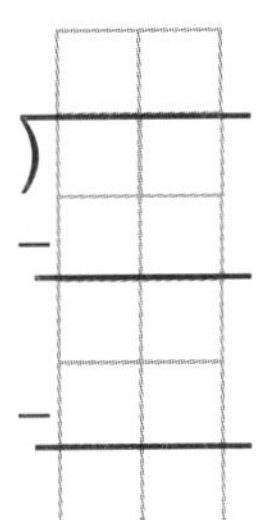

11. Combien de semaines y a-t-il dans 84 jours?

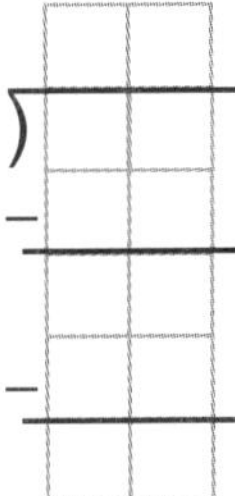

12. Elson a 97 livres. Il les place dans des rangées de 7.

Combien de rangées peut-il faire et combien de livres lui restera-t-il?

13. Mita dépense 91 $ pour louer un canoë pour une semaine.

Combien le canoë lui coûte-t-il par jour?

14. 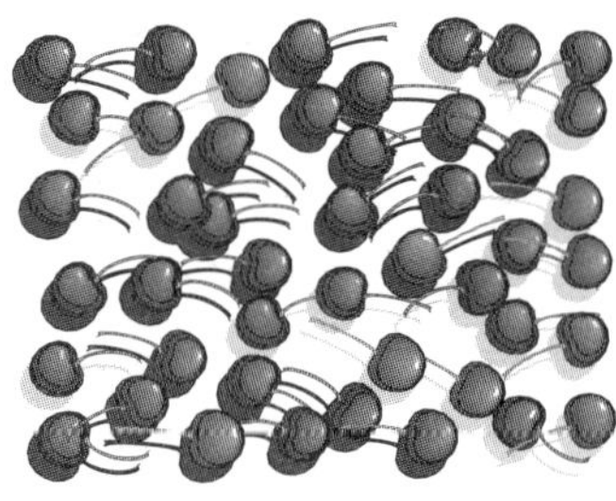

Saran divise 59 cerises également parmi 4 amis.

Wendy divise 74 cerises également parmi 5 amis.

À qui restera-t-il plus de cerises?

NS6-36 : La longue division – 3 et 4 chiffres par 1 chiffre

1. Trouve 313 ÷ 2 en dessinant un modèle de base dix et en faisant une longue division.

Étape 1 : Dessine un modèle de base dix pour 313.

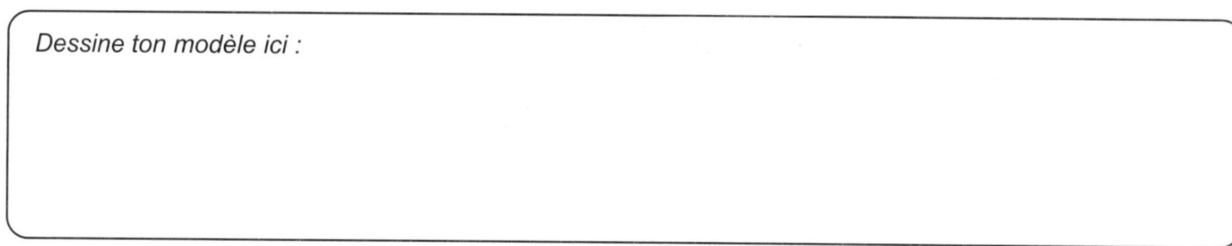

Étape 2 : Divise les blocs de centaines en 2 groupes égaux.

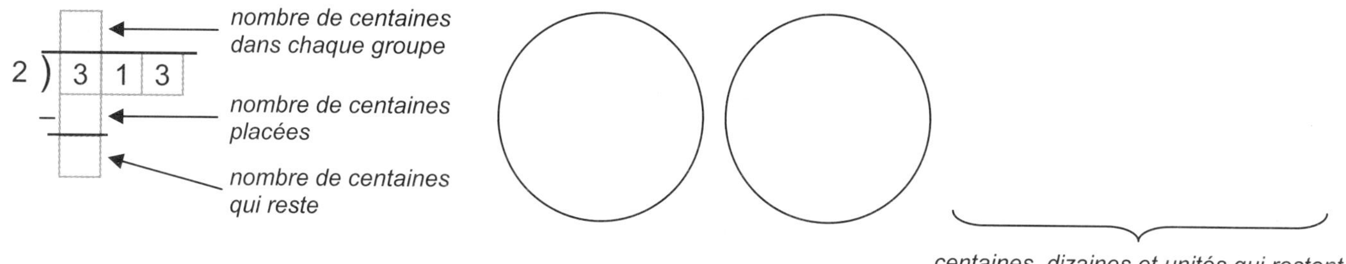

Étape 3 : Échange la centaine qui reste pour 10 dizaines.

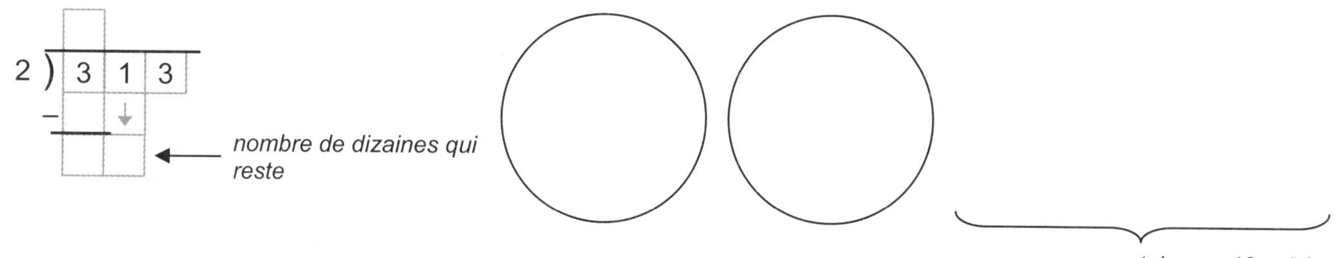

Étape 4 : Divise les blocs de dizaines en deux groupes égaux.

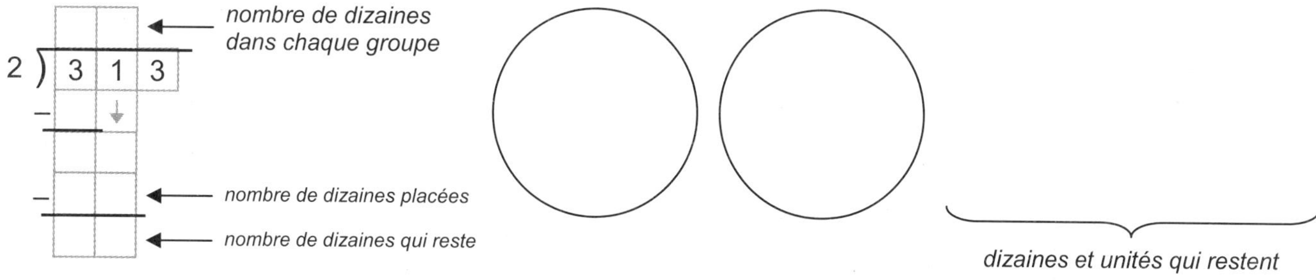

Étape 5 : Échange les blocs de dizaines qui restent pour 10 unités.

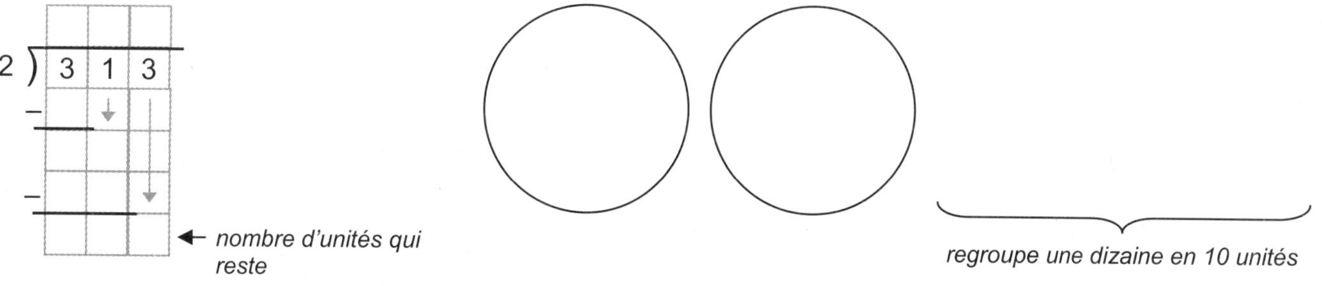

NS6-36 : La longue division – 3 et 4 chiffres par 1 chiffre *(suite)*

Étapes 6 et 7 : Divise les unités en 2 groupes égaux.

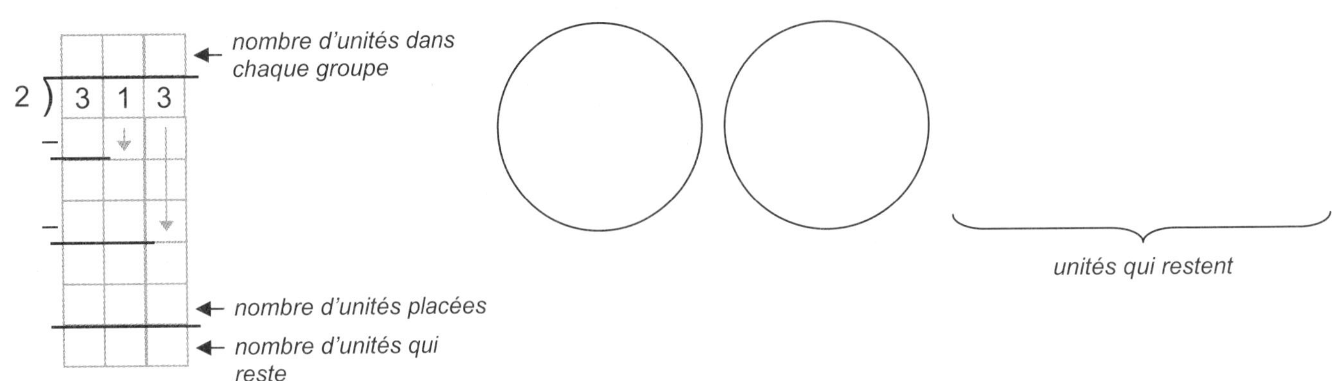

2. Divise :

a) 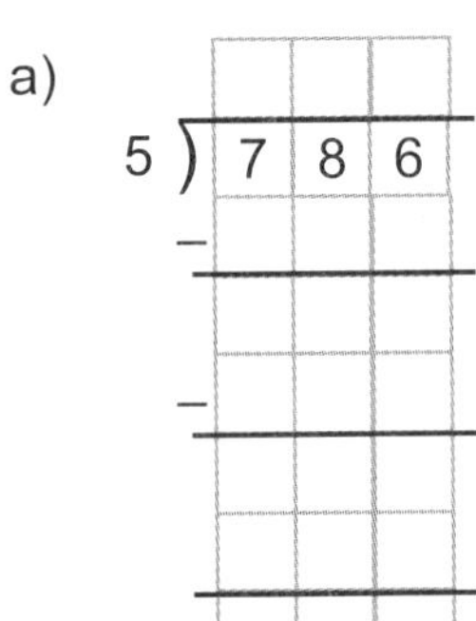

b) 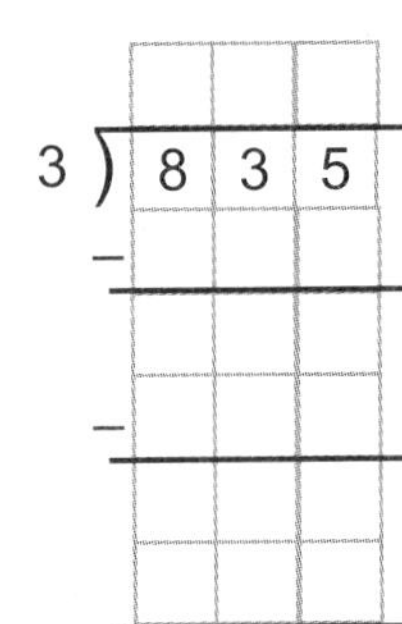

c) 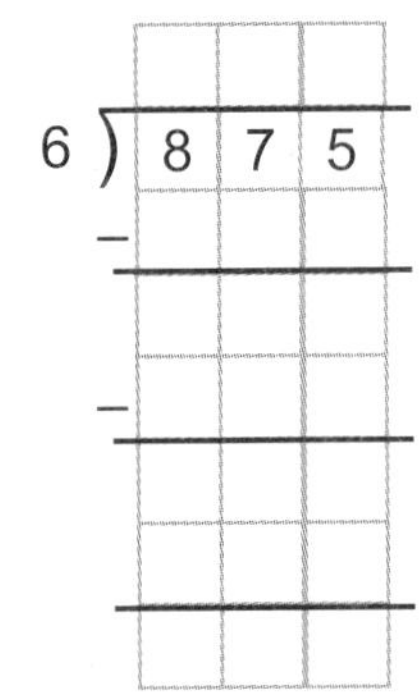

d) 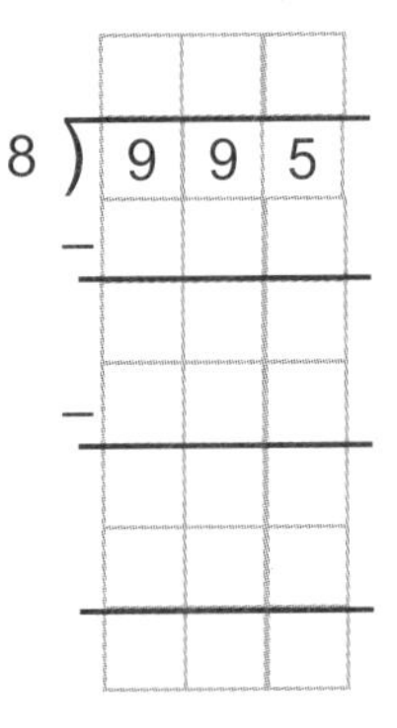

3. Dans chaque question ci-dessous, il y a moins de centaines que de nombres de groupes. Écris un « 0 » dans la place des centaines pour montrer que tu ne peux pas placer les centaines dans des groupes égaux. Fais ensuite la division comme si les centaines avaient été regroupées en dizaines.

a) 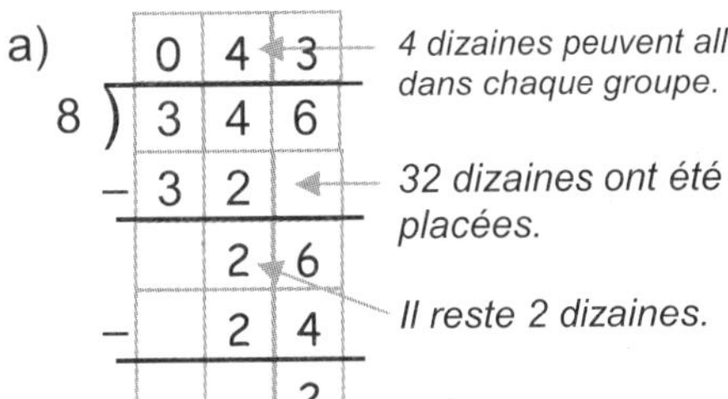

b) 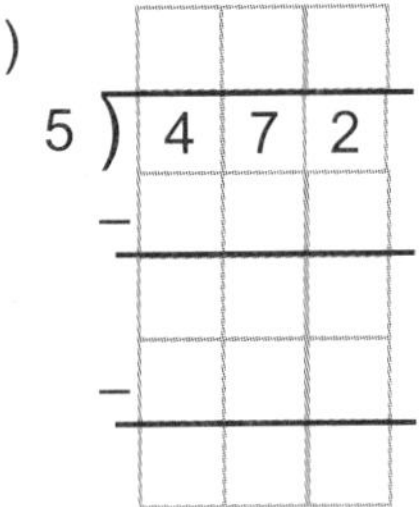

c) 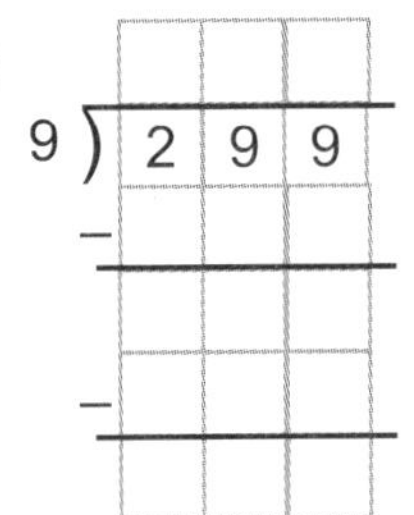

d) 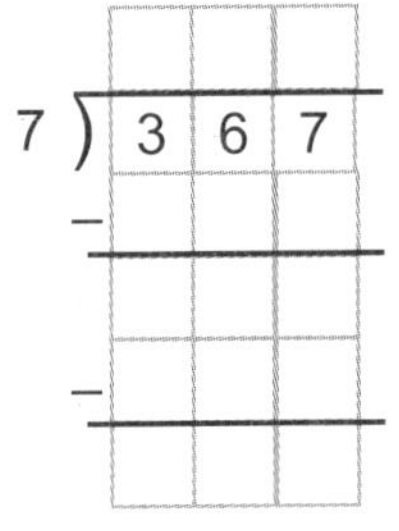

4. Divise.

a) 3) 115　b) 4) 341　c) 8) 425　d) 6) 379　e) 9) 658

f) 5) 1525　g) 5) 7523　h) 3) 5213　i) 4) 1785　j) 7) 2213

5. Karen nage 4 longueurs de la piscine. En tout, elle nage 144 mètres. De quelle longueur est la piscine?

6. Le périmètre d'un parc de forme hexagonale est de 732 km. De quelle longueur est chaque côté du parc?

NS6-37 : Problèmes de division

1. Combien de cents chaque ami recevrait-il si tu divisais 3 000 cents parmi ...

   a) 10 amis? __________ b) 100 amis? __________ c) 1 000 amis? __________

2. Continue la régularité.

   a) 3 000 000 ÷ 10 = 300 000

   3 000 000 ÷ 100 = __________

   3 000 000 ÷ 1 000 = __________

   3 000 000 ÷ 10 000 = __________

   b) 2 700 000 ÷ 10 = __________

   2 700 000 ÷ 100 = __________

   2 700 000 ÷ 1 000 = __________

   2 700 000 ÷ 10 000 = __________

3. Décris les régularités que tu vois à la question 2.

4. Quel abonnement au magazine coûte le moins cher?

52 numéros 4 premiers numéros gratuits! **3 $ par numéro par la suite**	**52 numéros** 12 premiers numéros gratuits! **4 $ par numéro par la suite**

5. Crée deux problèmes de division en utilisant les numéros dans le tableau.

Nombre d'autocollants d'animaux dans un paquet	Coût d'un paquet
8	96 cents
6	78 cents
7	91 cents

Dans les questions ci-dessous, tu devras interpréter ce que veut dire le reste.

Exemple : Lars veut mettre 87 cartes de hockey dans un album. Chaque page peut contenir 6 cartes. Combien lui faudra-t-il de pages? **87 ÷ 6 = 14 R3**
Il lui faudra **15** pages (car il aura aussi besoin d'une page pour les trois cartes qui restent).

6. 4 personnes peuvent dormir dans une tente.
   Combien de tentes faudrait-il pour 58 personnes?

7. 6 amis partagent 83 autocollants.
   Combien d'autocollants par ami?

8. La cafétéria de l'école utilise 7 miches de pain par semaine. Combien de semaines et de jours lui faudra-t-il pour utiliser 98 miches de pain?

9. Esther déménage dans un nouvel appartement.
   Elle peut placer 6 boîtes en tout dans sa voiture.
   Combien de trajets devra-t-elle faire pour déménager 75 boîtes?

NS6-38 : Les concepts de multiplication et de division

Réponds aux questions suivantes dans ton cahier.

1. Un autobus peut transporter 48 étudiants. Combien d'étudiants est-ce que 65 autobus peuvent transporter?

2. Si trois oranges coûtent 69 ¢, combien coûteraient neuf oranges?

3. a) Alice a entre 20 et 40 ans. L'année dernière, son âge était un multiple de 4. Cette année, il est un multiple de 5. Quel âge a Alice?

   b) George a entre 30 et 50 ans. L'année dernière, son âge était un multiple de 6. Cette année, il est un multiple de 7. Quel âge a George?

4. Une famille a voyagé en voiture pendant 112 jours. L'essence a coûté 126 $ par semaine.

   Combien d'argent ont-ils dépensé en essence?

5. Un nombre premier est-il divisible par 3? Explique

6. Quel est le plus petit nombre entier plus grand que cent qui est divisible par 99?

7. ☐ 5 6 9 ÷ 6 est environ 400.

   Quel chiffre pourrais-tu mettre dans la boîte? Explique.

8. Kim achète des cerises à 10 ¢ pour 3 cerises, et elle les vend à 20 ¢ pour 5 cerises. Combien de cerises doit-elle vendre pour gagner 1 $?

   INDICE : Quel est le plus petit commun multiple de 3 et de 5?

9. 3 360 arbres sont plantés dans 6 rangées. Combien d'arbres dans chaque rangée?

10. La famille Gordon est composée de deux adultes et de deux enfants.
    Le prix des billets pour aller voir une pièce de théâtre est de 12,50 $ par adulte et de 8,50 $ par enfan
    Combien la famille a-t-elle payé en tout pour les billets?
    Si on leur a rendu 8 $ en monnaie, avec quel montant ont-ils payé?

11. ➢ Choisis un nombre plus petit que 10 et plus grand que 2.
    ➢ Si le nombre est pair, divise-le par deux et additionne 1. Si le nombre est impair, double-le.
    ➢ Si le nombre que tu as obtenu est un nombre pair, divise-le par deux et additionne 1. Si le nombre que tu as obtenu est un nombre impair, double-le.

    a) Continue la chaîne de calculs dans l'exemple ci-contre. Que remarques-tu?
    b) Essaie de déterminer quel nombre à un chiffre donne la plus longue chaîne de calculs.
    c) Commence une chaîne de calculs à partir d'un nombre à deux chiffres. Que remarques-tu?

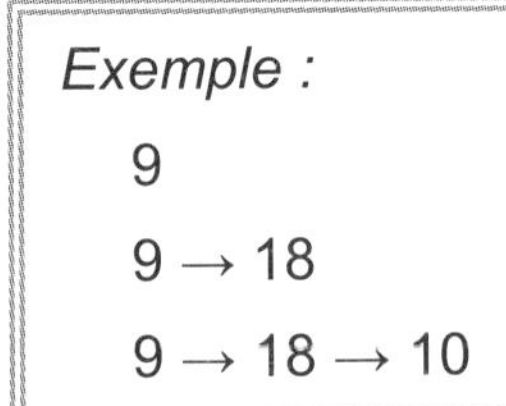

NS6-39 : Arrondir sur une droite numérique

1. Fais une flèche vers le 0 ou le 10 pour montrer si le nombre encerclé est plus près de **0 ou de 10**.

a) 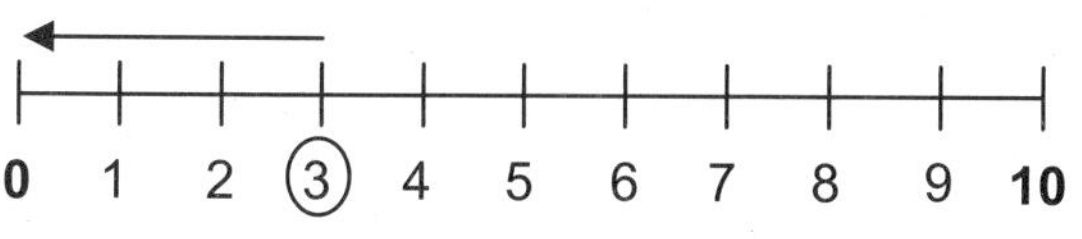

b) 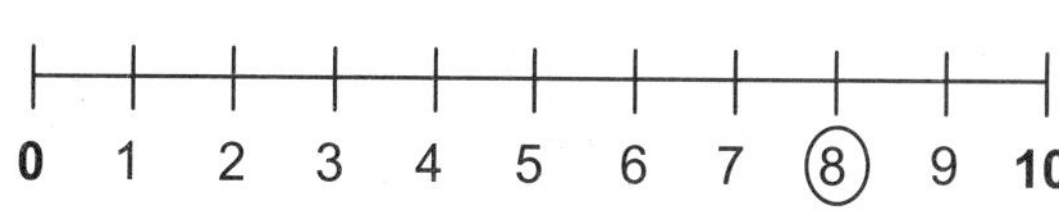

c) 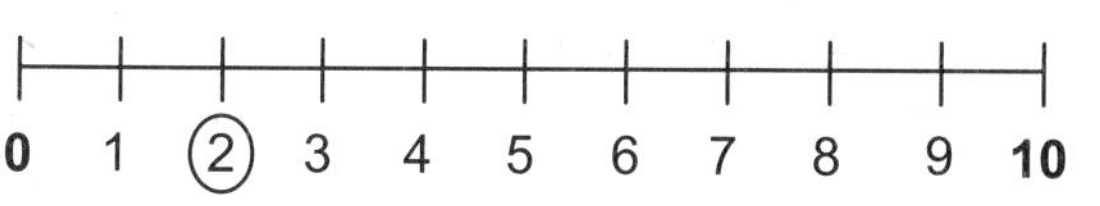

d) 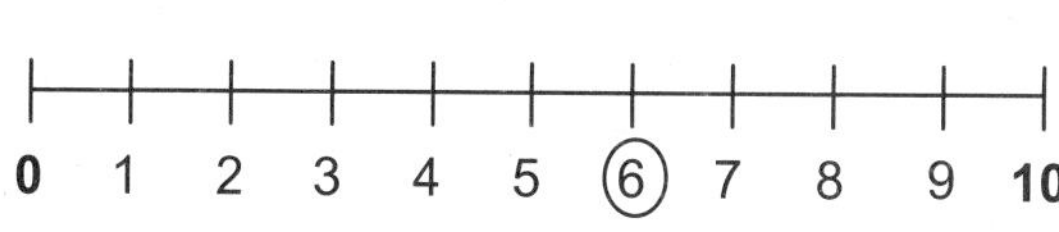

2. a) Quels nombres à un chiffre sont plus près de i) 0? ______________ ii) 10? ______________

b) Pourquoi 5 est-il spécial? ______________________________

3. Fais une flèche pour montrer à quel multiple de dix tu arrondirais.
Arrondis ensuite chaque nombre à la dizaine près.

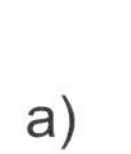

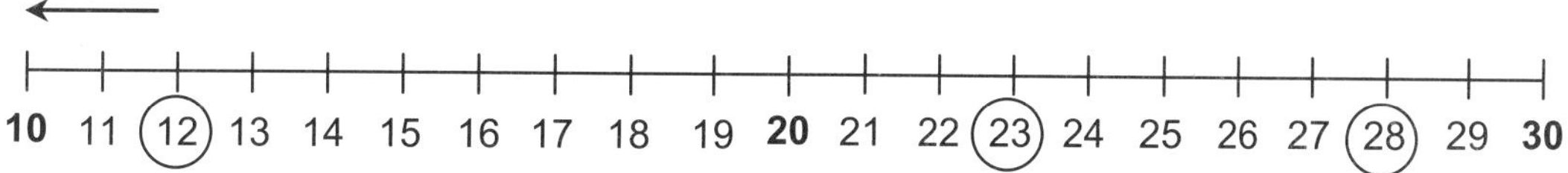

Arrondis à 10 ______ ______

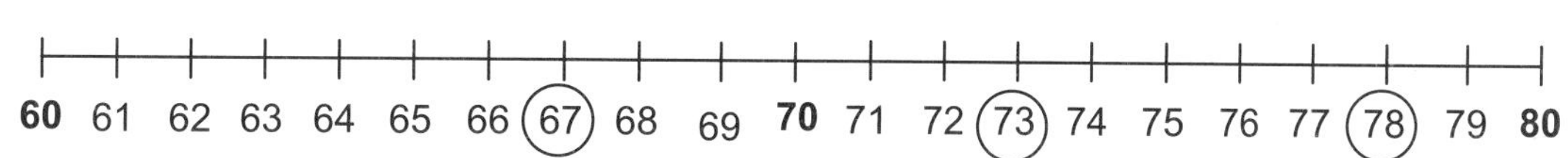

Arrondis à ______ ______ ______

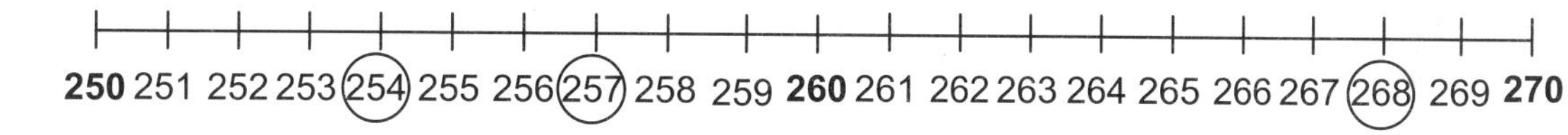

Arrondis à ______ ______ ______

4. Encercle la bonne réponse.

a) 21 est plus près de 20 ou 30

b) 12 est plus près de 10 ou 20

c) 38 est plus près de 30 ou 40

d) 77 est plus près de 70 ou 80

e) 252 est plus près de 250 ou 260

f) 586 est plus près de 580 ou 590

5. Fais une flèche pour montrer si le nombre encerclé est plus près de 0 ou de 100.

a) 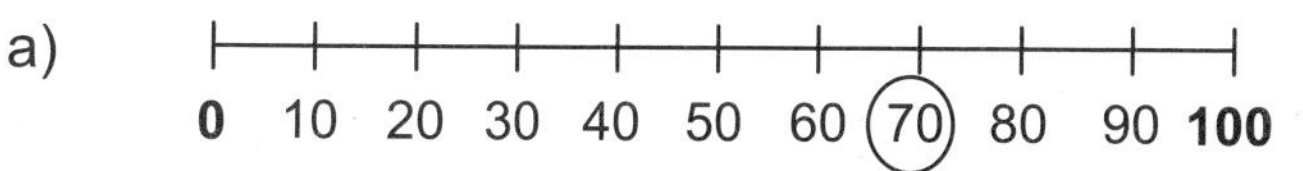

b) 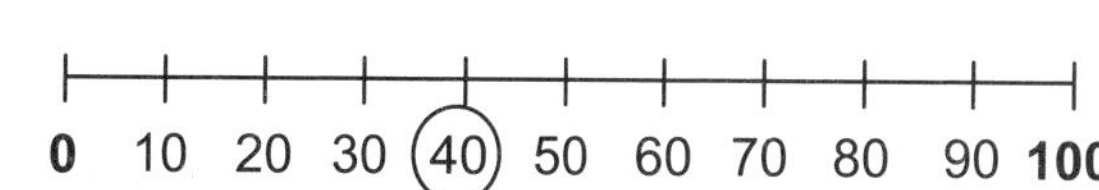

6. Est-ce que 50 est plus près de 0 ou de 100? Pourquoi 50 est-il un cas spécial?

____

NS6-39 : Arrondir sur une droite numérique *(suite)*

7. Encercle la bonne réponse.

a) 70 est plus près de : 0 ou 100

b) 30 est plus près de : 0 ou 100

c) 60 est plus près de : 0 ou 100

d) 10 est plus près de : 0 ou 100

8. Montre la position approximative de chaque nombre sur la droite numérique. À quel multiple de 100 l'arrondirais-tu?

a) 642 b) 684 c) 793 d) 701

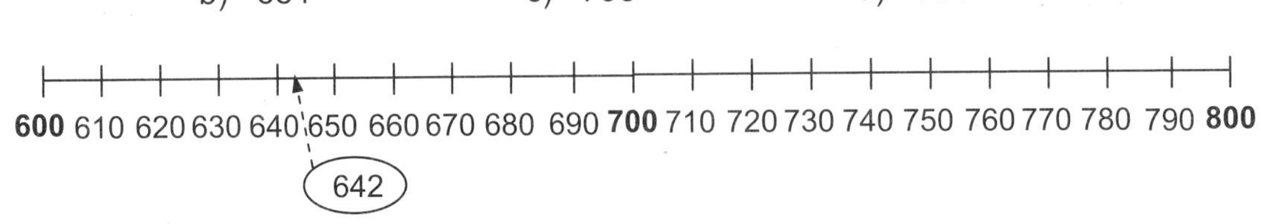

Arrondis à ______

9. Encercle la bonne réponse.

a) 164 est plus près de : 100 ou 200

b) 723 est plus près de : 700 ou 800

c) 678 est plus près de : 600 ou 700

d) 957 est plus près de : 900 ou 1 000

10. Fais une flèche pour montrer si le nombre encerclé est plus près de 0 ou de 1 000.

a) 0 100 200 300 (400) 500 600 700 800 900 **1000**

b) 0 100 200 300 400 500 600 700 (800) 900 **1000**

11. Encercle la bonne réponse.

a) 100 est plus près de 0 ou 1 000 b) 900 est plus près de 0 ou 1 000 c) 600 est plus près de 0 ou 1 000

12. Fais une flèche pour montrer à quel multiple de 1 000 tu arrondirais le nombre dans le cercle.

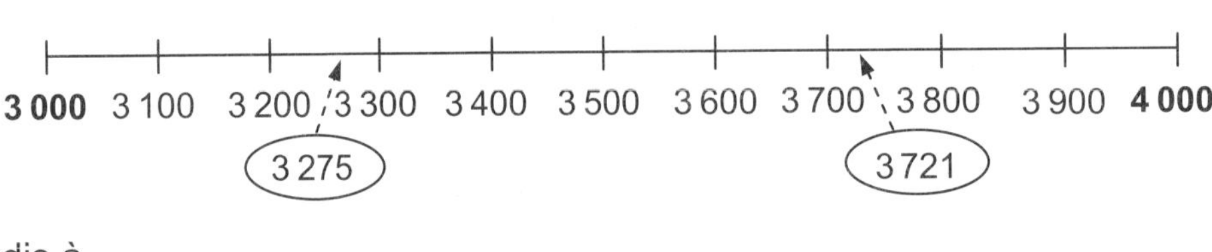

Arrondis à ______ ______

13. Encercle la bonne réponse.

a) 3 975 est plus près de : 3 000 ou 4 000

b) 8 123 est plus près de : 8 000 ou 9 000

c) 4 201 est plus près de : 4 000 ou 5 000

d) 2 457 est plus près de : 2 000 ou 3 000

14. Écris une règle pour arrondir un nombre à quatre chiffres au millier près.

NS6-40 : Arrondir

1. Arrondis à la **dizaine** près.

SOUVIENS-TOI :

Si le chiffre à la place des unités est :

0, 1, 2, 3 ou 4 – arrondis vers le bas
5, 6, 7, 8 ou 9 – arrondis vers le haut

a) 38 b) 46
c) 21 d) 62
e) 79 f) 81
g) 25 h) 36 i) 91

2. Arrondis à la **dizaine** près. Souligne le chiffre des dizaines en premier. Mets ensuite ton crayon sur le chiffre à sa droite (le chiffre des unités). C'est ce chiffre qui t'indique d'arrondir vers le haut ou vers le bas.

a) 656 → 660 b) 273 c) 152
d) 355 e) 418 f) 566
g) 128 h) 467 i) 338

3. Arrondis les nombres suivants à la **centaine** près. Souligne le chiffre des centaines en premier. Mets ensuite ton crayon sur le chiffre à sa droite (le chiffre des dizaines).

a) 340 → 300 b) 490 c) 570
d) 270 e) 160 f) 360
g) 460 h) 840 i) 980

4. Arrondis les nombres suivants à la **centaine** près. Comme pour la question 3, souligne le chiffre des centaines en premier. Mets ensuite ton crayon sur le chiffre à sa droite (le chiffre des dizaines).

a) 167 b) 347 c) 567
d) 349 e) 873 f) 291 

5. Arrondis les nombres suivants au **millier** près. Souligne le chiffre des milliers en premier. Mets ensuite ton crayon sur le chiffre à sa droite (le chiffre des centaines).

a) 4 787 → 5 000 b) 3 092  c) 7 697
d) 5 021 e) 2 723  f) 8 538

6. Souligne le chiffre auquel tu veux arrondir. Dis ensuite s'il faut arrondir vers le haut ou vers le bas.

a) *centaines*

7	<u>3</u>	2	5

vers le haut / **(vers le bas)**

b) *centaines*

4	1	2	7

vers le haut / **vers le bas**

c) *dizaines*

4	9	6	3

vers le haut / **vers le bas**

d) *milliers*

8	3	8	6	4

vers le haut / **vers le bas**

e) *dizaines de milliers*

4	6	5	2	3

vers le haut / **vers le bas**

f) *dizaines de milliers*

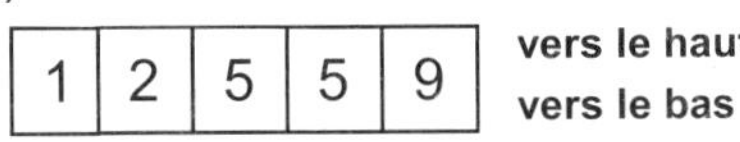

1	2	5	5	9

vers le haut / **vers le bas**

7. Complète les deux étapes indiquées dans la question 6. Suis ensuite les deux étapes suivantes.

Arrondis le chiffre souligné vers le haut ou vers le bas.

- Pour arrondir vers le haut : additionne 1 au chiffre.
- Pour arrondir vers le bas : le chiffre ne change pas.

7	<u>3</u>	4	5
	3		

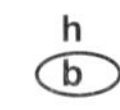

Les chiffres à la droite du chiffre arrondi deviennent des zéros.

Les chiffres à la gauche ne changent pas.

7	<u>3</u>	4	5
7	3	0	0

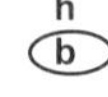

a) *milliers*

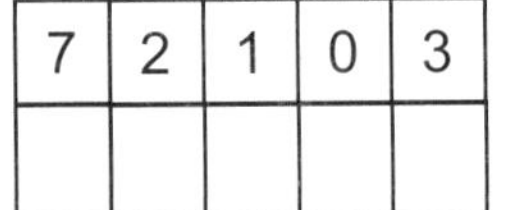

7	2	1	0	3

h b

b) *dizaines de milliers*

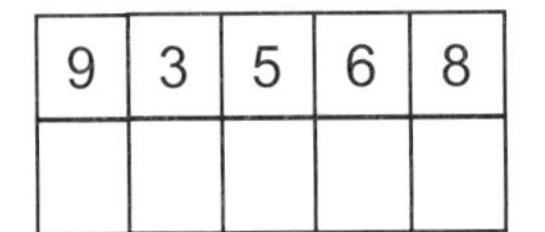

9	3	5	6	8

h b

c) *centaines*

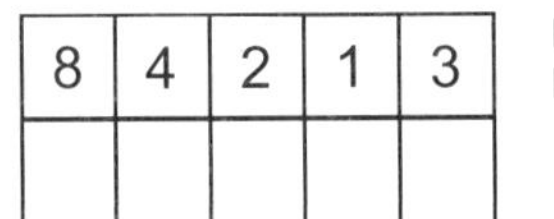

8	4	2	1	3

h b

d) *centaines*

2	7	5	1	3

h b

e) *dizaines*

4	6	1	2	7	3

h b

f) *dizaines de milliers*

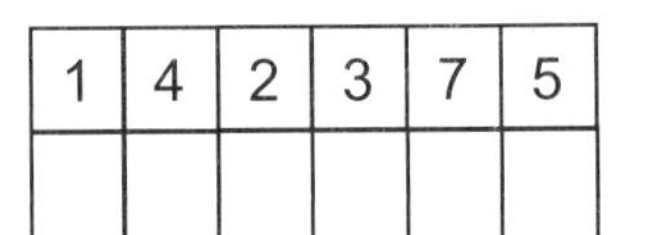

1	4	2	3	7	5

h b

8. Parfois, quand tu arrondis, tu dois regrouper.

Exemple :
Arrondis 3 985 à la centaine près.

3	9	<u>8</u>	5
	10		

900 s'arrondit à 1 000.

3	<u>9</u>	8	5
4	0		

Regroupe les 10 centaines en 1 (millier) et additionne-le au 3 (milliers).

3	<u>9</u>	8	5
4	0	0	0

Finis d'arrondir.

Arrondis chaque nombre au chiffre donné (regroupe si tu dois).

a) 3 293 *dizaines* b) 5 921 *centaines* c) 9 723 *milliers* d) 13 975 *dizaines*

e) 23 159 *centaines* f) 999 857 *dizaines de milliers* g) 395 321 *centaines de milliers*

NS6-41 : Estimer les sommes et les différences

1. Estime les sommes et les différences.

≈ ⟵ *Les mathématiciens utilisent ce symbole pour indiquer « **à peu près égal à** ».*

a) 42 → 40
+ 23 → + 20
60

b) 28 → ____
+ 54 → + ____

c) 62 → ____
− 19 → − ____

d) 87 → ____
− 57 → − ____

e) 73 + 17 ≈ 70 + 20 = 90

f) 89 − 46 ≈ ____

g) 16 + 34 ≈ ____

h) 63 + 26 ≈ ____

i) 82 + 47 ≈ ____

j) 46 − 17 ≈ ____

k) 48 + 27 ≈ ____

l) 76 + 14 ≈ ____

m) 92 − 38 ≈ ____

2. Estime en arrondissant à la centaine près.

a) 290 → 300
+ 360 → + 400
700

b) 390 → ____
+ 460 → + ____

c) 630 → ____
− 170 → − ____

d) 840 → ____
− 550 → − ____

e) 680 + 160 ≈ ____

f) 470 − 220 ≈ ____

g) 610 + 240 ≈ ____

h) 840 + 180 ≈ ____

i) 670 + 340 ≈ ____

j) 941 − 463 ≈ ____

k) 126 + 567 ≈ ____

l) 523 + 285 ≈ ____

BONUS

3. Estime en arrondissant au millier ou à la dizaine de milliers près.

a) 1 275 → 1000
+ 3 940 → + 4000
5000

b) 4 729 → ____
− 3 132 → − ____

c) 2 570 → ____
+ 6 234 → + ____

d) 29 753 → ____
− 23 123 → − ____

4. Arrondis à la centaine près. Trouve ensuite la somme ou la différence.

a) 3 272 + 1 976

b) 3 581 − 1 926

c) 64 857 − 42 345

NS6-42 : Estimer

Réponds aux questions suivantes dans ton cahier.

1. La population de la Saskatchewan est de 995 000. La population du Nouveau-Brunswick est de 750 500.

   Estime la différence entre les deux populations.

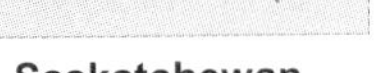
Saskatchewan

Nouveau- Brunswick

2. La population de Terre-Neuve est de 520 200. La population de l'Île-du-Prince-Édouard est de 137 900.

   Estime la population totale des deux provinces.

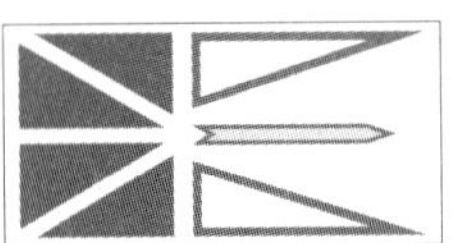
Terre-Neuve

Île-du-Prince-Édouard

3. Arrondis 628 315 :
   a) à la dizaine près
   b) à la centaine près
   c) au millier près
   d) à la dizaine de milliers près

4. Estime les produits en arrondissant au chiffre le plus significatif :
   a) 32 × 75
   b) 492 × 81
   c) 307 × 12
   d) 2 759 × 812

5. Estime les montants totaux suivants :
   a) 6 bandes magnétiques à 4,99 $ la bande
   b) 5 tartes à 3,12 $ la tarte
   c) 8 livres à 7,87 $ le livre

6. Jacques a multiplié un nombre à 1 chiffre par un nombre à 3 chiffres. Le produit était environ 1 00

   Indique trois différentes paires de nombres qu'il aurait pu multiplier.

7. Un almanach indique que la population du Nouveau-Brunswick est de 750 000, et que celle de la Nouvelle-Écosse est de 936 900.

   À quel chiffre ces nombres ont-ils été arrondis, d'après toi? Explique.

   Nouvelle-Écosse

8. Il y a 1 483 perles dans un bocal.

   Il faut utiliser 58 perles pour faire un bracelet.

   Sandra estime qu'elle peut faire 30 bracelets.

   Est-ce que son estimation est raisonnable? Explique.

9. Un supermarché a vendu 472 pommes, 783 oranges, 341 poires et 693 bananes.
   a) Combien de fruits a-t-il vendu en tout?
   b) Estime pour vérifier ta réponse. Explique ta stratégie d'estimation.

10. Pour estimer la différence entre 1 875 et 1 432, devrais-tu arrondir les nombres au millier près o à la centaine près? Explique.

NS6-43 : Les méthodes d'estimation

Réponds aux questions dans ton cahier.

1. Prédis la tranche dans laquelle chaque produit ou quotient tombera avant de faire le calcul.

A. 1 à 10	**B.** 11 à 100	**C.** 101 à 500	**D.** 501 à 1 000	**E.** plus de 1 000

a) 37 × 25 b) 4 279 ÷ 70 c) 13 200 ÷ 600 d) 45 × 87

2. Quelle méthode d'estimation convient le mieux aux calculs ci-dessous? Justifie tes réponses.
   - Arrondir
   - Estimation initiale (arrondir les deux chiffres vers le bas au chiffre le plus significatif)
   - Arrondir un nombre vers le haut et un nombre vers le bas

   a) 657 + 452 b) 891 + 701 c) 425 + 375 d) 395 – 352

   Pour quelle question ci-dessus les méthodes d'estimation ne conviennent-elles pas bien?

3. Utilise la méthode d'estimation de ton choix pour juger si la réponse est raisonnable.
   Fais ensuite le calcul pour vérifier si la réponse est juste.

   a) 3 875 + 2 100 = 8 257 b) 37 × 435 = 1 285 c) 9 352 – 276 = 9 076

4. Certains calculs sont faciles parce que …

Tu peux regrouper les nombres dont la somme est 10 ou 100.

10 100

4(7) + 3(3) + 5(4 0) + 3(6 0)

Tu peux faire les calculs en plusieurs étapes.

100 – 23
= 100 – 20 – 3

Tu ne dois pas regrouper.

3 × 213 = 639

Parmi les calculs suivants, lesquels peux-tu faire dans ta tête? Décris ta méthode.
Pour les calculs plus difficiles, indique comment tu pourrais faire une estimation.

a) 3 875 – 1 325 b) 800 – 53 c) 876 × 9 d) 7 521 + 9 859
e) 532 × 3 f) 321 + 587 + 413 + 379 g) 42 000 ÷ 70

5. Écris un nombre que tu pourrais arrondir à :

   a) 1 000 ou 1 400.

   b) 6 000 ou 5 900 ou 5 870.

6. Comment estimerais-tu …

   a) la longueur d'une rangée de 10 000 pièces de 1 $?

   b) le nombre de secondes dans une année?

NS6-44 : Compter des pièces de monnaie

1. Complète chaque régularité en comptant par le premier nombre donné, et puis par les nombres suivants.

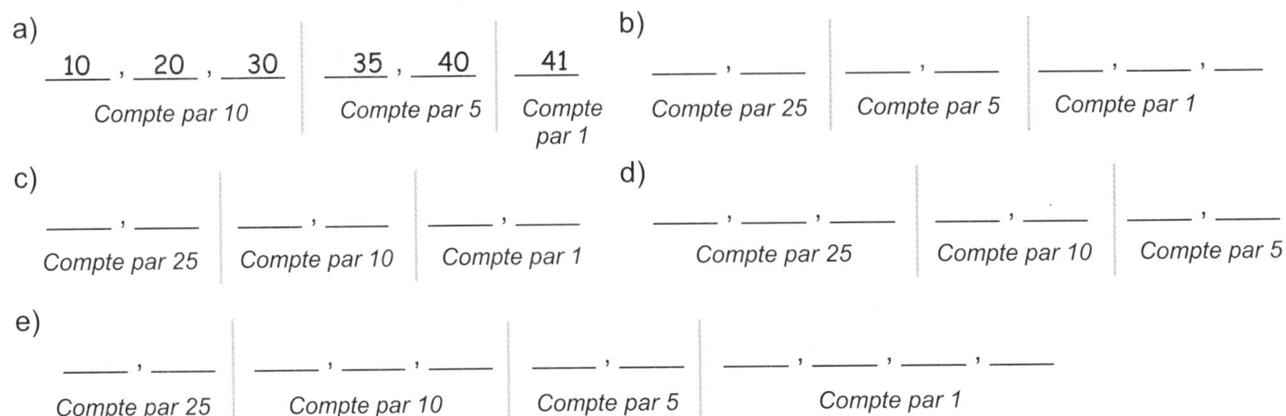

a) 10 , 20 , 30 | 35 , 40 | 41
Compte par 10 | Compte par 5 | Compte par 1

b) ___ , ___ | ___ , ___ | ___ , ___ , ___
Compte par 25 | Compte par 5 | Compte par 1

c) ___ , ___ | ___ , ___ | ___ , ___
Compte par 25 | Compte par 10 | Compte par 1

d) ___ , ___ , ___ | ___ , ___ | ___ , ___
Compte par 25 | Compte par 10 | Compte par 5

e) ___ , ___ | ___ , ___ , ___ | ___ , ___ | ___ , ___ , ___ , ___
Compte par 25 | Compte par 10 | Compte par 5 | Compte par 1

2. Écris le montant total d'argent en cents, pour le nombre de pièces de monnaie dans les tableaux.
INDICE : Compte le plus grand montant en premier.

a)

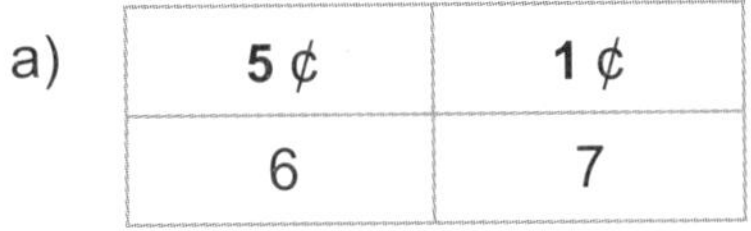

5 ¢	1 ¢
6	7

Montant total =

b)

25 ¢	10 ¢
3	2

Montant total =

c)

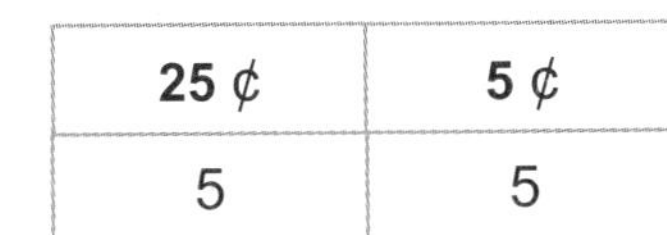

25 ¢	5 ¢
5	5

Montant total =

BONUS

d)

25 ¢	5 ¢	1 ¢
4	2	4

Montant total =

e)

25 ¢	5 ¢	1 ¢
6	3	7

Montant total =

f)

25 ¢	10 ¢	5 ¢	1 ¢
2	3	1	5

Montant total =

g)

25 ¢	10 ¢	5 ¢	1 ¢
5	2	2	2

Montant total =

3. Compte les pièces de monnaie données et écris le montant total en cents.
INDICE : Compte le plus grand montant en premier.

a) Montant total =

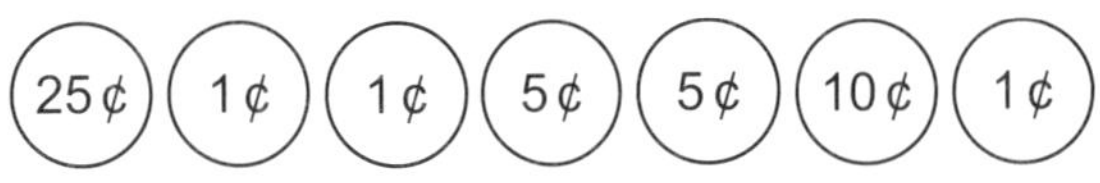

b) Montant total =

c) Montant total =

d) Montant total =

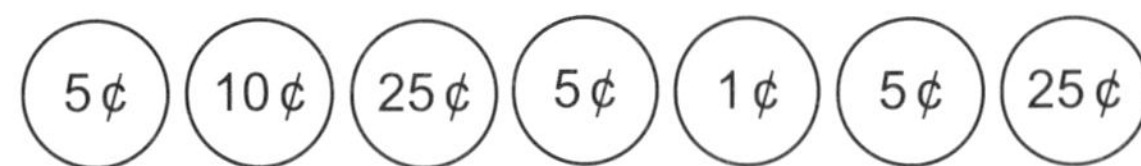

BONUS

e) Montant total =

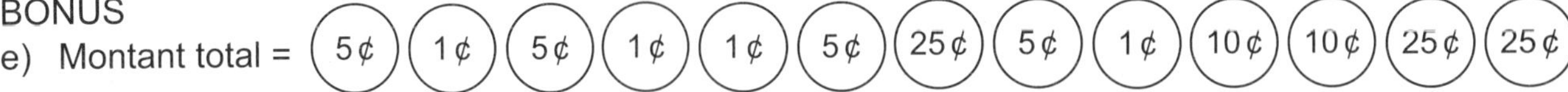

NS6-45 : Compter par différentes dénominations

1. Dessine les pièces de monnaie additionnelles dont tu as besoin pour obtenir chaque total.

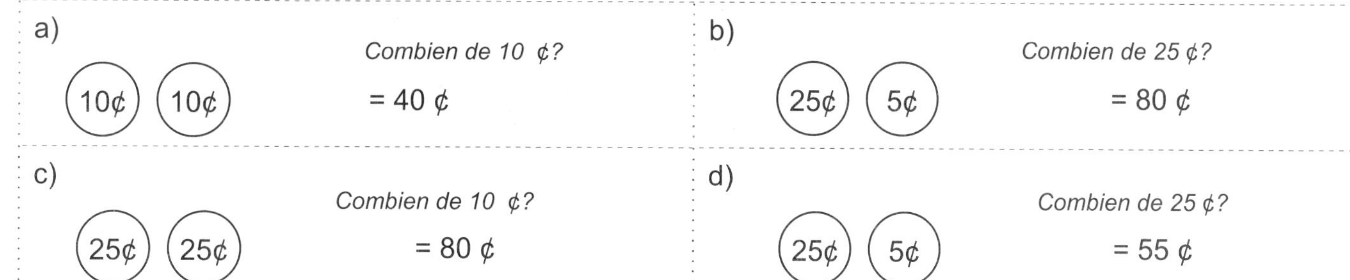

2. Dessine les pièces de monnaie additionnelles dont tu as besoin pour obtenir chaque total. Tu dois utiliser **deux** pièces additionnelles pour chaque question.

3. Fais un dessin pour montrer les pièces additionnelles dont chaque enfant aura besoin pour acheter l'article qu'il veut.

   a) Ron a 35 ¢. Il veut acheter une gomme à effacer pour 65 ¢.

   b) Alain a trois 25 ¢, un 10 ¢ et un 5 ¢. Il veut acheter un sandwiche pour 98 ¢.

   c) Jane a 3 pièces de 2 $ et une pièce de 1 $. Elle veut acheter une jupe pour dix dollars.

   d) Raiz a 4 pièces de 2 $ et 2 pièces de 1 $. Il veut acheter un livre pour onze dollars et soixante-cinq cents.

4. Lyubava fait 4 $ avec 10 pièces. Trouve 2 différents ensembles de pièces qu'elle pourrait utiliser.

5. Écris un problème comme l'un de ceux dans la question 3, et échange-le avec un camarade de classe.

NS6-46 : Le moins de pièces de monnaie et de billets possible

1. Quel est le plus grand montant que tu pourrais payer en pièces de 25 cents, sans dépasser le montant? Dessine des pièces de 25 cents pour montrer ta réponse.

	Montant	**Plus grand montant que tu pourrais payer en pièces de 25 cents :**		**Montant**	**Plus grand montant que tu pourrais payer en pièces de 25 cents :**
a)	55 ¢		b)	56 ¢	
c)	89 ¢		d)	77 ¢	
e)	43 ¢		f)	65 ¢	
g)	39 ¢		h)	24 ¢	
i)	83 ¢		j)	96 ¢	

2. Trouve le plus grand montant que tu pourrais payer en pièces de 25 cents.
Représente le montant qui reste en utilisant le moins de pièces de monnaie possible.

	Montant	**Montant payé en pièces de 25 cents**	**Montant qui reste**	**Montant qui reste en pièces de monnaie**
a)	84 ¢	75 ¢	84 ¢ - 75 ¢ = 9 ¢	(5¢) (1¢) (1¢) (1¢) (1¢)
b)	67 ¢			
c)	86 ¢			
d)	91 ¢			

3. Échange des pièces pour obtenir chaque montant avec le moins de pièces possible.
Fais un dessin pour montrer ta réponse.

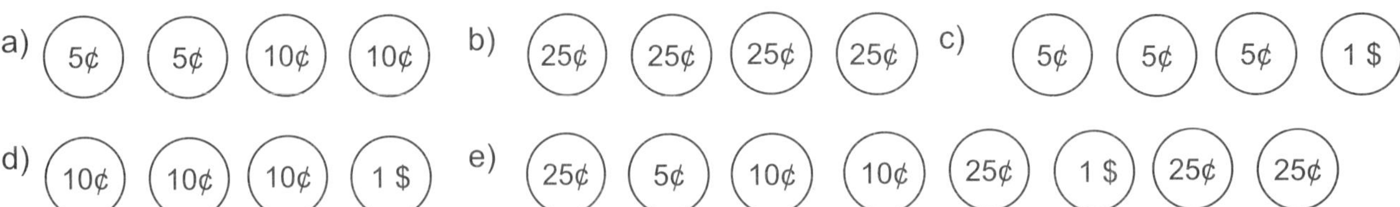

f) 10¢ 10¢ 5¢ 1 $ 10¢ 2 $ 1 $ 10¢ 1¢ 1¢ 5¢ 5¢

4. Montre comment tu pourrais échanger les montants suivants pour le moins de pièces possible.

a) 7 pièces de 25 ¢
b) cinq 10 ¢ et trois 5 ¢
c) 8 pièces de 1 $
d) 9 pièces de 1 $ et six 10 ¢
e) 8 pièces de 1 $, six 10 ¢, trois 5 ¢ et cinq 1 ¢

5. Trouve le nombre de pièces qu'il te faut pour obtenir le montant dans la colonne de droite du tableau.
INDICE : Compte par pièces de 25 cents jusqu'à ce que tu arrives aussi près que possible du montant. Compte ensuite par pièces de 10 cents, et ainsi de suite.

	Nombre de 25 cents	Sous-total	Nombre de 10 cents	Sous-total	Nombre de 5 cents	Sous-total	Nombre de 1 cents	Montant total
a)	3	75 ¢	0	75 ¢	1	80 ¢	3	83 ¢
b)								64 ¢
c)								86 ¢
d)								22 ¢
e)								48 ¢
f)								92 ¢

6. Écris le plus grand montant que tu peux payer en billets de 20 $, sans dépasser le montant.

a) 45 $ = 40 $ b) 33 $ = ______ c) 25 $ = ______ d) 51 $ = ______ e) 67 $ = ______

7. Écris combien (#) de chaque type de billet ou de pièce il te faudrait pour obtenir les montants donnés.

	#	Type	#	Type	#	Type	#	Type	#	Type	#	Type
a) **21,00 $**	0	50,00 $	1	20,00 $	0	10,00 $	0	5,00 $	0	2,00 $	1	1,00 $
b) **35,00 $**		50,00 $		20,00 $		10,00 $		5,00 $		2,00 $		1,00 $
c) **52,00 $**		50,00 $		20,00 $		10,00 $		5,00 $		2,00 $		1,00 $
d) **88,00 $**		50,00 $		20,00 $		10,00 $		5,00 $		2,00 $		1,00 $
e) **66,00 $**		50,00 $		20,00 $		10,00 $		5,00 $		2,00 $		1,00 $

8. Dans ton cahier, dessine le plus petit nombre de pièces qu'il te faudrait pour obtenir les montants suivants.

a) 75 ¢ b) 46 ¢ c) 81 ¢ d) 96 ¢

9. Dessine le plus petit nombre de pièces et de billets dont tu aurais besoin pour faire les montants suivants.

a) 55,00 $ b) 68,00 $ c) 72,00 $ d) 125,00 $

e) 62,35 $ f) 43,13 $ g) 57,81 $ h) 71,12 $

i) 63,06 $ j) 158,50 $ k) 92,83 $ l) 35,23 $

NS6-47 : Écrire les dollars et les cents

1. Écris le montant d'argent donné en dollars, 10 cents et cents, et ensuite sous forme de notation décimal

Montant en ¢	Dollars	10 cents	Cents	Montant en $
a) 173 ¢	1	7	3	1,73 $
c) 37 ¢				

Montant en ¢	Dollars	10 cents	Cents	Montant en $
b) 372 ¢				
d) 8 ¢				

2. Écris le montant en cents, et ensuite sous forme de notation décimale.

a) sept 1 ¢ = 7 ¢ = ,07 $ b) six 5 ¢ = _____ = _____ c) neuf 10 ¢ = _____ = _____

d) trois 1 ¢ = _____ = _____ e) onze 1 ¢ = _____ = _____ f) un 25 ¢ = _____ = _____

g) quatre 5 ¢ = _____ = _____ h) sept 25 ¢ = _____ = _____ i) huit 10 ¢ = _____ = _____

j) cinq 2 $ = _____ = _____ k) huit 1 $ = _____ = _____ l) deux 1 $ = _____ = _____

3. Compte les montants en dollars et en cents. Écris le montant total en notation décimale.

Montant en dollars	Montant en cents	Total
a) 2 $ 1 $ 1 $ = _____	25¢ 25¢ 5¢ = _____	_____
b) [billet de 20] [billet de 5] = _____	25¢ 10¢ 5¢ = _____	_____
c) [billet de 10] [billet de 10] = _____	25¢ 25¢ 1¢ = _____	_____

4. Compte les pièces données. Écris le montant total en cents et en dollars (notation décimale).

Pièces	Notation en cents	Notation en dollars
a) 25¢ 25¢ 25¢ 25¢ 5¢	105 ¢	1,05 $
b) 25¢ 25¢ 25¢ 10¢ 10¢ 10¢ 1¢	_____	_____

5. Écris le montant indiqué en cents en notation décimale (en dollars).

a) 437 ¢ = _____ b) 40 ¢ = _____ c) 5 ¢ = _____ d) 348 ¢ = _____ e) 306 ¢ = _____

6. Écris chaque montant en cents.

   a) 2,39 $ = ______ b) 5,53 $ = ______ c) 6,41 $ = ______ d) 0,06 $ = ______

7. Pour chaque paire, encercle le montant d'argent qui est le plus grand.

   a) 293 ¢ ou 2,96 $ b) 1,05 $ ou 107 ¢ c) 7 ¢ ou 0,70 $

   d) 6,85 $ ou 686 ¢ e) 640 ¢ ou 6,04 $ f) 0,23 $ ou 122 ¢

8. Pour chaque paire, encercle le montant d'argent qui est le plus grand.

   a) sept dollars et cinquante-cinq cents ou sept dollars et soixante-dix cents

   b) neuf dollars et quatre-vingt-trois cents ou 978 ¢

   c) quinze dollars et quarante cents ou 15,08 $

9. Compte combien il y a de chaque type de dénomination et trouve ensuite le total.

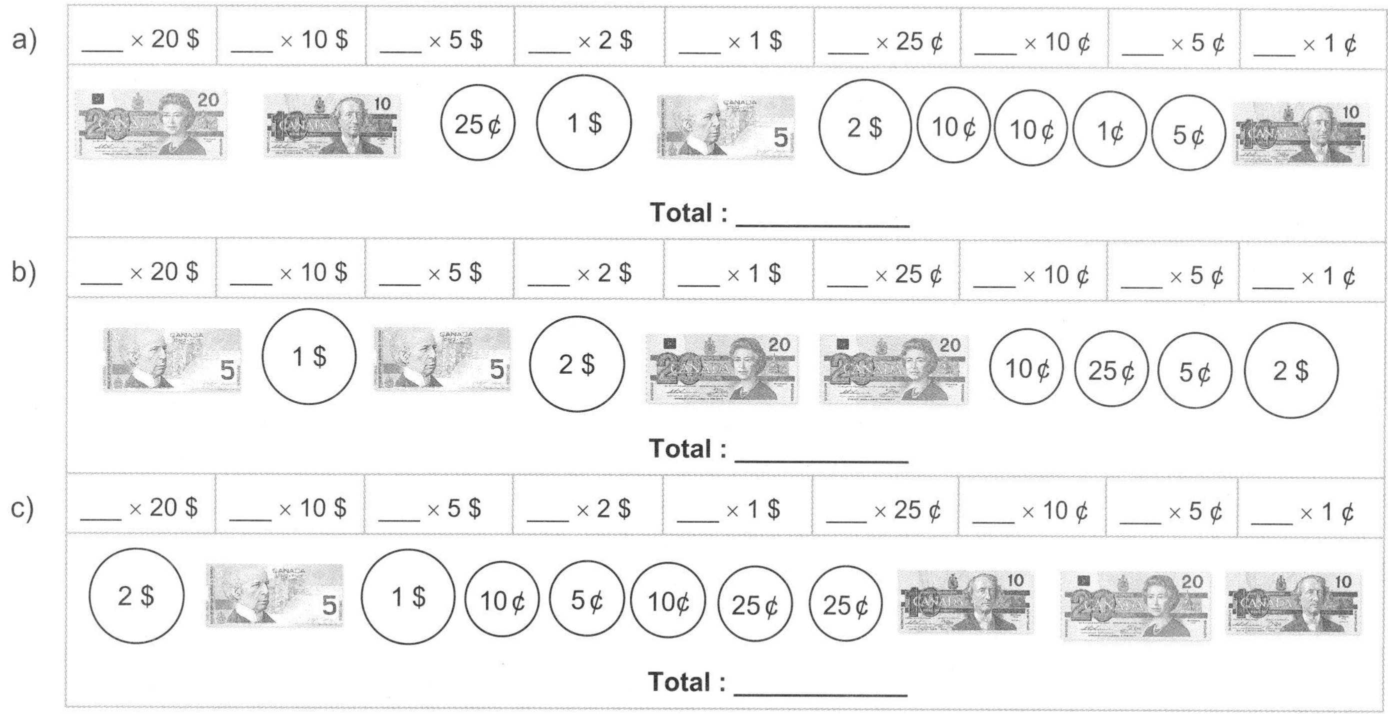

a)

___ × 20 $	___ × 10 $	___ × 5 $	___ × 2 $	___ × 1 $	___ × 25 ¢	___ × 10 ¢	___ × 5 ¢	___ × 1 ¢

Total : ____________

b)

___ × 20 $	___ × 10 $	___ × 5 $	___ × 2 $	___ × 1 $	___ × 25 ¢	___ × 10 ¢	___ × 5 ¢	___ × 1 ¢

Total : ____________

c)

___ × 20 $	___ × 10 $	___ × 5 $	___ × 2 $	___ × 1 $	___ × 25 ¢	___ × 10 ¢	___ × 5 ¢	___ × 1 ¢

Total : ____________

10. Quel montant est plus grand : 427 $ ou 4,32 $? Explique comment tu le sais.

11. Ken a acheté une gomme à effacer à 85 ¢. Il a payé avec 5 pièces. Lesquelles?

12. Myles a acheté un paquet de cartes pour 4,50 $. Il a payé avec 4 pièces. Lesquelles?

13. Tanya reçoit une allocation de 10,25 $ par semaine. Sa maman lui donne 8 pièces. Lesquelles?

14. Écris les montants suivants en mots.

    a) 4,85 $ b) 13,24 $ c) 8,25 $ d) 461,99 $ e) 385,99 $ f) 4 523,02 $

NS6-48 : Donner de la monnaie en utilisant le calcul mental

1. Calcule la monnaie à rendre pour chaque achat. Soustrais les montants en comptant en montant sur tes doigts si tu veux.

a) Prix d'un crayon = 44 ¢
Montant payé = 50 ¢
Monnaie = ________

b) Prix d'une gomme à effacer = 41 ¢
Montant payé = 50 ¢
Monnaie = ________

c) Prix d'un taille-crayon = 84 ¢
Montant payé = 90 ¢
Monnaie = ________

d) Prix d'une règle = 53 ¢
Montant payé = 60 ¢
Monnaie = ________

e) Prix d'un marqueur = 76 ¢
Montant payé = 80 ¢
Monnaie = ________

f) Prix d'un cahier = 65 ¢
Montant payé = 70 ¢
Monnaie = ________

g) Prix d'un dossier = 68 ¢
Montant payé = 70¢
Monnaie = ________

h) Prix d'un jus = 49 ¢
Montant payé = 50 ¢
Monnaie = ________

i) Prix d'une glace = 28 ¢
Montant payé = 30 ¢
Monnaie = ________

2. Compte par 10 en montant pour calculer la monnaie à rendre pour un dollar (100 ¢).

Prix payé	Monnaie	Prix payé	Monnaie	Prix payé	Monnaie
a) 90 ¢		b) 40 ¢		c) 20 ¢	
d) 70 ¢		e) 10 ¢		f) 60 ¢	
g) 50 ¢		h) 30 ¢		i) 80 ¢	

3. Calcule la monnaie à rendre pour chaque achat.
INDICE : Compte par 10 en montant.

a) Prix d'un classeur = 80 ¢
Montant payé = 1,00 $
Monnaie = ________

b) Prix d'une gomme à effacer = 70 ¢
Montant payé = 1,00 $
Monnaie = ________

c) Prix d'une pomme = 20 ¢
Montant payé = 1,00 $
Monnaie = ________

d) Prix d'un marqueur = 60 ¢
Montant payé = 1,00 $
Monnaie = ________

e) Prix d'une galette = 50 ¢
Montant payé = 1,00 $
Monnaie = ________

f) Prix d'un crayon = 30 ¢
Montant payé = 1,00 $
Monnaie = ________

g) Prix d'un taille-crayon = 10 ¢
Montant payé = 1,00 $
Monnaie = ________

h) Prix d'un jus = 40 ¢
Montant payé = 1,00 $
Monnaie = ________

i) Prix d'un popsicle = 60 ¢
Montant payé = 1,00 $
Monnaie = ________

4. Trouve le plus petit nombre à deux chiffres qui se termine par zéro (10, 20, 30, 40...) qui est plus grand que le nombre donné. Écris ta réponse dans la boîte.

a) 74 [80] b) 56 [ ] c) 43 [ ] d) 28 [ ] e) 57 [ ] f) 4 [ ]

NS6-48 : Donner de la monnaie en utilisant le calcul mental
(suite)

Étape 1 : Trouve le plus petit multiple de 10 plus grand que16 ¢. 16 ¢ → 20 ¢

Étape 2 : Trouve les différences : 20 – 16 *et* 100 - 20 16 ¢ →(4) 20 ¢ →(80) 100 ¢

Étape 3 : Additionne les différences : 4 ¢ + 80 ¢ **Monnaie = 84 ¢**

5. Calcule la monnaie à rendre pour les montants ci-dessous. Suis les étapes montrées ci-dessus.

a) 56 ¢ → ☐ → 100 ¢

Monnaie = ________

b) 83 ¢ → ☐ → 100 ¢

Monnaie = ________

c) 54 ¢ → ☐ → 100 ¢

Monnaie = ________

d) 25 ¢ → ☐ → 100 ¢

Monnaie = ________

e) 47 ¢ → ☐ → 100 ¢

Monnaie = ________

f)

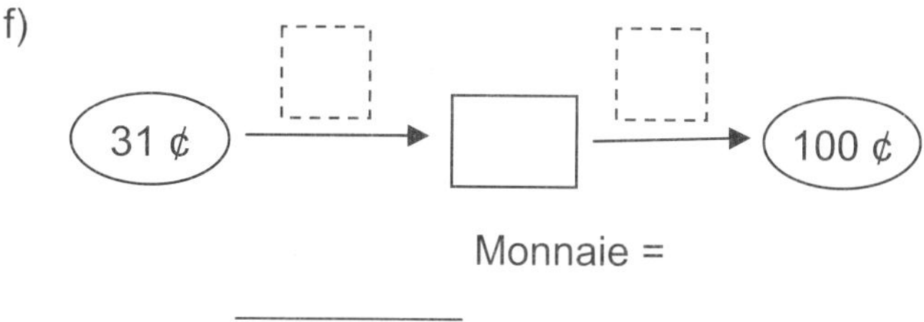

Monnaie = ________

6. Calcule la monnaie à rendre pour 100 ¢ pour les montants suivants. Essaie de faire le calcul dans ta tête.

a) 74 ¢ ______ b) 47 ¢ ______ c) 36 ¢ ______ d) 53 ¢ ______ e) 72 ¢ ______

f) 35 ¢ ______ g) 97 ¢ ______ h) 59 ¢ ______ i) 89 ¢ ______ j) 92 ¢ ______

7. Calcule la monnaie à rendre pour les montants suivants dans ta tête.

a) Prix : 37 ¢ Montant payé : 50 ¢

Monnaie à rendre : ________

b) Prix : 58 ¢ Montant payé : 75 ¢

Monnaie à rendre : ________

8. Paul a payé avec 1 $ pour un timbre à 42 ¢. Combien de monnaie devrait-il recevoir? Dessine la monnaie qui lui est rendue, en utilisant le moins de pièces possible.

NS6-48 : Donner de la monnaie en utilisant le calcul mental
(suite)

9. Calcule la monnaie à rendre.

Montant payé	Prix	Monnaie	Montant payé	Prix	Monnaie
a) 30,00 $	22,00 $		d) 70,00 $	64,00 $	
b) 40,00 $	34,00 $		e) 90,00 $	87,00 $	
c) 50,00 $	44,00 $		f) 20,00 $	12,00 $	

10. Calcule la monnaie à rendre pour les montants ci-dessous. Suis les étapes indiquées pour calculer la monnaie à rendre pour 50,00 $, pour un achat de 22,00 $.

Étape 1 : Trouve le plus petit multiple de 10 plus grand que 22,00 $:

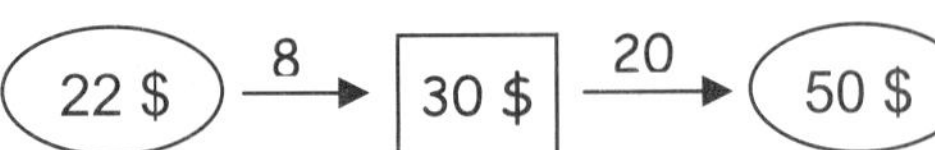

Étape 2 : Trouve les différences : 30 – 22 *et* 50 – 30

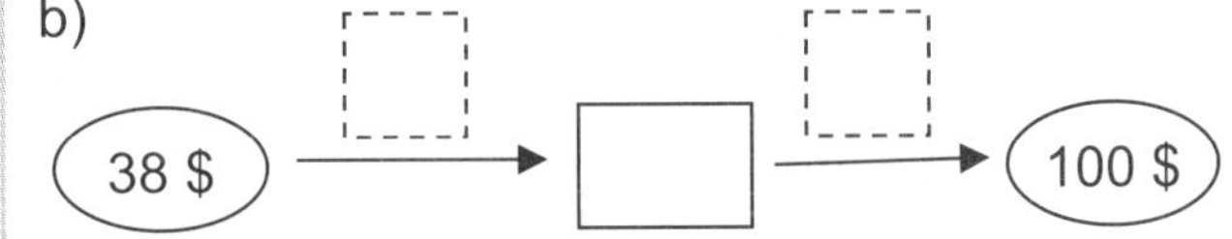

Étape 3 : Additionne les différences: 8 $ + 20 $ **Monnaie = 28,00 $**

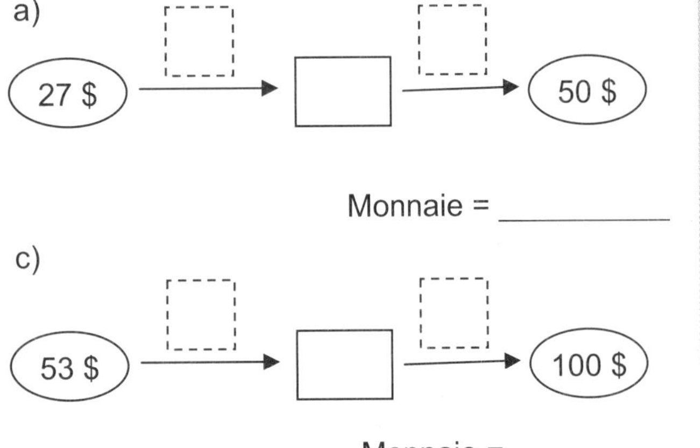

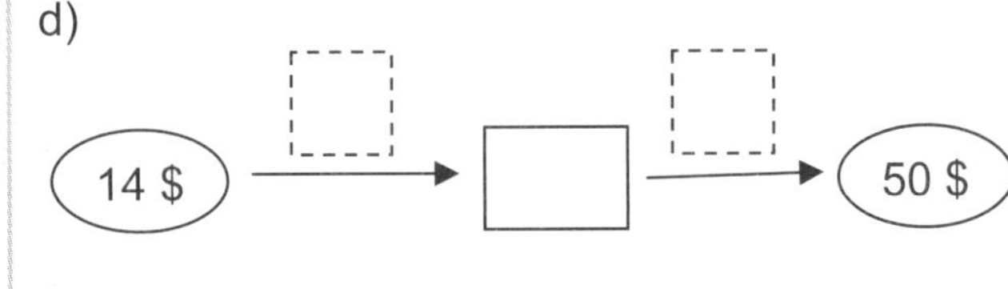

11. Calcule la monnaie à rendre pour 100 $. Essaie de faire le calcul dans ta tête.

a) 84 $ = ______ b) 25 $ = ______ c) 46 $ = ______ d) 88 $ = ______ e) 52 $ ______

12. Calcule la monnaie à rendre en trouvant en premier la monnaie à rendre pour le dollar près et ensuite pour le multiple de 10 le plus près.

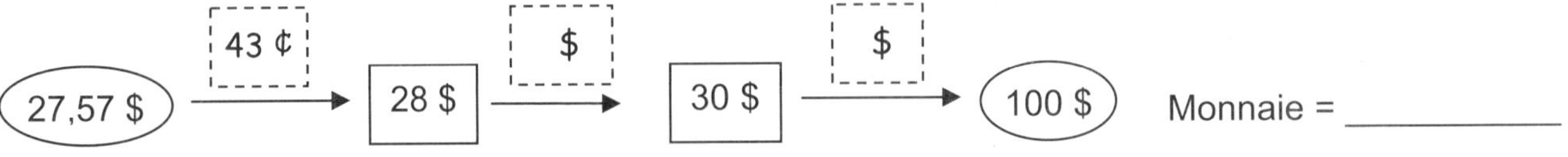

Monnaie = ______

13. Utilise la méthode décrite à la question 12 pour calculer la monnaie à rendre pour 100 $. Écris tes réponses dans ton cahier.

a) 32,85 $ b) 86,27 $ c) 52,19 $ d) 66,43 $

NS6-49 : Additionner de l'argent

1. Sara a payé 14,32 $ pour un gâteau et 4,27 $ pour des bougies. Pour trouver combien elle a dépensé, elle additionne les montants en suivant les étapes suivantes.

Étape 1 :
Elle aligne les chiffres : les dollars sur les dollars, les 10 ¢ sur les 10 ¢ et les cents sur les cents.

1	4,	3	2	$
+	4,	2	7	$

Étape 2 :
Elle additionne les chiffres, en commençant par les cents.

1	4,	3	2	$
+	4,	2	7	$
			9	

Étape 3 :
Elle ajoute la virgule (décimale) pour montrer le montant en dollars.

1	4,	3	2	$
+	4,	2	7	$
1	8,	5	9	$

Additionne.

a) 6,40 $ + 3,21 $

6,	4	0	$
+ 3,	2	1	$
9,	6	1	$

b) 37,25 $ + 41,32 $

4	1,	3	2	$
+ 3	7,	2	5	$
7	8,	5	7	$

c) 18,34 $ + 21,63 $

1	8,	3	4	$
+ 2	1,	6	3	$
3	9,	9	7	$

2. Pour additionner les montants ci-dessous, tu vas devoir regrouper.

a)

2	7,	5	0	$
+ 3	4,	8	6	$
6	2,	3	6	$

b)

3	8,	3	4	$
+ 5	4,	2	1	$
9	2,	5	5	$

c)

9	8,	3	2	$
+	7,	4	3	$
10	5,	7	5	$

d)

4	2,	3	9	$
+ 8	4,	0	5	$
12	6,	4	4	$

e)

9	3,	1	2	$
+ 5	5,	3	6	$
14	8,	4	8	$

f)

2	6,	3	0	$
+ 8	9,	2	3	$
10	5,	5	3	$

Résous les problèmes suivants dans ton cahier.

3. a) Jasmine a acheté une trousse de science pour 32,27 $ et un microscope pour 73,70 $. Combien paie-t-elle en tout pour ces articles?

b) Une école a dépensé 527,32 $ pour des livres et 632,50 $ pour d'autres fournitures. Combien l'école a-t-elle dépensé en tout?

c) Amy a acheté trois plantes à 17,25 $ chacune. Combien a-t-elle payé en tout?

NS6-49 : Additionner de l'argent *(suite)*

Réponds aux questions suivantes dans ton cahier.

4. a) Si tu achètes un chevalet et un nécessaire de peinture, combien dépenseras-tu?
   b) Qu'est-ce qui coûte plus cher : (i) un nécessaire de peinture et une palette, ou (ii) un cadre, un carnet de croquis et une gomme à effacer?
   c) Tu as 27 $. As-tu assez pour acheter la brosse, la palette et le cadre?
   d) Tu as 100 $. Combien te faut-il de plus pour pouvoir tout acheter?
   e) Crée ton propre problème avec les articles ci-dessous.

						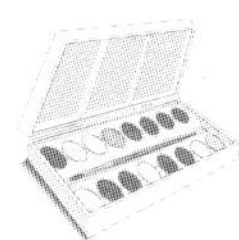
59,95 $	**5,50 $**	**19,95 $**	**9,90 $**	**5,99 $**	**0,99 $**	**4,95 $**
Chevalet	Pinceau	Palette	Carnet de croquis	Cadre	Gomme à effacer	Nécessaire de peinture

5. Ryan a 25 $.
   a) S'il dépense 13,00 $ pour un billet de cinéma, lui restera-t-il assez d'argent pour acheter du popcorn et une boisson pour 7,75 $?
   b) S'il achète un jeu de société pour 9,50 $ et un livre de bandes dessinées pour 10,35 $, lui restera-t-il assez d'argent pour acheter un livre pour 5,10 $?

6. Essaie de trouver la réponse en calculant dans ta tête.
   a) Combien coûtent 4 boîtes de craquelins à 3,20 $ chacune?
   b) Combien de poires à 60 ¢ chacune peux-tu acheter avec 5,00 $?
   c) Un pinceau coûte 4,05 $. Combien de pinceaux peux-tu acheter avec 25,00 $?
   d) Si tu as 100,00 $, as-tu assez pour acheter un livre qui coûte 40,75 $ et un gilet qui coûte 59,37?
   e) Qu'est-ce qui coûte plus cher : 4 planches à roulettes à 225,00 $ chacune, ou 3 planches à neige à 310,00 $ chacune?

7. Combien de billets dans les dénominations suivantes te faudrait-il pour atteindre 10 000,00 $?
   a) Un billet de cent dollars
   b) Un billet de cinquante dollars
   c) Un billet de vingt dollars

   Explique comment tu peux utiliser ta réponse a) pour répondre à b) et c).

8. Montre toutes les façons dont tu peux faire 100,00 $ avec des billets de cinq dollars, de dix dollars et de vingt dollars.

NS6-50 : Soustraire de l'argent

1. Trouve le montant d'argent qui reste en soustrayant.

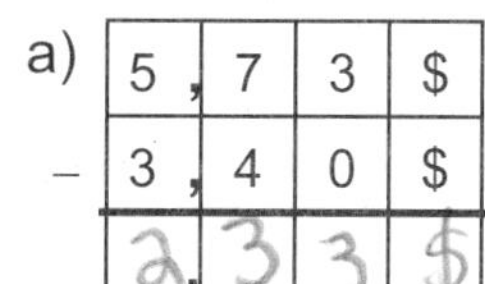

a)

5,	7	3	$
− 3,	4	0	$
2,	3	3	$

b)

7,	5	4	$
− 3,	1	2	$
4,	4	2	$

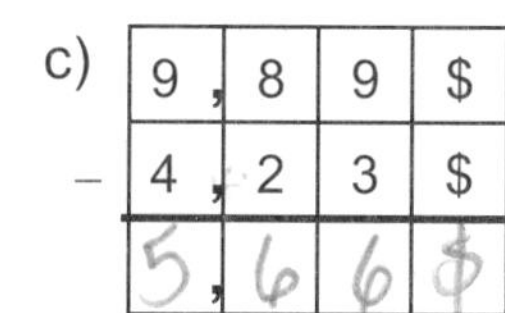

c)

9,	8	9	$
− 4,	2	3	$
5,	6	6	$

d)

7,	0	5	$
− 2,	0	4	$
5,	0	1	$

e)

7,	9	3	$
− 6,	3	2	$
1,	6	1	$

2. Soustrais les montants d'argent en regroupant.

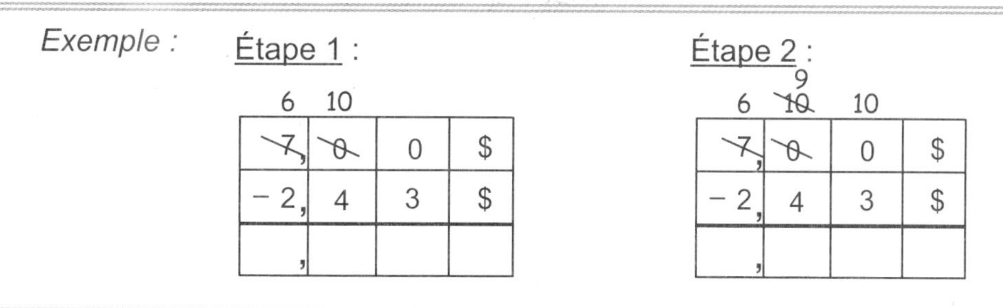

Exemple :

Étape 1 :

6 ~~7~~,	10 ~~0~~	0	$
− 2,	4	3	$
,			

Étape 2 :

6 ~~7~~,	9 ~~10~~ ~~0~~	10 0	$
− 2,	4	3	$
,			

a)

5,	0	0	$
− 3,	7	8	$
1,	2	2	$

b)

8,	0	0	$
− 5,	3	3	$
2,	6	7	$

c)

9,	0	0	$
− 4,	5	8	$
4,	4	2	$

d)

6	2,	0	0	$
− 3	1,	2	9	$
3	0,	7	1	$

e)

4	5,	5	0	$
− 3	8,	3	9	$
0	7,	1	1	$

f)

8	8,	3	7	$
− 2	4,	8	3	$
6	3,	5	4	$

3. George a payé pour un téléscope coûtant 275,50 $ avec trois billets de cent dollars. Calcule la monnaie qui lui revient.

4. Mera a 275,32 $ et Wendy a 42,53 $. Combien d'argent Mera a-t-elle de plus que Wendy?

5. Une école a dépensé 1 387,25 $ pour des uniformes. Les uniformes pour les garçons ont coûté 723,05 $.

Combien ont coûté les uniformes pour les filles?

6. Mark a 50,00 $.
Il veut acheter une paire de souliers pour 23,52 $ et une paire de pantalons pour 39,47 $.

De combien d'argent de plus a-t-il besoin pour acheter le pantalon et les souliers?

NS6-51 : Estimer

1. Pour chaque collection de pièces et de billets, estime le montant au dollar près et compte ensuite le montant précis.

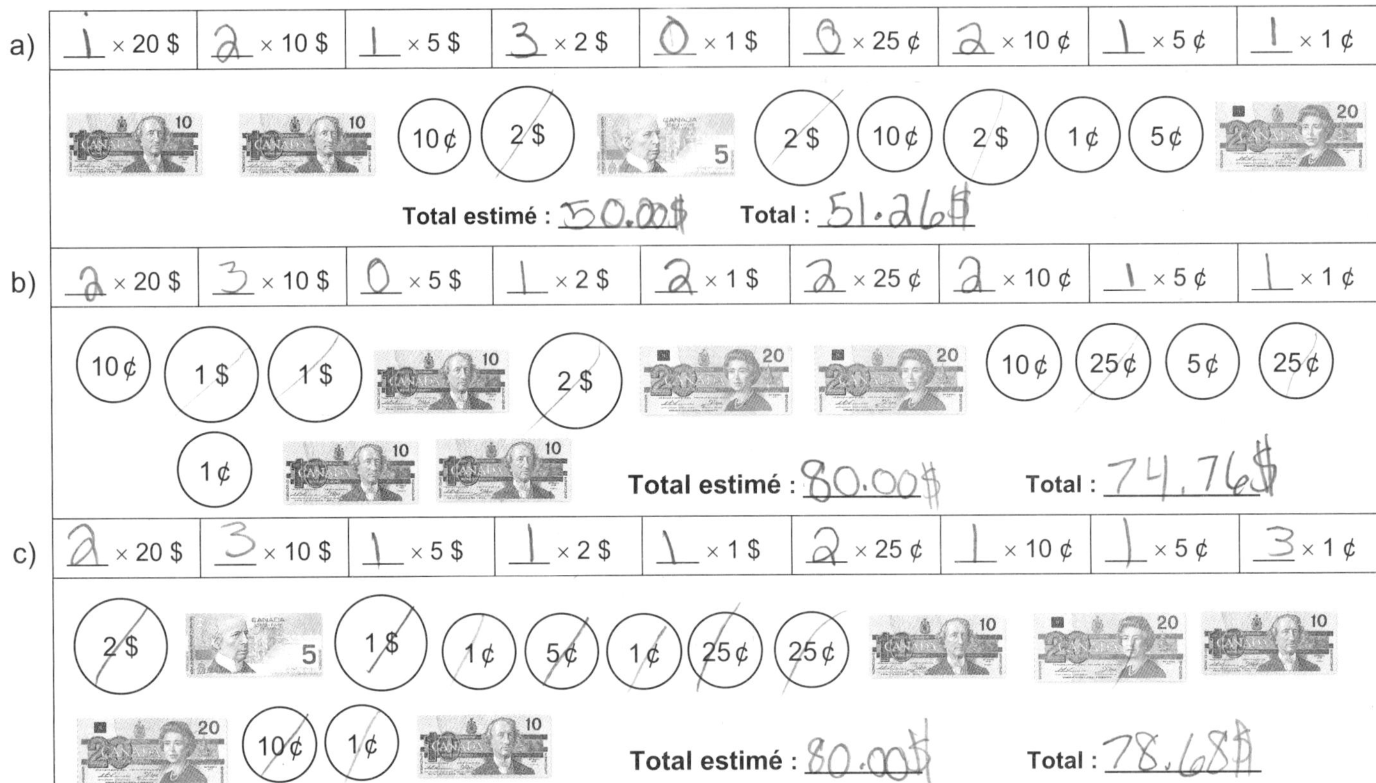

2. Arrondis les montants en cents suivants à la dizaine près. Le premier est déjà fait pour toi.

a) 74 ¢ 70 ¢ b) 53 ¢ 50¢
c) 92 ¢ 90¢ d) 26 ¢ 30¢
e) 31 ¢ 30¢ f) 12 ¢ 10¢
g) 87 ¢ 90¢ h) 19 ¢ 20¢ i) 45 ¢ 50¢

SOUVIENS-TOI :
Si le chiffre des unités est :
0, 1, 2, 3 ou 4 – arrondis vers le **bas**
5, 6, 7, 8 ou 9 – arrondis vers le **haut**

3. Encercle les montants dont les cents sont moins de 50 ¢. Le premier est déjà fait pour toi.

a) (6,27 $) b) 7,82 $ c) 9,63 $ d) (6,38 $) e) (8,05 $) f) 3,99 $

27 est moins de 50

4. Arrondis les montants suivants au dollar près.

SOUVIENS-TOI :
Si le montant des cents est moins de 50 ¢, arrondis vers le **bas**.
Si le montant des cents est égal à ou plus de 50 ¢, arrondis vers le **haut**.

a) 6,82 $ 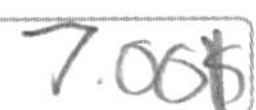 7.00$ b) 37,88 $  38.00$
c) 4,09 $ 4.00$ d) 99,52 $  100.00$
e) 25,50 $ 26.00$ f) 59,30 $ 59.00$ g) 365,23 $ 365.00$
h) 17,23 $ 17.00$ i) 123,89 $ 124.00$ j) 128,37 $ 128.00$

5. Estime les sommes et les différences suivantes en arrondissant chaque montant au dollar près. Fais ensuite le calcul. La réponse semble-t-elle raisonnable?

a) 4,35 $
+ 4,65 $

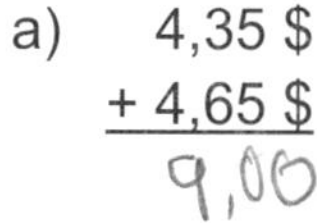

4	, 3	5	$
+ 4	, 6	5	$
10	, 0	0	$

b) 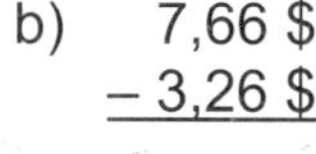

7,66 $
– 3,26 $

	,		$
–	,		$
	,		$

c) 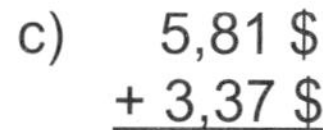

5,81 $
+ 3,37 $

	,		$
+	,		$
	,		$

d) 9,85 $
– 2,67 $

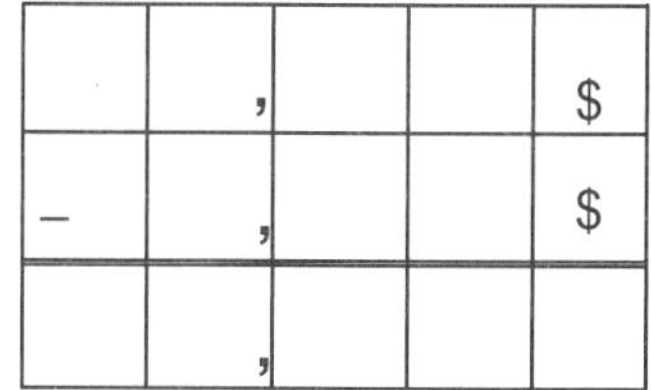

e) 26,83 $
– 15,56 $

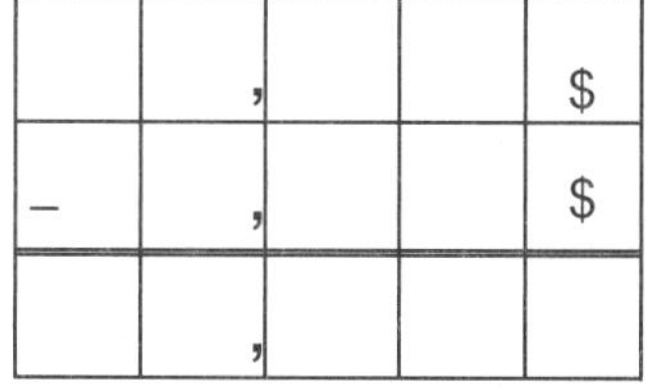

f) 57,64 $
+ 20,35 $

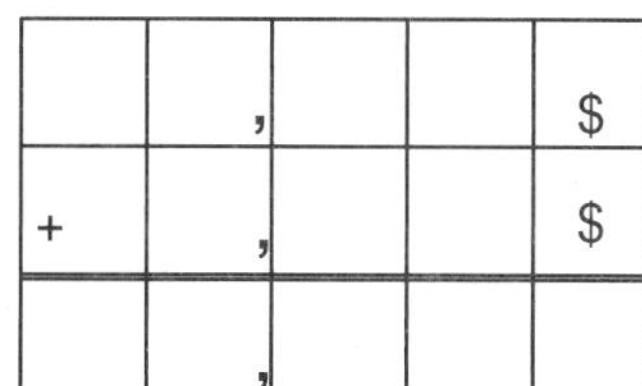

g) 75,47 $
+ 17,22 $

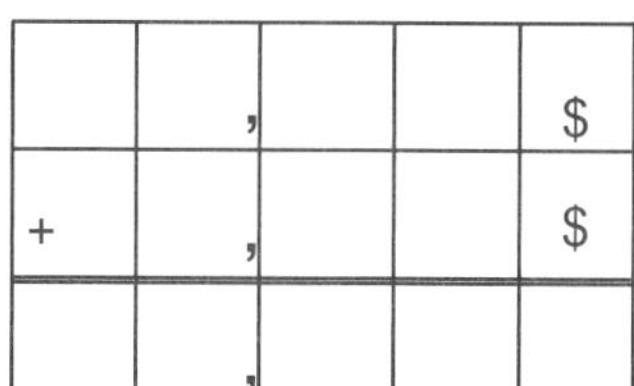

6. Chloé a 100,00 $.

Elle a acheté un chien pour 59,70 $.

Estime la monnaie qui lui revient.

7. Kim a acheté deux billets pour le musée à 22,58 $ chacun.

Elle a payé avec un billet de 50,00 $.

Estime la monnaie qui lui revient.

8. Pamela a acheté trois livres pour 28,82 $ chacun.

Environ combien d'argent a-t-elle dépensé?

9. Explique pourquoi arrondir au dollar près n'aide pas à résoudre la question suivante.

« Hannah a 39,47 $. Ali a 38,74 $.

Environ combien d'argent Hannah a-t-elle de plus qu'Ali? »

10. Pour chaque problème ci-dessous, estime en premier et puis calcule le montant exact.

a) Emma a 127,50 $. Don a 118,73 $.

Combien d'argent Emma a-t-elle de plus que Don?

b) Marcel a 1 520,15 $. Shawn a 357,80 $.

Combien d'argent ont-ils en tout?

NS6-52 : Les nombres entiers relatifs

La température est enregistrée sur une échelle qui comprend des nombres entiers **négatifs** et **positifs**.

Ces nombres s'appellent des **nombres entiers** ou des **nombres entiers relatifs**.

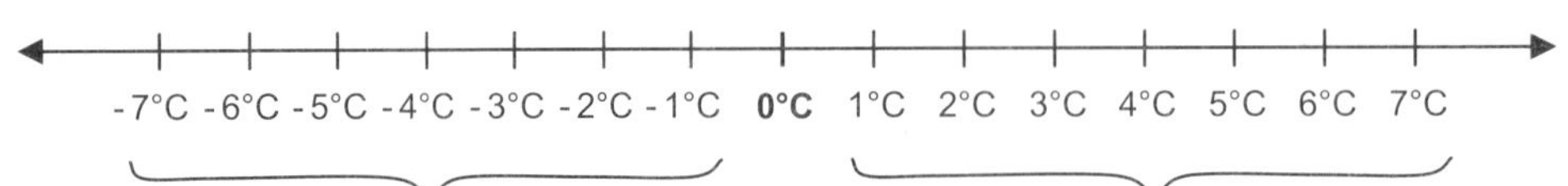

Les nombres entiers négatifs indiquent une température en-dessous de zéro.

Les nombres entiers positifs indiquent une température au-dessus de zéro.

---

1. Écris un nombre entier pour représenter la température affichée chaque jour.
   De combien la température a-t-elle varié d'un jour à l'autre?
   (Si la température est tombée, écris le signe « - » devant ta réponse.)

Dimanche **Lundi** **Mardi** **Mercredi** **Jeudi**

30 25 20 15 10 5 0°C – 5 – 10 – 15 – 20 – 25

Température (°C)	- 5	+ 15			
Changement de température					

2. 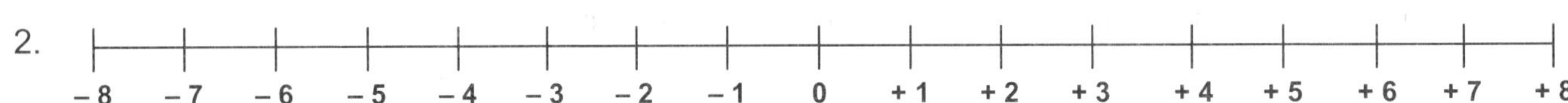

   a) Indique les nombres suivants sur la droite numérique.

   A: – 5 **B:** + 2 **C:** – 7 **D:** + 5 **E:** – 3

   b) Calcule l'écart (ou la distance) entre les nombres.

   i) – 5 et – 4 : __________ ii) – 2 et + 3 : __________ iii) + 6 et + 8 : __________

   c) Combien y a-t-il de nombres négatifs plus grands que (c.-à-d. à la droite de) – 4? ______________

3. Leela a inscrit les températures d'hiver indiquées dans le tableau.
   De combien la température a-t-elle varié ...

   a) du lundi au mardi? _______

   b) du mardi au mercredi? _______

   c) du mercredi au jeudi? _______

Lundi	Mardi	Mercredi	Jeudi
+ 5°C	– 2°C	– 7°C	+ 1°C

4. Le tableau indique la température moyenne sur les planètes.

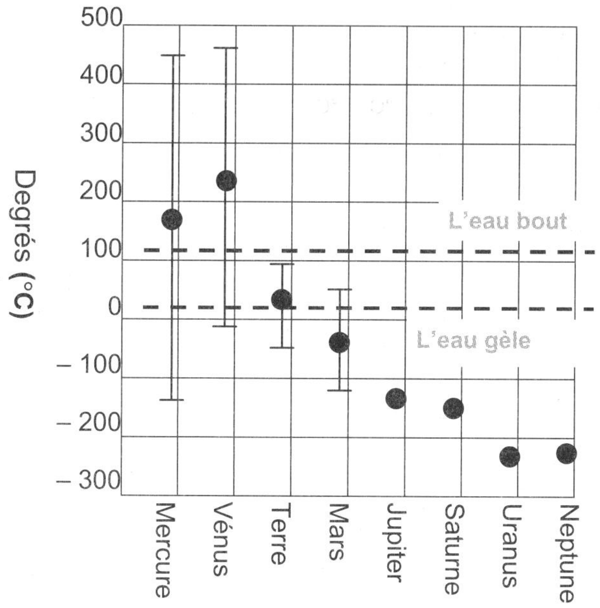

a) Quelle planète a la température la plus basse?

b) De combien la température sur Uranus est-elle plus basse que celle sur Jupiter?

c) L'**étendue** d'une série de nombres est la différence entre le nombre le plus élevé et le nombre le plus bas.

Quelle est l'étendue des températures sur la planète Mercure?

5. La droite numérique ci-dessous indique les dates approximatives auxquelles certains animaux ont été domestiqués pour la première fois (AEC = avant l'ère chrétienne).

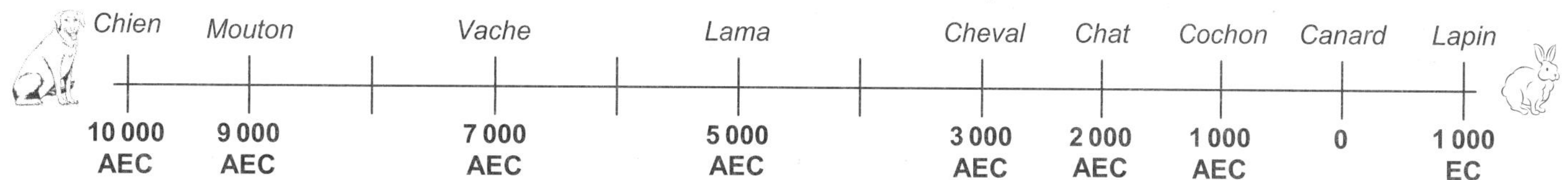

a) Quel type d'animal a été domestiqué en premier?

b) Combien d'années après les vaches les chats ont-ils été domestiqués?

c) Combien d'années après les chevaux les lapins ont-ils été domestiqués?

d) Choisis deux animaux. Combien d'années après le premier animal le deuxième animal a-t-il été domestiqué?

6. Les maquereaux vivent à environ 200 mètres sous le niveau de la mer. Les poissons-entonnoirs vivent à 1 000 mètres sous le niveau de la mer. Écris des nombres entiers relatifs pour les profondeurs auxquelles ces animaux vivent. À quelle distance de profondeur de plus le poisson-entonnoir vit-il par rapport au maquereau?

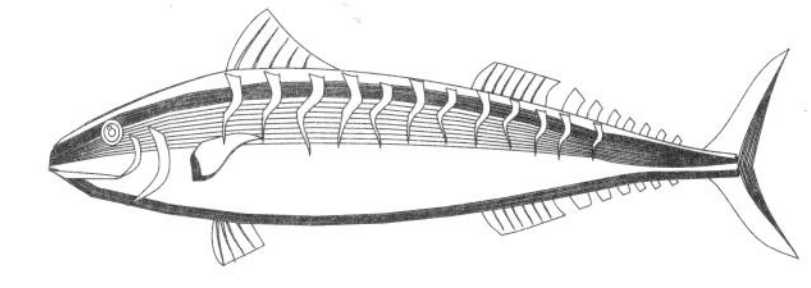

7. Combien y a-t-il de nombres entiers négatifs plus grands que −6?

8. Pourquoi est-ce que −3 et +3 sont plus rapprochés l'un de l'autre que −4 et +4?

NS6-53 : Les listes organisées

Plusieurs problèmes en mathématiques et en science ont plus d'une solution.

Si un problème implique deux quantités, tu peux t'assurer de trouver toutes les solutions possibles si tu fais la liste des valeurs d'une des quantités en ordre croissant.

Exemple :

Trouve toutes les façons de faire 35 ¢ avec des dix cents et des cinq cents. Commence en supposant que tu n'as pas de dix cents, ensuite que tu as 1 dix cents, et ainsi de suite jusqu'à 3 dix cents (4 serait trop grand).

Ensuite, compte par 5 jusqu'à 35 pour trouver combien de cinq cents il te faudra pour obtenir 35 ¢.

Étape 1 :

10 cents	5 cents
0	
1	
2	
3	

Étape 2 :

10 cents	5 cents
0	7
1	5
2	3
3	1

1. Ajoute le montant de cents, de cinq cents ou de dix cents dont tu as besoin pour ...

a) Obtenir 17 ¢

5 cents	1 cent
0	
1	
2	
3	

b) Obtenir 45 ¢

10 cents	5 cents
0	
1	
2	
3	
4	

c) Obtenir 23 ¢

5 cents	1 cent
0	
1	
2	
3	
4	

d) Obtenir 32 ¢

10 cents	1 cent
0	
1	
2	
3	

e) Obtenir 65 ¢

25 cents	5 cents
0	
1	
2	

f) Obtenir 85 ¢

25 cents	5 cents

2.

25 cents	5 cents
0	
1	
2	

Ben veut trouver toutes les façons possibles d'obtenir 60 ¢ en utilisant des pièces de 25 cents et des pièces de 5 cents. Il fait la liste du nombre de pièces de 25 cents en ordre croissant. Pourquoi a-t-il arrêté à deux pièces de 25 cents?

____

3. Fais un tableau pour montrer combien de façons différentes tu peux obtenir le montant donné.

a) Fais 90 ¢ avec des 10 cents et des 5 cents.

b) Fais 125 ¢ avec des 25 cents et des 10 cen

NS6-53 : Les listes organisées *(suite)*

Exemple :

Alana veut trouver toutes les paires de nombres dont les nombres, quand ils sont multipliés ensemble, donnent 15.

Aucun nombre multiplié par 2 ou par 4 ne peut donner 15, alors Alana n'écrit rien dans ces espaces.

Les nombres dans la dernière rangée du tableau sont les mêmes que ceux dans la 3e rangée, alors Alana sait qu'elle a trouvé toutes les paires. **1 × 15 = 15** **3 × 5 = 15**

1er nombre	2e nombre
1	15
2	---
3	5
4	---
5	3

---

4. Trouve toutes les paires de nombres qui donnent le nombre indiqué quand ils sont multipliés ensemble.

a) **6**

1er nombre	2e nombre

b) **8**

1er nombre	2e nombre

5.

25 cents	10 cents
0	
1	
2	

Alicia veut trouver toutes les façons dont elle peut obtenir 70 ¢ avec des pièces de 25 cents et des pièces de 10 cents.

Une des entrées dans son tableau ne marchera pas. Laquelle?

6. Trouve toutes les façons différentes d'obtenir les montants donnés avec des pièces de 25 cents et de 10 cents.
NOTE : Certaines entrées dans ton tableau ne marcheront peut-être pas.

a) 80 ¢

25 cents	10 cents
0	
1	
2	

b) 105 ¢

25 cents	10 cents

7. Trouve toutes les largeurs et longueurs d'un rectangle dont le périmètre est de 12 unités.

Largeur	Longueur
1	

8. Fais un tableau pour trouver toutes les paires de nombres qui, lorsque les nombres sont multipliés, donnent :

a) 12 b) 14 c) 20 d) 24

ME6-1 : La masse – Milligrammes, grammes et kilogrammes

La **masse** mesure la quantité de substance contenue dans un objet. Les **grammes** (g) et les **kilogrammes** (kg) sont des unités de mesure du poids ou de la masse.

Un kilogramme est égal à 1 000 grammes.

Objets qui ont une masse d'environ un **gramme** :	Objets qui ont une masse d'environ un **kilogramme** :
✓ Un trombone	✓ Une bouteille d'eau d'un litre
✓ Un dix cents	✓ Un sac de 200 cinq cents
✓ Une pépite de chocolat	✓ Un écureuil

Un gramme est égal à 1 000 **milligrammes** (mg) : un milligramme est 1 000 fois plus petit qu'un gramme. Les milligrammes servent à mesurer la masse de petits objets. Une puce a une masse d'environ 10 mg.

1. Quelle est l'unité la plus appropriée pour mesurer ces objets? Encercle l'unité appropriée.

 grammes ou kilogrammes?

 grammes ou kilogrammes?

 grammes ou kilogrammes?

 grammes ou kilogrammes?

 grammes ou kilogrammes?

 grammes ou kilogrammes?

2. Estime la masse des objets suivants, en grammes :

   a) un stylo ______________ b) une pomme ____________ c) ce cahier ___________

3. Peux-tu nommer un objet qui a une masse d'environ un gramme? ______________________________

4. Estime la masse des objets suivants, en kilogrammes :

   a) ton cahier de maths ________ b) ton pupitre __________ c) une bicyclette ___________

5.

1 cent	2,5 grammes
5 cents	4 grammes
10 cents	2 grammes
25 cents	4,5 grammes
1 $	7 grammes

a) Quelle est la masse de …

   i) 75 ¢ en cinq cents? ii) 15 dix cents?

   iii) 2,00 $ en vingt-cinq cents? iv) 200 pièces de 1 $?

b) Combien de 25 cents auraient la même masse que 45 cinq cents? Explique.

c) Combien de pièces de 1 cent auraient la même masse que 5 cinq cents?

d) Crée un problème en utilisant les poids dans le tableau.

ME6-1 : La masse – Milligrammes, grammes et kilogrammes

page 113

(suite)

6. Par quel nombre dois-tu multiplier une mesure en grammes pour la changer en milligrammes? _______

7. a) Change la masse de la pièce de 1 $ et de la pièce de 5 cents à la question 5 en milligrammes.

   5 cents : ________________ 1 $: _______________

   b) Combien la pièce de 1 $ pèse-t-elle de plus que la pièce de 5 cents, en milligrammes? __________

8. Un papillon monarque a une masse d'environ 500 mg.

   Combien de papillons monarques auraient une masse d'environ un gramme? ____________________

   Combien de papillons auraient une masse d'environ un kilogramme? __________________________

9. Coche la case appropriée. Utiliserais-tu des milligrammes, des grammes ou des kilogrammes pour mesurer la masse :

a) d'une télévision?	☐ mg	☐ g	☐ kg	b) d'un grain de sable?	☐ mg	☐ g	☐ kg
c) d'un petit coléoptère?	☐ mg	☐ g	☐ kg	d) d'un lit?	☐ mg	☐ g	☐ kg
e) d'une grenouille?	☐ mg	☐ g	☐ kg	f) d'une pomme?	☐ mg	☐ g	☐ kg

10. Écris les masses qui manquent pour équilibrer les balances. Dans chaque question, les masses sur la balance de droite sont égales.

a) 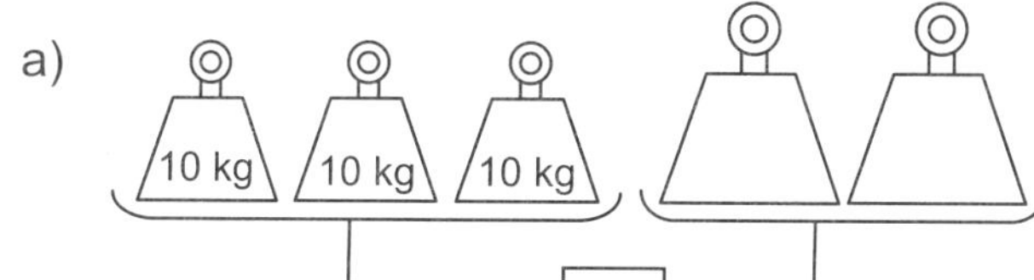

b) 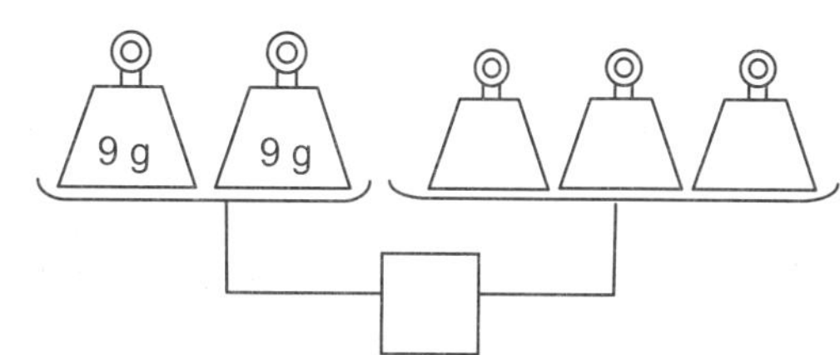

11. Résous les problèmes suivants. Justifie deux de tes réponses.

   a) Il coûte 15,00 $ par kilogramme pour envoyer un colis.
   Combien cela coûterait-il pour envoyer un colis qui a une masse de 14 kilogrammes?

   b) Il y a 35 mg de calcium dans une pilule de vitamine. Combien de mg de calcium consumerais-tu en une semaine si tu prenais une vitamine chaque jour?

   c) Une boîte d'allumettes a une masse de 20 g. La masse de la boîte elle-même est de 8 g.
   S'il y a 6 allumettes dans la boîte, quelle est la masse de chaque allumette?

ME6-2 : Le volume

Le **volume** est l'espace occupé par un objet en trois dimensions.

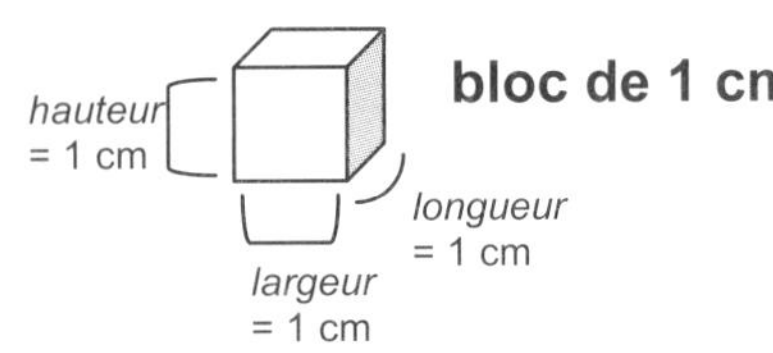

Pour mesurer le volume, on peut utiliser des blocs de 1 cm. Ces blocs sont des cubes de taille uniforme (la longueur, la largeur et la hauteur sont toutes égales à 1 cm).

Le volume d'un contenant est basé sur le nombre de blocs de 1 cm qu'il peut contenir :

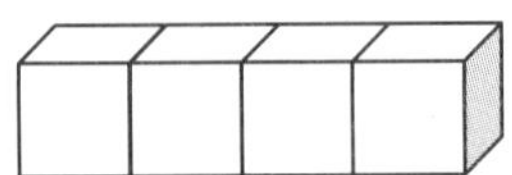

Cet objet, composé de centimètres cubes, a un volume de 4 cubes ou 4 centimètres cubes (4 cm^3).

1. En utilisant des « centicubes » (centimètres cubes) comme unité de mesure, écris le volume de chaque objet.

a) 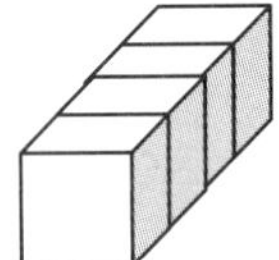

Volume = _____ cubes

b) 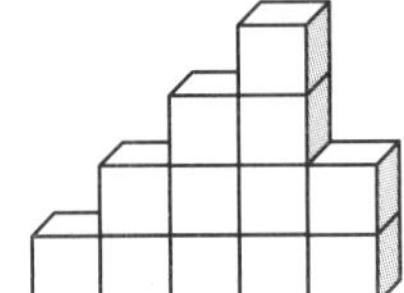

Volume = _____ cubes

c) 

Volume = _____ cubes

2. Avec une structure faite de cubes, tu peux dessiner un « plan plat » comme ceci :

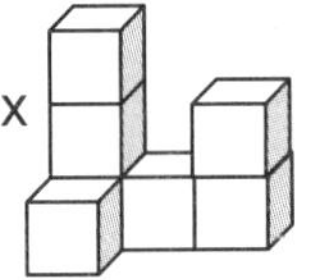

3	1	2
1		

Les nombres t'indiquent combien de cubes sont empilés à chaque position.

Pour chaque figure suivante, ajoute les nombres qui manquent dans le plan plat.

a) 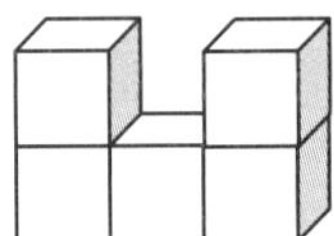 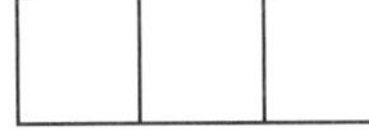

b) 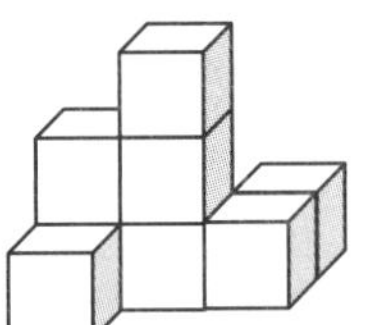 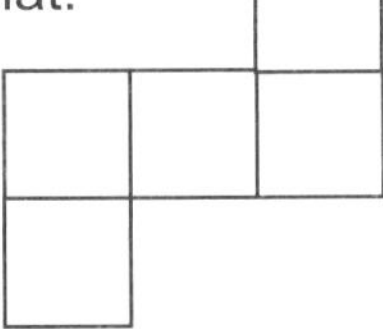

c) 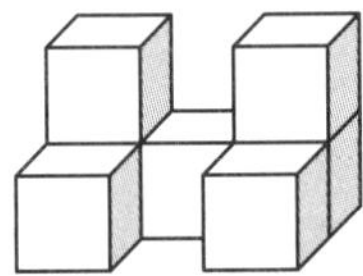 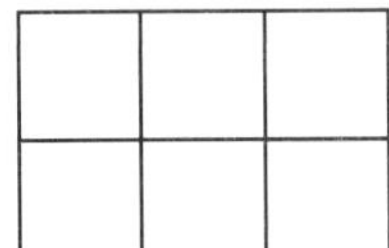

d) 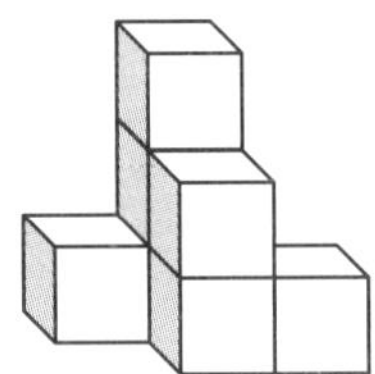 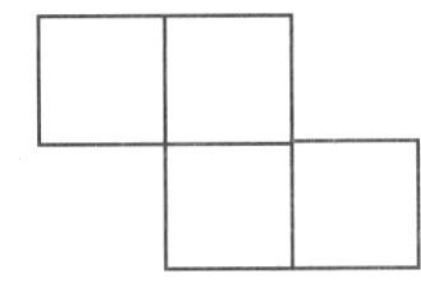

3. Sur du papier quadrillé, dessine un plan plat pour chacune des structures (utilise des cubes pour t'aider).

a) 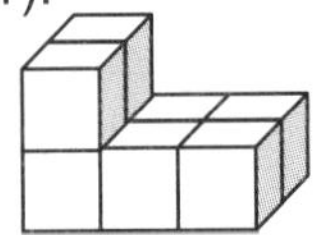

b) 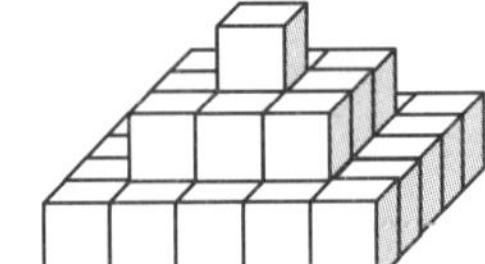

c) 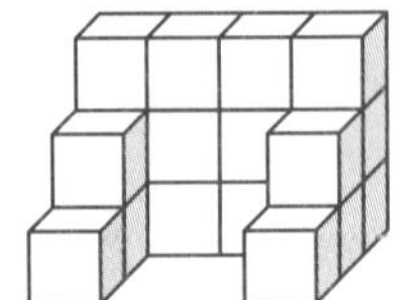

ME6-3 : Le volume des prismes rectangulaires

1. Utilise le nombre de blocs dans la colonne coloriée pour écrire des énoncés d'addition et de multiplication pour représenter chaque aire.

a) 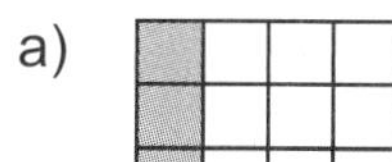

3 + 3 + 3 + 3 = 12
3 × 4 = 12

b) ___ + ___ + ___ + ___ + ___ = ____

___ × ___ = ______

c) 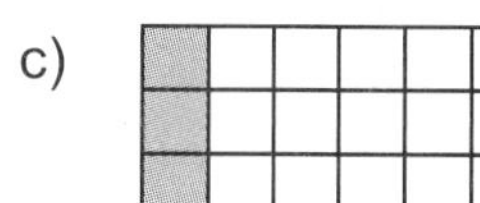

___ + ___ + ___ + ___ + ___ + ___ + ___ = ____

___ × ___ = ______

2. Combien de blocs de 1 cm^3 y a-t-il dans chaque rangée coloriée? (Les blocs ne sont pas à l'échelle.)

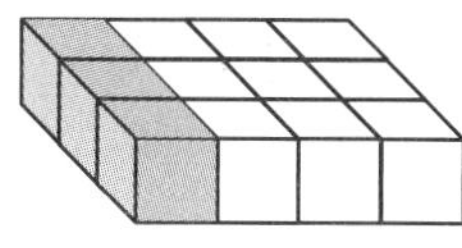

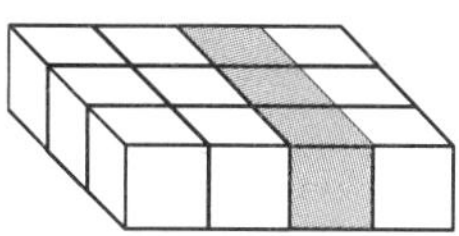
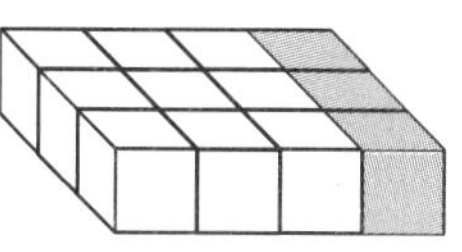

__________ blocs __________ blocs __________ blocs __________ blocs

3. a) Écris un énoncé d'addition pour le volume de la forme.

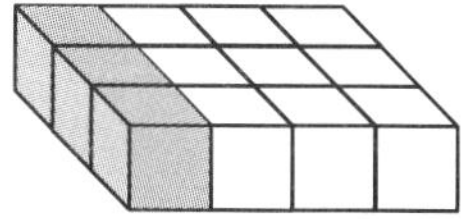

___ + ___ + ___ + ___ = _____ cm^3

b) Écris un énoncé de multiplication pour le même volume.

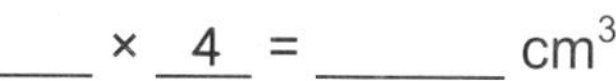

___ × 4 = ______ cm^3

4. 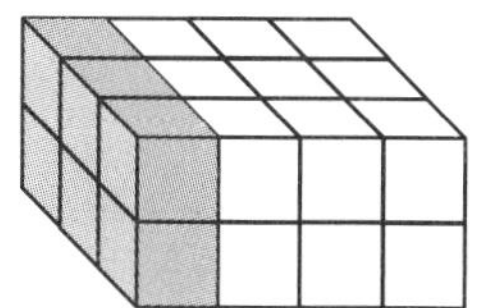

a) Combien y a-t-il de blocs coloriés? ______

b) Écris un énoncé d'addition pour le volume de la forme.

____ + ____ + ____ + ____ = ______ cm^3

c) Écris un énoncé de multiplication pour le même volume.

____ × 4 = _____ cm^3

5. Écris un énoncé d'addition et de multiplication pour chaque volume.

a) 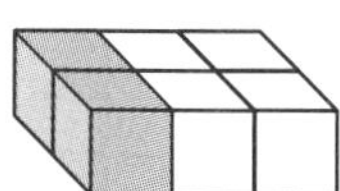

____ + ____ + ____ = ______ cm^3

____ × 3 = ______ cm^3

b) 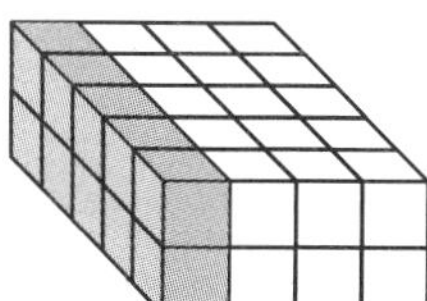

____ + ____ + ____ + ____ = ______ cm^3

____ × ____ = ______ cm^3

c) 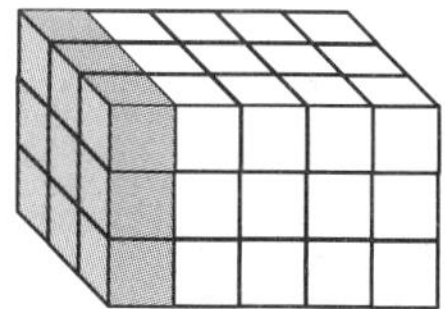

____ + ____ + ____ + ____ + ____ = ______ cm^3

____ × ____ = ______ cm^3

ME6-3: Le volume des prismes rectangulaires *(suite)*

6. Claire empile des blocs pour faire une tour.

   Elle trouve le nombre de cubes de chaque tour en multipliant le nombre de cubes dans la base par le nombre de couches de blocs.

a)
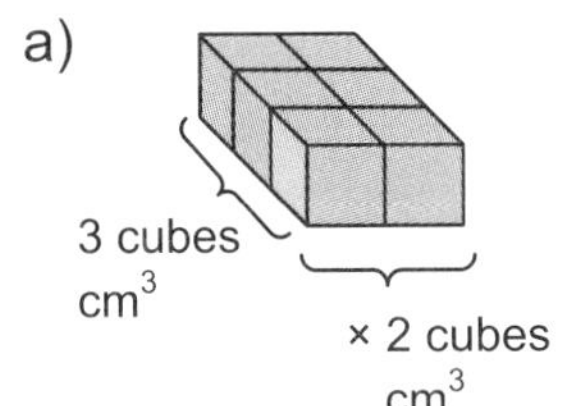

$2\ cm^3 \times$ __3__

= __6__ cm^3

b)
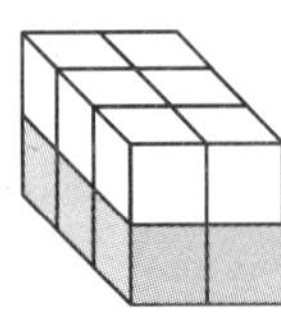

blocs par couche *nombre de couches*

$2\ cm^3 \times 3 \times$ __2__

= ____ cm^3

c)
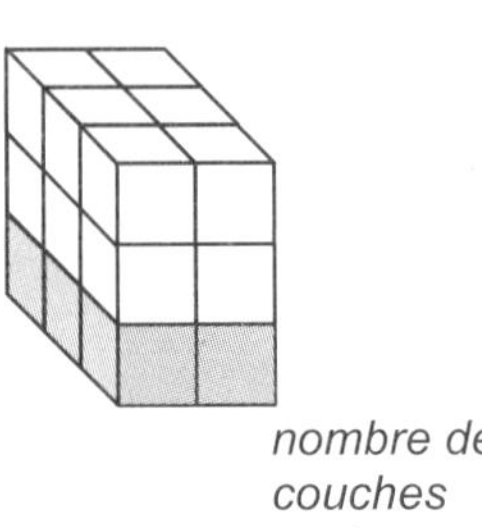

nombre de couches

$2\ cm^3 \times 3 \times$ ____

= ____ cm^3

d)
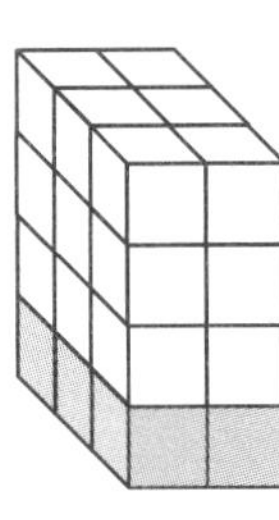

$2\ cm^3 \times 3 \times$ ____

= ____ cm^3

7. Trouve le volume de chaque prisme.

a)
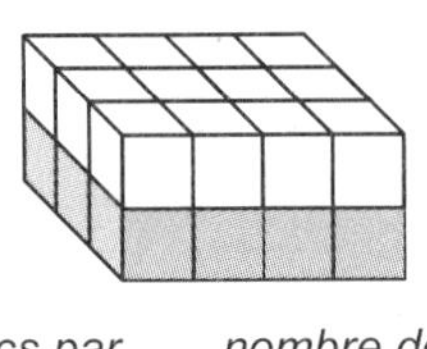

blocs par couche *nombre de couches*

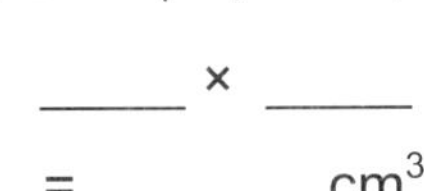

_____ × _____

= _______ cm^3

b)
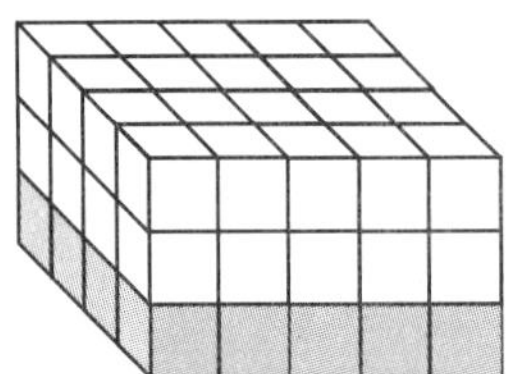

_____ × _____

= _______ cm^3

c)
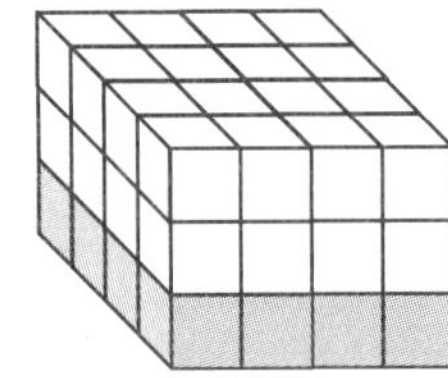

_____ × _____

= _______ cm^3

d)
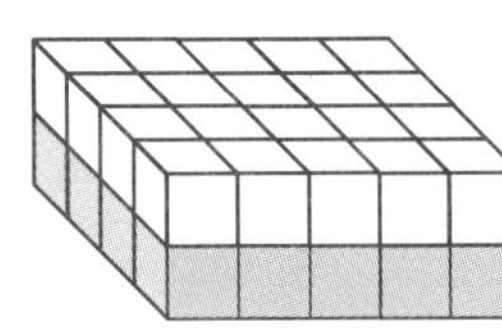

_____ × _____

= _______ cm^3

8. Pierre remarque que l'aire de la base d'un prisme rectangulaire a le même nombre que le volume de la couche de base de blocs.

   Il calcule le volume du prisme en multipliant l'aire de la couche de base par le nombre de couches. Cette méthode fonctionnera-t-elle pour tous les primes rectangulaires?

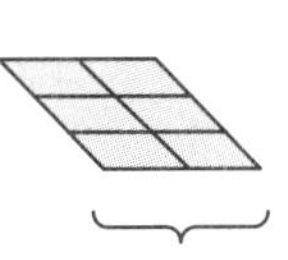

Aire de la base
$6\ cm^2$

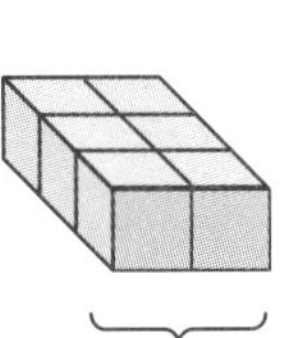

Volume de la base $6\ cm^3$

9.

A
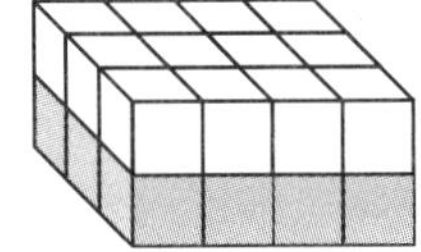

B
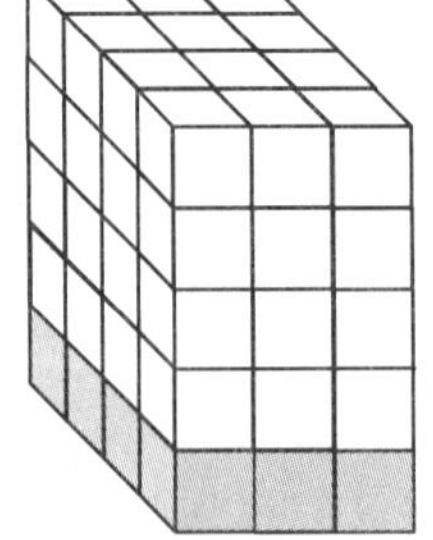

C

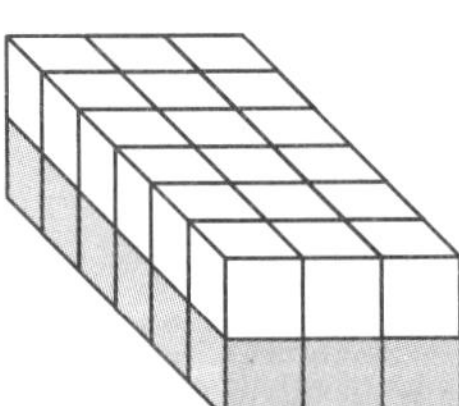

a) Quelle est l'aire de la base de chaque structure?

b) Quel est le volume de la couche de base?

c) Quel est le volume de la structure?

10. Combien de blocs y a-t-il sur le bord de chaque prisme?

a) 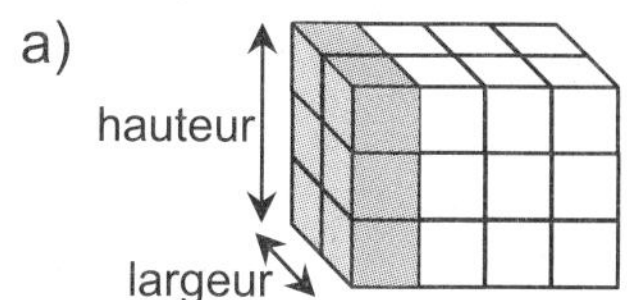

Nombre de blocs sur le bord
= hauteur × largeur
= 3 × 2 = 6

b) 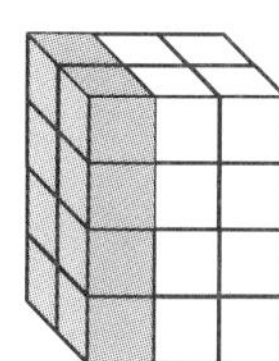

Nombre de blocs sur le bord
= hauteur × largeur
= ______ × ______ = ______

c) 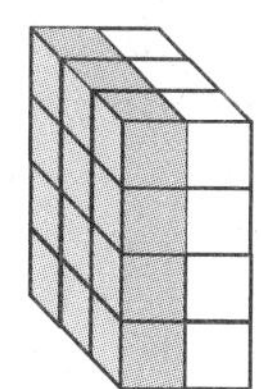

Nombre de blocs sur le bord
= hauteur × largeur
= ______ × ______ = ______

11. Combien de blocs y a-t-il dans chaque prisme?

a) 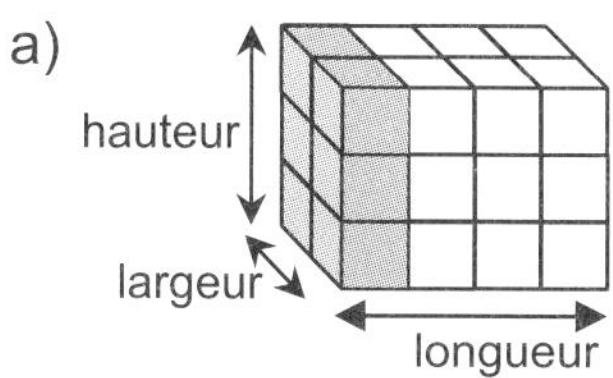

Nombre de blocs dans le prisme
= hauteur × largeur × longueur
= ____ × ____ × ____ = ____

b) 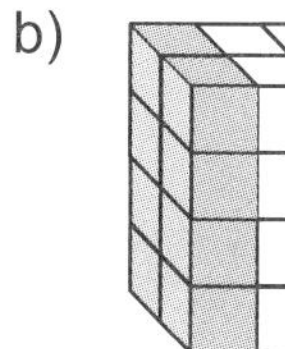

Nombre de blocs dans le prisme
= hauteur × largeur × longueur
= ____ × ____ × ____ = ____

c) 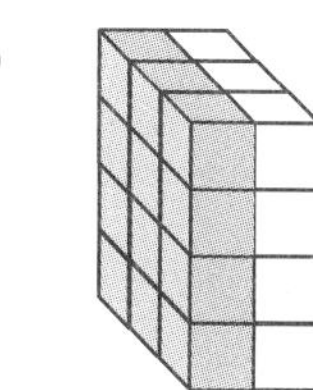

Nombre de blocs dans le prisme
= hauteur × largeur × longueur
= ____ × ____ × ____ = ____

12. Trouve le volume de chaque boîte avec l'aide des dimensions données (les unités sont en mètres).
INDICE : Volume = Hauteur × Longueur × Largeur

a) 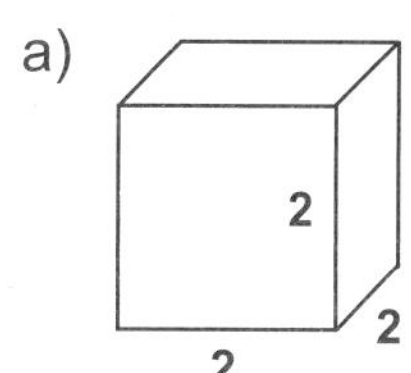

Largeur : ________
Longueur : ________
Hauteur : ________
Volume = ________

b) 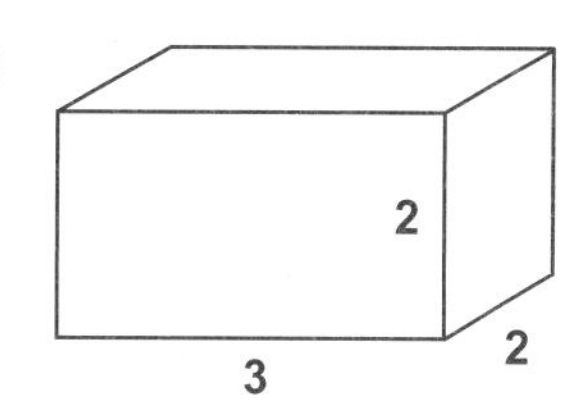

Largeur : ________
Longueur : ________
Hauteur : ________
Volume = ________

c) 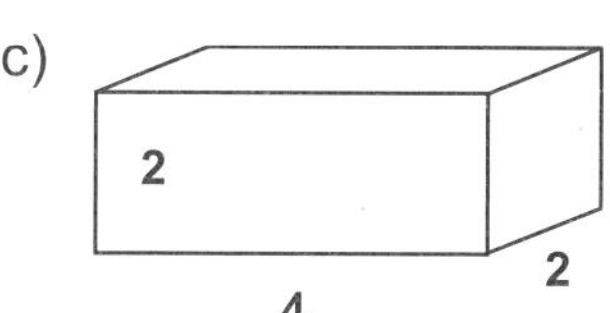

Largeur : ________
Longueur : ________
Hauteur : ________
Volume = ________

d) 5 3 2

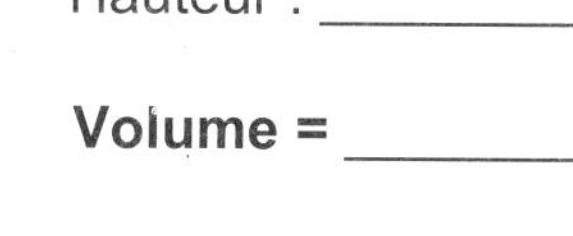

Largeur : ________
Longueur : ________
Hauteur : ________
Volume = ________

13. Trouve le volume des prismes rectangulaires à partir des plans plats ci-dessous.

a) 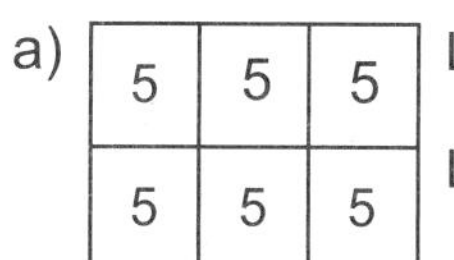

5	5	5
5	5	5

Largeur : _____
Longueur : _____
Hauteur : _____
Volume = _____

b) 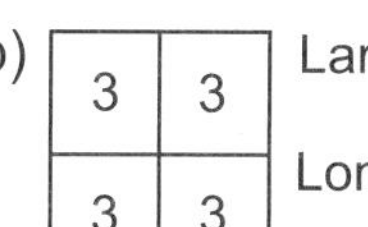

3	3
3	3

Largeur : _____
Longueur : _____
Hauteur : _____
Volume = _____

c)

10	10	10	10	10
10	10	10	10	10

Largeur : _____
Longueur : _____
Hauteur : _____
Volume = _____

ME6-4 : Temps écoulé

1. En comptant par 5, trouve combien de temps s'est écoulé ...

a) 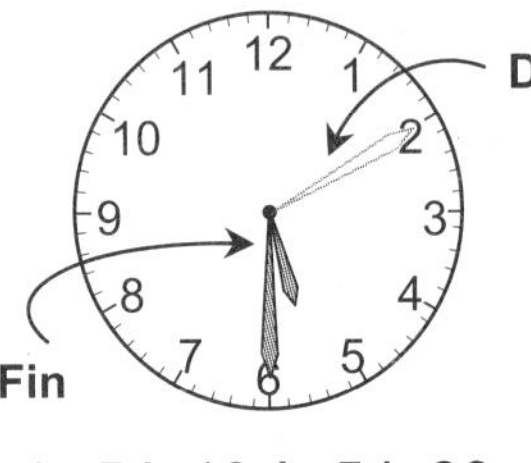

de 5 h 10 à 5 h 30

____

b) 

de 4 h 10 à 4 h 40

____

c) 

de 11 h 20 à 11 h 55

____

2. Compte par 5 pour montrer combien de temps s'est écoulé entre …

a) 8 h 45 et 9 h 20. 8 h 45 (0), 8 h 50 (5), ____ (10), ____ (15), ____, ____, ____, ____, ____

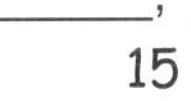

Temps écoulé : ______

b) 3 h 40 et 4 h 10. ____, ____, ____, ____, ____, ____, ____, ____, ____

Temps écoulé : ______

3. Trouve combien de temps s'est écoulé entre les heures en caractères gras (les intervalles ne sont pas à l'échelle).

a) 

Temps écoulé : ______

b) **10:50** 10:55 11:00 12:00 1:00 2:00 2:05 **2:10**

Temps écoulé : ______

4. Trouve combien de temps s'est écoulé entre …

a) 9 h 40 et 12 h10.

Temps écoulé : ______

9:40, 10:00, 11:00, 12:00, 12:10

b) 6 h 55 et 11 h 20.

5 min

Temps écoulé : ______

6:55, 7:00, ____, ____, ____, ____, 11:20

5. Trouve combien de temps s'est écoulé en faisant une soustraction.

a) 3:43 − 3:20

b) 8:22 − 7:21

c) 11:48 − 5:30

d) 6:40 − 2:25

e) 3:42 − 1:05

6. Trace une ligne de temps pour trouver combien de temps s'est écoulé entre ...

a) 11 h 20 et 4 h 35.

b) 11 h 35 et 1 h 05.

c) 12 h 30 et 2 h 05.

7. Karl a commencé à étudier à 7 h 25 et il a terminé à 9 h 10. Pendant combien de temps a-t-il étudié?

ME6-5 : Soustraire les heures

Le train d'Annie part à 4 h 48. Il est maintenant 2 h 53. Pour calculer le temps qu'il lui reste à attendre, Annie soustrait les heures :

Étape 1 : 48 est moins que 53, alors Annie regroupe 1 heure en 60 minutes.

```
 3  48 + 60          3  108
 4 : 48      →       4 : 48
– 2 : 53           – 2 : 53
```

Étape 2 : Annie complète la soustraction.

```
 3  108
 4 : 48
– 2 : 53
  1 : 55
```

Elle doit attendre 1 heure et 55 minutes.

1. Regroupe 1 heure en 60 minutes si nécessaire. Fais ensuite la soustraction. On a commencé le premier pour toi.

a) 3 72 4 : 12 – 2 : 31	b) 12 : 23 – 8 : 51	c) 10 : 38 – 9 : 47	d) 5 : 19 – 4 : 29
e) 6 : 26 – 2 : 43	f) 7 : 17 – 1 : 56	g) 8 : 12 – 3 : 25	h) 4 : 35 – 2 : 48
i) 3 : 41 – 1 : 57	j) 2 : 39 – 1 : 23	k) 7 : 23 – 4 : 12	l) 8 : 52 – 6 : 35
m) 9 : 15 – 4 : 24	n) 10 : 21 – 5 : 48	o) 11 : 00 – 7 : 27	p) 11 : 05 – 4 : 38

Ray trouve la différence entre 10 h 25 du matin et 4 h 32 de l'après-midi comme ceci :

Étape 1 : Il trouve la différence entre 10 h 15 et midi.

```
                      11  60
 12 : 00      →       12 : 00
– 10 : 15           – 10 : 15
                       1 : 45
```

Étape 2 : Il additionne 4 heures et 32 minutes au résultat.

```
   4 : 32
+  1 : 45
   5 : 77
```

Étape 3 : Il regroupe 60 minutes en 1 heure.

5 : 77 → 6 : 17

La différence est de 6 heures et 17 minutes.

2. En utilisant la méthode de Ray, trouve la différence entre les heures données.

a) 10 h 20 du matin et 4 h 35 de l'après-midi ______

b) 6 h 52 du matin et 8 h 21 du soir ______

c) 2 h 38 du matin et 9 h 45 du soir ______

ME6-6 : Horloge de 24 heures

1. Remplis le tableau en suivant la régularité.

Horloge de 12 heures	Horloge de 24 heures
12 h du matin	00:00
1 h du matin	01:00
2 h du matin	02:00

Horloge de 12 heures	Horloge de 24 heures
9 h du matin	09:00
10 h du matin	
12 h (midi)	12:00
1 h (après-midi)	13:00

Horloge de 12 heures	Horloge de 24 heures
5 h du soir	17:00
6 h du soir	

2. Quel nombre dois-tu additionner à 1 h de l'après-midi pour changer l'heure à l'horloge de 24 heures? _

   Écris 3 autres heures qui changent de la même façon : ____________________

3. Pour chaque heure du matin ou du soir, écris l'heure selon l'horloge de 24 heures.
   INDICE : Ne regarde le tableau ci-dessus que si tu as besoin d'aide.

   a) 5 h du matin = ________ b) 11 h du soir = ________ c) 6 h du soir = ________

   d) 2 h du matin = ________ e) 3 h de l'après-midi = ______ f) 12 h (minuit) = ________

4. Pour chaque heure écrite selon l'horloge de 24 heures, écris l'heure selon l'horloge de 12 heures (mati après midi ou soir).

   a) 07:00 = ________ b) 15:00 = ________ c) 13:00 = ________ d) 00:00 = ________

   e) 18:00 = ________ f) 17:00 = ________ g) 6:00 = ________ h) 23:00 = ________

5. Trouve la différence entre les heures.

   a) 23 h 00 et 9 h 45 b) 22 h 52 et 7 h 18 c) 17 h 51 et 14 h 02 d) 19 h 23 et 11 h 58

6. Complète le tableau pour montrer à quelle heure David a quitté les différentes sections du musée (utilise l'horloge de 24 heures).

	Début	Dinosaures	Reptiles	Déjeuner	Égypte ancienne	Grotte des chauve-souris
Durée de la visite		1h 15 minutes	40 minutes	55 minutes	1 h 25 minutes	5 minutes
Fin de la visite	10:30					

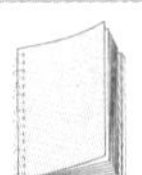

7. Décris les différences entre l'horloge de 24 heures et l'horloge de 12 heures pour une heure ...

   a) qui tombe le matin b) qui tombe l'après-midi ou le soir

ME6-7 : Questions de temps

1. Remplis les tableaux.

a)

Jours	Heures
1	24
2	
3	

b)

Semaines	Jours
1	7
2	
3	

c)

Années	Semaines
1	52
2	
3	

d)

Années	Jours
1	365
2	
3	

2. Une décennie est 10 ans. Un siècle est 100 ans. Remplis les espaces vides.

a) 40 ans = ______ décennies b) 60 ans = ______ décennies c) 90 ans = _______ décennies

d) 200 ans = ______ siècles e) 800 ans = ______ siècles f) 1 500 ans = ______ siècles

g) 2 décennies = ______ ans h) 3 siècles = ______ ans i) 40 décennies = ______ siècles

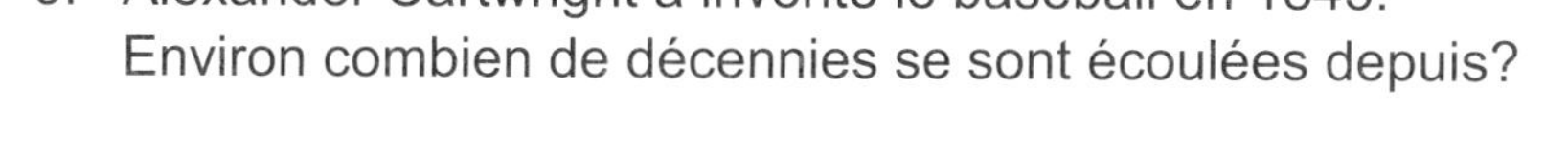

3. Alexander Cartwright a inventé le baseball en 1845.
Environ combien de décennies se sont écoulées depuis?

4. Guled a attendu en ligne pendant 140 minutes.
Amir a attendu pendant 2 heures et 15 minutes. Qui a attendu plus longtemps?

5. Tom a travaillé pendant 2 heures et 20 minutes. Pendant combien de temps Clara a-t-elle travaillé si :

a) Tom a travaillé 35 minutes de plus que Clara?

b) Clara a travaillé 45 minutes de plus que Tom?

6. Le bateau B a quitté le port de Halifax une heure plus tard que le bateau A.
Les deux bateaux ont voyagé à une vitesse constante dans la même direction.

	Heure	14 h 00	15 h 00	16 h 00	17 h 00	18 h 00	19 h 00	20 h 00
Distance du port	**Bateau A**	0 km	6 km					
	Bateau B	0 km	0 km					40 km

a) À quelle distance les bateaux étaient-ils l'un de l'autre à 17 h 00?
b) À quelle heure le bateau B a-t-il rattrapé le bateau A?

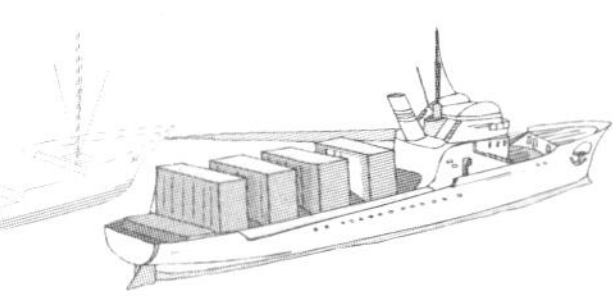

7. Un Boeing 747 voyage à une vitesse d'environ 14 km/minute.
La vitesse du son est d'environ 344 m/seconde.
Lequel est plus rapide?

BONUS
8. 1 mL d'eau s'écoule d'un robinet chaque minute.
Environ combien de L d'eau s'écouleraient en une année?

PDM6-1: Les diagrammes de Venn – Une révision

Les **diagrammes de Venn** sont une façon d'utiliser des cercles pour montrer quels objets ont une propriété.

Les objets à l'intérieur du cercle ont la propriété et les objets à l'extérieur du cercle ne l'ont pas.
NOTE : Les polygones ont des côtés droits.

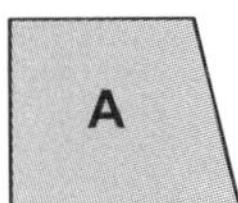

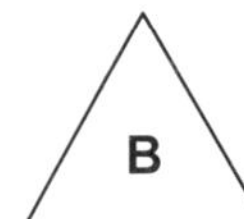

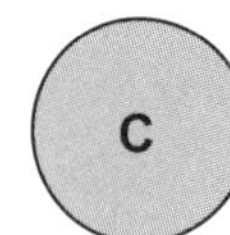

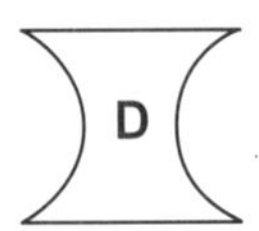

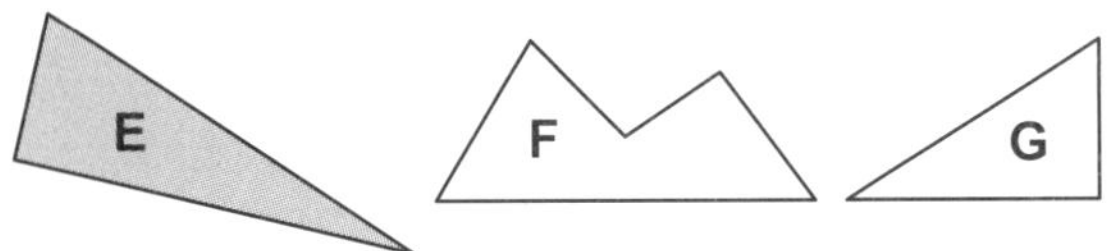

1. a) Quelle forme a les deux propriétés? Mets la bonne lettre dans les deux cercles.

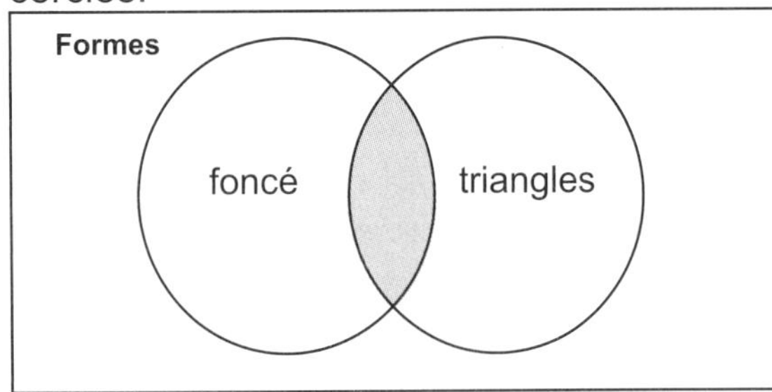

b) Quelle forme n'a aucune des propriétés? Mets la bonne lettre à l'extérieur des deux cercles.

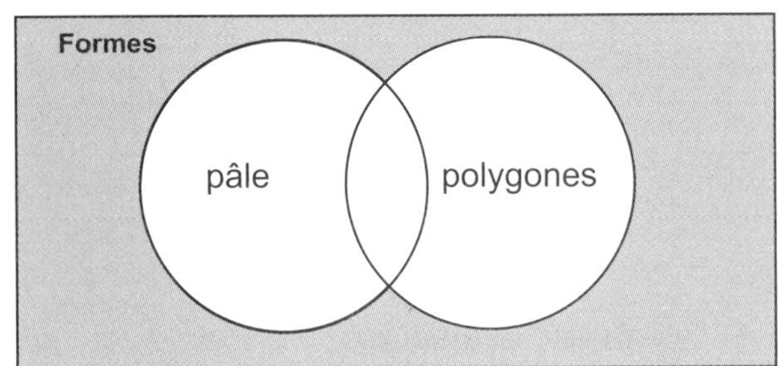

2. Complète les diagrammes de Venn.

a)

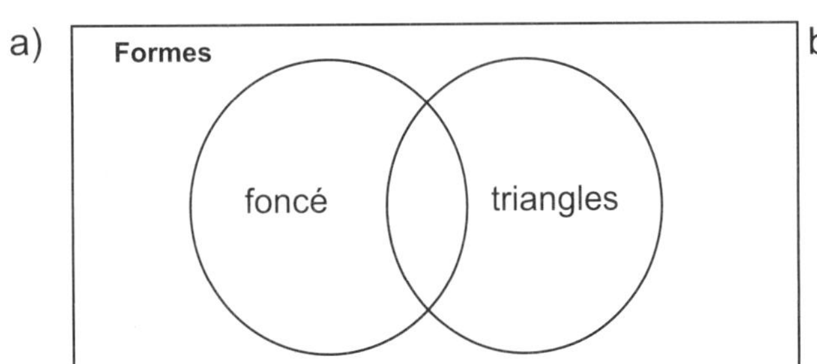

b)

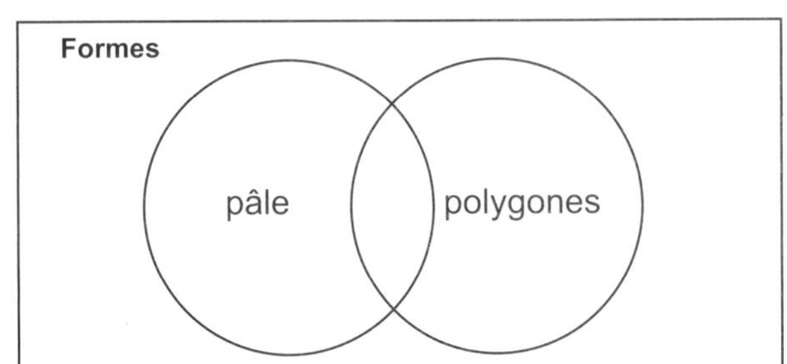

c)

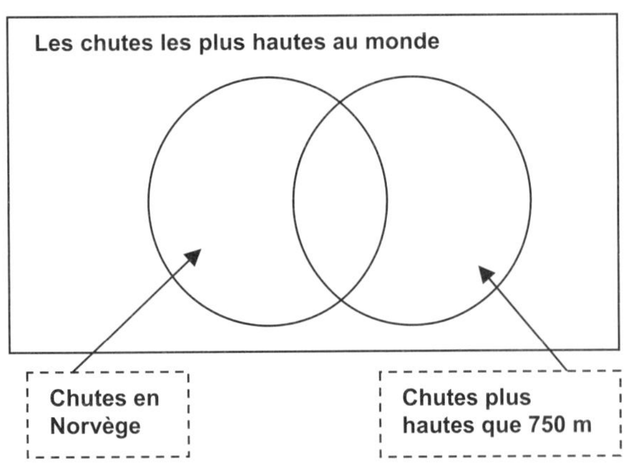

Les chutes les plus hautes au monde			
A	Angel	Vénézuela	979 m
B	Tugela	Afrique du Sud	850 m
C	Utigord	Norvège	800 m
D	Mongefossen	Norvège	774 m
E	Mutarazi	Zimbabwe	762 m
F	Yosemite	États-Unis	739 m
G	Pieman	Australie	715 m
H	Espelandsfossen	Norvège	703 m
I	Lower Mar Valley	Norvège	655 m
J	Tyssestrengene	Norvège	647 m

PDM6-2 : Les diagrammes à bandes

Un **diagramme à bandes** a 4 parties :

- un **axe** vertical et un **axe** horizontal
- une **échelle**
- des **titres/étiquettes** (y compris un titre principal)
- des **données** (à voir dans les bandes)

Les bandes dans un diagramme à bandes peuvent être verticales ou horizontales. L'échelle dit combien chaque intervalle dans l'axe représente. Les étiquettes indiquent les données que chaque bande représente.

1.

Animaux de compagnie des étudiants	Nombre d'étudiants
Chat	12
Chien	15
Reptile	6
Oiseau	3
Autre	10

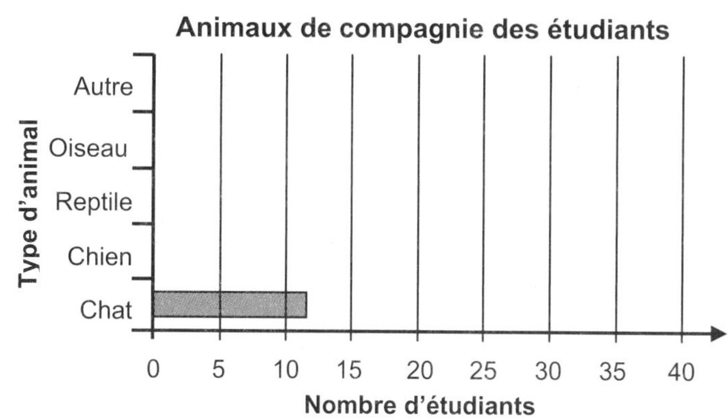

a) Complète le diagramme à bandes.

b) Quelle échelle a été utilisée dans le diagramme à bandes? Penses-tu que c'était un bon choix? Pourquoi?

____

c) Si tu faisais un sondage des étudiants à ton école, penses-tu que les résultats seraient semblables à ceux-ci? Explique.

____

____

2.

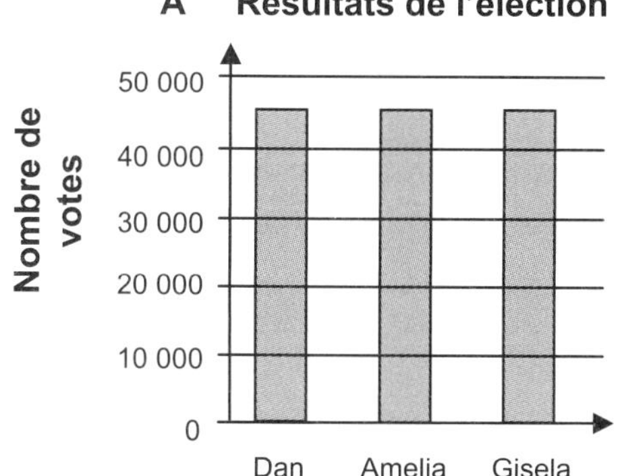

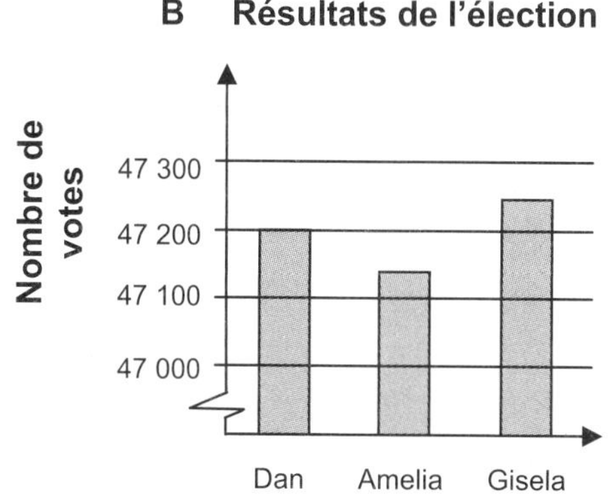

a) Trouve l'échelle utilisée pour chaque diagramme à bandes.

b) Dans quel diagramme est-il plus facile de lire la différence dans le nombre de votes par candidat?

c) Qui a gagné l'élection?

Diagramme A : commence à ___, compte par ___, arrête à ___.

Diagramme B : commence à ___, compte par ___, arrête à ___.

PDM6-2 Les diagrammes à bandes *(suite)*

3. Complète le diagramme à bandes pour illustrer les données suivantes.

Températures enregistrées par ville (en °C)	
Brandon, MB	25°C
Medicine Hat, AB	27°C
Iqaluit, NU	12°C
Yarmouth, NS	21°C
Thunder Bay, ON	24°C

INDICE : Utilise les lettres B, M, I, Y et T pour les noms des villes sur ton diagramme.

4. Une compagnie qui fabrique des planches à roulettes a affiché des ventes de 50 000 $ en 2004 et de 52 000 $ en 2005.
Représente ces données en utilisant les échelles suivantes.

Diagramme A

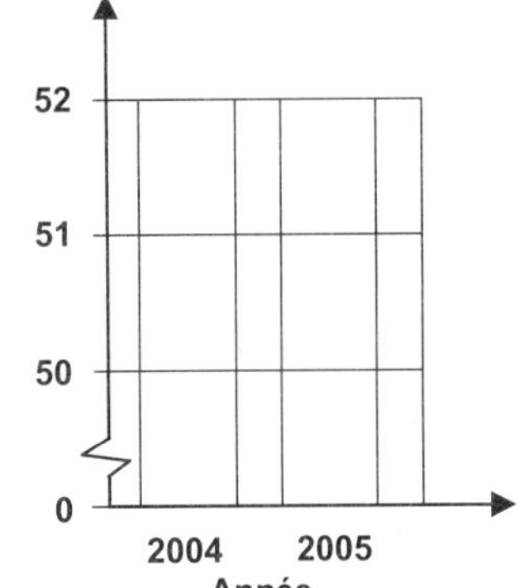

Diagramme B

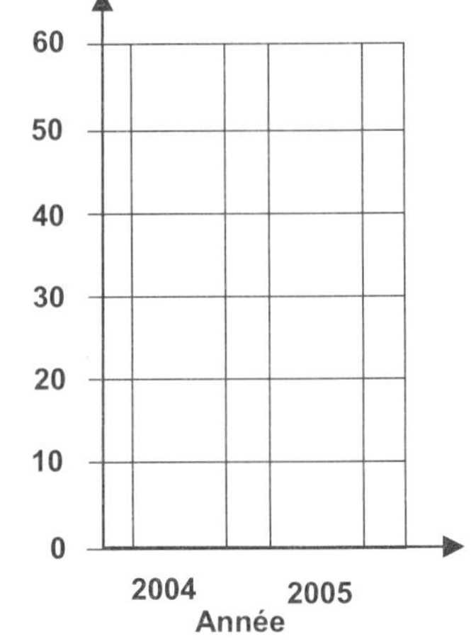

a) Quel diagramme semble montrer que les ventes en 2005 étaient trois fois plus élevées que les ventes en 2004?

b) Quel diagramme semble montrer que les ventes en 2005 n'étaient qu'un peu plus élevées que les ventes en 2004?

c) D'après toi, quel diagramme représente mieux les données? Explique.

5. Quelle échelle utiliserais-tu pour représenter graphiquement les nombres suivants? (Indique où les nombres s'arrêteraient et commenceraient, et définis les intervalles.) Explique tes choix.

a) 3, 2, 7, 9, 10

b) 14, 2, 16, 4, 8

c) 250, 1 000, 2 000

d) 12 000, 11 500, 12 500

PDM6-3 : Les diagrammes à bandes doubles

1. Deux salles de classe ont amassé des manteaux pour une œuvre de charité de novembre à avril.

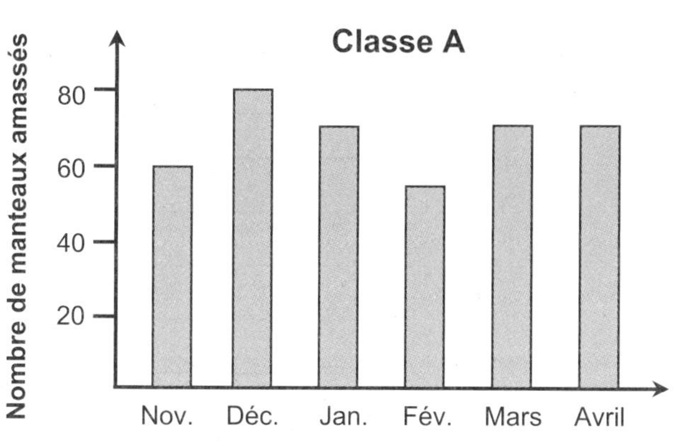

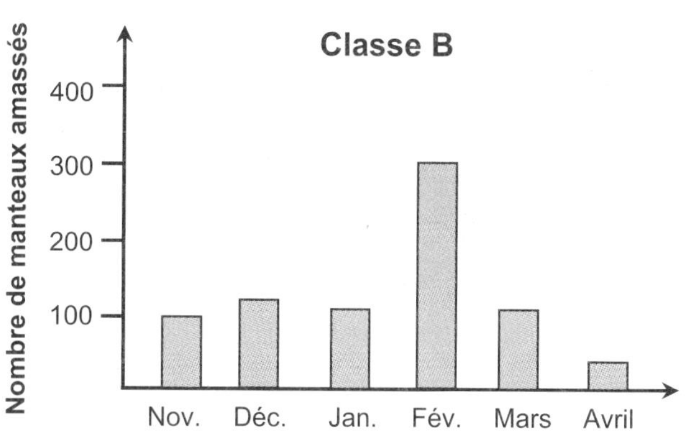

a) Quand tu regardes les diagrammes, quelle classe semble avoir amassé le plus de manteaux? _____ Pourquoi? ______________________________

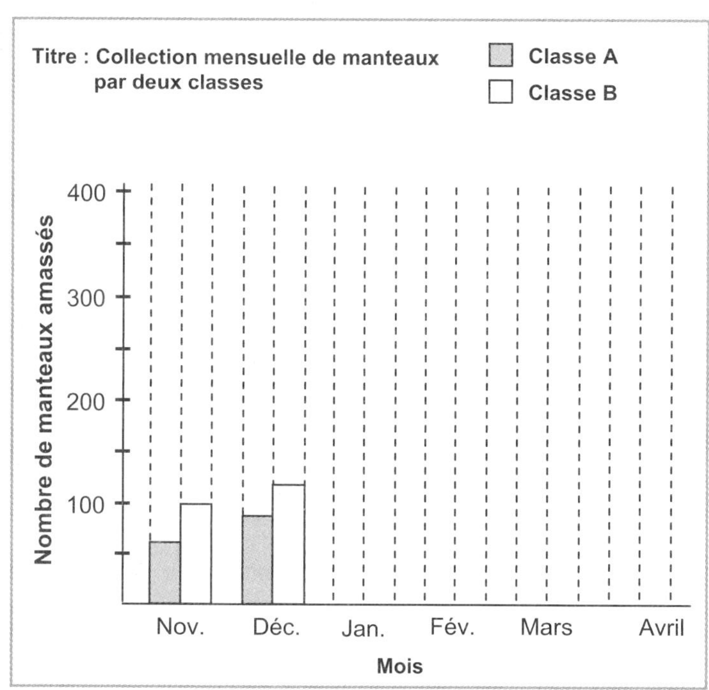

b) Quand tu examines de plus près, quelle classe a actuellement amassé le plus de manteaux? __________

c) Pourquoi la plupart des données pour la classe B sont-elles au bas du diagramme?

____

____

____

d) Pour comparer les données, complète le diagramme à gauche.

Un **diagrammes à bandes doubles** sert à comparer deux ensembles de données. Le diagramme que tu as dessiné à la question 1 d) est un diagramme à bandes doubles.

e) Dans quel(s) mois la classe A a-t-elle amassé plus de manteaux que la classe B?

f) Pendant un mois au cours de cette période, la classe B a placé une annonce dans le journal pour annoncer la collecte des manteaux. Pendant quel mois penses-tu que l'annonce a paru?

2. Crée un diagramme à bandes doubles pour représenter les données ci-dessous. Indique un titre et des étiquettes.

	Activités sportives préférées			
	Baseball	Basketball	Tennis	Autre
Filles	42	32	73	56
Garçons	75	50	43	80

PDM6-4 : Les diagrammes à tiges et à feuilles

La **feuille** d'un nombre est le chiffre complètement à droite.

La **tige** inclut tous les chiffres <u>sauf</u> celui complètement à droite.

NOTE : La tige d'un nombre à un chiffre est 0 puisqu'il n'y a pas de chiffres sauf celui à la toute droite.

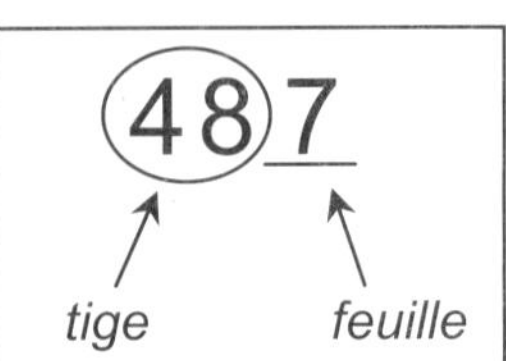

1. Encercle la tige et souligne la feuille.

   a) 5 *tige est 0* b) 37 c) 124 d) 51 e) 9 000 f) 7

2. Pour chaque groupe de nombres, encercle les tiges et écris-les de la plus petite à la plus grande.

   a) 23 9 8 34 65 28 25 b) 36 39 46 51 37 9 45 c) 107 88 87 75 104 96

   0 2 3 6 ___ ___ ___ ___ ___ ___ ___ ___

3. Dans l'ensemble de données 38 29 26 42 43 34, les tiges sont 2, 3 et 4.
   Pour faire un diagramme à tiges et à feuilles, suis les étapes suivantes :

<u>Étape 1</u> :

Écris les tiges en ordre, de la plus petite à la plus grande.

tige	feuille
2	
3	
4	

<u>Étape 2</u> :

Écris ensuite les feuilles sur la même rangée que leurs tiges.

tige	feuille
2	96
3	84
4	23

<u>Étape 3</u> :

Finalement, mets les feuilles en ordre, par rangée, de la plus petite à la plus grande.

tige	feuille
2	69
3	48
4	23

Pour chaque diagramme, mets les feuilles dans le bon ordre. Écris ensuite les données de la plus petite à la plus grande.

tige	feuille
2	51
4	851
5	62

→

tige	feuille
2	15
4	
5	

21 25 ___ ___ ___ ___ ___

tige	feuille
0	7
1	93
2	580

→

tige	feuille

___ ___ ___ ___ ___ ___

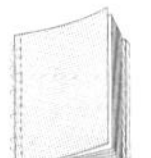

4. Utilise les données suivantes pour créer des diagrammes à tiges et à feuilles.

   a) 8 7 13 18 10 b) 99 97 103 99 101 c) 77 91 105 97 112 114 96 78

5. Avec un diagramme à tiges et à feuille, il est facile de trouver les plus petites et les plus grandes valeurs de données.

   i) Cherche la plus petite feuille dans la première rangée pour trouver la plus petite valeur de donnée.

   ii) Cherche la plus grande feuille dans la dernière rangée pour trouver la plus grande valeur de donnée

   L'**étendue** d'un ensemble de données est la différence entre la plus petite et la plus grande valeur.
   Trouve l'étendue des ensembles de données aux questions 3 et 4.

PDM6-5 : Introduction aux diagrammes à ligne brisée

Un **diagramme à ligne brisée** a un axe horizontal et un axe vertical. Les points individuels sont reliés par une ligne.

1.

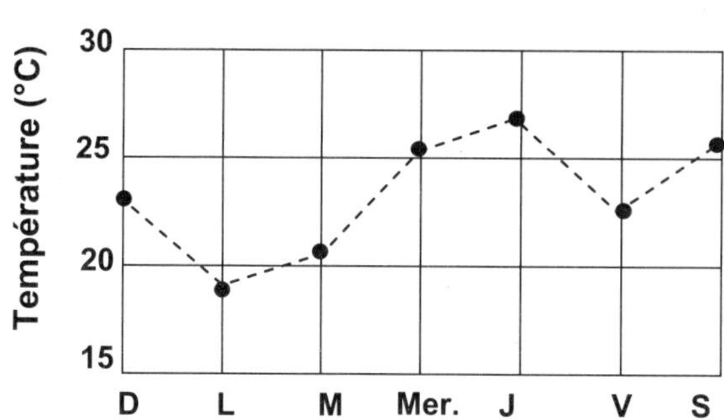

a) Quelle est l'échelle?

Commence à _____, compte par _____, arrête à _____.

b) Quel est le titre?

_______________________________________.

c) Quelle journée a-t-il fait le plus frais?

_______________________________________.

d) Quelle journée a-t-il fait le plus chaud?

_______________________________________.

e) Quelle a été l'étendue des températures pendant la semaine?

_______________________________________.

2.

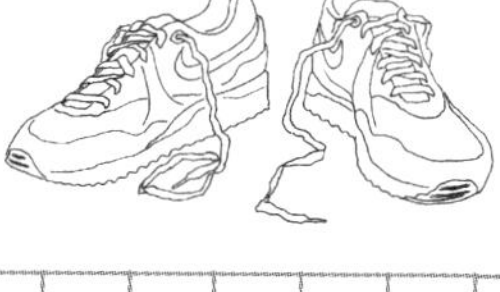

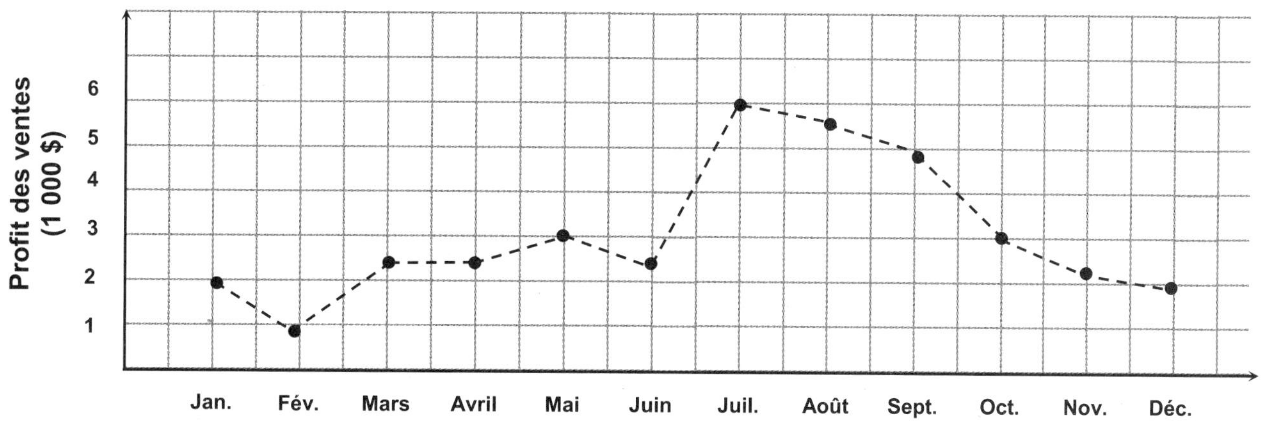

a) Dans quel mois le magasin de chaussures a-t-il fait le plus grand profit? Le plus petit profit?

b) Combien de profit le magasin de chaussures a-t-il fait en janvier? En mai?

c) Dans quels mois le magasin de chaussures a-t-il fait un profit de plus de 4 000 $?

d) À quelle date penses-tu qu'un athlète renommé a signé des chaussures dans le magasin?

1er février 1er avril 1er juillet 1er octobre

Justifie ta réponse.

PDM6-6 : Lire les diagrammes

Le diagramme à bandes et le diagramme à ligne ci-dessous montrent tous les deux le prix des disques compacts.

Avec une règle, tu peux tracer une flèche à partir de la barre représentant '5 CD' pour montrer que 5 CD coûteraient 25 $.

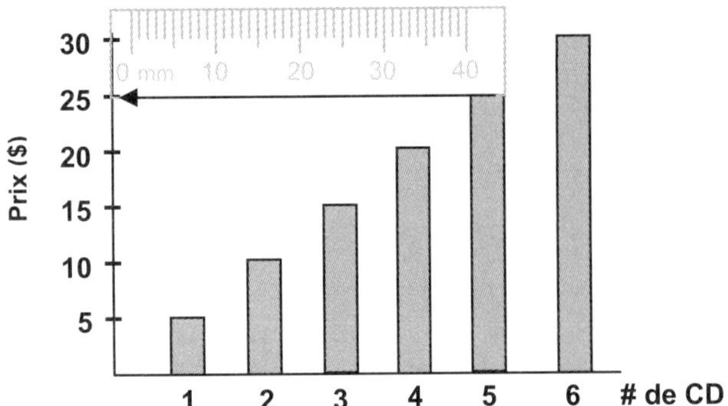

Tu peux aussi tracer une ligne en montant à partir du nombre '5' et ensuite vers la gauche jusqu'à la marque des 25 $.

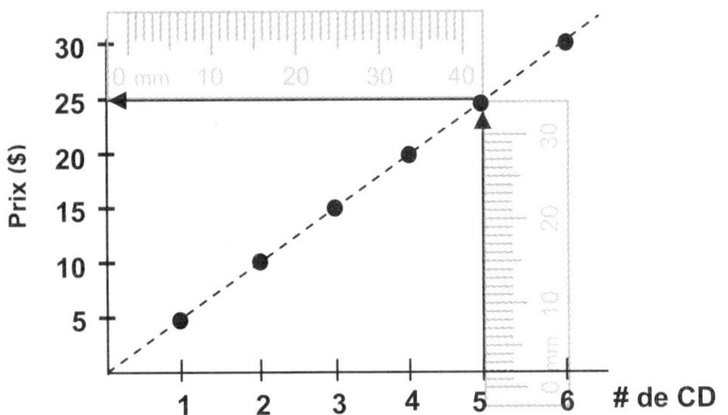

1. Trace des flèches (avec une règle!) sur le diagramme à ligne ci-dessus pour trouver le coût de …

   a) 3 CD : _________ $ b) 4 CD : _________ $ c) 6 CD : _________ $

2. Pour trouver combien de CD tu peux acheter pour 20 $, tu peux tracer des flèches tel qu'indiqué.

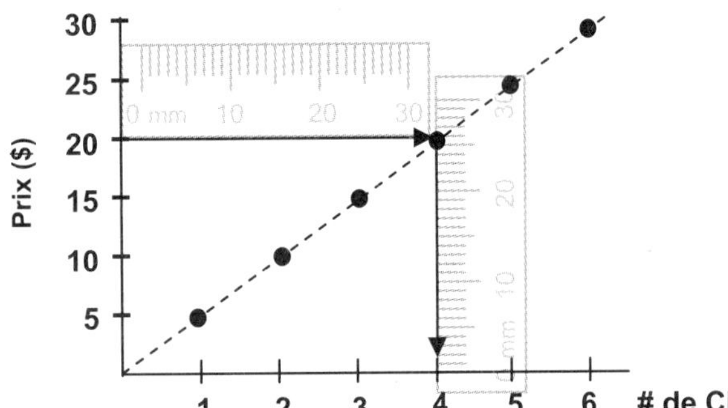

Trace des flèches (avec une règle!) sur le diagramme à ligne pour trouver combien de CD tu peux acheter pour

a) 15 $: _____ CD

b) 25 $: _____ CD

c) 30 $: _____ CD

3. Ces diagrammes montrent combien Sally gagnera en peignant des maisons cet été.

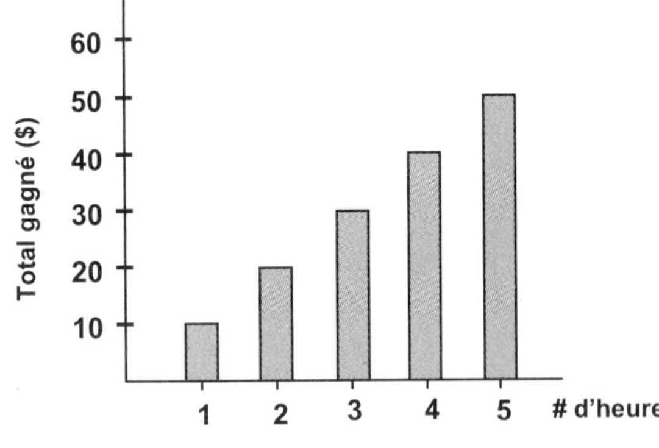

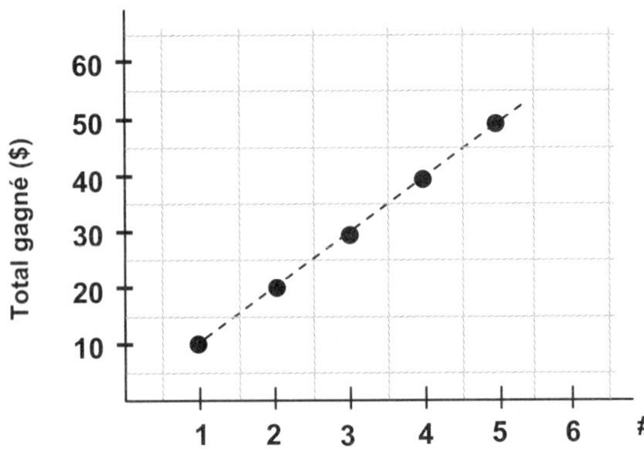

a) Sur les deux diagrammes, montre combien Sally gagnera si elle travaille : i) 3 heures ii) 4 heures

b) Trace des flèches sur le diagramme à ligne pour montrer combien Sally gagnera en 3 heures et demi

c) Prolonge le diagramme à ligne pour montrer combien Sally gagnera en : i) 6 heures ii) $\frac{1}{2}$ heure

d) Explique l'avantage d'un diagramme à ligne par rapport à un diagramme à bandes.

PDM6-7 : Faire des prédictions avec les diagrammes à ligne brisée

Un diagramme à ligne brisée est un bon choix pour représenter des données quand tu veux prédire une tendance pour une plus grande étendue de données ou entre deux points de données.

Réponds aux questions suivantes dans ton cahier.

1. À mesure que la température augmente, le chant des grillons s'accélère.

   Prédis environ combien de fois un grillon émettrait un cri à :

   a) 15° b) 25° c) 35°

   d) Si le grillon émettait 240 cris par minute, environ quelle serait la température?

   Explique comment tu as trouvé ta réponse.

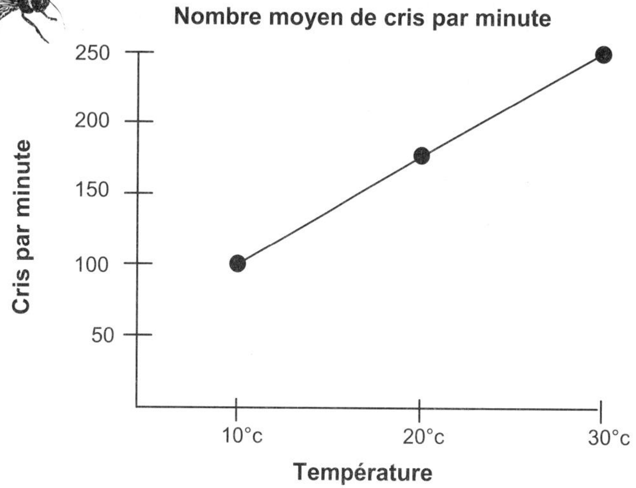

2. Utiliserais-tu un diagramme à ligne brisée ou à bandes pour afficher les données? Explique ton choix.

   a) La température la semaine prochaine sera-t-elle plus chaude ou plus fraiche?

Jour	D	L	M	Mer	J	V	S
Temp. (°C)	23	25	24	22	18	17	15

   b) Dans quelle ville a-t-il fait le plus chaud hier?

Ville	Toronto	Hamilton	Québec	Montréal
Temp. (°C)	27	24	19	25

   c) Les profits de l'année prochaine seront-ils plus élevés ou moins élevés que ceux de cette année?

Mois	J	F	M	A	M	J	J	A	S	O	N	D
Profits (1 000 $)	3	2	3	3	4	4	5	5	5	6	6	7

3.

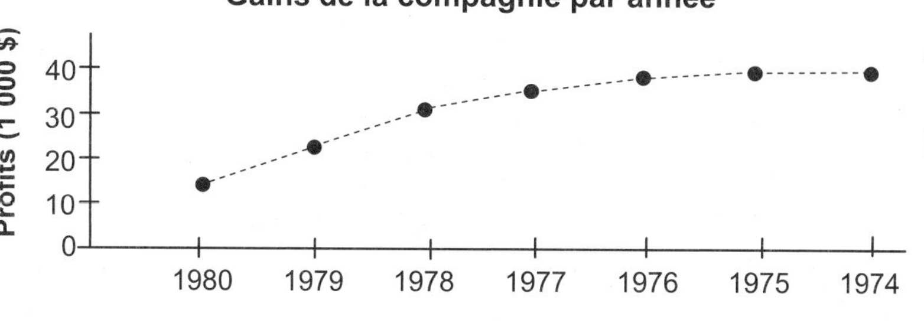

   a) Les profits de la compagnie ont-ils augmenté ou diminué au fil des ans?

   b) Qu'est-ce que la compagnie a fait pour faire penser que ses profits ont augmenté au fil des ans?

PDM6-8 : Données discrètes et continues

Les données sont **continues** si tous les nombres entre les valeurs des données sont possibles. Sinon, les données sont **discrètes**. Les données non numériques sont toujours discrètes.

1. Les données sont-elles discrètes ou continues?

a) Pointures de chaussures : 5 5 6 $6\frac{1}{2}$ 7 7 7 8 $8\frac{1}{2}$

La pointure $6\frac{1}{4}$ est-elle possible? Non. Les données sont discrètes.

b) Longueurs de crayons (cm) : 8 3 12 17,1 13,4 19 18,6

Une longueur de 8,5 cm est-elle possible? 18.7 cm? ________ Les données sont ______________.

c) Nombre de matchs gagnés par les participants : 7 6 8 12 4 0 3

Peut-il y avoir un demi _____________ ? Les données sont _____________________________.

d) Distance que Jenn court chaque jour (en km) : 15 15 20 22 22 25

Peut-il y avoir un demi _____________ ? Les données sont _____________________________.

e) Nombre de coureurs que Jenn voit chaque jour : 7 14 16 8 12 14

Peut-il y avoir un demi _____________ ? Les données sont _____________________________.

2. Décide si les données sur chaque axe sont discrètes ou continues. Explique ta réponse.

a)

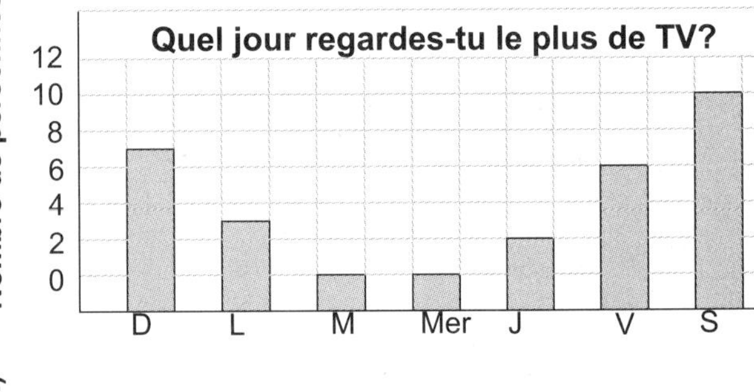

b)

Température (°C): 0, 5, 10, 15, 20
D L M Mer J V S

c)

Distances marchées (km): 1, 2, 3, 4, 5
Temps (minutes): 10, 20, 30, 40, 50, 60, 70

PDM6-9 : Diagrammes à ligne continue

Quand les données sont continues, tu peux utiliser un **diagramme à ligne continue** pour prédire la tendance des valeurs des données.

1. À quelle distance Katie était-elle de sa maison après 10 minutes?

a) 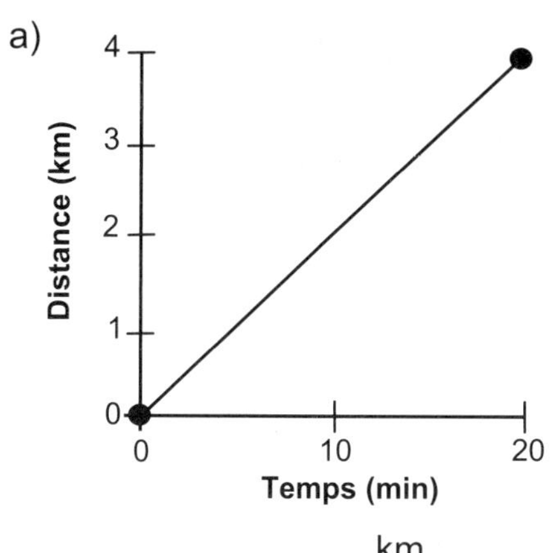

_________ km

b) 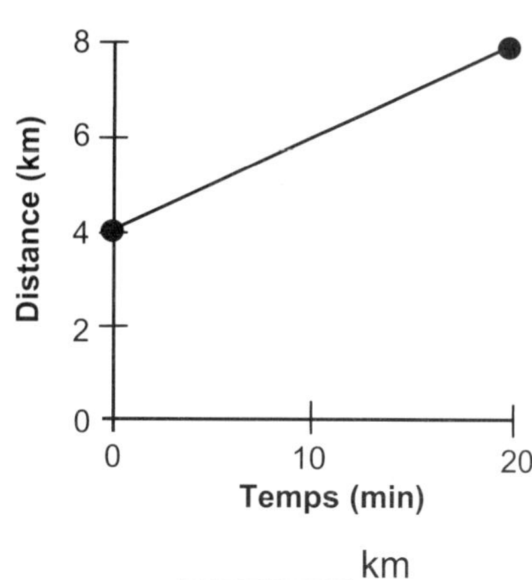

_________ km

c) 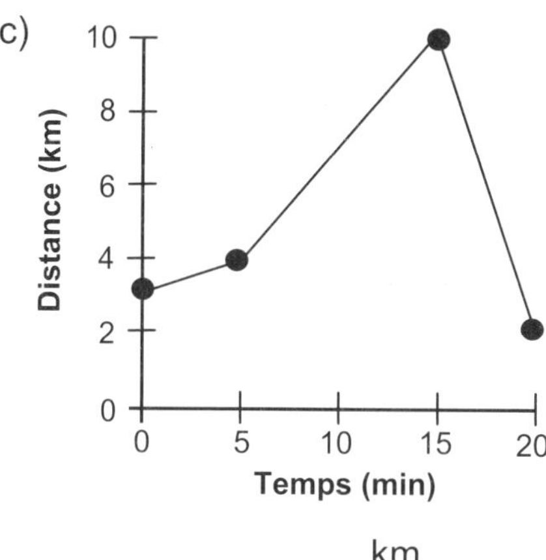

_________ km

2. Trace un diagramme à ligne continue. Réponds ensuite à la question.

a) Combien d'argent Tom a-t-il gagné pour 3½ heures de travail?

Heures travaillées	0	1	2	3	4
Argent gagné ($)	0	10	20	30	40

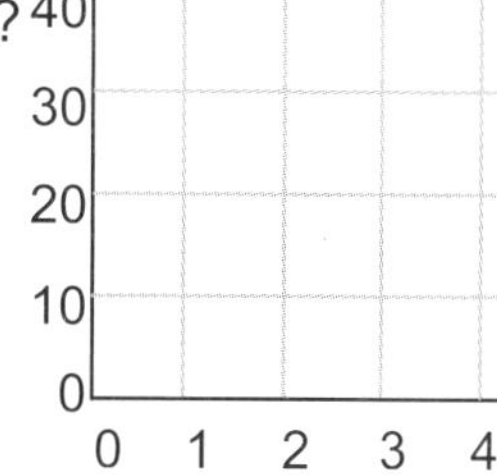

b) Quelle distance Natalia a-t-elle marché en 2½ minutes?

Temps (minutes)	0	1	2	3	4
Distance marchée (mètres)	0	100	200	300	400

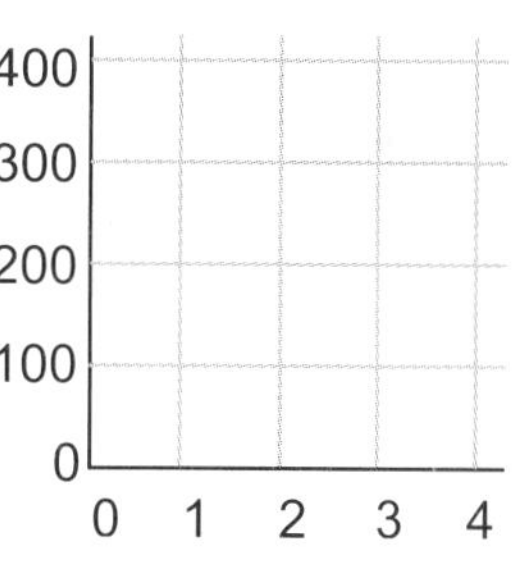

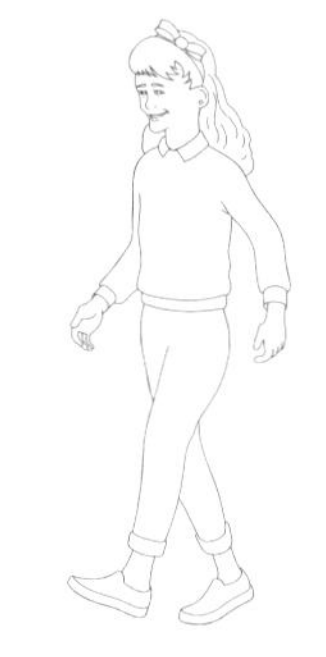

3. Certains diagrammes sont tracés avec une ligne continue (pour montrer les tendances) même quand les données ne sont pas continues.

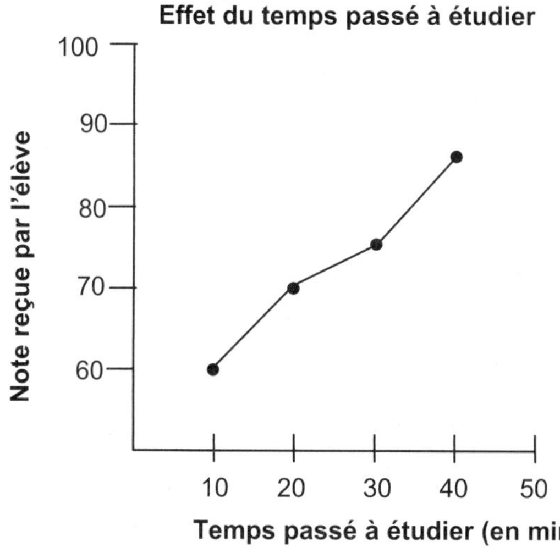

a) Décris les tendances que tu peux voir dans le diagramme.

b) Quelles données dans le diagramme ne sont pas continues? Explique.

c) Penses-tu que l'élève obtiendrait une note de plus de 90 % s'il étudiait pendant plus d'une heure? Es-tu confiant de ta prédiction? Explique et discute avec tes camarades de classe.

PDM6-10 : Les nuages de points

Les **nuages de points** servent à démontrer un lien entre deux ensembles de données.
Chaque point représente un ensemble de données.

1. Cinq étudiants ont inscrit leur âge (en années) et leur taille (en cm) dans un tableau, et puis ils ont créé un diagramme « nuage de points ».

	Âge	Taille
Tanya	11	150
Jomar	12	145
Kevin	11	160
Mélanie	11	156
Mona	12	156

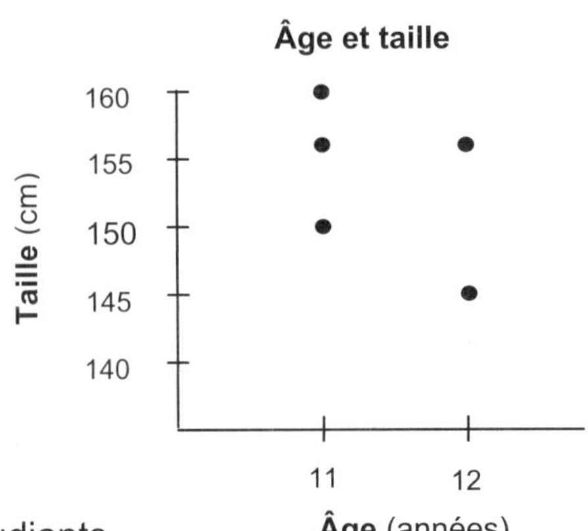

Chaque point représente l'âge et la taille d'un des étudiants.

a) Encercle le point qui représente Melanie.

b) Deux étudiants ont la même taille. Lesquels?
Comment est-ce représenté sur le nuage de points?

2.

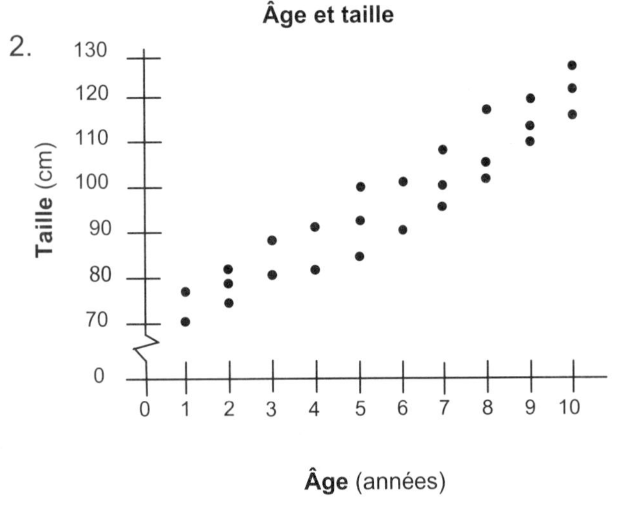

a) Combien d'enfants de 5 ans font partie des données?

b) En moyenne, les enfants de 10 ans sont-ils plus grands ou plus petits que les enfants de 9 ans?

c) Tous les enfants de 10 ans sont-ils plus grands que tous les enfants de 9 ans?

d) À mesure que l'âge augmente entre 1 et 10 ans, la taille des enfants a-t-elle tendance à augmenter ou à diminuer?

e) Comment est-ce représenté sur le nuage de points?

3.

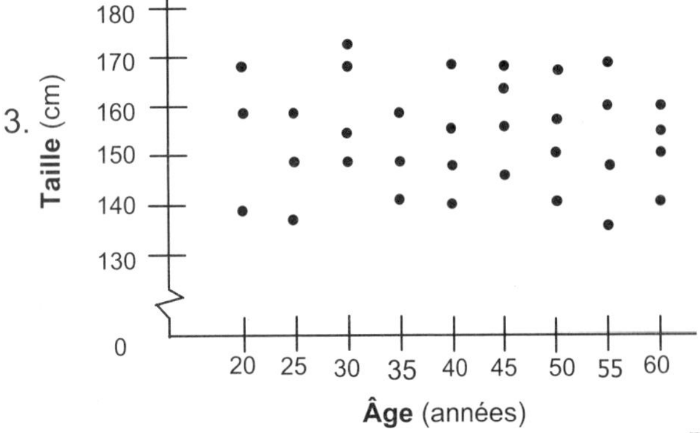

a) À mesure que l'âge augmente entre 20 et 60 ans, la taille augmente-t-elle aussi? Diminue-t-elle? Ou bien l'âge n'affecte-t-il pas la taille?

b) Comment le nuage de points représente-t-il ta réponse à la partie a)?

PDM6-11 : La moyenne

1. Déplace assez de balles pour que toutes les tiges aient le même nombre de balles.
La **moyenne** est le nombre de balles sur chaque tige.

a)

Moyenne : ___________

b)

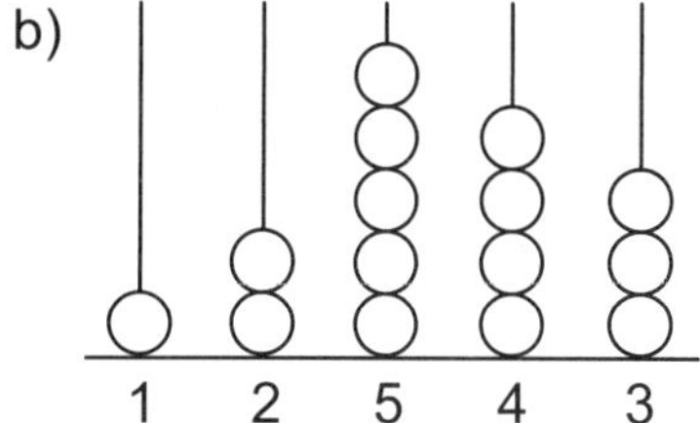

Moyenne : ___________

c)

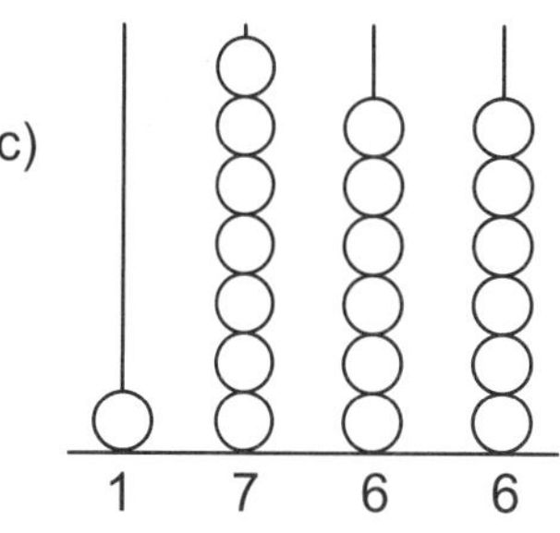

Moyenne : ___________

2. Dessine le nombre de balles donné.
Déplace les balles pour trouver la moyenne. (Colorie les balles que tu as déplacées.)

a)

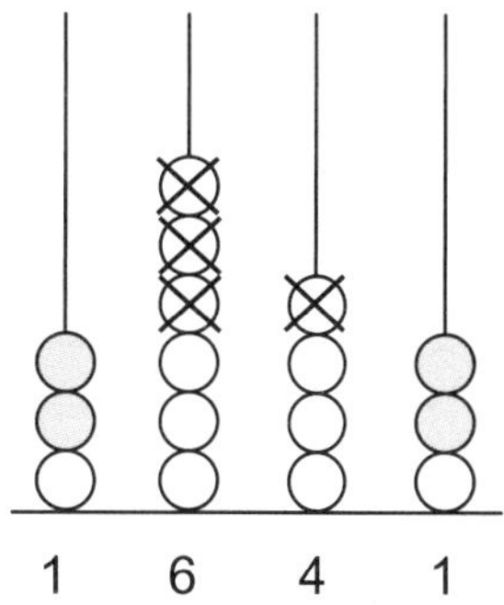

Moyenne : 3

b)

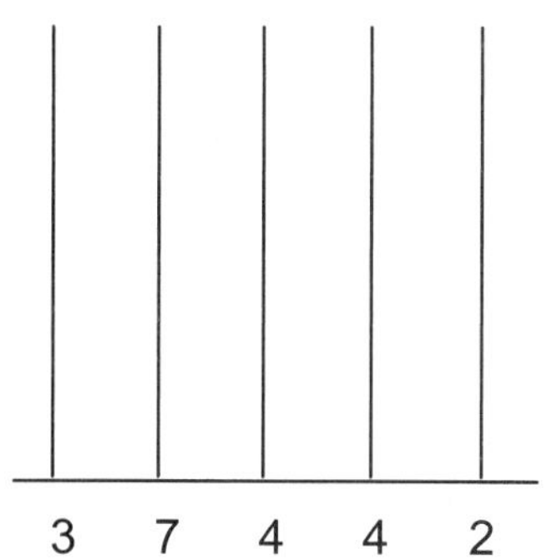

Moyenne : ___________

c)

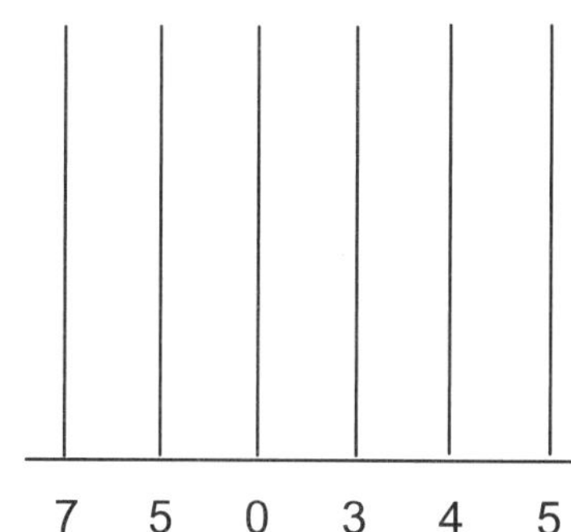

Moyenne : ___________

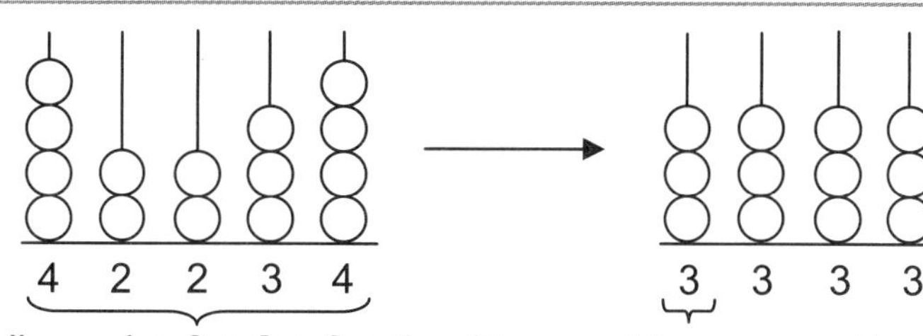

Nombre de balles = 4 + 2 + 2 + 3 + 4 = 15

Moyenne = Nombre de balles sur chaque tige
= Nombre total de balles ÷ Nombre de tiges

Alors la **moyenne** = **somme des valeurs de données ÷ nombre de données**.

3. Trouve la moyenne sans utiliser de balles.

a) i) 0 3 4 6 7

somme des valeurs de données

÷ nombre de données

moyenne

ii) 1 4 5 7 8

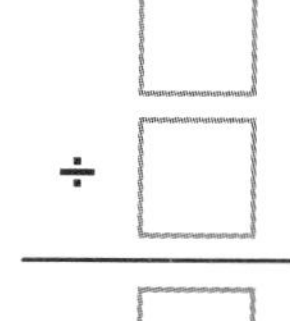

iii) 2 5 6 8 9

iv) 3 6 7 9 10

b) Explique comment la moyenne change quand tu additionnes 1 à chaque valeur de donnée.

PDM6-12 : Trouver la moyenne

1. Trouve la moyenne et trace une ligne horizontale pour l'indiquer.

a) 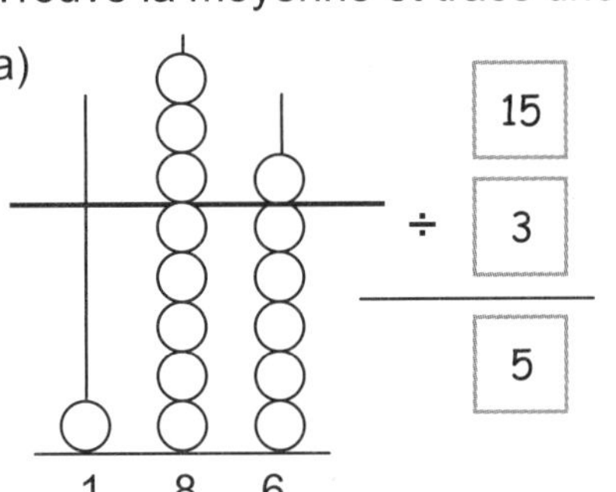

b) 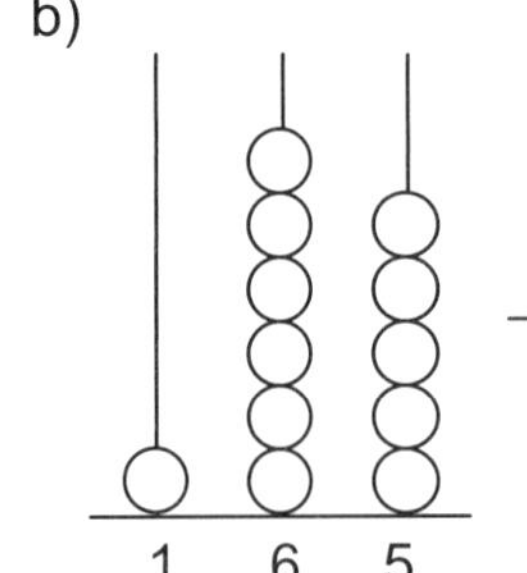

c) 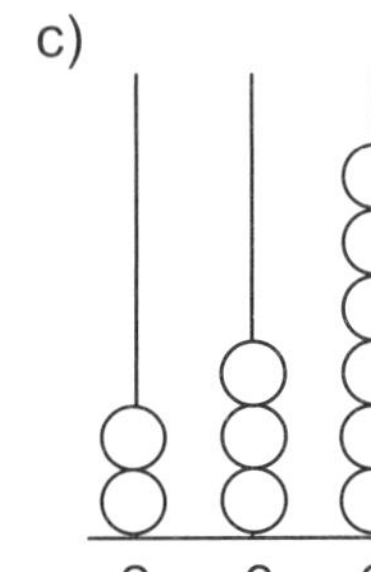

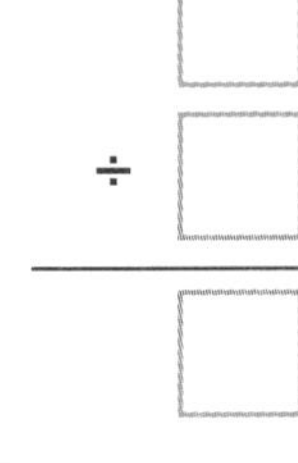

2. Compte le nombre de blocs au-dessus de la moyenne et les espaces en-dessous de la moyenne.

a) 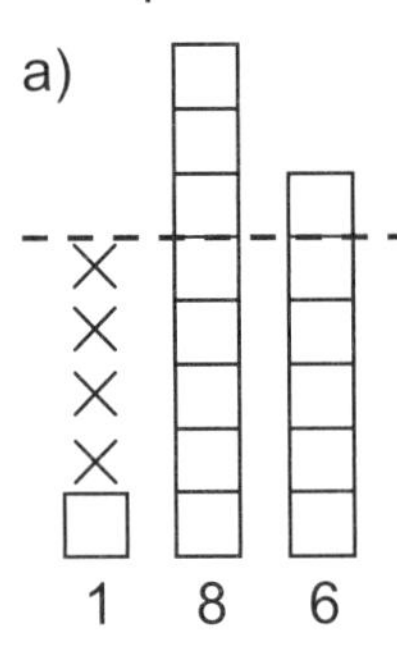

__4__ espaces *en-dessous* de la moyenne
__4__ blocs *au-dessus* de la moyenne

b) 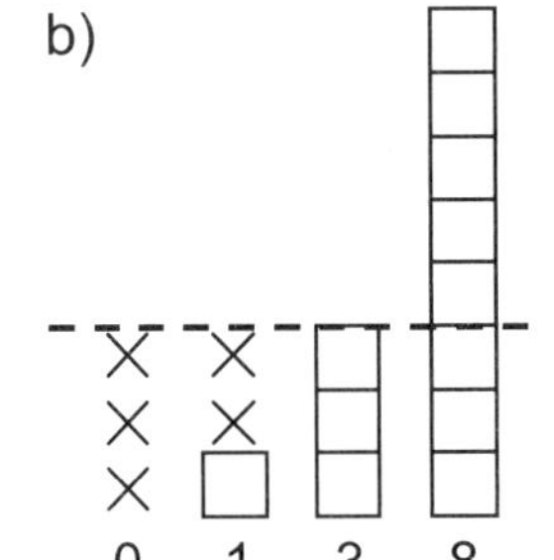

_____ espaces *en-dessous* de la moyenne
_____ blocs *au-dessus* de la moyenne

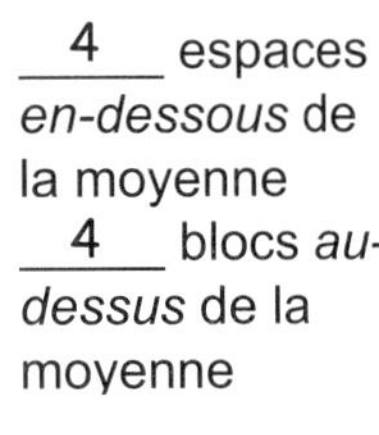

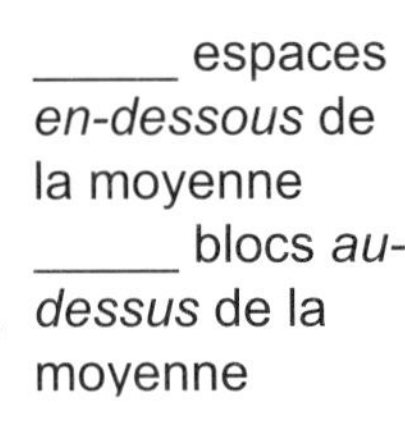

c) 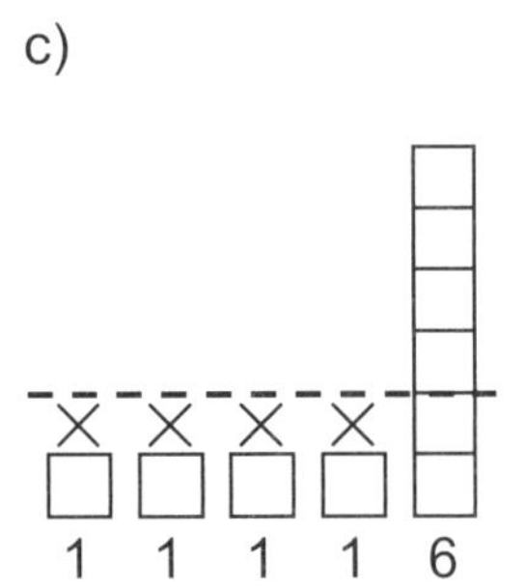

_____ espac *en-dessous* c la moyenne
_____ blocs *dessus* de la moyenne

3. Regarde tes réponses à la question 2. Que remarques-tu? Explique.

4. Liana trace une ligne pour estimer la moyenne. Son estimation est-elle trop basse ou trop élevée?

a) i) 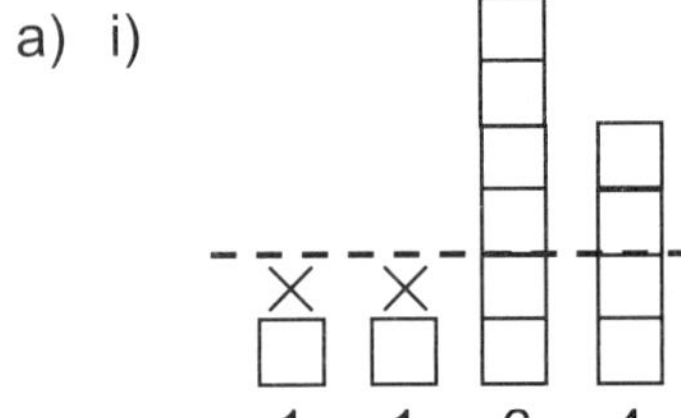

trop __basse__

ii) 

trop _______________

iii) 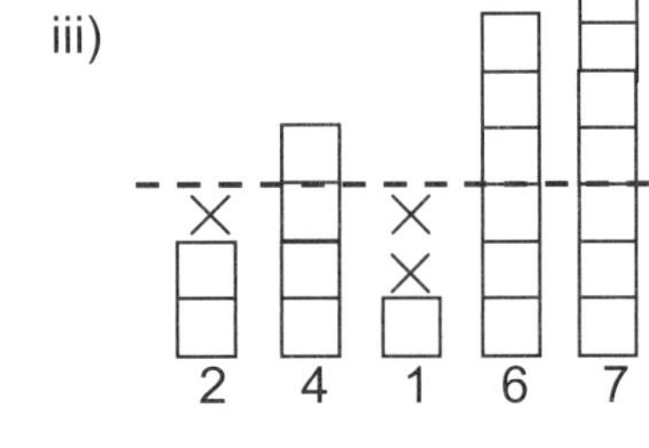

trop _______________

b) • Si l'estimation de Liana est *trop basse*, déplace la ligne d'un bloc vers le haut.
• Si son estimation est *trop élevée*, déplace la ligne d'un bloc vers le bas.
• Vérifie ensuite si tu as trouvé la moyenne.

i) 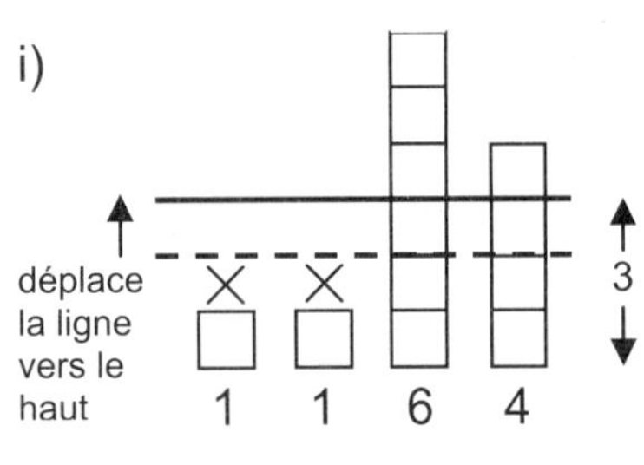

__4__ espaces en-dessous de la ligne.
__4__ blocs au-dessus de la ligne.
La moyenne est __3__.

ii) 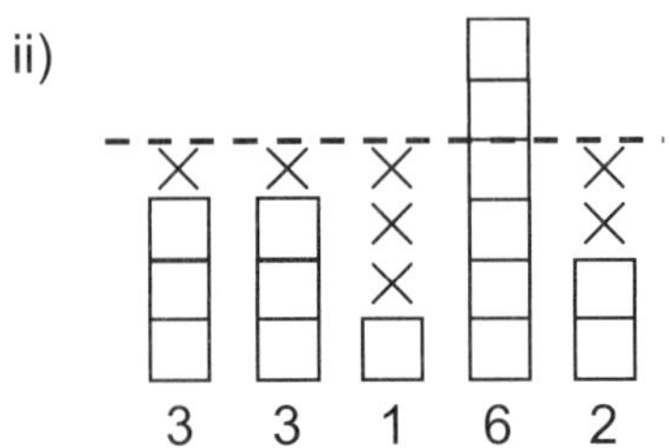

_____ espaces en-dessous de la ligne.
_____ blocs au-dessus de la ligne.
La moyenne est _____.

iii) 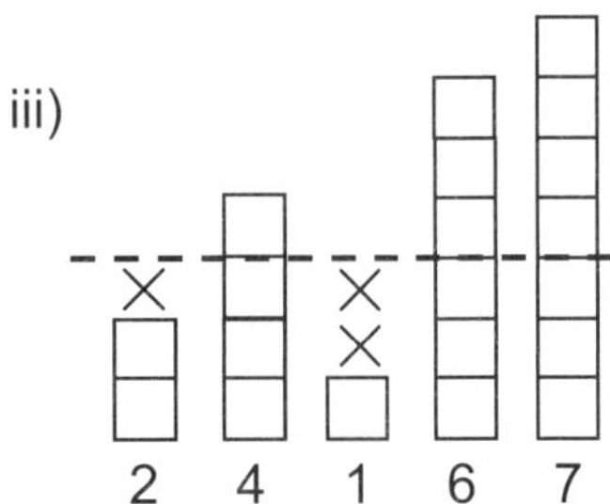

_____ espaces en-dessous de la ligne.
_____ blocs au-dessus de la ligne.
La moyenne est _____.

PDM6-13 : La moyenne (avancé)

1. Le nombre d'espaces en-dessous de la moyenne est le même que le nombre d'espaces au-dessus de la moyenne. Écris une expression mathématique pour le montrer.

a)

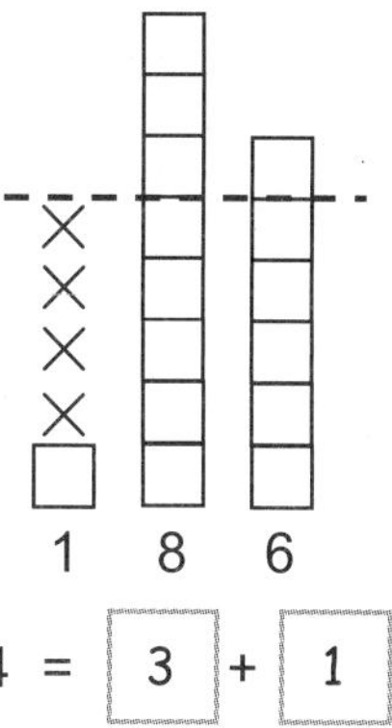

4 = 3 + 1

b)

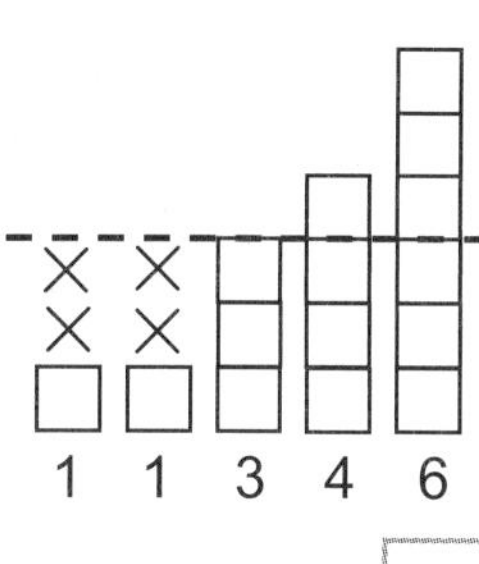

2 + 2 + 0 = ___ + ___

c)

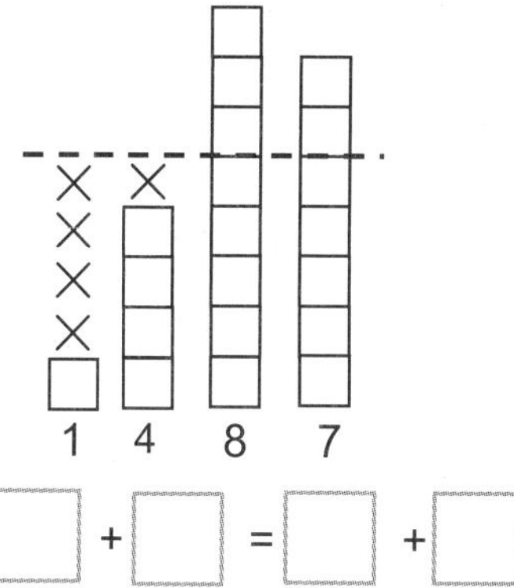

___ + ___ = ___ + ___

Réponds aux questions suivantes sur du papier quadrillé. Dessine des blocs et trouve d'abord la moyenne.

d) 2 6 7 e) 3 4 8 6 9 f) 2 4 5 5

2. Trouve des ensembles de données dont la moyenne est 4 en utilisant les expressions mathématiques. Dessine des balles pour t'aider.

a)

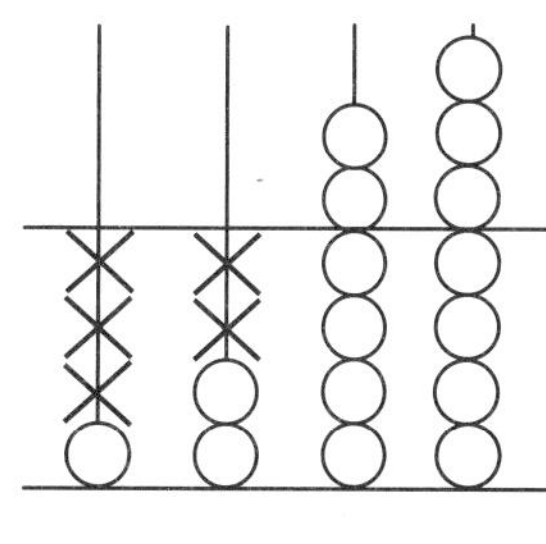

3 + 2 = 2 + 3

Données : 1 2 6 7

b)

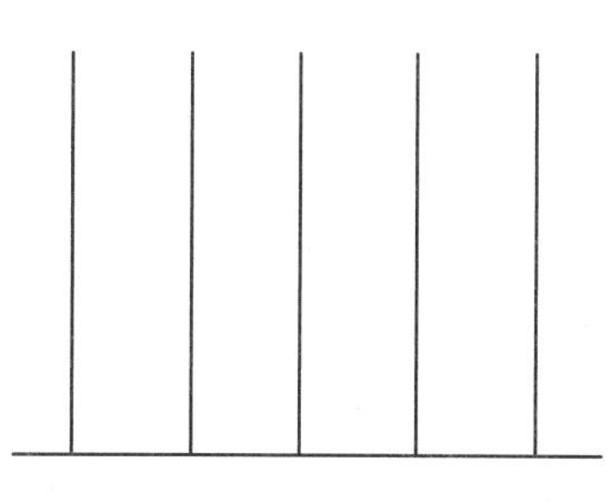

2 + 2 + 1 = 2 + 3

Données : ___ ___ ___ ___ ___

c)

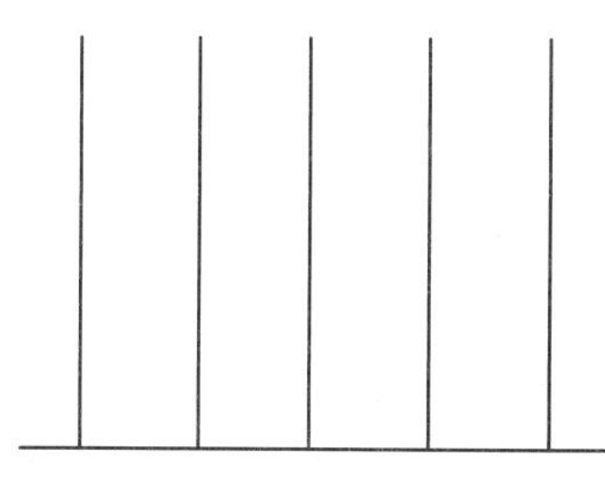

1 + 1 + 1 + 1 = 4

Données : ___ ___ ___ ___ ___

3. Daniel a recueilli des données au sujet des œufs d'oiseaux.

Oiseau	Nichée (nombre d'œufs)	Longueur de l'œuf (cm)
Albatros	1	11
Manchot empereur	1	12
Flamant	1	9
Autruche	9	14
Plongeon huard	2	9
Cigogne blanche	3	7
Ibis	3	6
Faisan d'eau	4	4

2 m

Autruche

Ibis

Flamant

a) Quelle est la longueur moyenne des œufs?

b) Quelle est la taille moyenne des nichées?

c) Fais une liste des oiseaux dont la nichée est plus petite que la moyenne.

d) La longueur des œufs des oiseaux dont la nichée est plus petite est-elle plus courte que la longueur moyenne des œufs?

e) Est-ce que les œufs des oiseaux dont la nichée est au moins aussi grande que la moyenne sont plus petits?
Quel oiseau est une exception?
Pourquoi penses-tu que cet oiseau est une exception?

PDM6-14 : La médiane, la moyenne et l'étendue

1. Pour trouver la **médiane** d'un ensemble de données, mets premièrement les données en ordre. Compt ensuite à partir de la gauche ou de la droite jusqu'à ce que tu arrives au nombre du milieu.

2 3 (6) 7 11

La médiane est 6.

2 3 (7 9) 11 15

La médiane correspond au nombre qui est à mi-chemin entre 7 et 9. La médiane est 8.

Encercle le ou les nombres au milieu. Trouve ensuite la médiane.

a) 2 4 6 7 8 ____________

b) 2 3 3 8 ____________

c) 7 9 13 14 26 ____________

d) 3 4 6 10 11 17 ____________

2. Trouve la moyenne et la médiane (et les étendues en-dessous et au-dessus) des ensembles de donné

a) 2 2 3 3 4 16

Médiane : _____ Moyenne : _____

Étendue en-dessous de la médiane : _____

Étendue au-dessus de la médiane : _____

Étendue en-dessous de la moyenne : _____

Étendue au-dessus de la moyenne : _____

b) 1 16 15 2 21

Médiane : ______ Moyenne : _____

Étendue en-dessous de la médiane : _____

Étendue au-dessus de la médiane : _____

Étendue en-dessous de la moyenne : _____

Étendue au-dessus de la moyenne : _____

c) 2 1 4 6 7

Médiane : _____ Moyenne : _____

Étendue en-dessous de la médiane : _____

Étendue au-dessus de la médiane : _____

Étendue en-dessous de la moyenne : _____

Étendue au-dessus de la moyenne : _____

3. Trouve la moyenne et la médiane des ensembles de données.

a) 2 3 4 5 6

Médiane : ______ Moyenne : _____

b) 5 6 9 11 14

Médiane : ______ Moyenne : _____

c) 1 2 13 16 7 9

Médiane : ______ Moyenne : _____

Change une valeur dans l'ensemble afin que la moyenne soit plus large que la médiane.

a) _____ _____ _____ _____ _____

Médiane : ______ Moyenne : _____

b) _____ _____ _____ _____ _____

Médiane : ______ Moyenne : _____

c) _____ _____ _____ _____ _____

Médiane : ______ Moyenne : _____

Change une valeur dans l'ensemble afin que la moyenne soit plus petite que la médiane.

a) _____ _____ _____ _____ _____

Médiane : ______ Moyenne : _____

b) _____ _____ _____ _____ _____

Médiane : ______ Moyenne : _____

c) _____ _____ _____ _____ _____

Médiane : ______ Moyenne : _____

4. Décris les données dans chaque ensemble à la question 2. Leur étendue est-elle égale au-dessus en-dessous de la médiane?

5. Mets les nombres dans les ensembles à la question 3 c) en ordre. Fais un dessin (des tours de blocs) pour chaque ensemble. Indique la moyenne et la médiane.

PDM6-15 : Le mode, la médiane, la moyenne et l'étendue

Réponds aux questions suivantes dans ton cahier.

1. Les notes de la classe pour un test sont les suivantes :

75	77	69	75	90	75	73	65	68	8
65	73	71	75	70	95	97	65	72	86

a) Crée un diagramme à tiges et à feuilles pour représenter les données.

b) Le **mode** d'un ensemble de données est la valeur qui survient le plus souvent.
Trouve l'étendue, le mode, la médiane et la moyenne des données.
Quelle valeur est la plus difficile à lire sur le diagramme à tiges et à feuilles ? Explique.

c) Décris les données. Leur étendue est-elle plus grande …
i) au-dessus ou en-dessous de la moyenne? ii) au-dessus ou en-dessous de la médiane?

d) Tom a obtenu une note de 75.
Lesquels de ses commentaires suivants à ses parents sont vrais?
Explique en utilisant la moyenne, le mode, la médiane ou l'étendue.

i) J'ai obtenu une meilleure note que la moitié des élèves dans ma classe!

ii) Ma note est plus haute que la moyenne!

iii) Beaucoup d'élèves ont obtenu la même note que moi.

iv) Seulement 6 élèves ont mieux réussi que moi!

v) 75 est la note obtenue la plus souvent.

Que penses-tu de la note de Tom? Discute.

2. Peux-tu additionner un nombre positif à l'ensemble 12, 14, 16 afin que le nouvel ensemble ait …

Médiane :	10?	13?	14?	15?	20?
Moyenne :	10?	14?	20?		
Mode :	10?	12?	14?	20?	

3. Ron a compté le nombre d'étages qu'ont les immeubles sur sa rue :

5, 3, 3, 1, 13

a) En te basant sur l'ensemble de données, trouve la moyenne, la médiane et le mode.

b) L'immeuble à cinq étages est remplacé par un gratte-ciel à 50 étages.

Trouve la moyenne, la médiane et le mode pour le nouvel ensemble de données.

c) Le nombre 50 est beaucoup plus grand que les autres (c'est ce qu'on appelle une **valeur aberrante**).

Quelle valeur a le plus changé quand tu as ajouté la valeur aberrante, la moyenne ou la médiane?

4. Crée un ensemble de données, dont les valeurs ne sont pas toutes égales, où l'étendue en-dessous de la médiane est 0.
Trouve la moyenne et le mode.

PDM6-16 : Choisir et interpréter un diagramme

Réponds aux questions suivantes dans ton cahier.

1.

Test #	1	2	3	4	5	6	7	8	9	10	11	12
Note	68	73	75	82	78	75	78	78	83	86	93	91

a) Trace un diagramme à tiges et à feuilles et un diagramme à ligne brisée pour les notes que Sonya a obtenues en mathématiques.

b) Réponds aux questions suivantes et indique quel diagramme tu as utilisé pour trouver la réponse.

i) Sur combien de tests a-t-elle obtenu une note entre 78 et 88?

ii) Quelle note a-t-elle obtenue le plus souvent?

iii) La tendance des notes de Sonya était-elle croissante ou décroissante pendant l'année?

iv) Après quels tests est-ce que ses notes ont diminué?

v) Quelle est la plus haute note qu'elle a obtenue?

2.

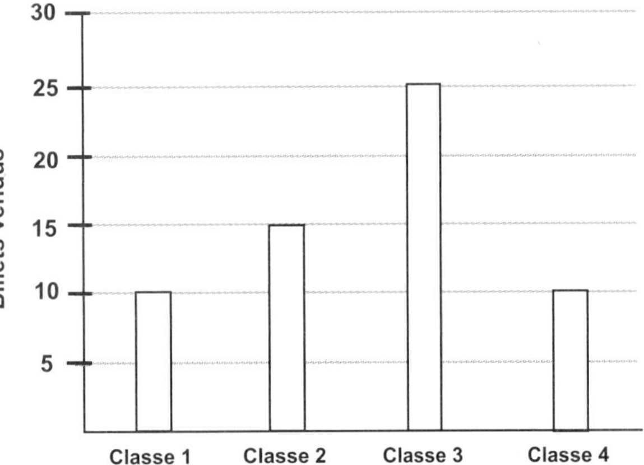

a) Environ combien de billets les élèves dans l'année c Katia ont-ils vendus en tout?

b) En moyenne, combien de billets chaque classe a-t-elle vendus?

c) $\frac{2}{3}$ des billets vendus ont été vendus à des adultes.

Combien de billets ont été vendus à des adultes?

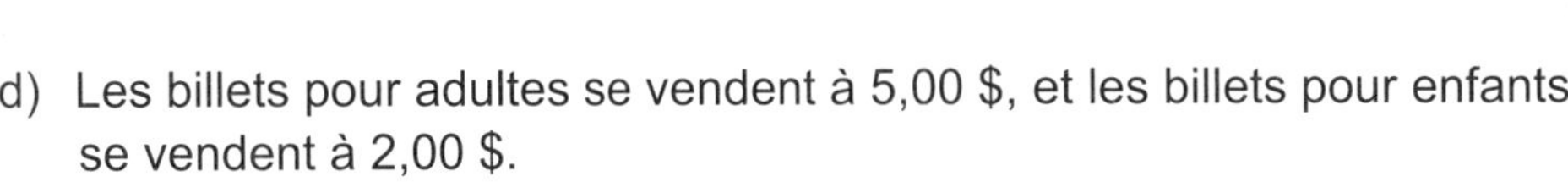

d) Les billets pour adultes se vendent à 5,00 $, et les billets pour enfants se vendent à 2,00 $.

Calcule la valeur totale des billets vendus.

e) L'argent ramassé lors de la vente des billets servira à payer un voyage pour les quatre classes. Le voyage coûte 300 $.

i) Combien d'argent leur manque-t-il?

ii) Combien de billets pour adultes doivent-ils encore vendre pour amasser les fonds qui manquent

PDM6-16 : Choisir et interpréter un diagramme *(suite)*

3. Associe chaque type de diagramme avec son objectif. Le premier est déjà fait pour toi.

Diagramme à ligne	Compare deux ensembles de données.
Diagramme à tiges et à feuilles	Représente une tendance dans les données ou prédit la tendance (à utiliser pour représenter les changements sur une période donnée).
Diagramme à bandes doubles	Montre la fréquence des résultats et les tendances plus clairement.
Diagramme à bandes	Montre si un type de données augmente, diminue ou ne change pas lorsqu'un autre type de valeur augmente.
Nuage de points	Rend plus facile de voir les valeurs de données les plus petites, les plus grandes et les plus fréquentes.

4. Choisis et trace le diagramme le plus approprié pour représenter chaque type de données. Explique ton choix.

a) Âge et allocation par mois de plusieurs personnes différentes.

Âge	**10**	**12**	**11**	**8**	**12**	**9**	**8**	**10**	**13**	**13**	**9**	**12**	**11**	**8**	**13**
Allocation par mois ($)	40	80	50	10	100	75	20	30	60	70	30	20	60	30	90

b) Épaisseur des règles fabriquées par une compagnie (en dizièmes de mm).

28 29 31 30 28 27 24 31 31 30 31 30 29 29 28 26 32 33 30 28

5. Quel nuage de points représente le mieux le lien entre la taille d'une personne et sa pointure de chaussures? Explique.

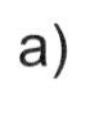

a)

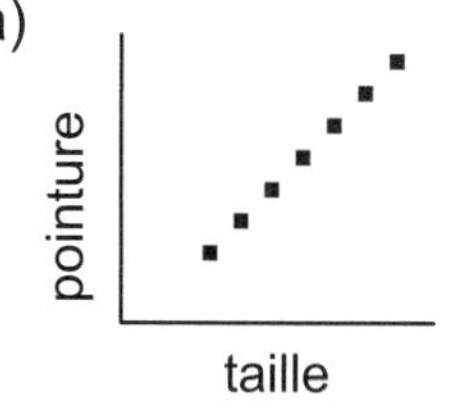

b)

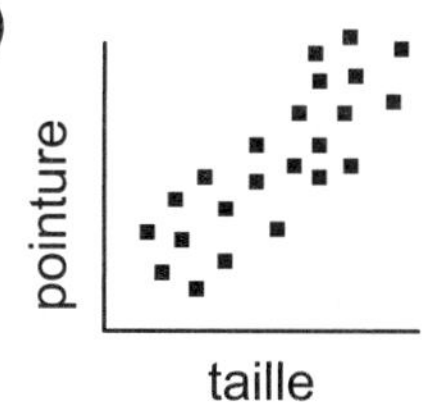

c)

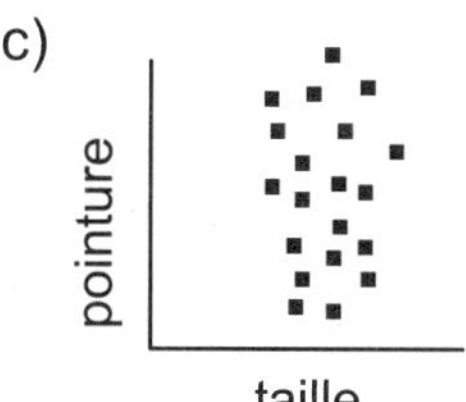

d)

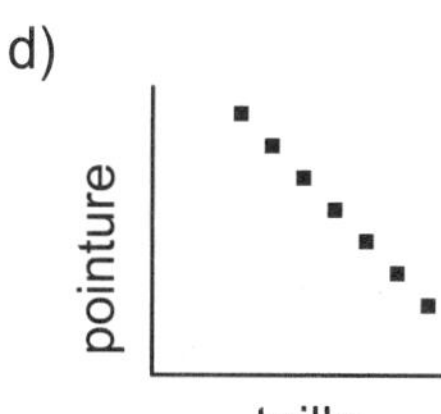

PDM6-16 : Choisir et interpréter un diagramme *(suite)*

6.

	Pluie ou précipitation moyenne par mois (en cm)			
	Forêts de conifères	Toundra	Prairies	Forêt tropicale
Janvier	25	10	100	120
Février	20	10	100	120
Mars	25	10	100	120
Avril	35	10	20	120
Mai	45	13	10	120
Juin	50	18	5	120
Juillet	60	18	5	120
Août	55	13	5	120
Septembre	50	10	10	120
Octobre	40	10	20	120
Novembre	40	10	60	120
Décembre	35	5	100	120
Diagramme				

a) Quel diagramme représente le mieux les données dans chaque colonne? Écris la lettre qui s'applique en-dessous de chaque colonne.

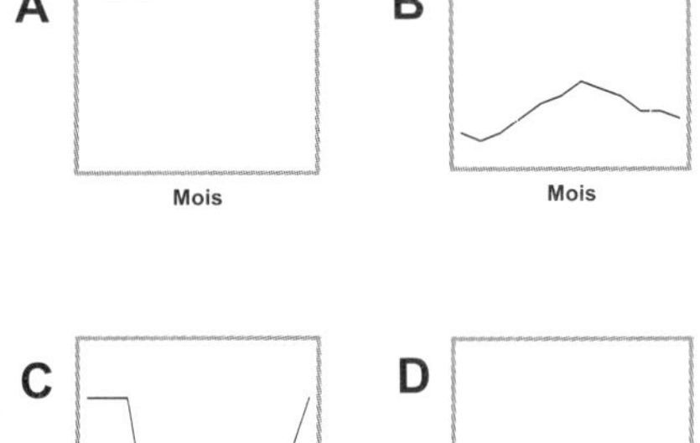

b) Décris les tendances que tu remarques dans les diagrammes. Comment peux-tu expliquer les tendances?

c) Trace un diagramme pour représenter la température mensuelle moyenne où tu habites.

7.

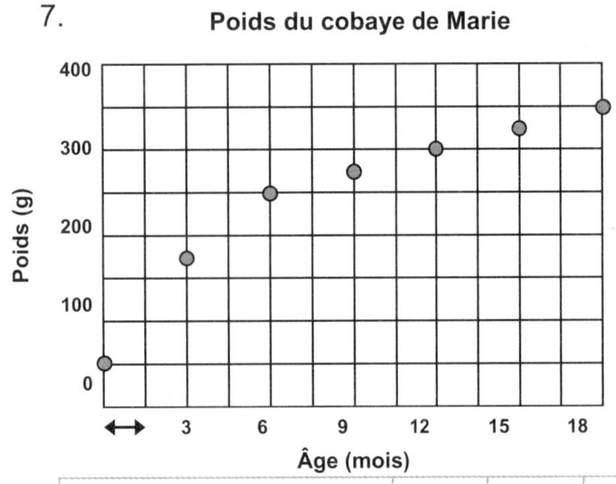

a) Combien de mois l'intervalle indiqué par la flèche représente-t-il?

b) Combien de semaines l'intervalle représente-t-il?

c) Décris la tendance que tu remarques dans le diagramme.

d) Le cobaye est né au début de janvier. Dans quel mois pesait-il 250 g?

e) Entre quels mois a-t-il grossi le plus?

8.

Année	1964	1968	1972	1980	1984	1988	1992	1996	2000	2004
Nombre de médailles olympiques gagnées par le Brésil	1	3	2	4	8	9	3	15	12	10

a) Indique l'étendue, le mode, la médiane et la moyenne (arrondis au nombre entier près) des donnée

b) Dans quelles années le nombre de médailles gagnées était-il supérieur à la moyenne?

c) Utiliserais-tu un diagramme à bandes ou à ligne brisée pour représenter les données? Explique.

PDM6-17 : Les données primaires et secondaires

Explique tes réponses aux questions ci-dessous dans ton cahier.

Les données que tu recueilles toi-même s'appellent des **données primaires (ou de première main).**

1. Comment recueillerais-tu des données primaires pour répondre à chacune des questions suivantes?

   S. sondage **O.** observation **M.** mesure

   a) Y a-t-il plus de personnes qui naissent en hiver ou en été?

   b) Est-ce que ça prend plus longtemps de courir 5 km ou de marcher 1 km?

   c) Quelle fraction de cyclistes portent des casques?

   d) Quels sont les livres préférés de tes amis?

   e) Combien d'oiseaux viennent dans la cours d'école chaque jour?

Les données recueillies par quelqu'un d'autre (que tu peux trouver dans des livres ou sur Internet, par exemple) sont des **données secondaires (ou de seconde main).**

2. Utiliserais-tu des données **A.** primaires **OU** **B.** secondaires pour trouver …

   a) ... combien de temps il faut à chaque membre de ta famille pour courir 100 mètres?

   b) ... quel joueur de baseball a le plus de coups de circuit?

   c) … le record du monde pour le plus grand nombre de redressements en une minute?

   d) … le nombre moyen de mots que tu peux écrire en une minute?

   e) ... l'âge moyen des érables au Québec?

3. Écris une question à laquelle tu répondrais en utilisant :

   a) des données primaires.

   b) des données secondaires.

PDM6-18 : Les échantillonnages et les sondages

1. Dans le français écrit, la lettre « E » est celle dont la fréquence est la plus élevée. Le nombre de fois en moyenne que la lettre « E » est utilisée dans un texte écrit (et la longueur moyenne des mots et des phrases) varie d'une personne à l'autre. Les détectives peuvent se baser sur ces différences pour identifier qui a écrit un texte précis. Et les cryptographes peuvent se baser sur la fréquence d'usage moyenne d'une lettre pour casser un code secret.

CDEFG

	Dans le premier mot	Dans la première phrase	Dans le paragraphe entier
# de « e »	0	16	83
# total de lettres	4	66	372

a) Environ quelle fraction des lettres sont des « e »? (Convertis en décimale et arrondis au chiffre le plus significatif.)

Dans le premier mot $\frac{0}{2} = 0$ ______ **Dans la première phrase** ______ **Dans le paragraphe** ______

b) Peux-tu estimer quelle fraction des lettres sont des « e » en regardant le premier mot? Explique.

c) Est-il plus facile d'estimer si tu comptes tous les « e » dans la première phrase? Explique.

d) En français, environ 17 lettres sur 100 sont des « e ». Le nombre moyen de « e » dans le paragraphe ci-dessus est-il supérieur ou inférieur à la moyenne?

2. Explique auprès de qui tu mènerais un sondage si tu voulais savoir ...

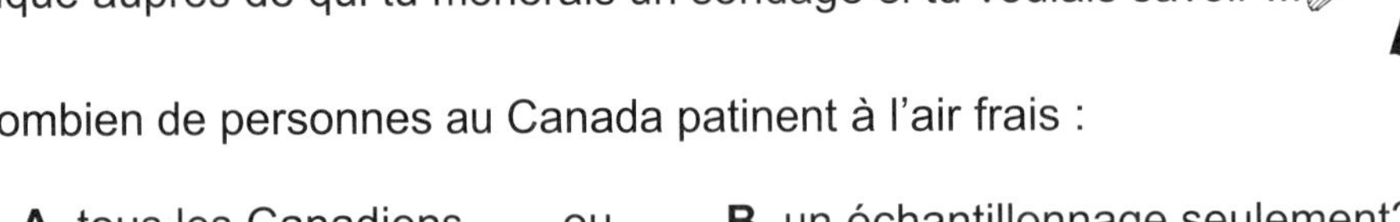

a) combien de personnes au Canada patinent à l'air frais :

A. tous les Canadiens ou **B.** un échantillonnage seulement?

b) combien de personnes de ton équipe de hockey seront présentes pour le prochain match :

A. tous les joueurs sur l'équipe ou **B.** un échantillonnage seulement?

3. Tu veux savoir quel équipement installer dans un terrain de jeux. Mènerais-tu un sondage auprès d'enfants qui ont de trois à huit ans seulement? Justifie ta réponse.

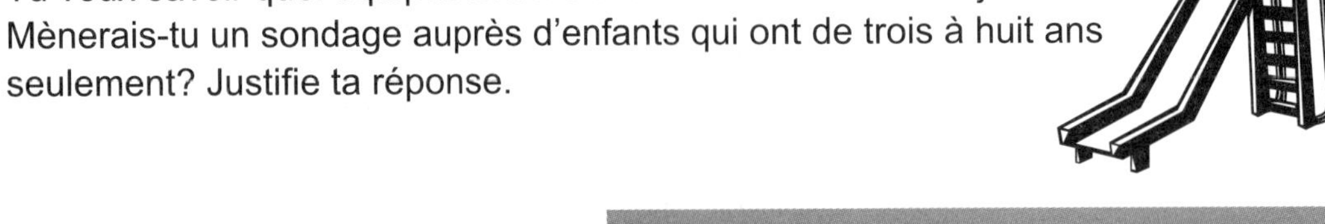

PDM6-19 : Les biais d'échantillonnage

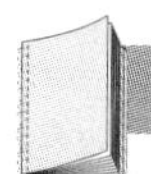

Réponds aux questions suivantes dans ton cahier.

1. La directrice d'une école voudrait voir les classes commencer et se terminer une demi-heure plus tôt. Pour savoir ce qu'en pensent les élèves, elle mène deux sondages.

   A : Elle pose la question aux 50 premiers élèves à arriver le matin. OUI 40 NON 10

   B : Elle pose la question à 5 élèves dans chacune des 10 classes. OUI 20 NON 30

   a) Pourquoi les deux sondages n'ont-ils pas produit les mêmes résultats?

   b) L'opinion de quel groupe sera la plus semblable à celle de l'école entière?

   c) L'école compte 500 élèves. D'après toi, environ combien d'entre eux voudront que les classes commencent et se terminent une demi-heure plus tôt? Explique.

> *Un* **échantillonnage représentatif** *est semblable à l'ensemble de la population.*
> *Un* **échantillonnage biaisé** *n'est pas semblable à l'ensemble de la population parce qu'une partie de la population n'est pas représentée.*

2. Lequel des deux échantillonnages est représentatif, et lequel ne l'est pas? Explique.

   a) Une école planifie une fête. Pour savoir quelles chansons sont les plus populaires, les élèves demandent à :

   A: 40 élèves en 6e année;

   B: 5 élèves dans chaque année.

   b) Les élèves d'une classe veulent comparer le rythme cardiaque des enfants avant et après 30 minutes d'exercice. Ils mesurent le rythme cardiaque de :

   A: 30 membres des équipes de basketball de l'école;

   B: 30 élèves de l'école choisis au hasard.

3. Une ville veut construire une nouvelle bibliothèque, un nouveau parc d'attractions ou un nouveau stade de baseball. Explique comment des sondages menés aux endroits suivants seraient biaisés.

   A: un match de baseball professionnel

   B: une librairie

   C: un match de hockey professionnel

   D: un concert hip-hop

PDM6-20 : Créer et afficher un sondage ou une expérience, et en analyser les résultats

1. Mène ton propre sondage.

   Enregistre toutes tes idées, les données, tes observations et tes conclusions.

   a) Décide ce que tu veux apprendre.

   b) Décide comment tu veux poser tes questions. Quelles réponses penses-tu recevoir?

   c) Auprès de qui veux-tu mener ton sondage? L'échantillonnage est-il représentatif ou biaisé? Inclus-tu suffisamment de personnes pour obtenir une réponse juste?

   d) Crée un tableau pour enregistrer les réponses que tu obtiens. Par exemple :

Comment vas-tu à l'école?	**Fréquence**
À pied	
En autobus	
À bicyclette	

2. Crée ta propre expérience.

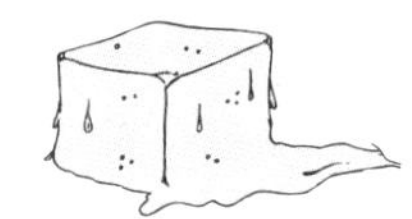

   a) Décide de la question que tu veux poser.

   Exemples :

   - Comment est-ce qu'en ajoutant du sel à de la glace tu peux affecter la vitesse à laquelle elle fond?
   - Est-ce que les graines de tomate poussent plus vite au soleil ou à l'ombre?

   b) Qu'est-ce que tu dois mesurer?

   c) Comment mesureras-tu tes résultats? Quels matériaux et équipements te faudra-t-il?

   d) Comment pourras-tu t'assurer que les résultats de ton expérience seront fiables? Tu vas devoir t'assurer que toutes tes données, etc., sauf ce que tu veux mesurer, demeurent constantes.

   e) Trace le tableau que tu vas utiliser pour enregistrer tes résultats.

Pour ton sondage et pour ton expérience, tu vas devoir :

- Choisir et tracer un diagramme de type approprié pour afficher tes données.
- Faire un résumé de tes conclusions.

BONUS

Peux-tu expliquer les résultats de ton sondage et de ton expérience?

G6-1 : Les côtés et sommets des formes 2-D

Tous les polygones ont des côtés (les « arêtes ») et des sommets (les « coins » où se rencontrent les côtés).

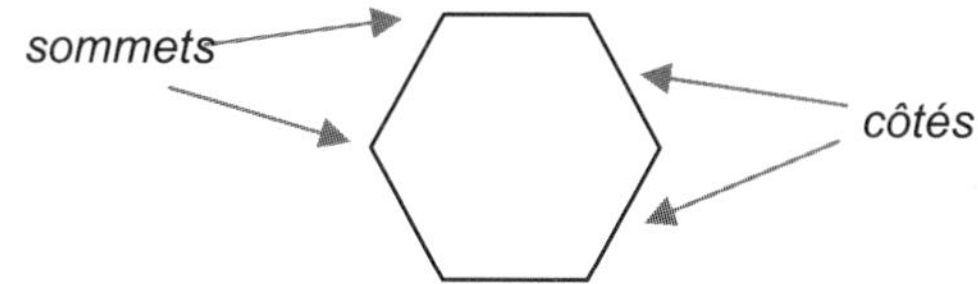

NOTE : Un polygone est une forme plane à deux dimensions (2-D) avec des côtés qui sont des lignes droites.

INDICE :
Pour t'assurer que tu ne manques aucun côté ou sommet quand tu comptes ...

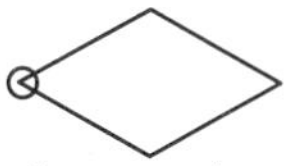

fais un trait sur chaque côté et un cercle autour de chaque sommet.

---

1. Trouve le nombre de côtés et de sommets pour chacune des figures suivantes.
INDICE : Fais un trait sur chaque côté et un cercle autour de chaque sommet quand tu les comptes.

a) 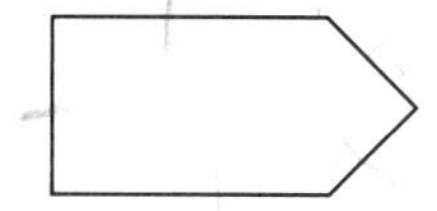 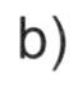

5 côtés 5 sommets

b) 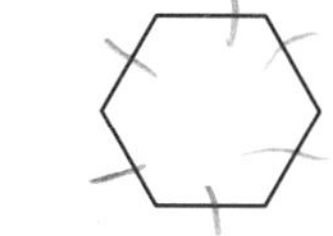

6 côtés 6 sommets

c) 

7 côtés 7 sommets

d) 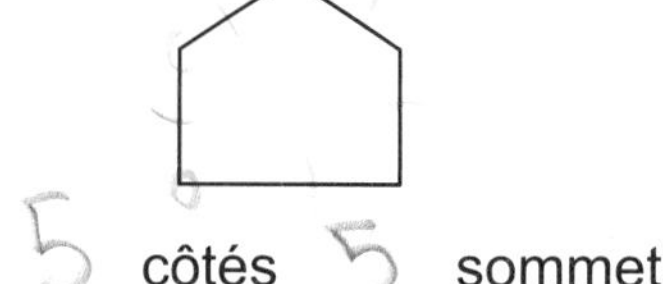

5 côtés 5 sommets

e) 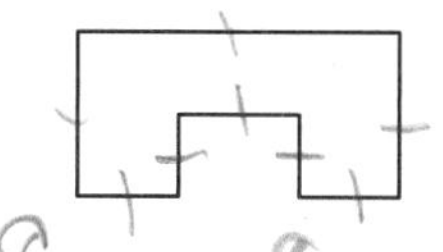

8 côtés 8 sommets

f) 

10 côtés 10 sommets

2. Pierre nomme les formes suivantes selon le nombre de côtés qu'elles ont.

a) 3 côtés — **triangle**

b) 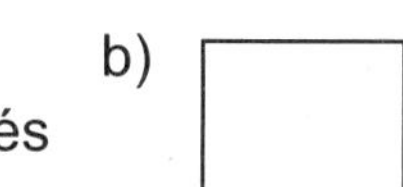 4 côtés — **quadrilatère**

c) 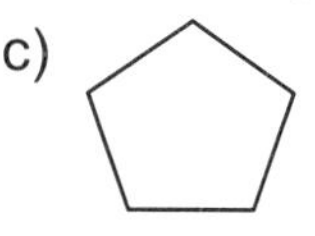 5 côtés — **pentagone**

d) 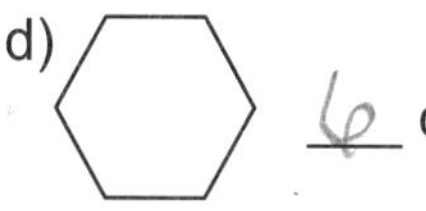 6 côtés — **hexagone**

3. Complète le tableau. Trouve autant de formes que tu peux pour chaque nom de forme.

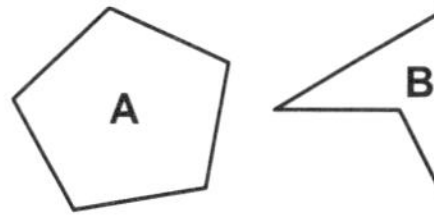
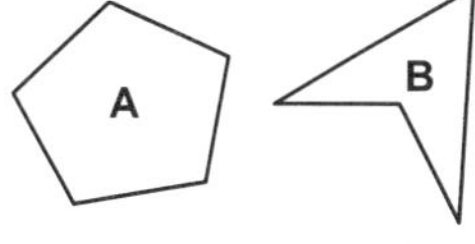
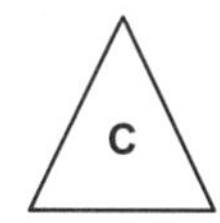

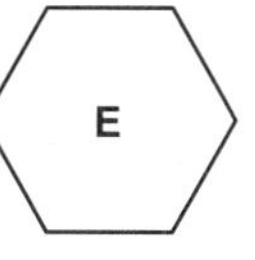

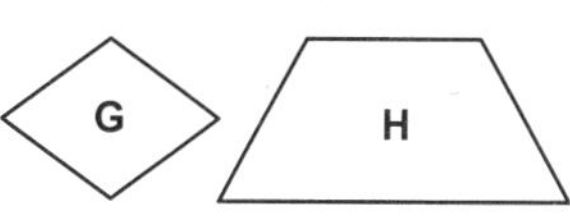
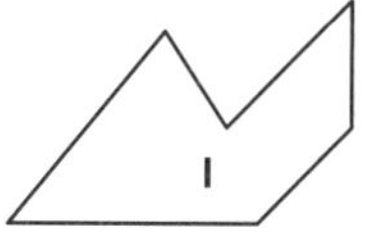

Formes	Lettres
Triangles	C
Quadrilatères	B D F G H

Formes	Lettres
Pentagones	A
Hexagones	I E

4. Sur du papier quadrillé, trace un polygone qui a : a) 4 côtés b) 6 côtés

5. Combien de côtés ont trois quadrilatères et cinq pentagones en tout? Comment as-tu trouvé ta réponse?

G6-2 : Introduction aux angles

ENSEIGNANT : Avant de commencer cette feuille de travail, révisez les angles droits avec votre classe.

1. Pour chaque angle, indique s'il est (i) un **angle droit**; (ii) **plus petit** qu'un angle droit; OU (iii) **plus grand** qu'un angle droit. Vérifie ta réponse avec le coin d'une feuille de papier.

a) b) c) d)

plus petit

2. Indique tous les angles droits dans les figures suivantes. Encercle ensuite les figures qui ont deux angles droits.

a) b) c) d) e)

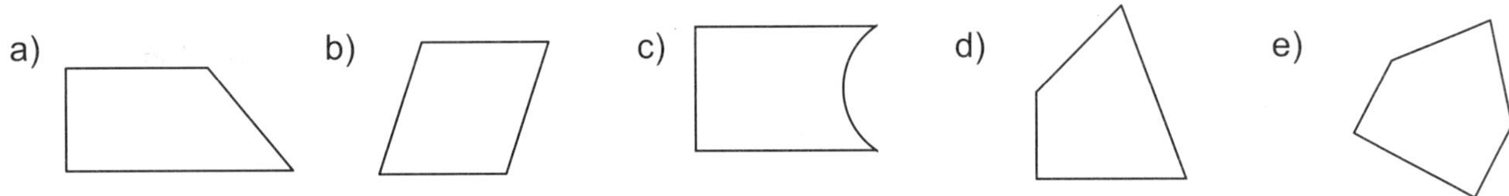

3. Indique tous les angles droits avec un petit carré.

Fais un trait pour indiquer les angles qui sont plus petits qu'un angle droit.

Fais deux traits pour indiquer les angles qui sont plus grands qu'un angle droit.

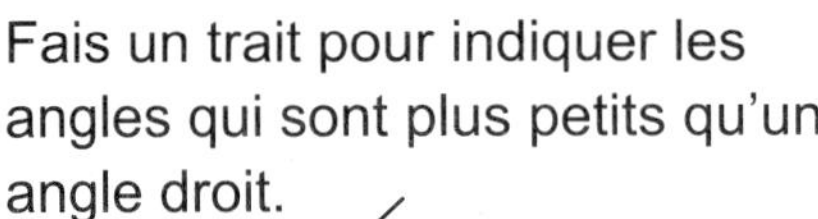

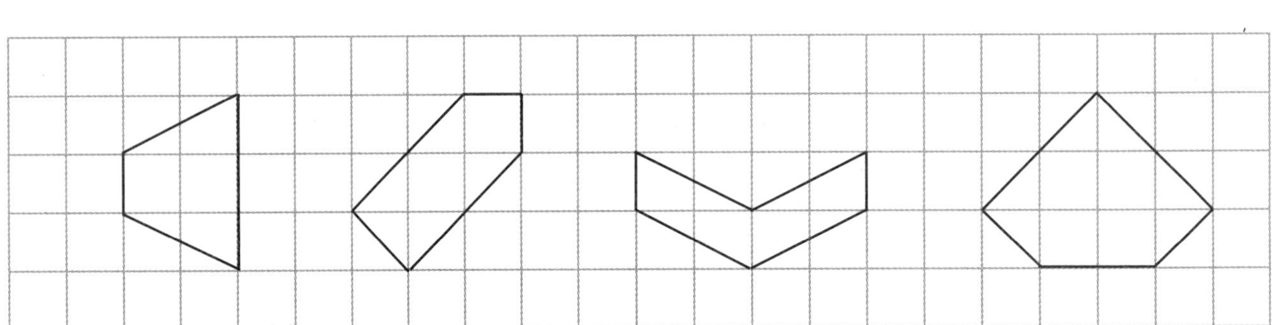

4. Fais un trait pour indiquer tous les demi-angles droits.

Fais un point pour indiquer tous les angles qui sont plus petits qu'un angle droit.

Fais une coche pour indiquer tous les angles qui sont plus grands qu'un demi-angle droit et plus petits qu'un angle droit.

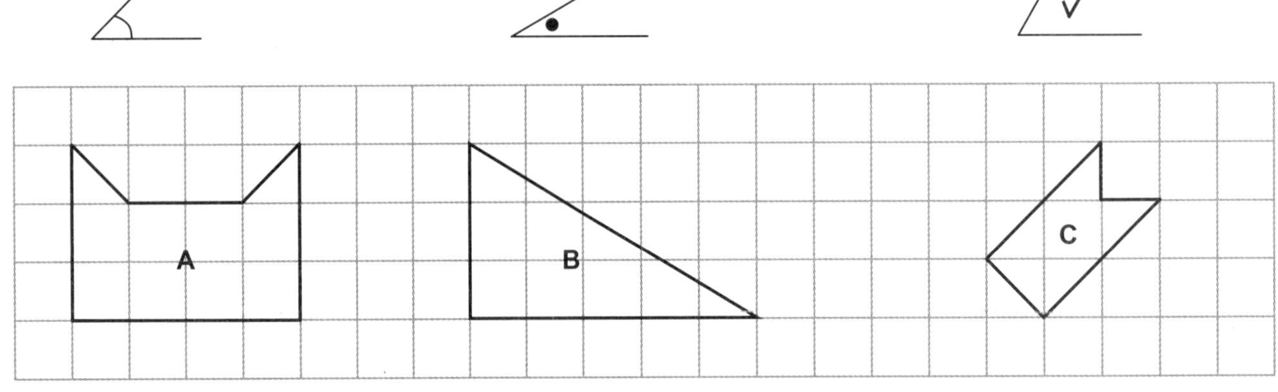

G6-3 : Mesurer les angles

Pour mesurer un angle, tu utilises un **rapporteur**. Un rapporteur est gradué de 0 à 180 degrés autour de sa circonférence. Chaque graduation ou subdivision correspond à un degré. L'abréviation de « quarante-cinq degrés » est 45°.

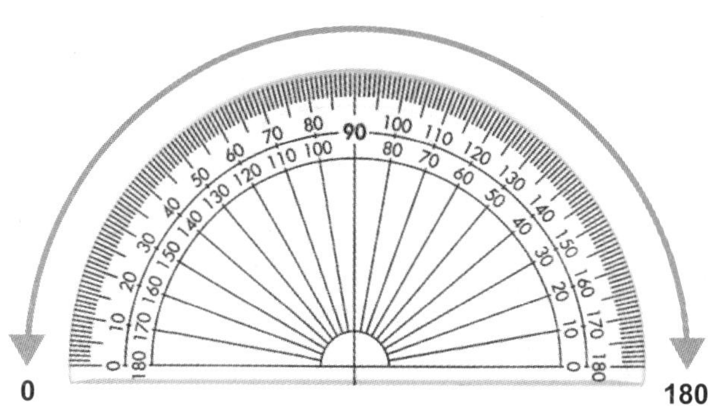

Il y a 180 graduations (180°) autour de l'extérieur d'un rapporteur.

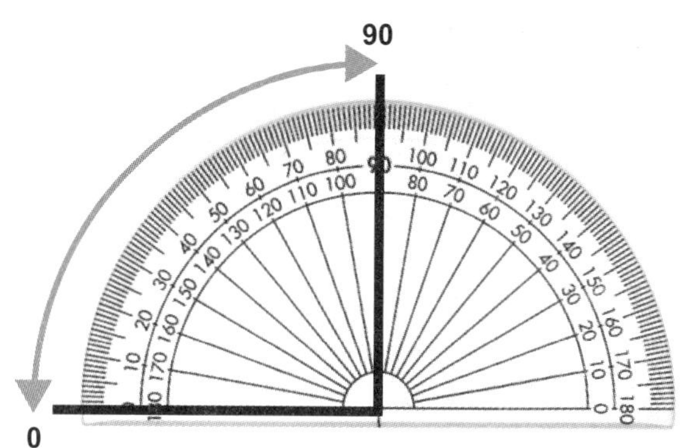

Un angle droit (ou un coin droit) mesure 90°.

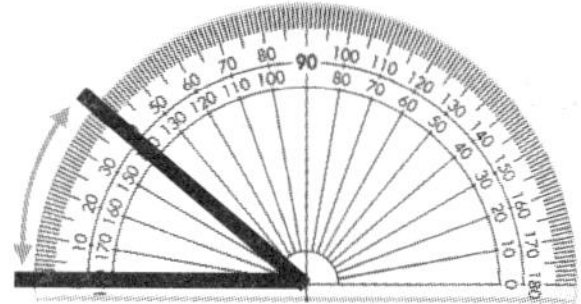

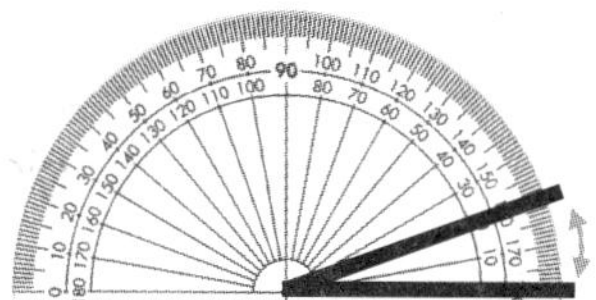

Les angles qui sont *plus petits* que 90° s'appellent des angles **aigus**.

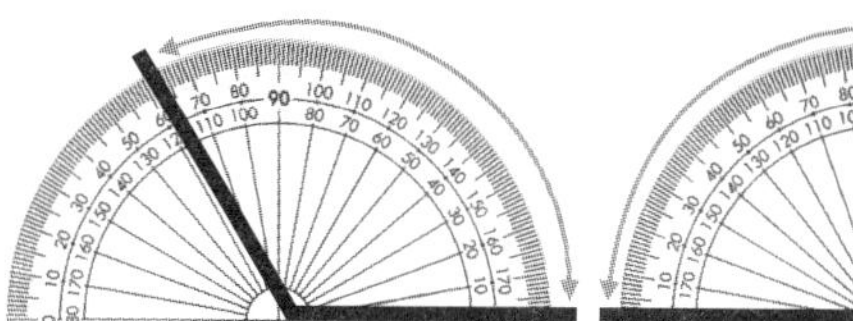

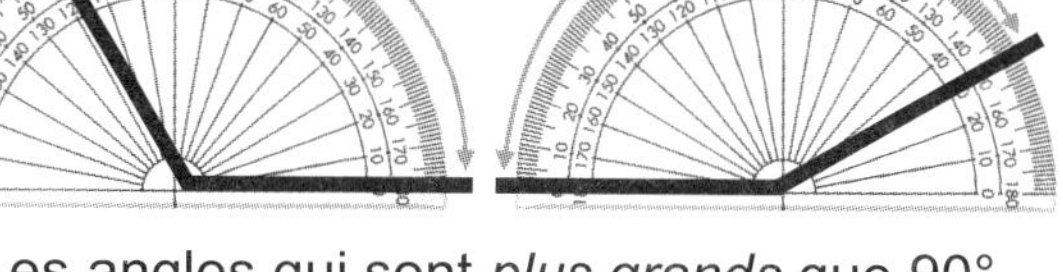

Les angles qui sont *plus grands* que 90° s'appellent des angles **obtus**.

1. Sans utiliser de rapporteur, identifie chaque angle en écrivant s'il est aigu ou obtus.

a) 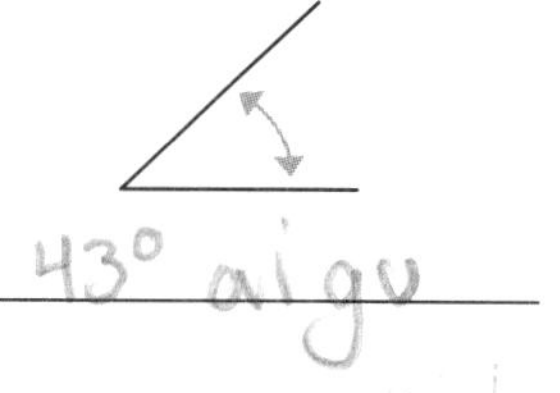

43° aigu

b) 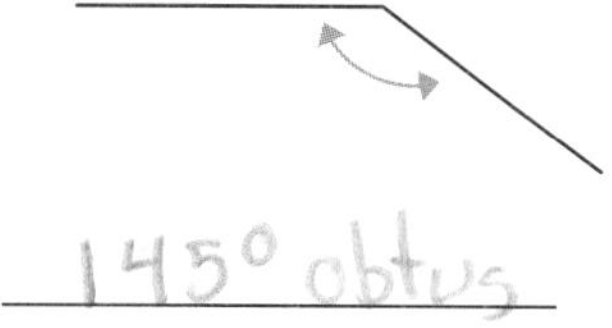

145° obtus

c) 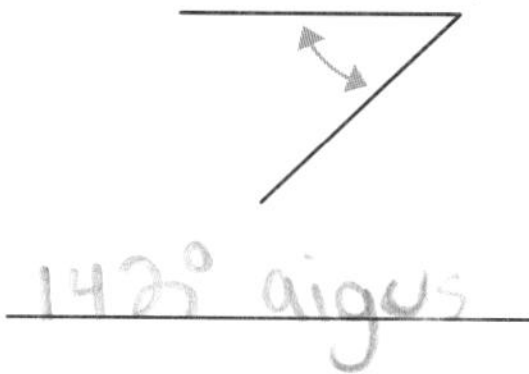

142° aigus

d) 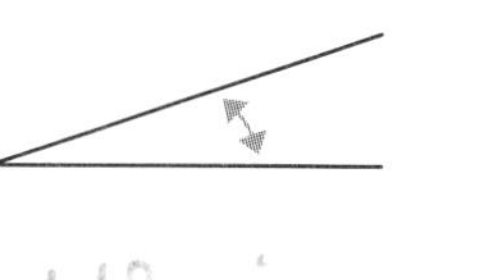

161° aigu

e) 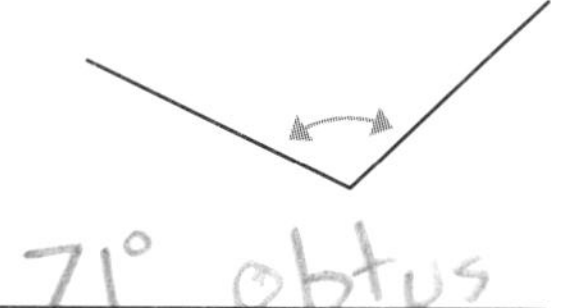

71° obtus

f) 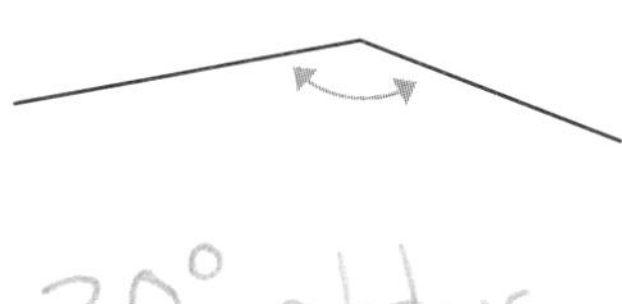

30° obtus

g) 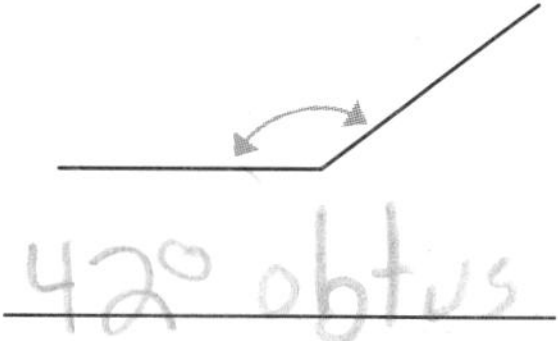

42° obtus

h) 

170° aigu

i) 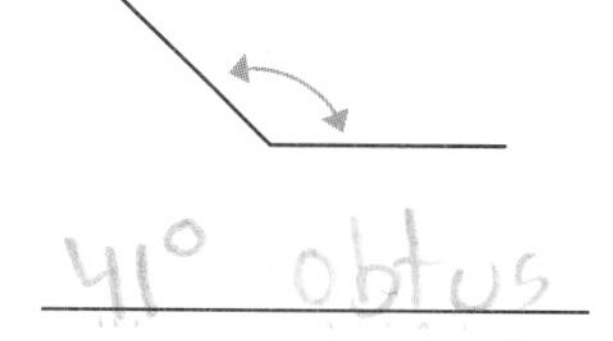

41° obtus

G6-3 : Mesurer les angles *(suite)*

Un rapporteur a deux échelles. L'exercice suivant t'aidera à décider quelle échelle utiliser.

2. Indique si l'angle est aigu ou obtus.
   Encercle ensuite les *deux* nombres intersectés par la demi-droite.
   Choisis ensuite la bonne mesure (par exemple, si tu dis que l'angle est aigu, choisis le nombre qui est plus petit que 90°).

a)

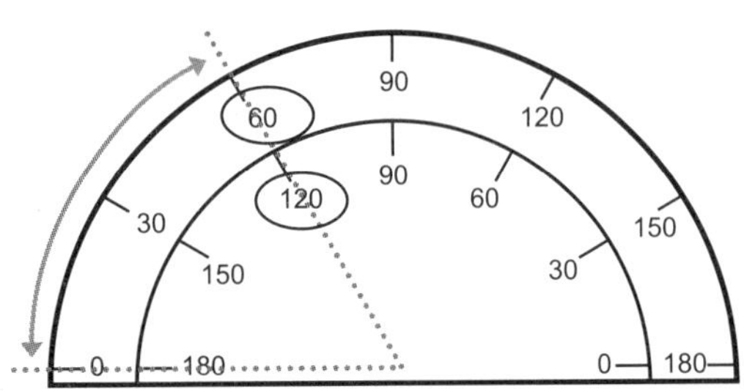

L'angle est : aigu

L'angle est de : 60°

b)

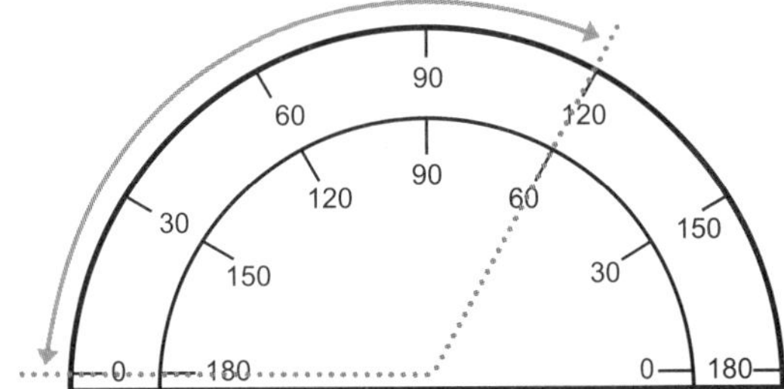

L'angle est : obtus

L'angle est de : 120°

c)

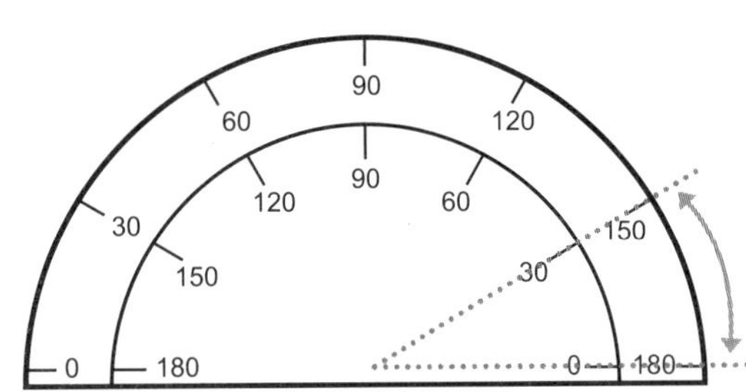

L'angle est : aigu

L'angle est de : 30°

d)

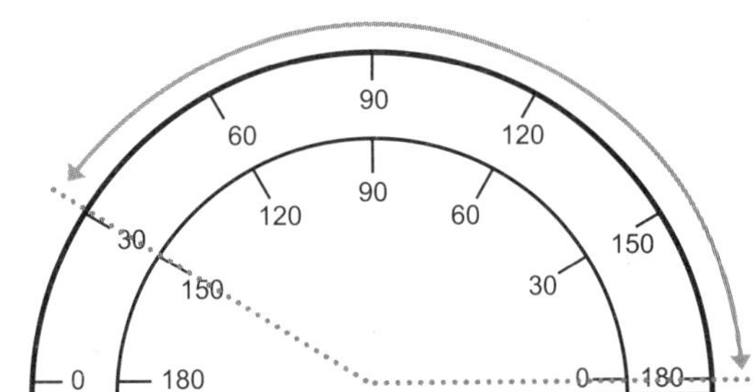

L'angle est : obtus

L'angle est de : 150°

3. Indique de nouveau si l'angle est aigu ou obtus. Écris ensuite la mesure de l'angle.

a)

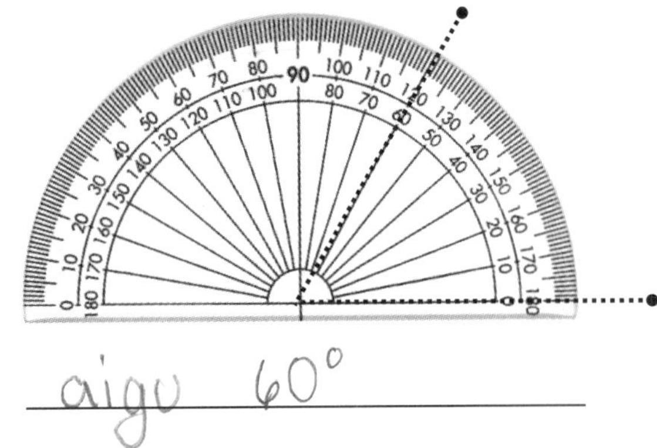

aigu 60°

b)

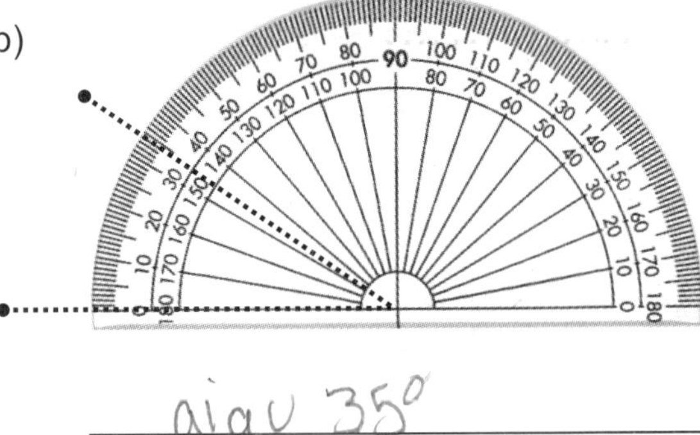

aigu 35°

G6-3 : Mesurer les angles *(suite)*

c) obtus 115°

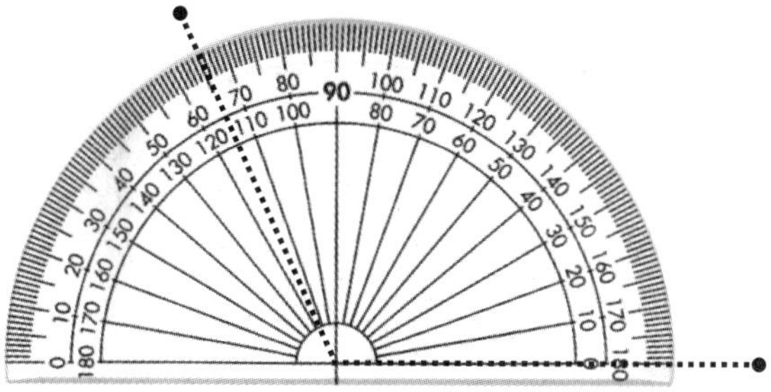

d)

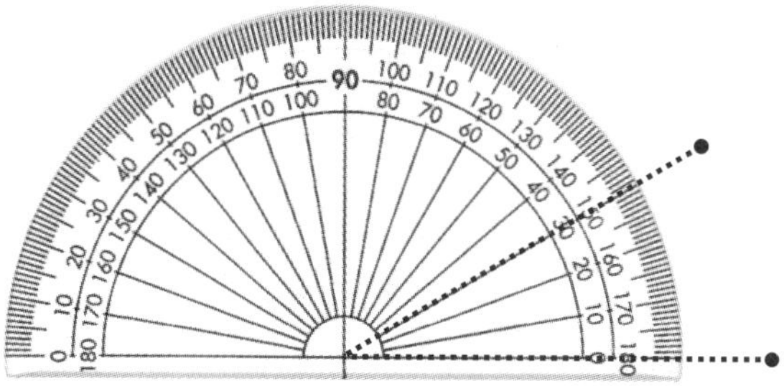

e) 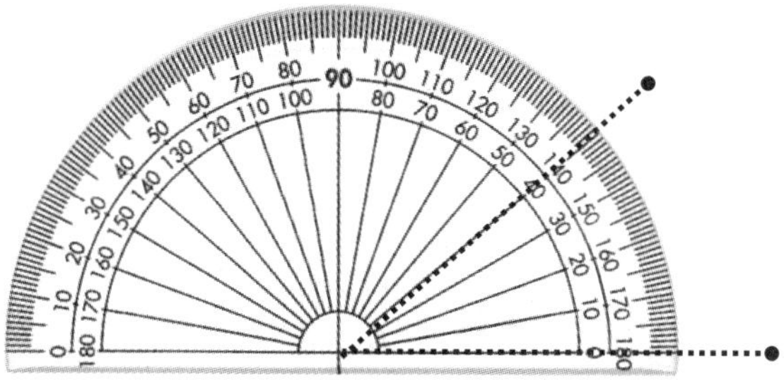 aigu 40°

f) obtus 142°

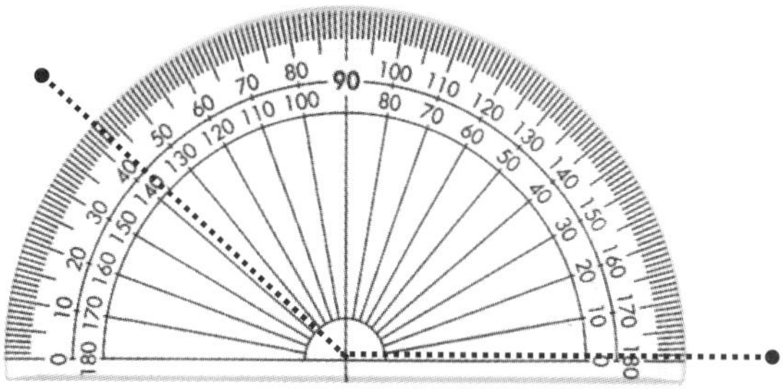

g) obtus 125°

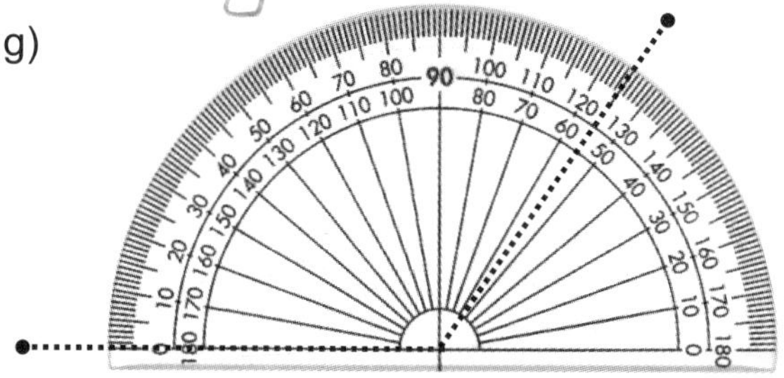

h) aigu 20°

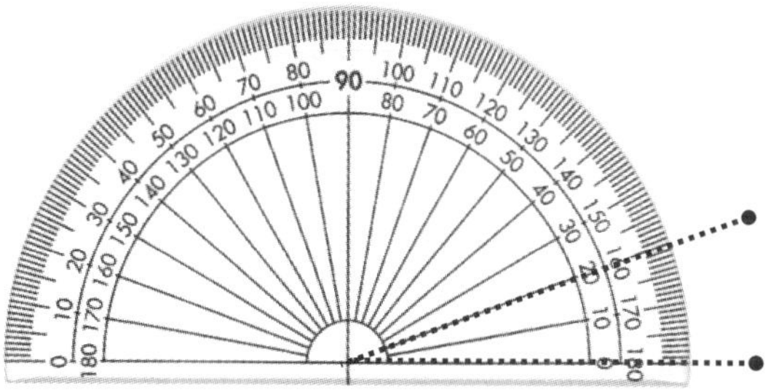

4. Mesure les angles en utilisant un rapporteur. Écris tes réponses dans les boîtes – n'oublie pas les unités! **INDICE : Pour une des questions, tu vas devoir renverser la page (ou le rapporteur!).**

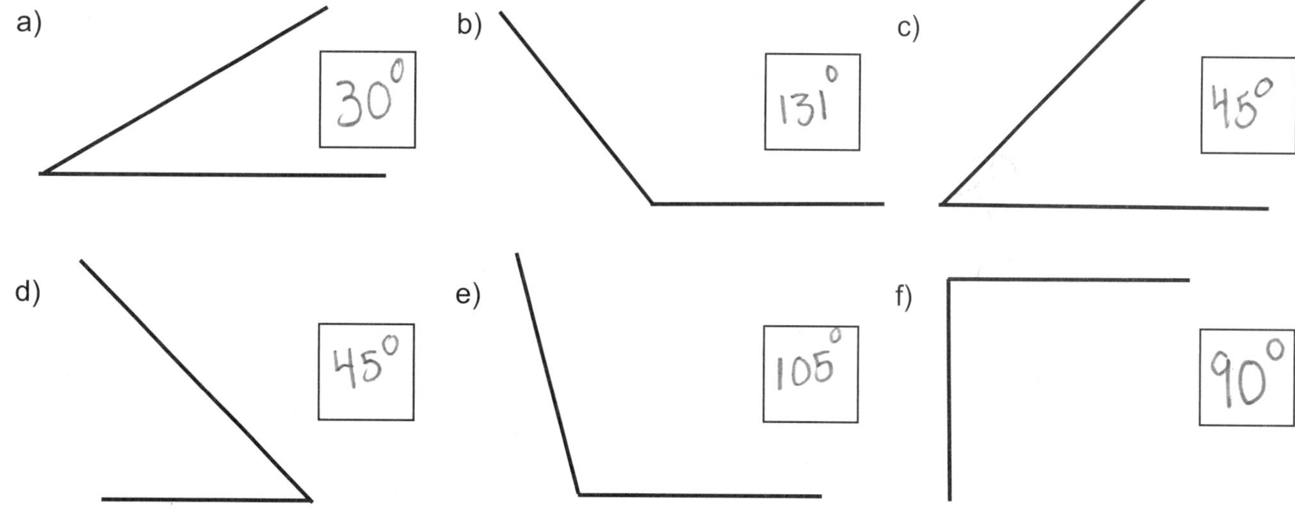

G6-4 : Construire un angle

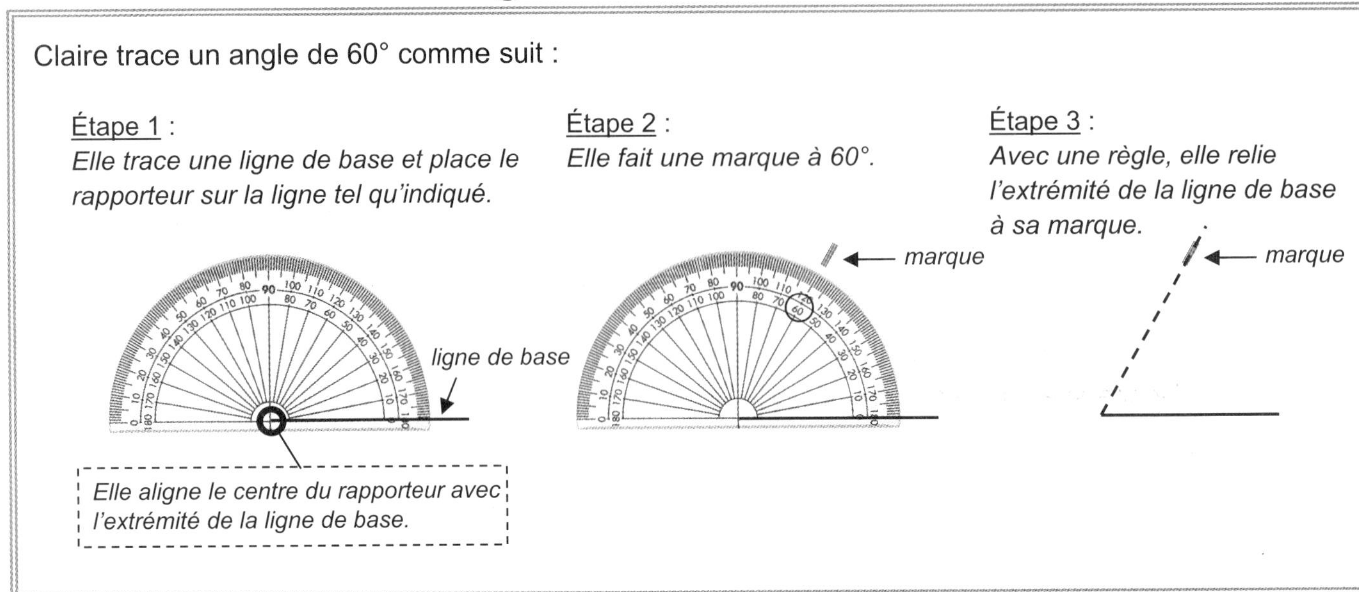

1. Utilise un rapporteur pour construire les angles donnés.

30°

120°

2. Un drapeau sémaphore est un système pour transmettre des signaux en mer.

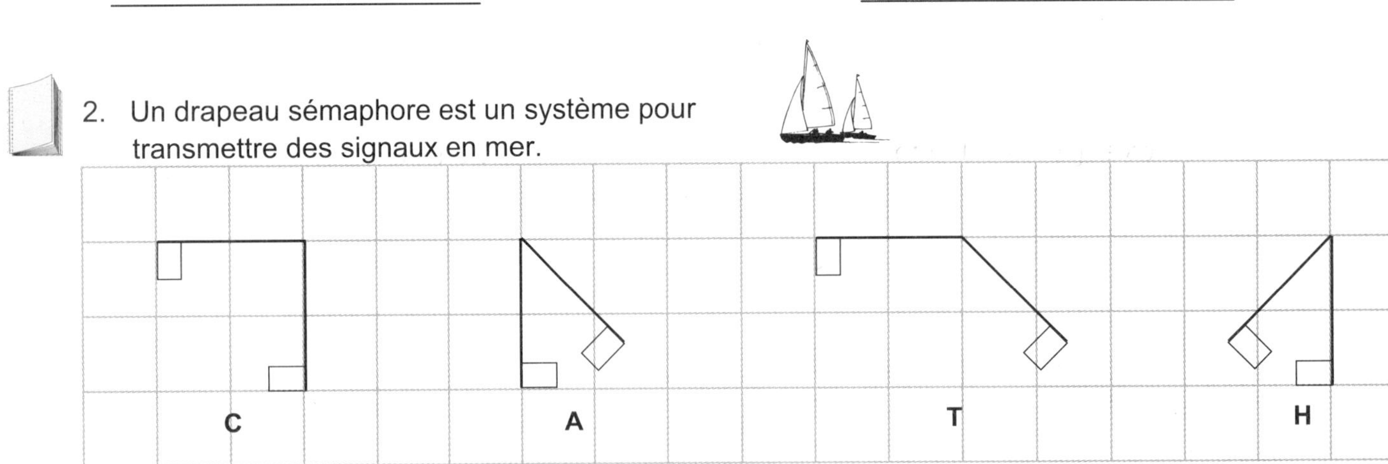

a) Trouve l'angle entre les deux drapeaux pour chaque lettre. (Comment peux-tu utiliser les angles dans le tableau?)

b) Avec un rapporteur, construis la suite de drapeaux selon l'ordre des lettres dans le mot « CHAT ».

3. Utilise un rapporteur pour construire les angles suivants :

a) 45° b) 80° c) 50° d) 35° e) 62°

f) 90° g) 125° h) 75° i) 145° j) 168°

G6-5 : Les angles dans les triangles et les polygones

SOUVIENS-TOI : Un angle aigu est plus petit que 90°, un angle obtus est plus grand que 90° et un angle droit mesure exactement 90°.

Les triangles peuvent être classifiés selon la mesure de leurs angles.

(i) Tous les angles d'un **triangle à angle aigu** sont aigus.
(ii) Un **triangle à angle obtus** a un angle obtus.
(iii) Un **triangle à angle droit** a un angle de 90°.

Si tu mesures correctement les angles d'un triangle, tu verras que la somme des angles fera toujours 180°.

1. Indique si le triangle est un triangle à angle aigu, à angle obtus ou à angle droit.

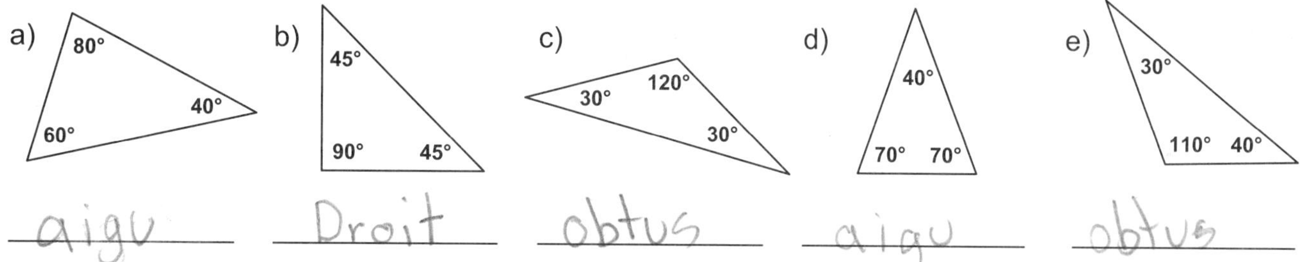

aigu ______ Droit ______ obtus ______ aigu ______ obtus ______

2. Mesure chaque angle des triangles et écris la mesure dans le triangle. Identifie le type de triangle.

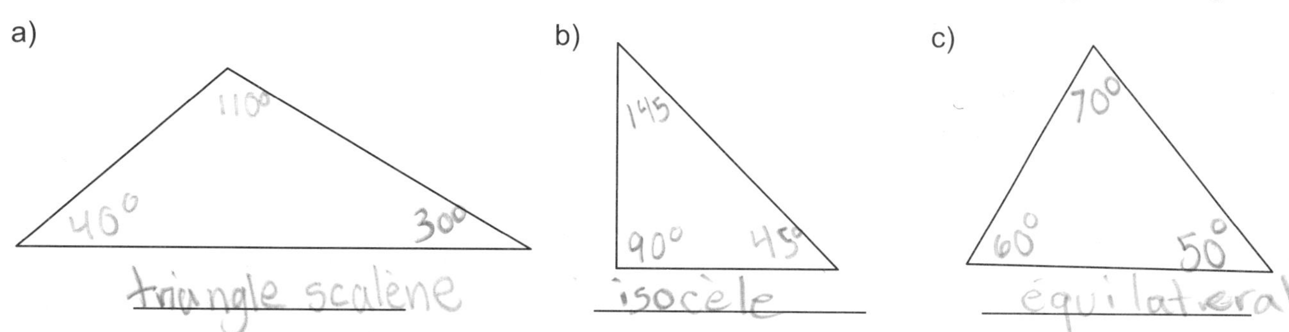

triangle scalène ______ isocèle ______ équilateral ______

3. Mesure tous les angles des formes suivantes (écris tes réponses dans les polygones). Utilise ensuite un diagramme de Venn pour classifier les formes.

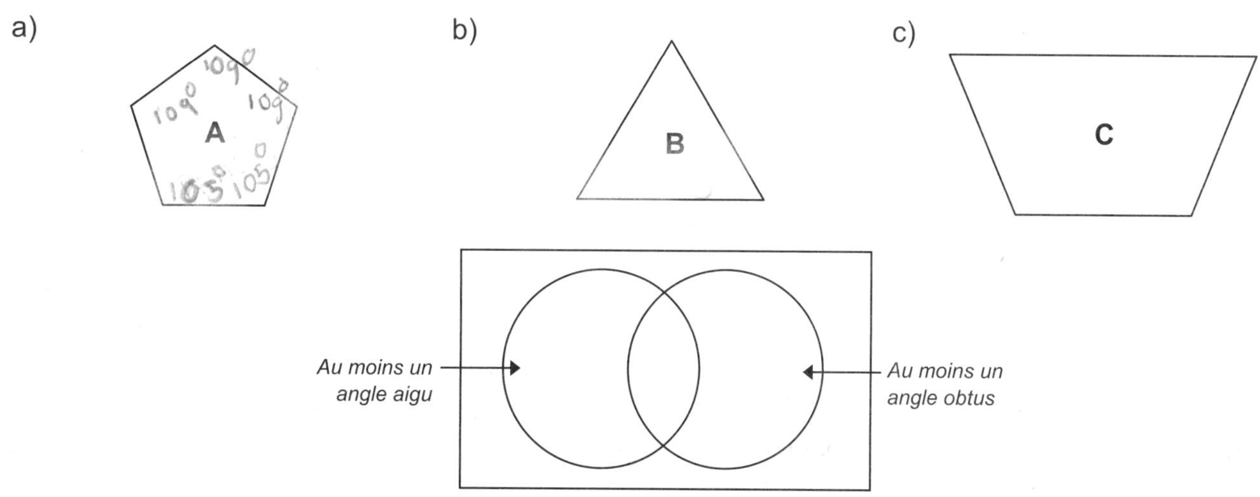

Identifie (par nom) la forme ci-dessus dont tous les angles sont obtus. ______________

G6-6 : Construire des triangles et des polygones

1. Tu peux construire un triangle à partir d'une ligne de base (ou base) en suivant les étapes suivantes :

   (i) Avec un rapporteur, construis un angle à chaque extrémité de la ligne de base :

   (ii) Prolonge les côtés jusqu'à ce qu'ils se rencontrent :

   Suis les étapes ci-dessus pour construire des triangles en te servant des bases données. Assure-toi que les angles à la base de tes triangles sont égaux aux mesures indiquées aux extrémités de la ligne de base.

   a) b)

   30° 60°

   40° 90°

2. Construis des triangles avec les mesures suivantes :

   a) Base = 4 cm; Angles à la base = 40° et 50°

   b) Base = 5 cm; Angles à la base = 55° et 75°

   c) Côtés = 5 cm et 8 cm; Angle entre les deux côtés = 25°

3. a) Construis trois triangles qui ont chacun une base de 5 cm, et dont les angles à la base sont :

   (i) 30° et 30° (ii) 60° et 60° (iii) 45° et 45°

   b) Mesure les côtés des triangles que tu as tracés.
   Qu'est-ce que tu remarques à propos des longueurs de chaque côté?

   c) Quel type de triangles as-tu tracés?

4. Trace à main levée ...

   a) un triangle à angle droit b) un triangle à angle aigu c) un triangle à angle obtus

5. Construis un rectangle ABCD tel qu'indiqué, dont les longueurs des côtés sont comme suit : AB = 4 cm, BC = 3 cm, CD = 4 cm, et AD = 3 cm. Relie les points B et D. Quel type de triangles as-tu tracés?

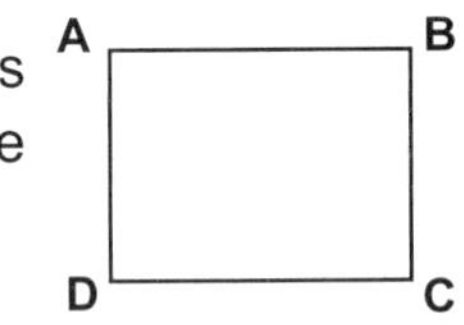

6. Un losange est une figure à quatre côtés dont les côtés sont égaux.
   Construis un losange dont les côtés mesurent 6 cm, et dont les angles à la base sont de 60° et 120°

G6-7 : Nommer les angles

Pour nommer un angle, suis les étapes suivantes :

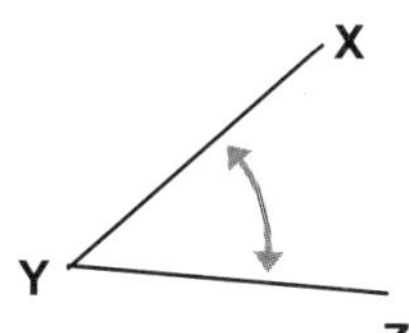

(i) Écris le signe d'un angle (∠).

(ii) Écris la lettre qui correspond au point sur l'une des droites de l'angle (par ex., ∠<u>X</u> **(ou ∠<u>Z</u>)**).

(iii) Écris la lettre qui correspond au sommet au centre de l'angle (par ex., ∠X<u>Y</u> **(ou ∠Z<u>Y</u>)**).

(iv) Écris la lettre qui correspond au point sur l'autre droite (par ex., ∠XY<u>Z</u> **(ou ∠ZY<u>X</u>)**).

1. Pour chaque triangle, marque l'angle ∠ABC. Mesure ensuite l'angle.

a) 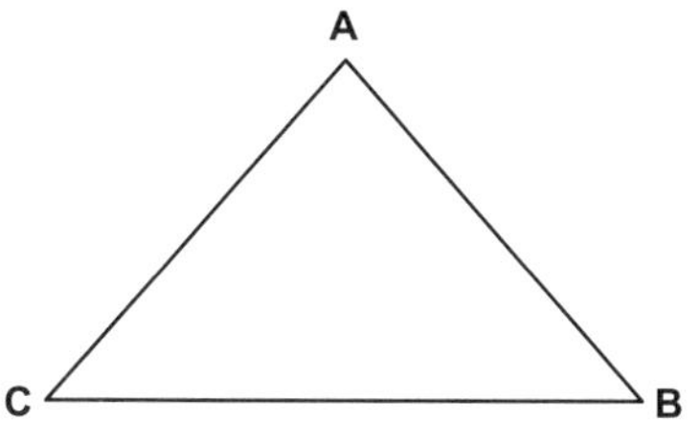

Mesure de ∠ABC : _____

b) 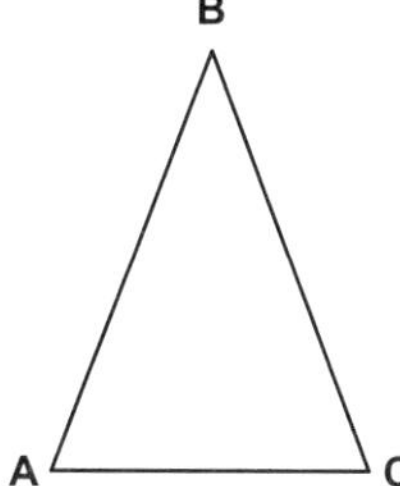

Mesure de ∠ABC : _____

c) 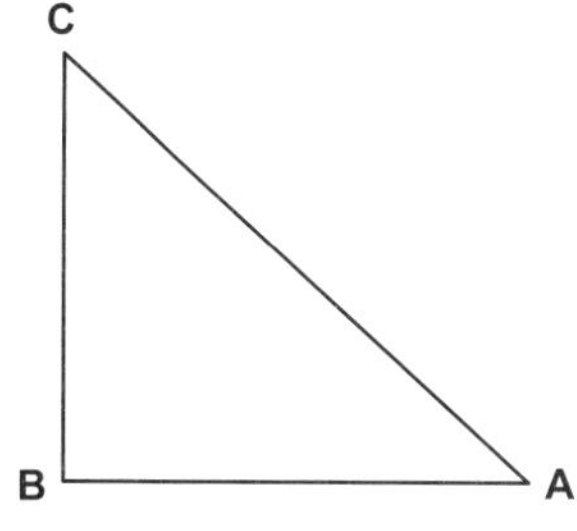

Mesure de ∠ABC : _____

2. Pour chaque polygone, marque l'angle ∠XYZ. Mesure ensuite l'angle.

a) 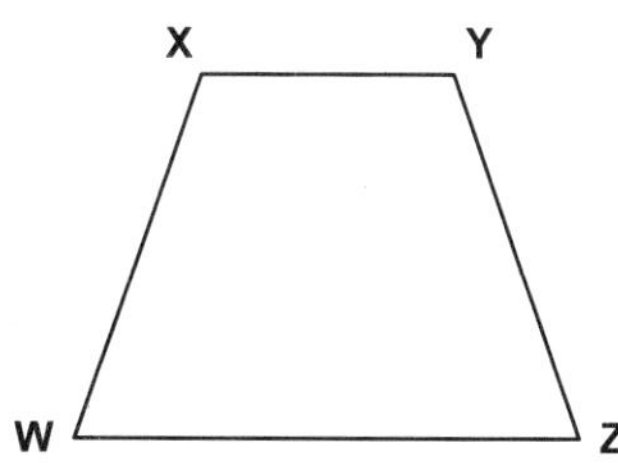

Mesure de ∠XYZ : _____

b) 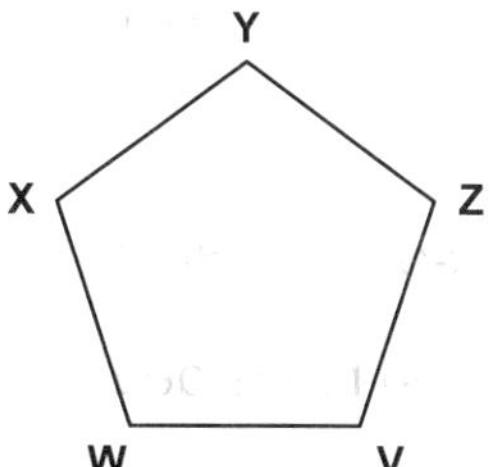

Mesure de ∠XYZ : _____

c) 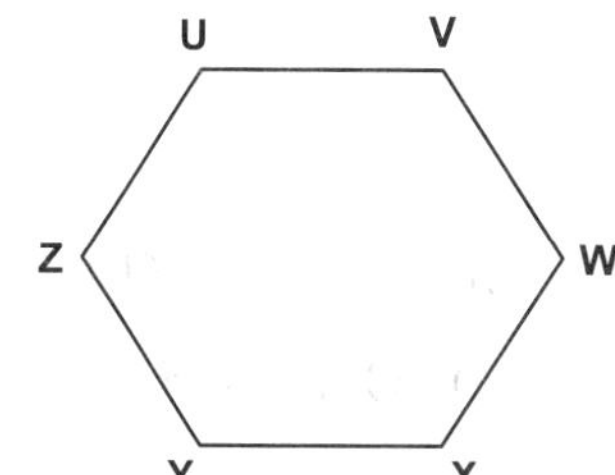

Mesure de ∠XYZ : _____

3. 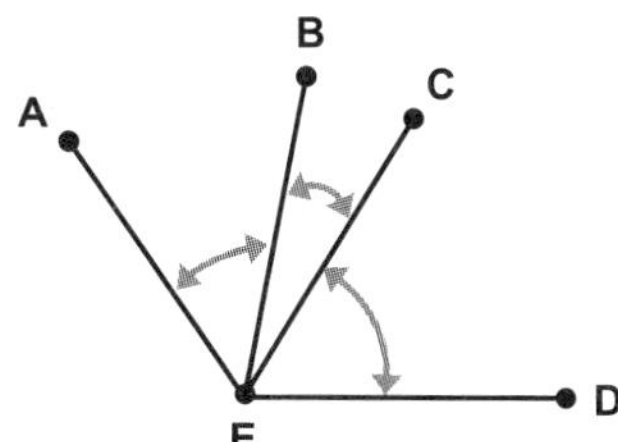

Nomme chacun des angles marqués. Mesure ensuite les angles.

mesure de __________ = __________

mesure de __________ = __________

mesure de __________ = __________

Écris les angles en ordre, du plus petit au plus grand : ______________________________

4. 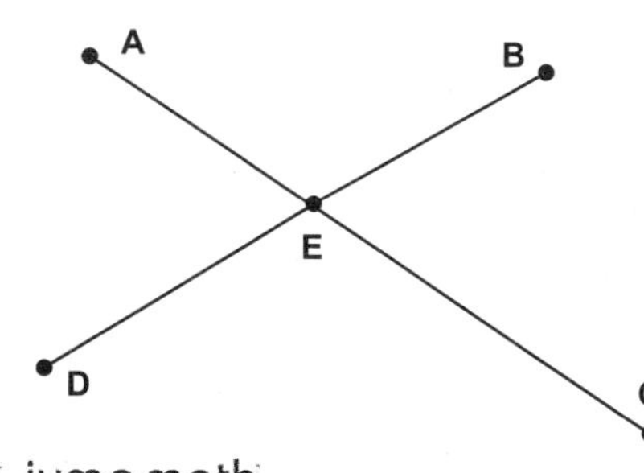

Nomme les deux angles aigus et les deux angles obtus :

angles aigus : __________ __________

angles obtus : __________ __________

G6-8: Classifier les triangles

Les triangles peuvent être classifiés selon la mesure de leurs angles et aussi en fonction de la longueur de leurs côtés.

(i) Dans un **triangle équilatéral**, les trois côtés sont tous de la même longueur.

(ii) Dans un **triangle isocèle**, deux côtés sont de longueur égale.

(iii) Dans un **triangle scalène**, les trois côtés sont de longueurs différentes.

---

1. Mesure les angles et les côtés (en cm – ou en mm s'il le faut) de chaque triangle, et écris tes mesures sur les triangles. Classifie ensuite les triangles dans les tableaux.

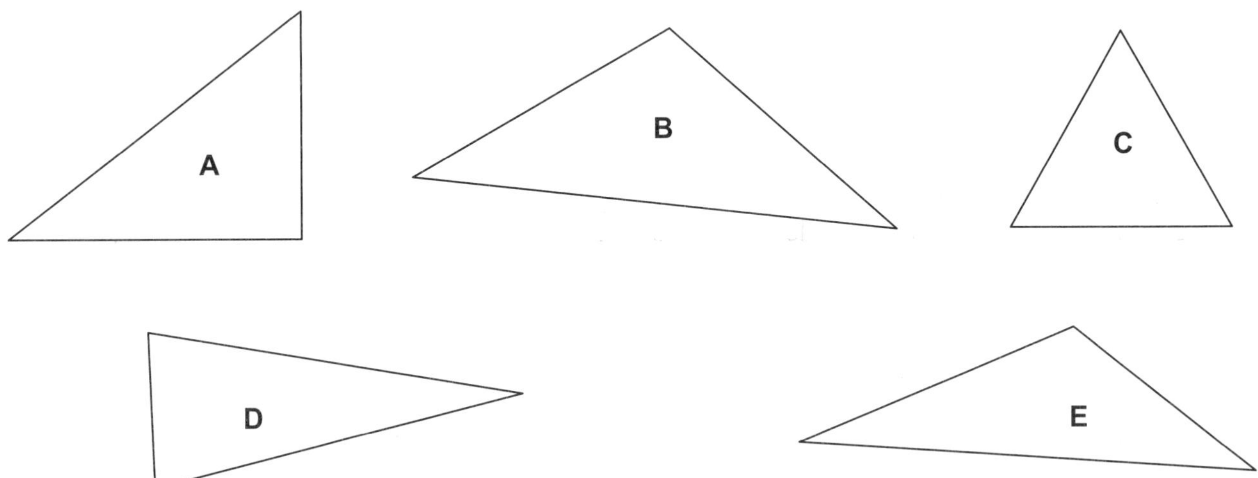

a) Classifie les triangles selon la mesure des angles. b) Classifie les triangles selon la longueur des côt

Propriété	Triangles avec la propriété
À angle aigu	
À angle obtus	
À angle droit	

Propriété	Triangles avec la propriété
Équilatéral	
Isocèle	
Scalène	

2. Classifie les triangles à la question 1 selon leurs propriétés.

a)

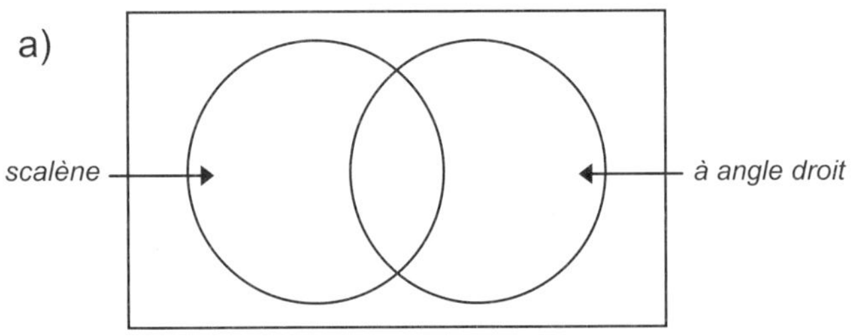

b)

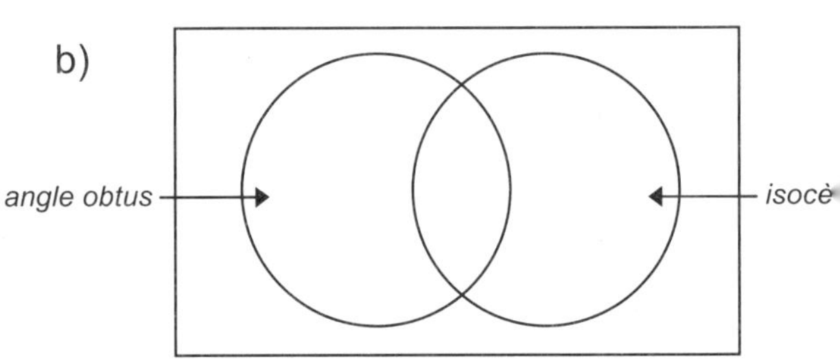

3. Choisis l'une des propriétés de chaque liste ci-dessous. À main levée, trace un triangle qui a les deux propriétés. Si tu ne peux pas tracer le triangle, écris « impossible ». (Répète l'exercice trois fois.)

Liste 1 : à angle aigu, à angle obtus, à angle droit

Liste 2 : équilatéral, isocèle, scalène

G6-9 : Les triangles

1. Sur le tableau pointillé, trace ...

   a) Un triangle isocèle avec un angle droit

   b) Un triangle isocèle avec un angle obtus

2. Chaque triangle ci-dessous a deux noms, un de la liste 1 et un de la liste 2.

   Liste 1 : à angle aigu, à angle obtus, à angle droit

   Liste 2 : équilatéral, isocèle, scalène

   Mesure les angles et les côtés des triangles, et indique ensuite les noms des triangles.

a)

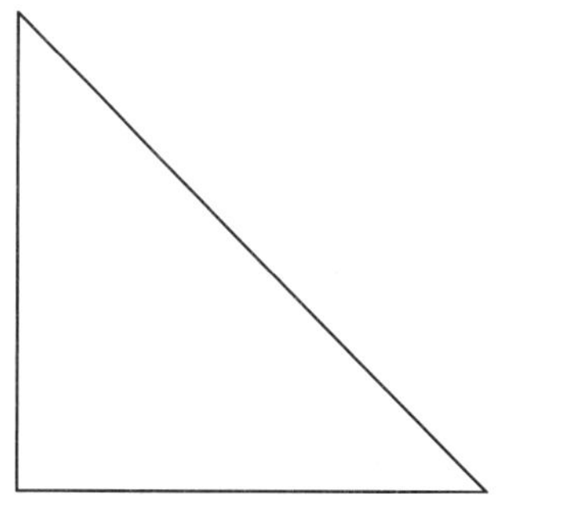

Nom de la **liste 1 :** ____________________

Nom de la **liste 2 :** ____________________

b)

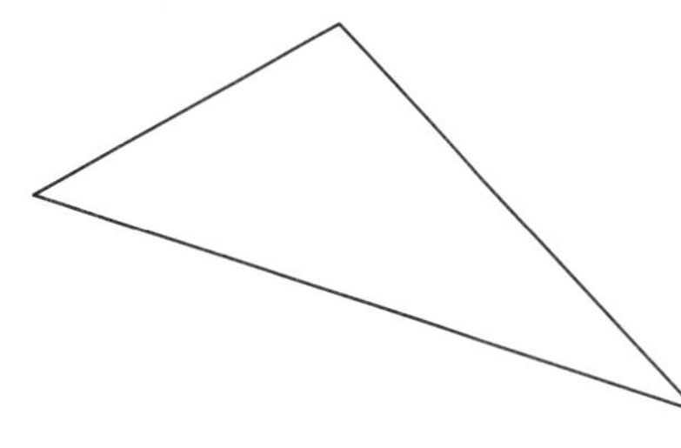

Nom de la **liste 1 :** ____________________

Nom de la **liste 2 :** ____________________

3. ➢ Dans un triangle isocèle, les deux angles à la base (marqués d'un ***x*** dans △ABC) sont toujours égaux.

   ➢ La somme des angles d'un triangle est toujours 180°.

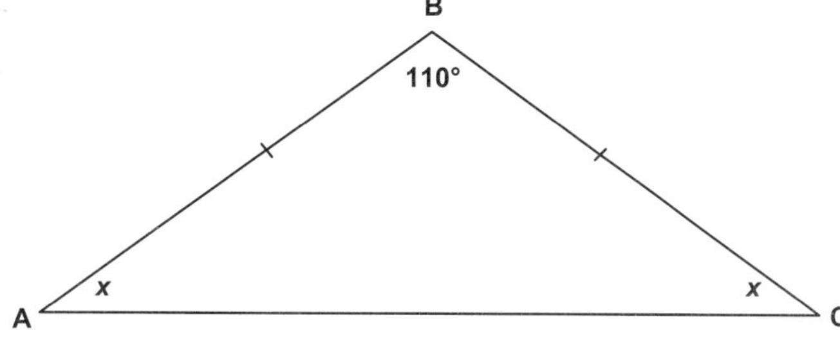

Comment peux-tu utiliser les renseignements donnés ci-dessus pour trouver la valeur de ***x***?

____

____

G6-10 : Les lignes parallèles

Les **lignes parallèles** sont comme les deux rails d'un chemin de fer (une section droite des rails), c'est-à-dire :

- ✓ elles sont droites;
- ✓ elles demeurent toujours à la même distance l'une de l'autre.

Les lignes ne se rencontrent jamais, même si elles sont très longues.

NOTE: Les lignes de longueurs différentes peuvent aussi être parallèles (tant qu'elles sont toutes les deux droites et qu'elles demeurent toujours à la même distance l'une de l'autre).

NOTE :

Les mathématiciens utilisent des flèches pour indiquer les lignes qui sont parallèles :

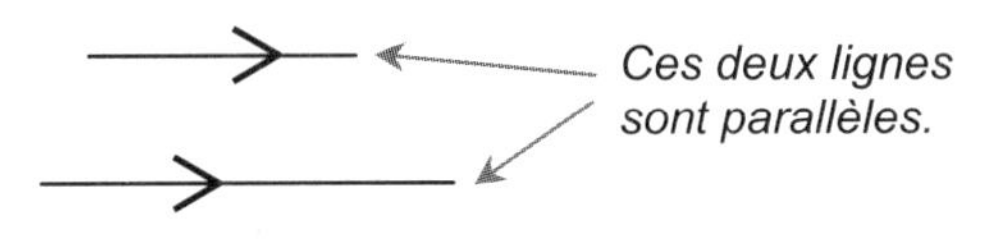

1. Utilise des flèches pour indiquer les lignes qui sont parallèles (voir la note ci-dessus).

a) 

b) 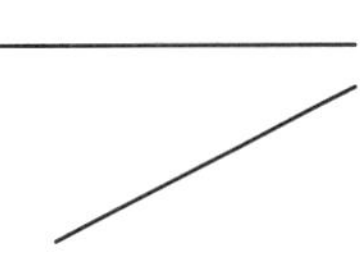

c) 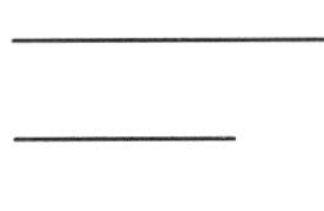

d) 

BONUS

e) Choisis une paire de lignes ci-dessus qui ne sont pas parallèles. Mets la lettre correspondante ici : _

Comment sais-tu que ces lignes ne sont pas parallèles?

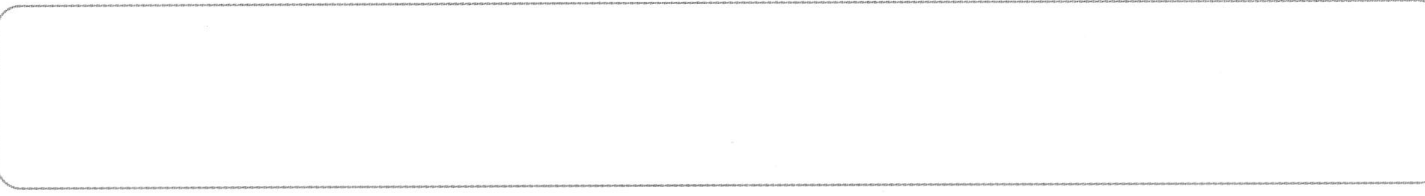

2. Chacune des formes ci-dessous a **une paire** de côtés parallèles. Marque d'un « X » les côtés opposés qui ne sont pas parallèles. Le premier est déjà fait pour toi.

a) 

b) 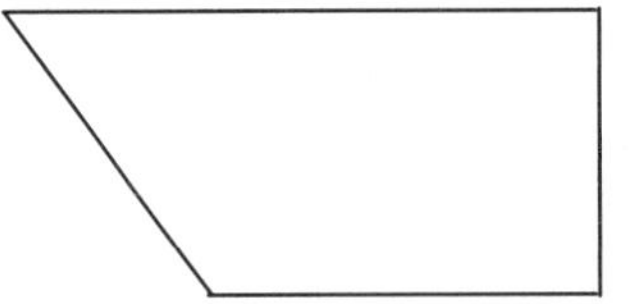

c) 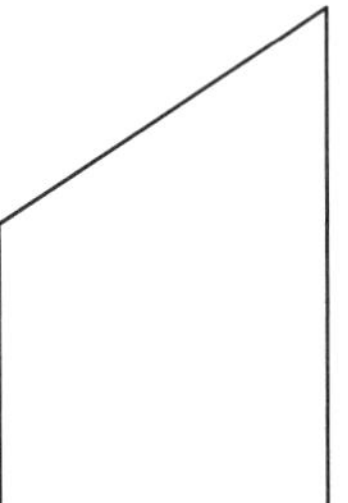

d) 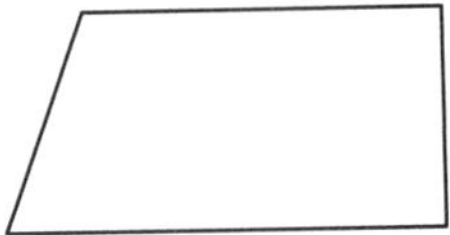

e) 

f) 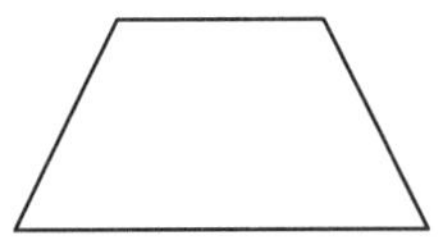

g) 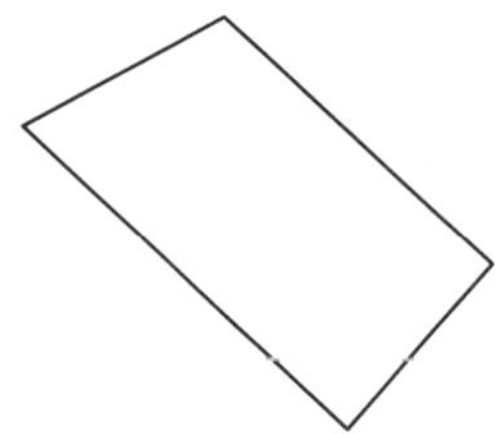

NOTE :

Si une figure a <u>plus d'une paire</u> de lignes parallèles, tu peux éviter la confusion en utilisant des flèches différentes pour indiquer chaque paire :

Exemple :

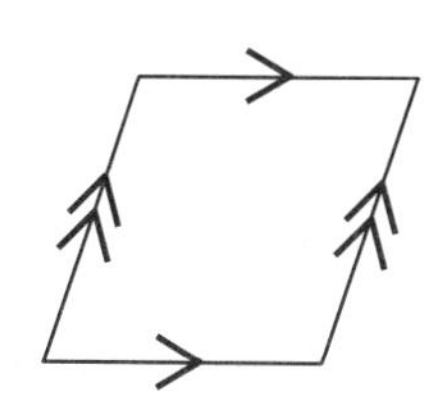

3. Avec des flèches, marque toutes les paires de lignes parallèles dans les figures ci-dessous.
NOTE : Une des figures a trois paires de lignes parallèles. Tu devras utiliser des flèches différentes pour identifier les trois paires.

a) 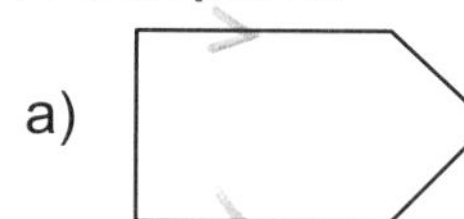

b) 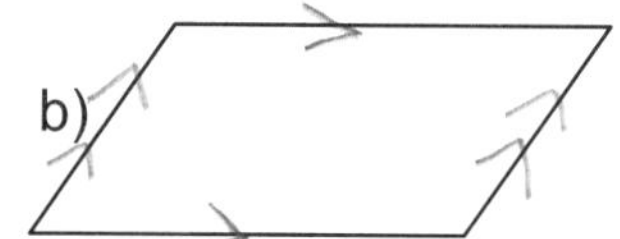

c) 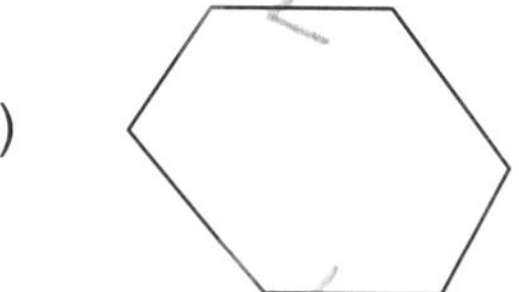

d) 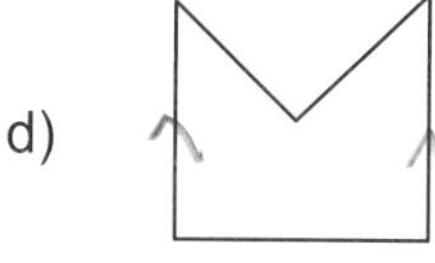

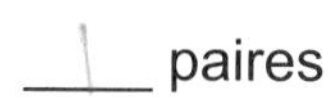 paires

 paires

 paires

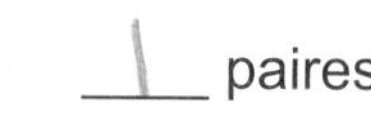 paires

e) 

f) 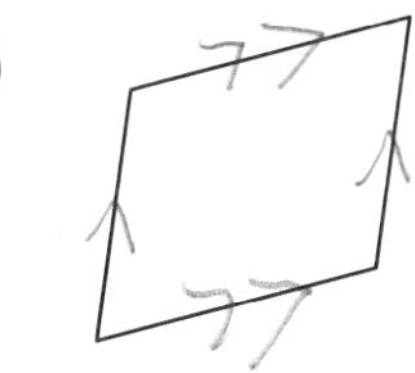

g) 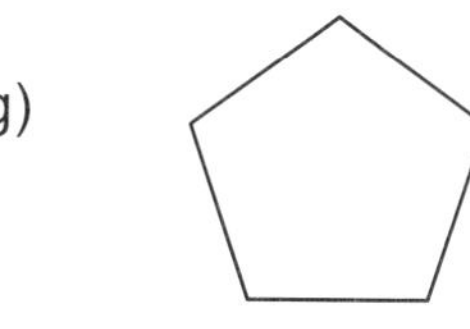

h) 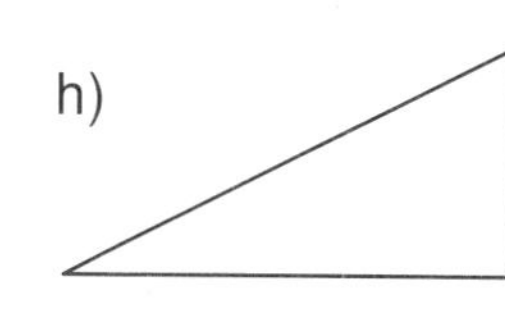

 paires

 paires

 paires

 paires

4. Chacune des figures ci-dessous a trois paires de côtés parallèles. Indique chaque paire d'une flèche différente.

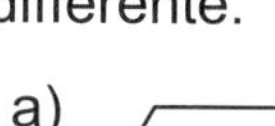

a) 

b) 

c) 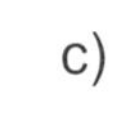

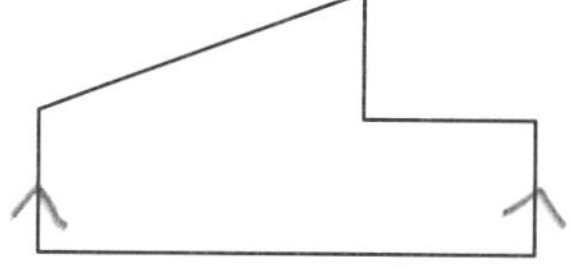

5. Sur la grille ci-dessous, trace ...
   a) ... une paire de lignes horizontales qui sont parallèles et séparées de deux intervalles;
   b) ... une paire de lignes verticales qui sont parallèles et de longueurs différentes;
   c) ... une figure avec une paire de côtés parallèles.

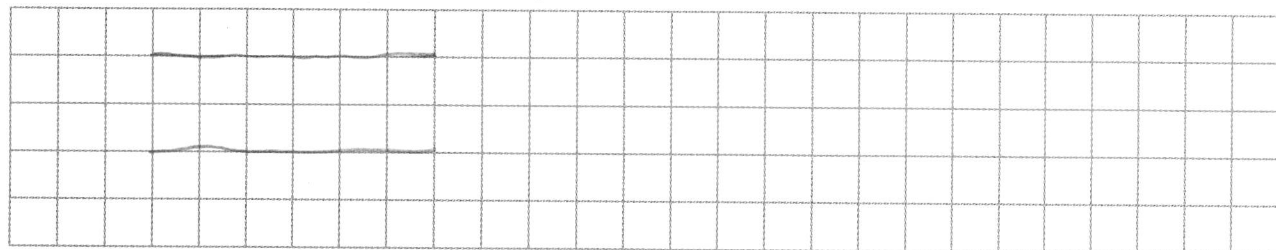

6. Marque toutes les lignes parallèles dans les lettres ci-dessous.

a) 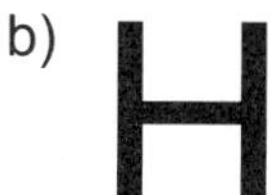

b) 

c) 

d) 

e) K

G6-11 : Les propriétés des formes

Certains quadrilatères n'ont *pas* de lignes parallèles. Certains ont *une* paire de lignes parallèles. Les **parallélogrammes** ont *deux* paires de lignes parallèles.

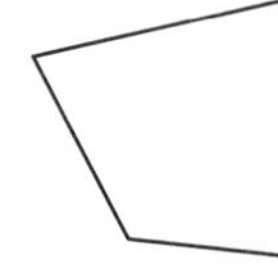

***PAS** de paires de lignes parallèles*

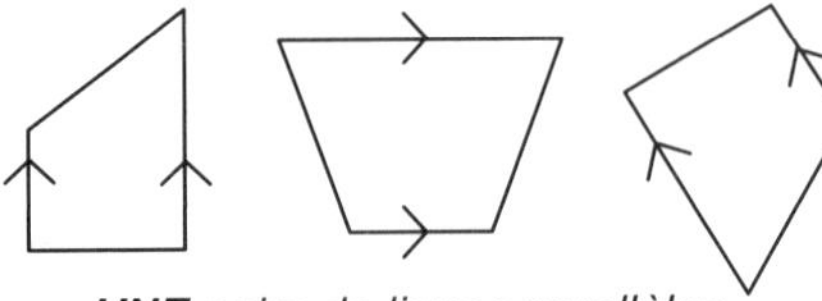

***UNE** paire de lignes parallèles*

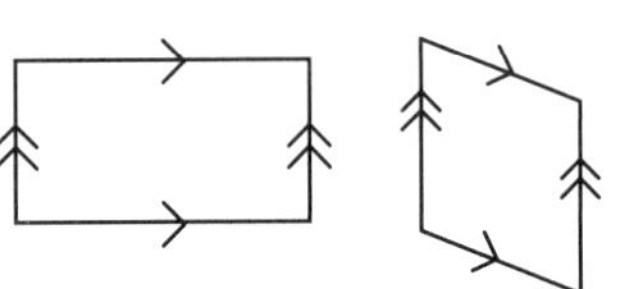

***DEUX** paires de lignes parallèles*

1. Pour chacune des formes ci-dessous, indique les lignes parallèles avec une flèche. Fais un « X » sur les paires de côtés qui ne sont pas parallèles. En dessous de chaque forme, écris combien de <u>paires</u> de côtés sont parallèles.

A ________

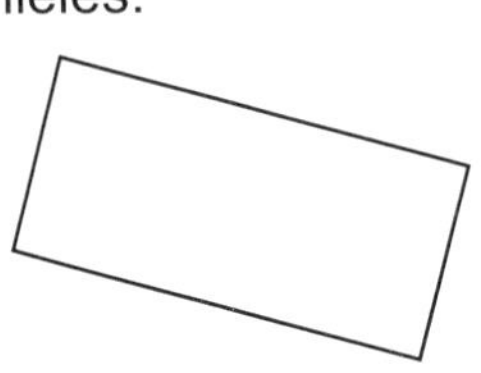

B ________

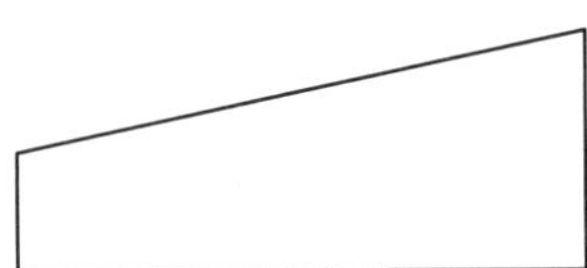

C ________

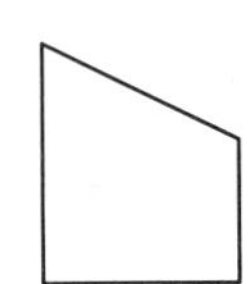

D ________

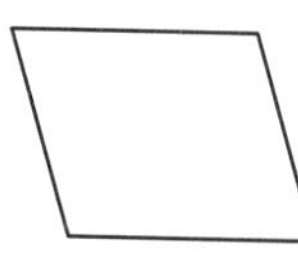

E ________

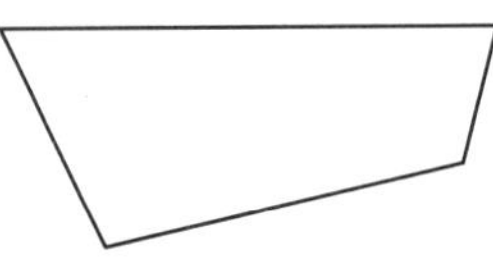

F ________

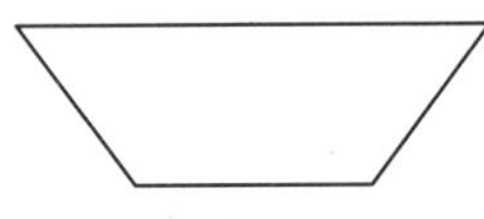

G ________

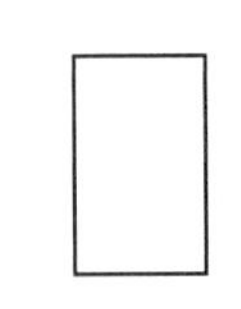

H ________

2. Classifie les formes **A** à **H** dans le tableau en écrivant la lettre dans la colonne appropriée.

Pas de paires de côtés parallèles	Une paire de côtés parallèles	Deux paires de côtés parallèles

3. Complète les deux tableaux en utilisant les figures ci-dessous. Commence par marquer les angles droits et les lignes parallèles dans chaque figure.

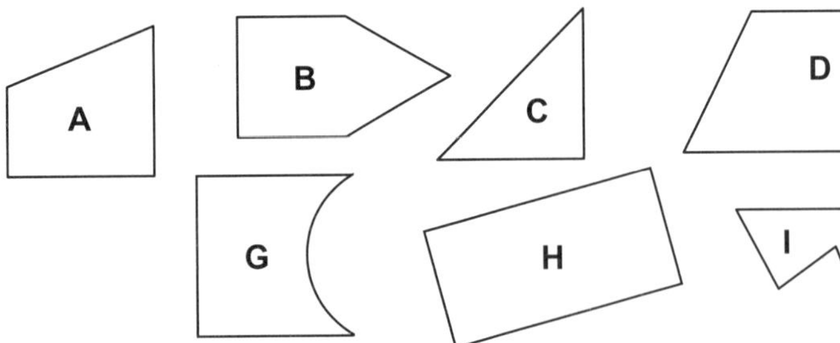

D E F I J K

a)

Propriété	Formes avec la propriété
0 angle droit	
1 angle droit	
2 angles droits	
4 angles droits	

b)

Propriété	Formes avec la propriété
0 lignes parallèles	
1 paire	
2 paires	

G6-11 : Les propriétés des formes *(suite)*

4. En utilisant ta règle, mesure les côtés des formes ci-dessous. Encercle les formes équilatérales.
NOTE : Une forme dont tous les côtés sont de la même longueur est une forme équilatérale. (« Equi » provient du mot latin qui veut dire « égal » et « latéral » veut dire « côtés ».)

a)

___ cm

___ cm ___ cm

___ cm

b)

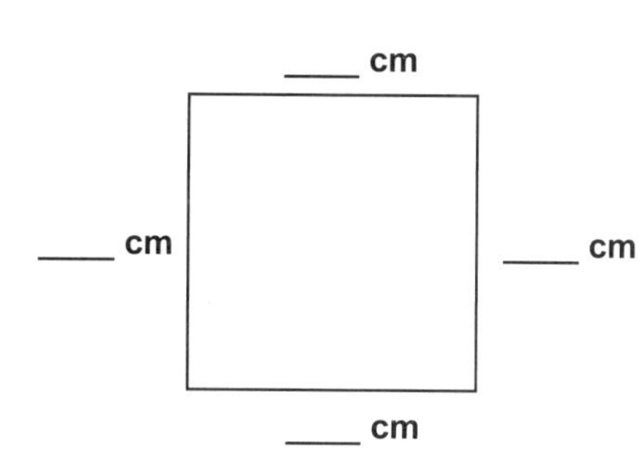

c)

___ cm ___ cm

___ cm ___ cm

___ cm

d)

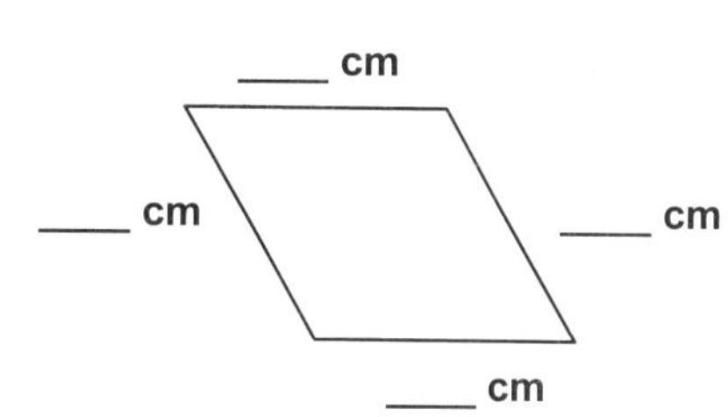

5. Complète les tableaux ci-dessous. Utilise les formes **A** à **J** pour chaque tableau. Commence par marquer les angles droits et les lignes parallèles dans chaque figure. Si tu n'es pas certain si une figure est équilatérale, mesure les côtés avec ta règle.

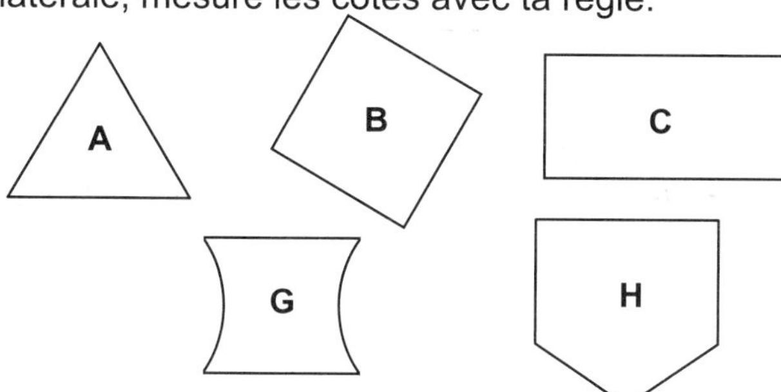

D E F I J

a)

Propriété	Formes avec la propriété
Équilatérale	
Non équilatérale	

b)

Propriété	Formes avec la propriété
0 angle droit	
1 angle droit	
2 angles droits	
3 angles droits	
4 angles droits	

c)

Propriété	Formes avec la propriété
0 angle obtus	
1 angle obtus ou plus	

d)

Propriété	Formes avec la propriété
0 côtés parallèles	
1 paire de côtés parallèles	
2 paires de côtés parallèles	
3 paires de côtés parallèles	

e)

Nom des polygones	Formes avec la propriété
Triangles	
Quadrilatères	
Pentagones	
Hexagones	

NOTE : Les polygones ont des côtés droits.

G6-12 : Les quadrilatères spéciaux

Un **quadrilatère** (forme avec 4 côtés) avec deux paires de côtés parallèles s'appelle un **parallélogramme**.

parallélogramme
un quadrilatère avec deux paires de côtés parallèles

Certains quadrilatères ont des noms spéciaux :

losange
un parallélogramme avec 4 côtés égaux

rectangle
un parallélogramme avec 4 angles droits

carré
un parallélogramme avec 4 angles droits et 4 côtés égaux

trapèze
un quadrilatère avec une paire de côtés parallèles seulement

---

1. (i) Marque les angles droits dans les quadrilatères ci-dessous.
   (ii) Mesure la longueur de chaque côté avec une règle. Écris ensuite le nom du quadrilatère.

   a) ____ cm ____ cm ____ cm ____ cm

   Nom : ____________________

   b) ____ cm ____ cm ____ cm ____ cm

   Nom : ____________________

2. Associe le nom du quadrilatère à la description qui convient le mieux :

Carré
Rectangle
Losange

Un parallélogramme avec 4 angles droits.
Un parallélogramme avec 4 côtés égaux.
Un parallélogramme avec 4 angles droits et 4 côtés égaux.

3. Écris le nom de chaque forme.
   INDICE : Utilise les mots « losange », « carré », « parallélogramme » et « rectangle ».

   a) ____________ b) ____________ c) ____________ d) ____________

4. Marque tous les angles droits dans les quadrilatères ci-dessous. Identifie ensuite chaque quadrilatère (carré, rectangle, parallélogramme ou losange).

   a) ____________ b) ____________ c) ____________ d) ____________

G6-12 : Les quadrilatères spéciaux *(suite)*

5. Pour chaque quadrilatère, indique le nombre de paires de côtés parallèles. Écris ensuite le nom de chaque quadrilatère (carré, rectangle, parallélogramme ou trapèze).

a) ____ paires de côtés parallèles ______

b) ____ paires de côtés parallèles ______

c) ______ ______ ______

d) ______ ______ ______

6. La forme tracée sur la grille est un trapèze. Sur la grille, trace un deuxième trapèze qui n'a pas d'angles droits.

7. Utilise les mots « tous les », « certains » ou « aucuns » pour compléter les phrases.

a) ________ carrés sont des rectangles.

b) ________ trapèzes sont des parallélogrammes.

c) ________ parallélogrammes sont des trapèzes.

d) ________ parallélogrammes sont des rectangles.

8. a) J'ai 4 côtés égaux, mais aucun angle droit. Que suis-je? ______

b) J'ai 4 angles droits, mais mes côtés ne sont pas tous égaux. Que suis-je? ______

c) J'ai exactement 2 angles droits. Quel quadrilatère spécial pourrais-je être? ______

9. Écris 3 noms différents pour un carré : ______ ______ ______

10. Cette forme a 4 angles droits. Nomme les deux quadrilatères spéciaux qu'elle pourrait être.

11. Sur du papier quadrillé, trace un quadrilatère avec …

a) 0 angle droit
b) un angle droit
c) deux angles droits
d) 0 côtés parallèles
e) une paire de côtés parallèles
f) deux paires de côtés parallèles et 0 angle droit

12. Décris toutes les similarités ou différences entre …

a) un losange et un parallélogramme b) un losange et un carré c) un trapèze et un parallélogramme

13. a) Pourquoi un carré est-il un rectangle? b) Pourquoi un rectangle n'est-il pas toujours un carré?
c) Pourquoi un trapèze n'est-il pas un parallélogramme?

G6-13 : Les propriétés des diagonales des quadrilatères

Un **cerf-volant** est un quadrilatère qui a deux paires de côtés adjacents égaux.

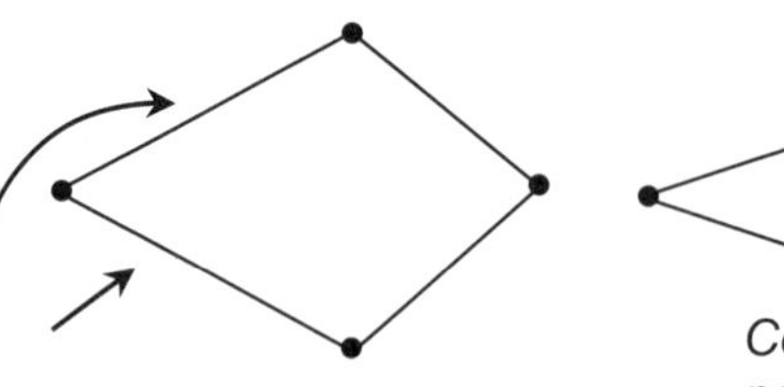

Les côtés adjacents sont de longueur égale.

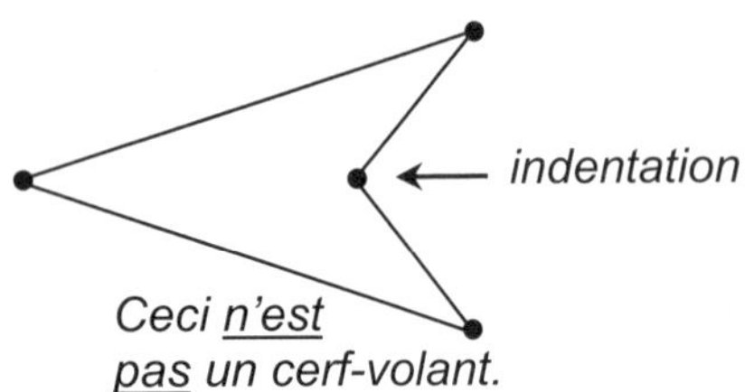

Ceci n'est pas un cerf-volant.

1. Mesure les côtés avec une règle. Lesquelles des formes sont des cerfs-volants?

a) 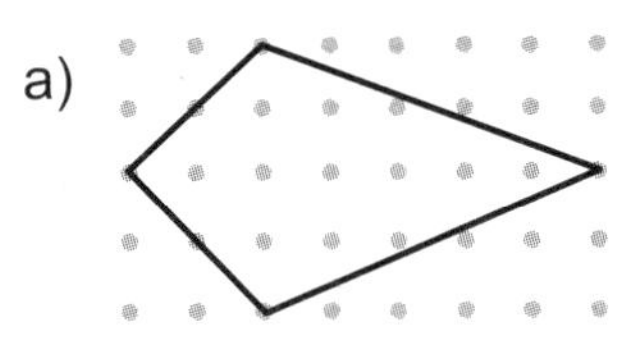

b) 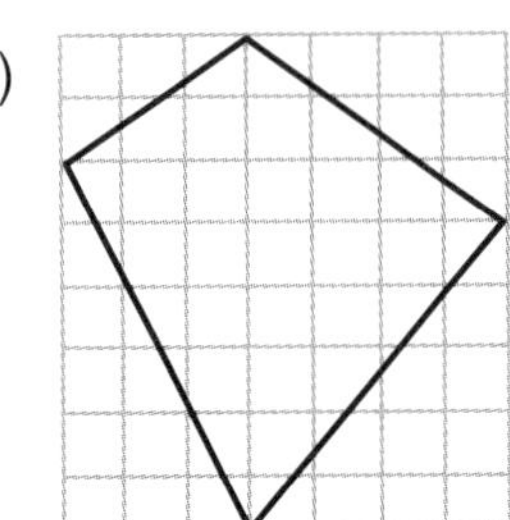

c) 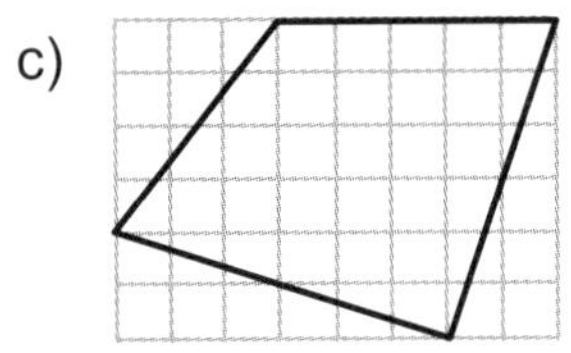

d) 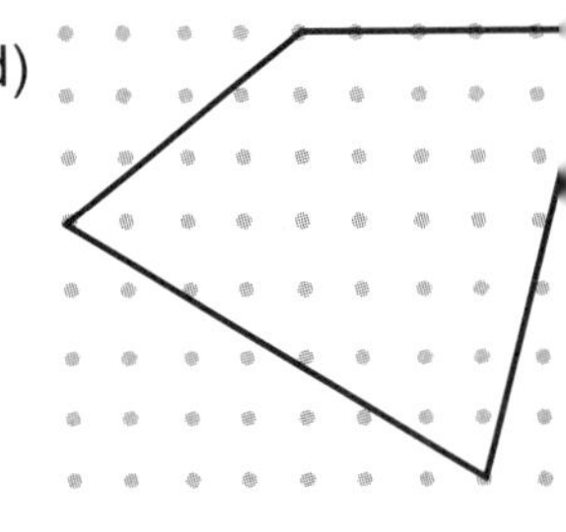

2. Tu peux tracer une diagonale en joignant les sommets opposés.
   Trace les diagonales dans les formes à la question 1.

3. Mesure les angles entre les diagonales que tu as tracées à la question 1.
   Les cerfs-volants ont une propriété que les autres formes n'ont pas. Laquelle?

4. a) Mesure la longueur de A, B, C et D. Quelles deux longueurs sont les mêmes?

b) Prédis une règle générale pour les diagonales de tous les cerfs-volants. Trace 2 autres cerfs-volants sur du papier quadrillé ou pointillé et vérifie ta prédiction.

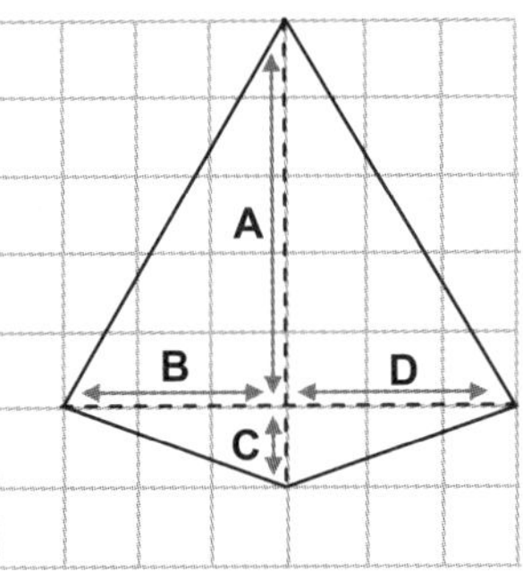

5. Mesure les angles des cerfs-volants que tu as dessinés. Que remarques-tu?

6. Classifie les formes dans le diagramme de Venn.

A. 

B. 

C. 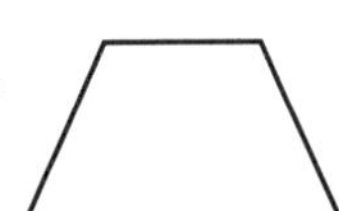

D. 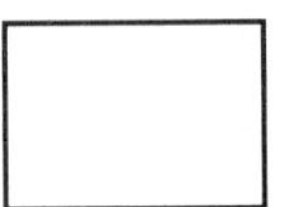

E. 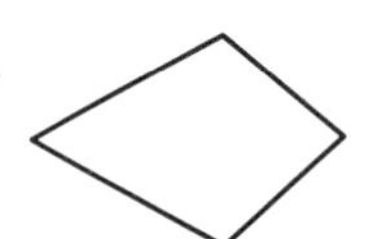

F. 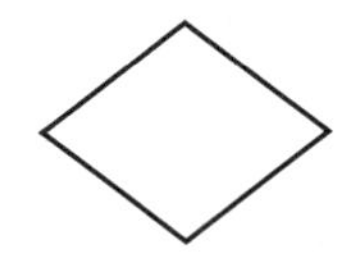

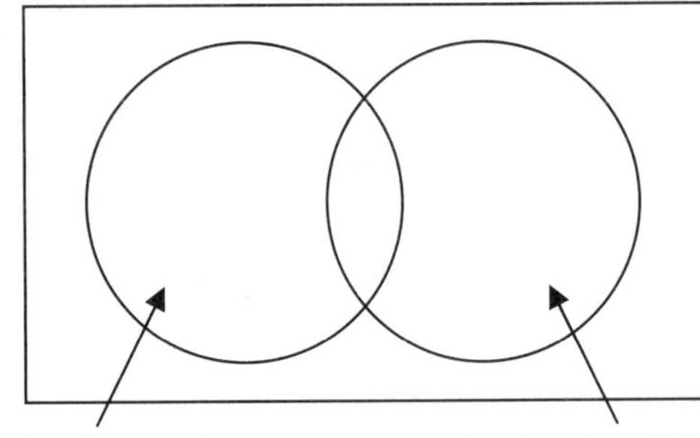

7. Trouve le nom qui convient le mieux!

   a) Un losange qui est aussi un rectangle. b) Un parallélogramme qui est aussi un cerf-volant.

   c) Un rectangle qui est aussi un cerf-volant. d) Un cerf-volant qui a des côtés opposés égaux.

G6-14 : Explorer la congruence

Les formes sont **congruentes** si elles ont **la même grandeur** et **la même forme**. Les formes congruentes peuvent être de couleurs ou de motifs différents, et faire face à des directions différentes.

Ces paires de formes sont congruentes :

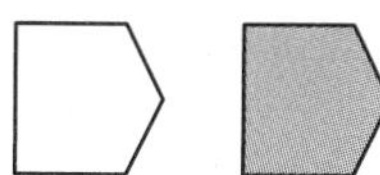 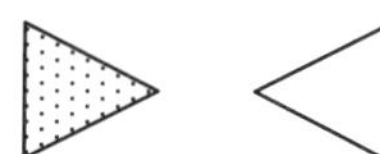 

---

1. Écris congruentes ou pas congruentes sous chaque paire de formes.

a) 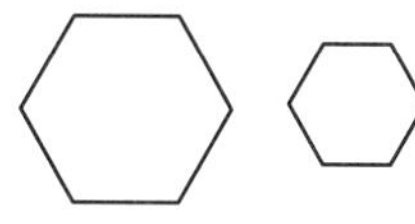

pas congruentes

b) 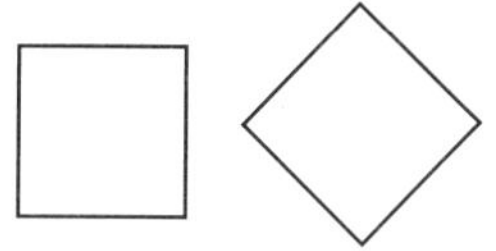

____

c) 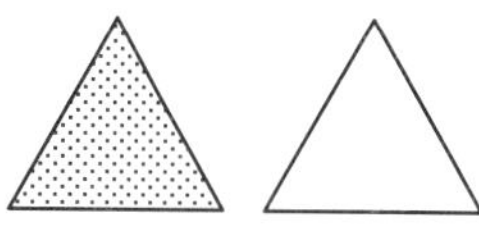

____

2. Ces paires de formes sont-elles congruentes?

a) 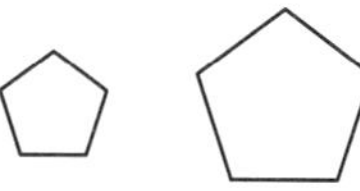 ________ parce que ______________________

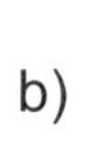

b) 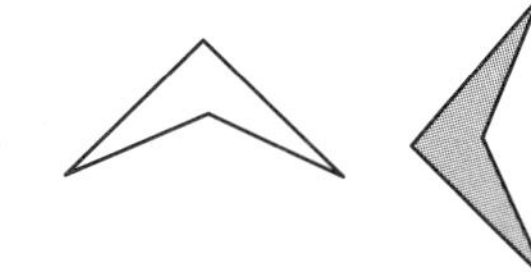 ________ parce que ______________________

3. a) Trace un parallélogramme congruent pour la forme ci-dessous.

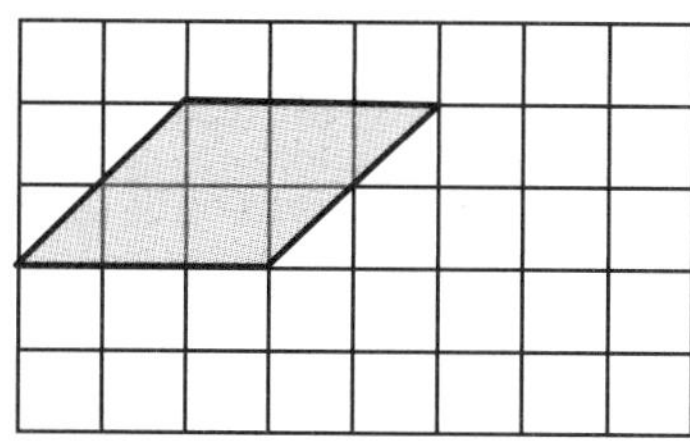

b) Trace un trapèze qui n'est pas congruent pour la forme ci-dessous.

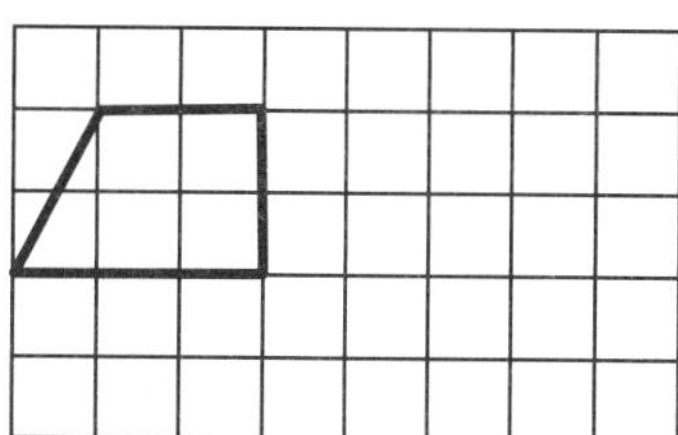

4. L'illustration montre comment tu peux découper une grille de 3 par 4 en deux formes congruentes. Montre de combien de façons tu peux découper une grille de 3 par 4 en deux formes congruentes.

5. a) Sur du papier quadrillé, montre combien de formes différentes (non congruentes) tu peux créer en ajoutant un carré à chaque figure originale.

A 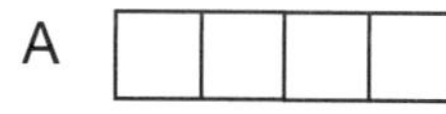

B 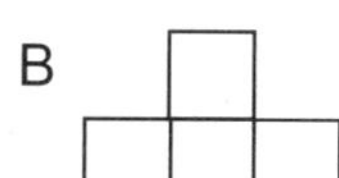

C 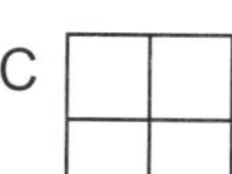

b) À partir de quelle forme peux-tu créer le plus grand nombre de figures non congruentes?

G6-14 : Explorer la congruence *(suite)*

Deux triangles sont **congruents** si :

a) chaque **côté** d'un triangle a un côté correspondant **de la même longueur** dans l'autre triangle, et ...

b) chaque **angle** d'un triangle a un **angle** correspondant **égal** dans l'autre triangle.

IMPORTANT : Les côtés sont identifiés par les lettres à leurs extrémités. Par exemple, le côté marqué d'un 'X' dans le triangle △ABC est nommé « AB ».

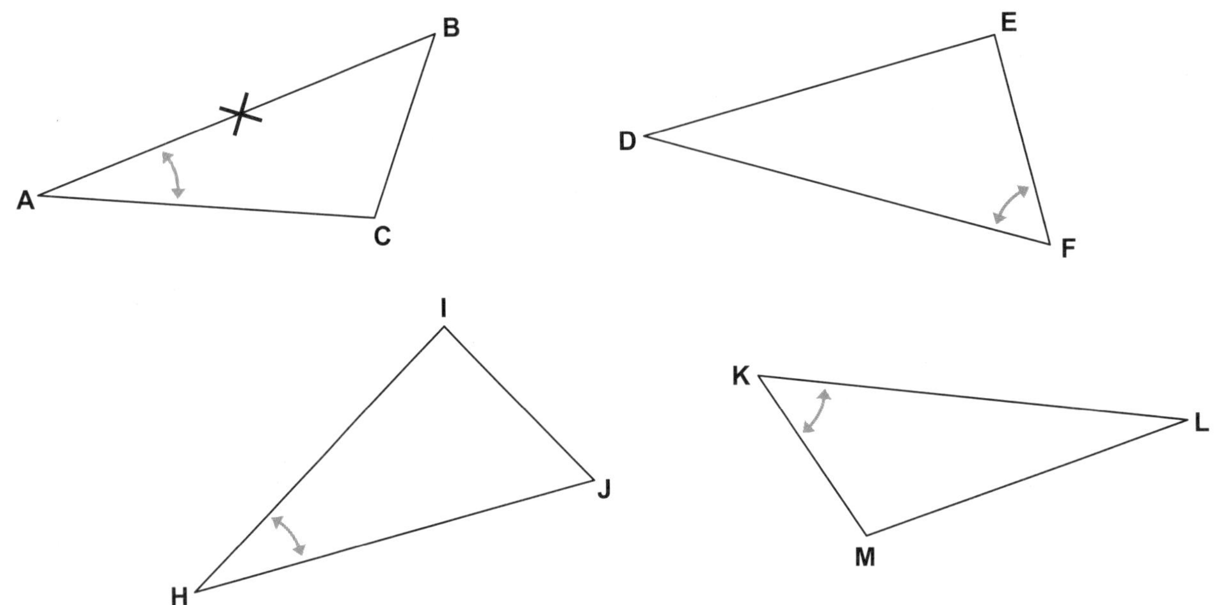

6. Nomme l'angle indiqué dans chaque triangle :

a) △ABC : ∠BAC   b) △DEF : ________   c) △HIJ : ________   d) △KLM : ________

7. a) Mesure tous les côtés de chaque triangle au cm près. Écris les longueurs sur les triangles.
   b) Mesure tous les angles de chaque triangle. Écris les mesures des angles dans chaque triangle.

8. a) Nomme une paire de triangles congruents.
   b) Nomme toutes les paires de côtés égaux dans les triangles que tu as choisis.
   c) Nomme une paire d'angles congruents dans les triangles que tu as choisis.

9. Mesure les côtés et les angles des figures ci-dessous. Trace une figure congruente à l'original.

a)

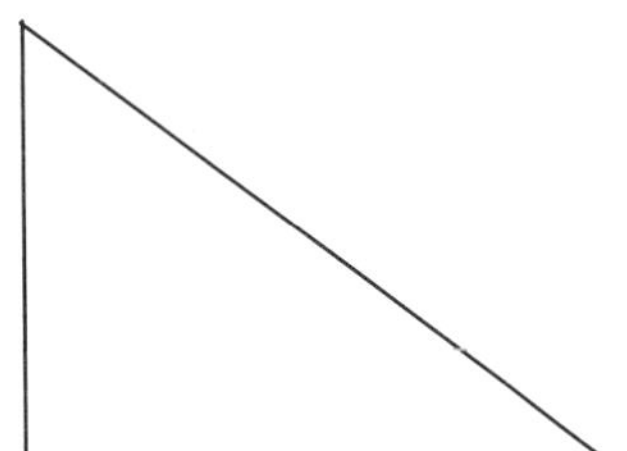

b)

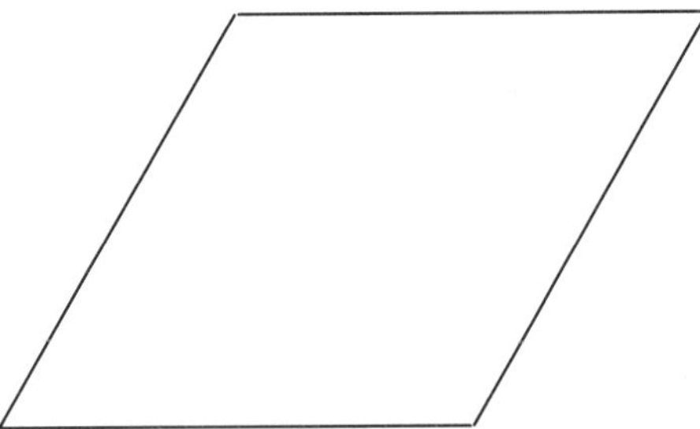

G6-15 : La similarité

Deux formes sont **similaires** (ou **semblables**) si elles ont la même forme. Elles **ne doivent pas** nécessairement avoir la même dimension.

Exemple :

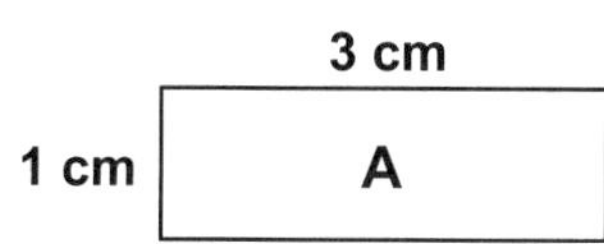

6 cm

2 cm

B

Les rectangles A et B sont similaires (ou semblables).

Le rectangle B (2 cm) est deux fois plus large que le rectangle A (1 cm). Puisque A et B ont la même forme, la longueur de B doit être deux fois celle de A (6 cm c. 3 cm), ce qui est le cas.

---

1. Les rectangles A et B sont semblables. Comment peux-tu trouver la longueur de B sans règle?

2. Les rectangles A et B sont semblables. La largeur de A est combien de fois celle de B?

   a) largeur de A : 1 cm   largeur de B : 3 cm
   La largeur de B est ____ fois celle de A.

   b) largeur de A : 2 cm   largeur de B : 6 cm
   La largeur de B est ____ fois celle de A.

   c) largeur de A : 2 cm   largeur de B : 10 cm
   La largeur de B est ____ fois celle de A.

   d) largeur de A : 3 cm   largeur de B : 12 cm
   La largeur de B est ____ fois celle de A.

3. Les rectangles A et B sont semblables. Trouve la longueur de B.

   a) largeur de A : 1 cm   largeur de B : 2 cm
   longueur de A : 3 cm   longueur de B : ______

   b) largeur de A : 1 cm   largeur de B : 3 cm
   longueur de A : 5 cm   longueur de B : ______

   c) largeur de A : 2 cm   largeur de B : 6 cm
   longueur de A : 4 cm   longueur de B : ______

   d) largeur de A : 5 cm   largeur de B : 10 cm
   longueur de A : 10 cm   longueur de B : ______

4. Les rectangles A et B sont semblables. Sur du papier quadrillé, trace le rectangle A et ensuite B.

   a) largeur de A : 1 unité
   longueur de A : 2 unités
   largeur de B : 2 unités
   longueur de B : ?

   b) largeur de A : 1 unité
   longueur de A : 2 unités
   largeur de B : 3 unités
   longueur de B : ?

   c) largeur de A : 2 unités
   longueur de A : 3 unités
   largeur de A : 4 unités
   longueur de B : ?

G6-15 : La similarité *(suite)*

5. Trace un trapèze semblable à A, dont la base est deux fois plus longue que celle de A.
INDICE : A mesure 1 unité de haut. Combien d'unités de haut la nouvelle figure mesurera-t-elle?

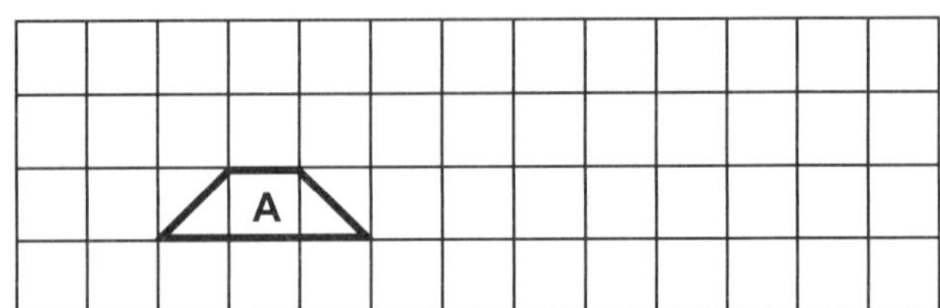

6. 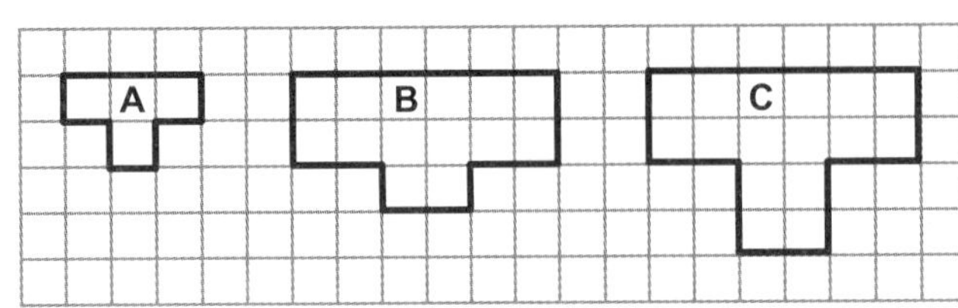

Lesquelles des formes ci-contre sont semblables? Comment le sais-tu?

7. Les formes A et B sont-elles semblables? Explique comment tu le sais. **INDICE : Les côtés de B sont-ils tous deux fois plus longs que les côtés de A?**

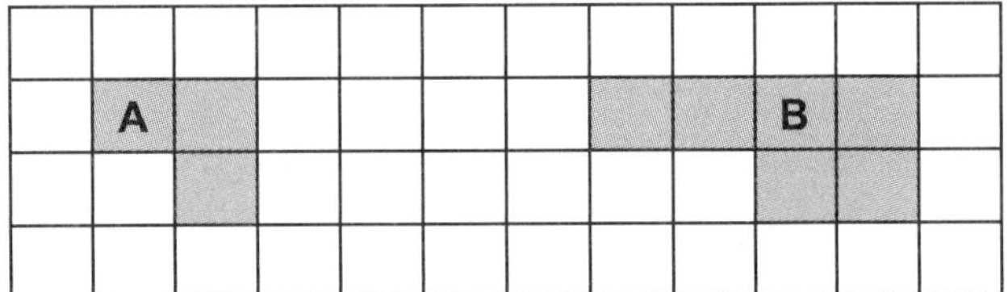

8. Le triangle A et le triangle B ont la même hauteur. Quel triangle est semblable à A : B ou C? Comment le sais-tu?

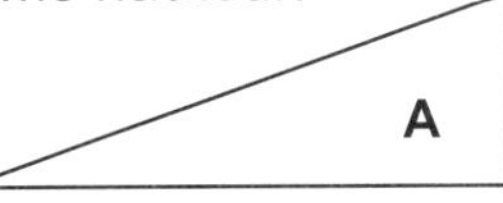

9. Quelles formes sont congruentes? Quelles formes sont semblables?

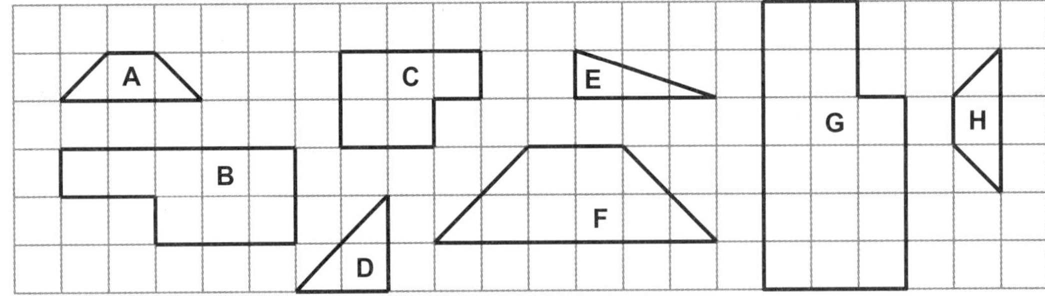

10. Trace un parallélogramme sur du papier quadrillé. Trace ensuite un parallélogramme semblable dont la hauteur est exactement deux fois celle du premier.

11. Trace un triangle à angle droit sur du papier quadrillé. Trace ensuite un triangle semblable dont la hauteur est exactement trois fois celle du premier.

12. Si les angles correspondants de deux triangles sont tous les mêmes, les triangles sont semblables. Utilise un rapporteur et une règle pour construire deux triangles semblables mais non congruents.

13. Est-il possible pour un trapèze et un carré d'être semblables? Explique.

G6-16 : La symétrie

Certaines formes ont des lignes de **symétrie**. Tina utilise un miroir pour vérifier la symétrie de la forme. Elle place un miroir sur la demie de la forme. Si la demie qui est reflétée dans le miroir permet de voir la forme au complet, cela veut dire que la forme est symétrique.

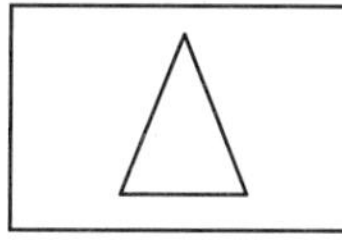

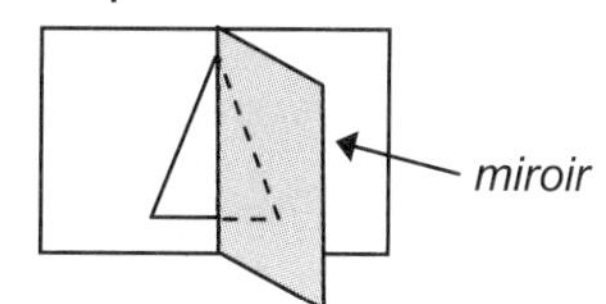

NOTE :
Les figures qui se trouvent de chaque côté du miroir sont congruentes.

Tina vérifie aussi si la forme a une ligne de symétrie en la découpant et en la pliant en deux. Si les demies des deux côtés du pli sont exactement pareilles, Tina sait alors que le pli montre la ligne de symétrie.

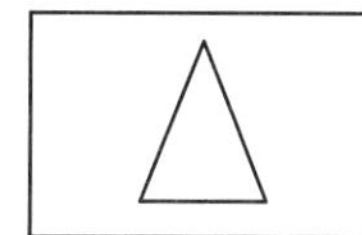

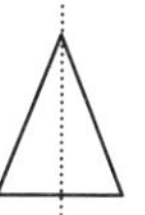

1. Complète l'illustration de façon à ce que la ligne pointillée soit une ligne de symétrie.

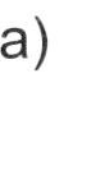

a) 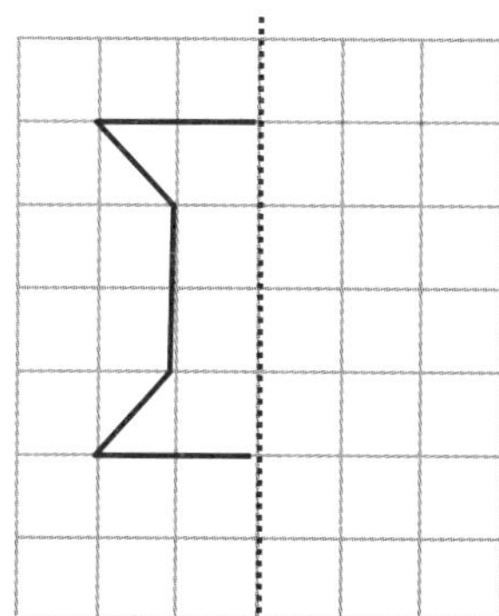

b) 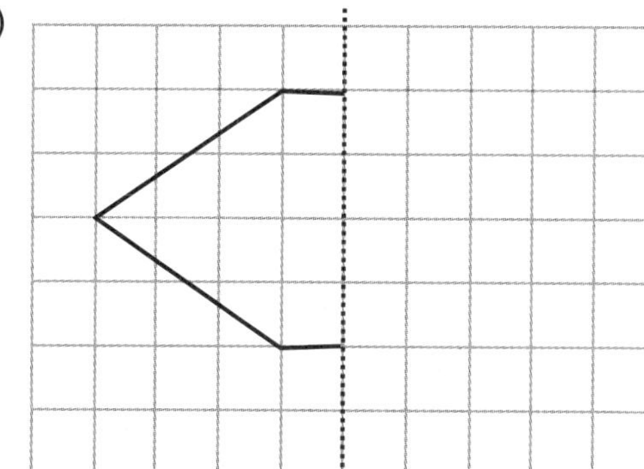

c) 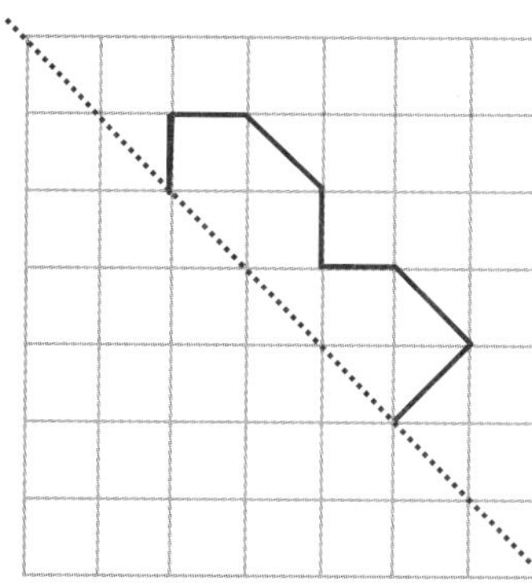

d) 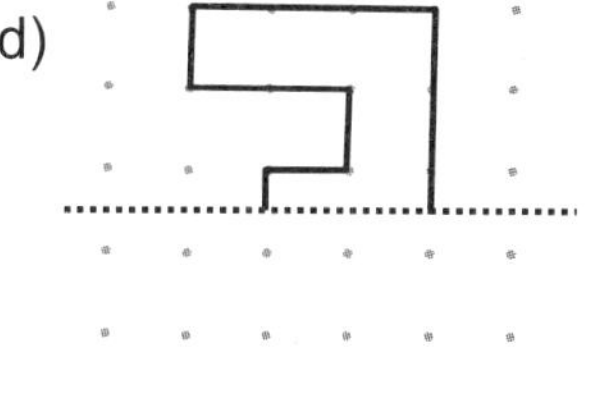

e) 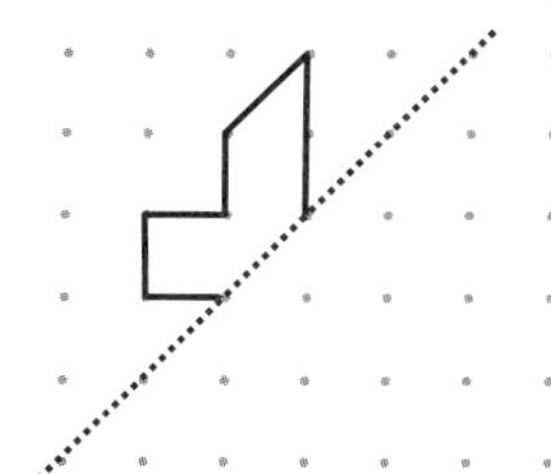

f) 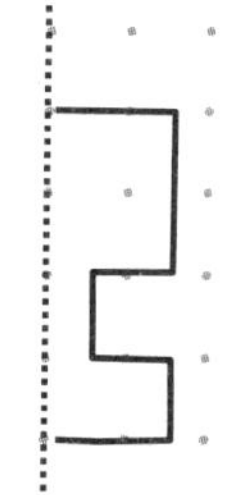

g) 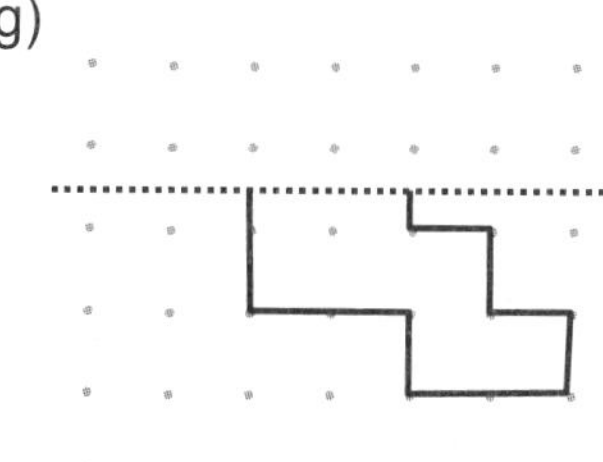

2. Les formes de chaque côté de la ligne de symétrie sont <u>presque</u> congruentes. Ajoute un carré à chaque forme afin que les deux côtés soient congruents. Écris un P de l'autre côté de la ligne de symétrie.

a) 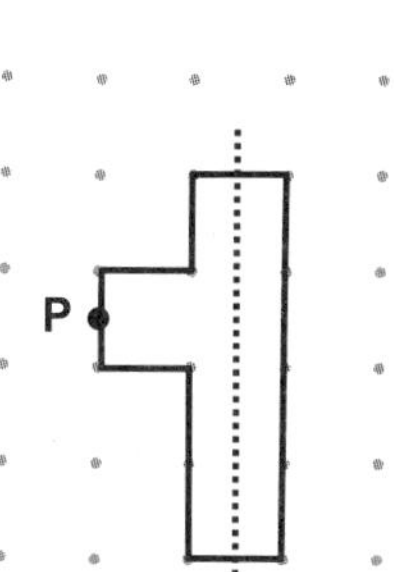

b) 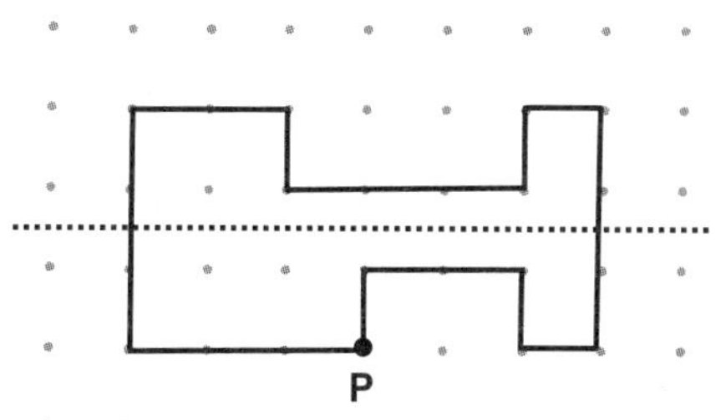

c) 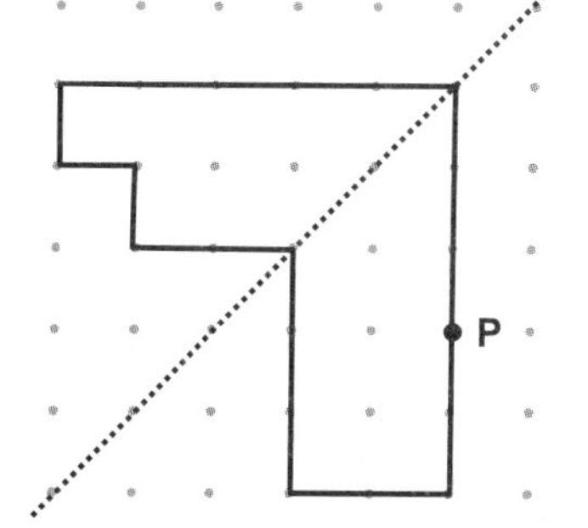

G6-16 : La symétrie *(suite)*

3. Les lignes pointillées représentent les lignes de symétrie des figures. Trace les parties des figures qui manquent. **INDICE : Utilise les lignes comme miroir.**

a) 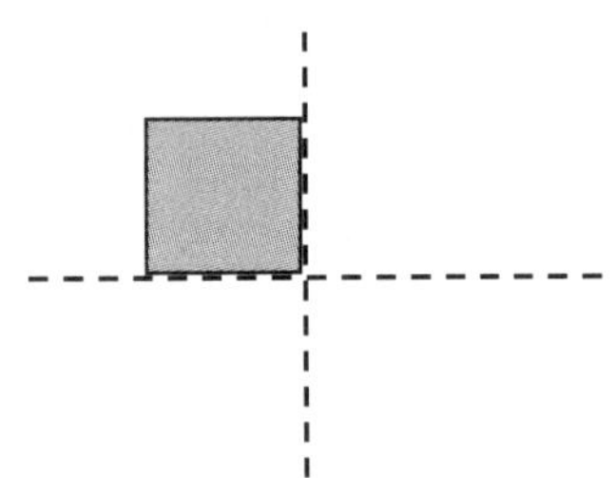

b) 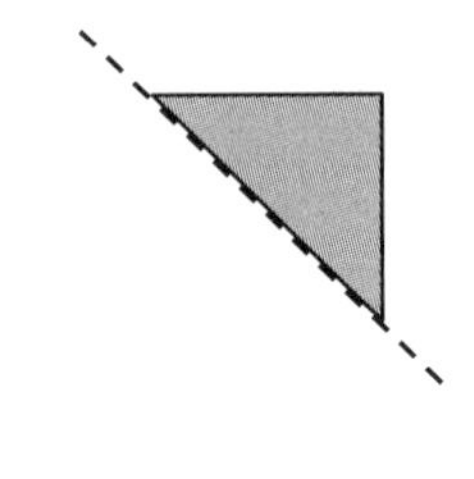

c) 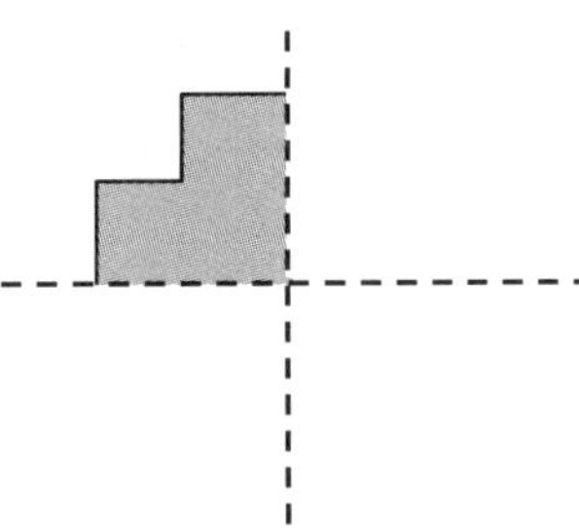

d) 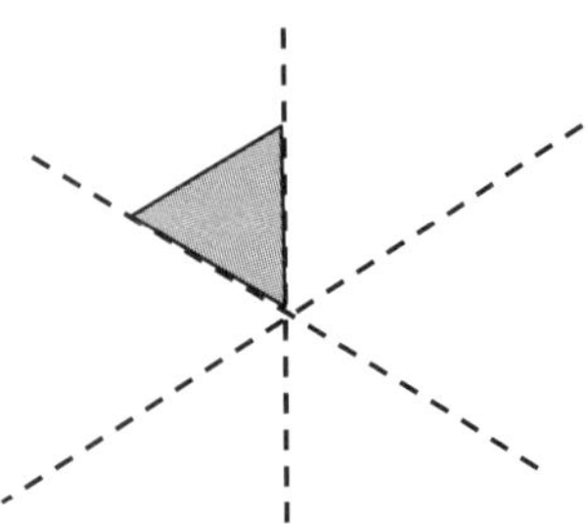

e) 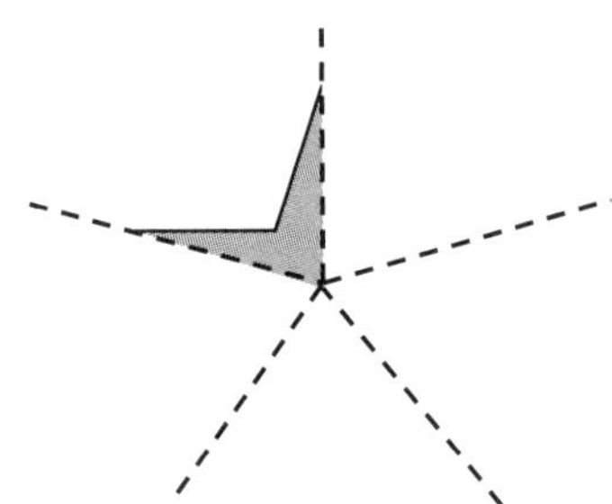

f) 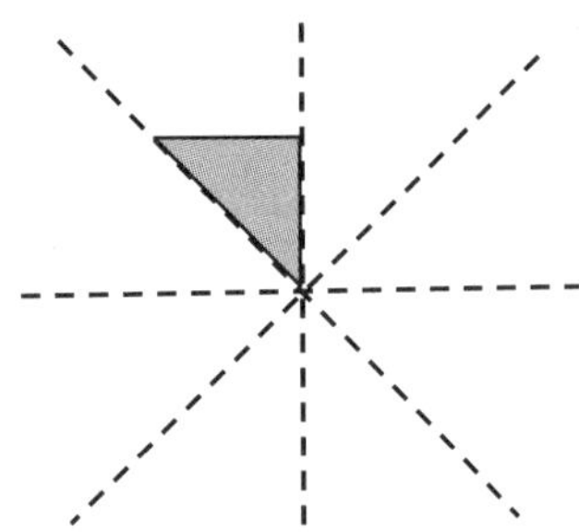

4. Comment trouver **l'ordre de la symétrie par rotation** d'un carré :

Étape 1 :
Fais une marque dans un des coins du carré.

Étape 2 :
Tourne le carré autant de fois que possible jusqu'à ce qu'il retourne à sa position initiale.

NOTE :
L'ordre de la symétrie par rotation correspond au nombre de positions différentes qu'une figure peut occuper pendant une rotation complète.

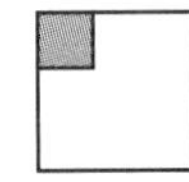 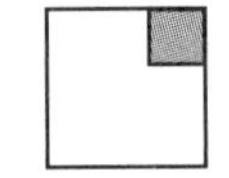  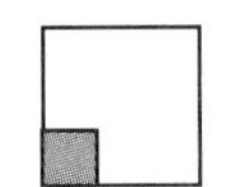 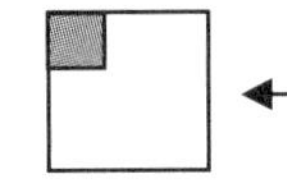

$\frac{1}{4}$ de tour **$\frac{1}{2}$ tour** **$\frac{3}{4}$ de tour** **tour complet**

← *Nous nous arrêtons ici, car le coin que nous avons marqué est retourné à sa position initiale.*

Tu peux tourner le carré 4 fois jusqu'à ce qu'il retourne à sa position initiale. L'ordre de la symétrie de rotation d'un carré est donc **4**.

Écris l'ordre de la symétrie par rotation de chaque figure.

a) 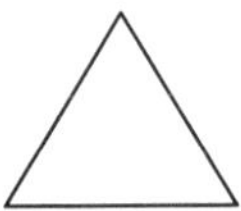 ______

b) 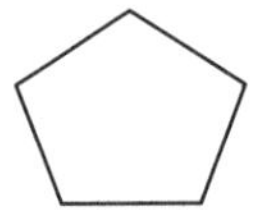 ______

c)  ______

d) 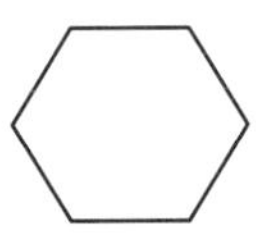 ______

e)  ______

f) 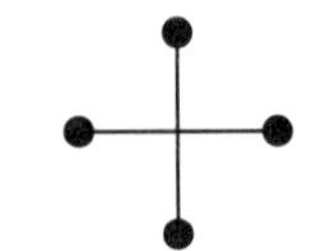 ______

g) 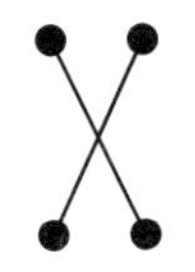 ______

h)  ______

G6-16 : La symétrie *(suite)*

5. Colorie deux formes qui ont exactement une ligne de symétrie.

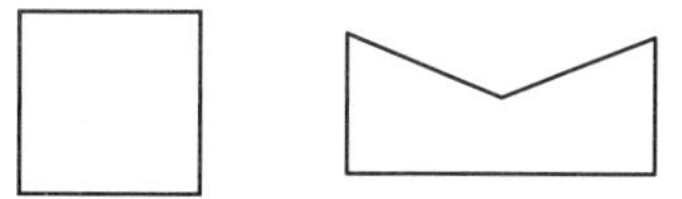
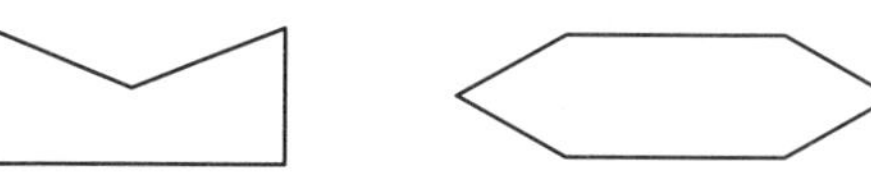
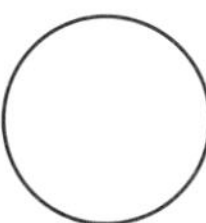

6. a) Classifie les formes selon leur nombre de lignes de symétrie.

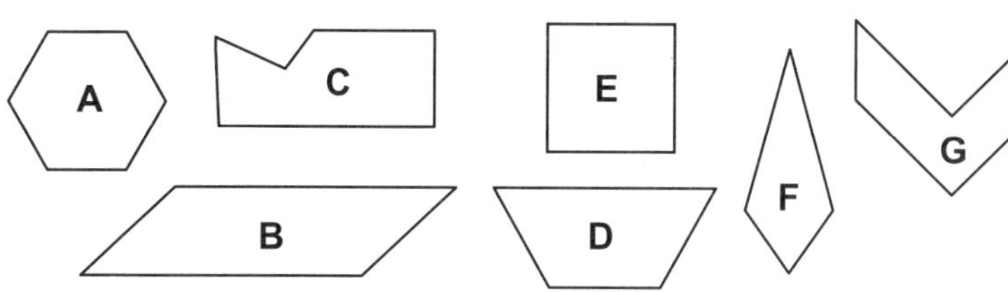

Moins de deux lignes de symétrie	Plus de deux lignes de symétrie

b) Quelles deux figures ci-dessus n'ont aucune ligne de symétrie? ______ et ______

7. Trace toutes les lignes de symétrie dans les formes « régulières » ci-dessous. Complète ensuite le tableau. **NOTE : "Régulières" signifie que tous les angles et tous les côtés sont égaux.**

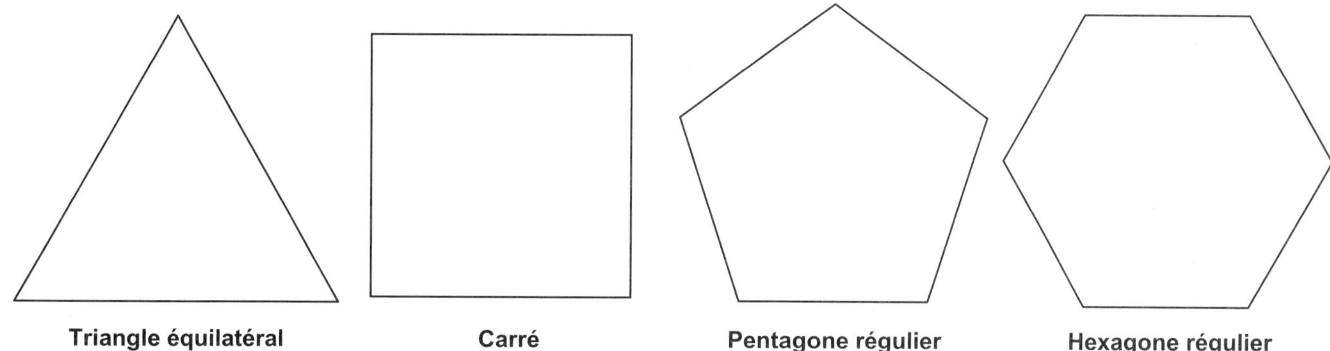

Triangle équilatéral **Carré** **Pentagone régulier** **Hexagone régulier**

a)

Figure	**Triangle**	**Carré**	**Pentagone**	**Hexagone**
Nombre d'arêtes				
Nombre de lignes de symétrie				

b) Décris toute relation que tu remarques entre les lignes de symétrie et le nombre d'arêtes.

c) Écris l'ordre de la symétrie par rotation de chaque figure. Décris les régularités que tu remarques.

8. Brenda dit que la ligne pointillée est une ligne de symétrie. A-t-elle raison? Explique.

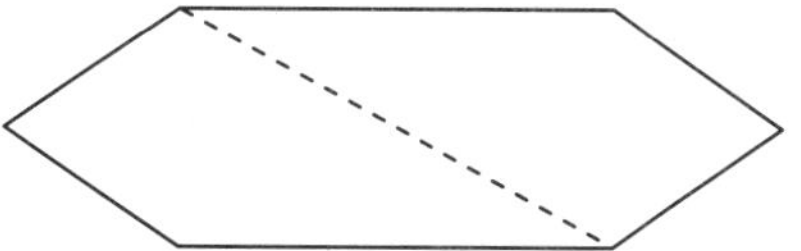

9. Sur du papier quadrillé, trace une figure qui a <u>exactement</u> deux lignes de symétrie. Explique comment tu sais qu'il y a exactement deux lignes de symétrie.

G6-17 : Comparer les formes

1. **Figure 1 :**  **Figure 2 :** 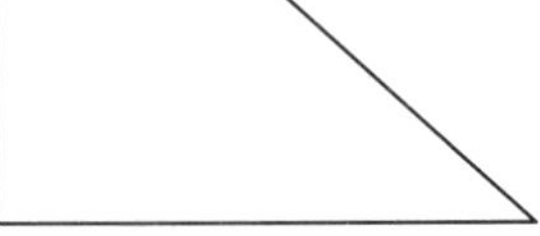

a) Compare les deux formes ci-dessus en complétant le tableau suivant :

Propriété	Figure 1	Figure 2	Pareil?	Différent?
Nombre de sommets	3	4		✓
Nombre d'arêtes				
Nombre de paires de côtés parallèles				
Nombre d'angles droits				
Nombre d'angles aigus				
Nombre d'angles obtus				
Nombre de lignes de symétrie				
La figure est-elle équilatérale?				

b) Peux-tu dire, simplement en regardant les figures suivantes, comment elles sont pareilles et différe

Figure 1 :

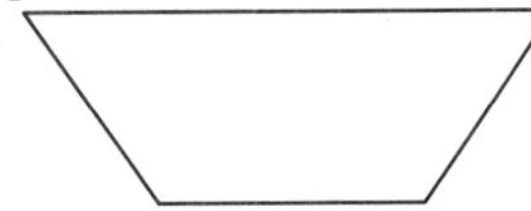

Figure 2 :

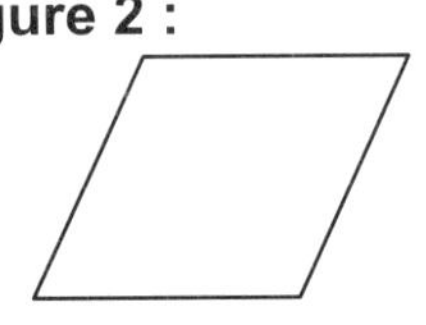

Propriété	Pareil?	Différent?
Nombre de sommets		
Nombre d'arêtes		
Nombre de paires de côtés parallèles		
Nombre d'angles droits		
Nombre d'angles aigus		
Nombre d'angles obtus		
Nombre de lignes de symétrie		
La figure est-elle équilatérale?		

2. Trace deux figures et compare-les en utilisant un tableau (semblable à celui à la question 1).

3. En regardant les figures suivantes, peux-tu commenter sur leurs **similarités** et leurs **différences**? Sois certain de mentionner les propriétés suivantes :

✓ Le nombre de sommets
✓ Le nombre d'arêtes
✓ Le nombre de paires de côtés parallèles
✓ Le nombre d'angles droits
✓ Le nombre de lignes de symétrie
✓ La figure est-elle équilatérale?
✓ La figure a-t-elle une symétrie par rotation?

Figure 1 : **Figure 2 :**

G6-18 : Trier et classifier les formes

1. Les figures suivantes peuvent être triées selon leur propriétés.

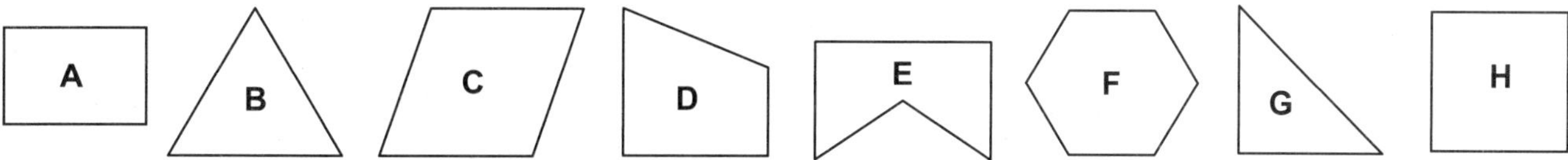

a)

Propriété	Figures qui ont cette propriété
1. Je suis un quadrilatère.	A, C, D, H
2. Je suis équilatérale.	B, C, F, H

Quelles figures partagent les deux propriétés? __________

Complète le diagramme de Venn suivant en utilisant l'information du tableau ci-dessus.
NOTE : Si une forme n'a ni l'une ni l'autre des propriétés, écris la lettre dans la boîte mais à l'extérieur des cercles.

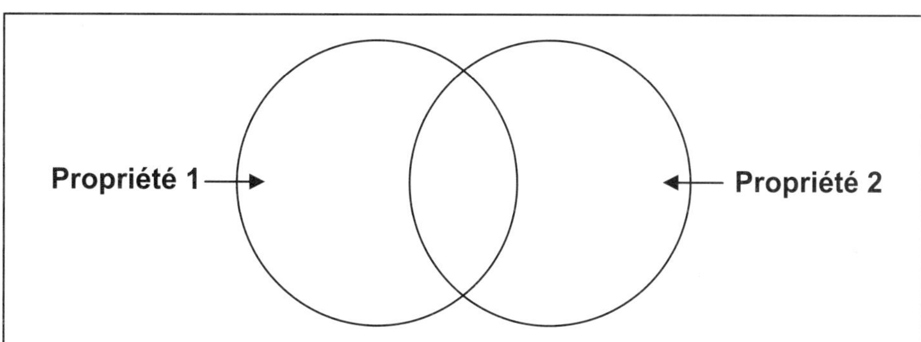

Utilise les figures A à H ci-dessus pour compléter les diagrammes de Venn ci-dessous.

b)

Propriété	Figures qui ont cette propriété
1. Je suis équilatérale.	
2. Je n'ai pas d'angles droits.	

Quelles figures partagent les deux propriétés? __________

Complète le diagramme de Venn suivant en utilisant l'information du tableau ci-dessus.

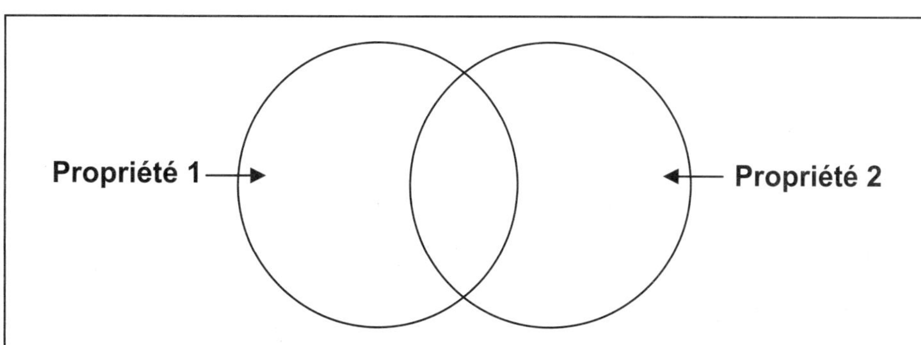

G6-18 : Trier et classifier les formes *(suite)*

c)

Propriété	Figures qui ont cette propriété
1. J'ai 4 sommets ou plus.	
2. J'ai 2 angles obtus ou plus.	

Quelles figures partagent les deux propriétés? ___________

Complète le diagramme de Venn suivant en utilisant l'information du tableau ci-dessus.

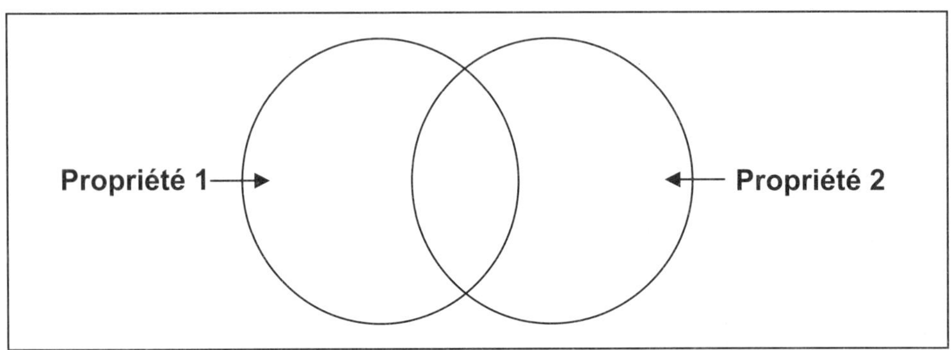

2. Inscris les propriétés de chaque forme. Écris « oui » dans la colonne si la forme a la propriété indiquée. Sinon, écris « non ».

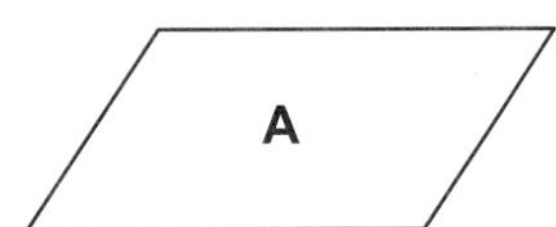

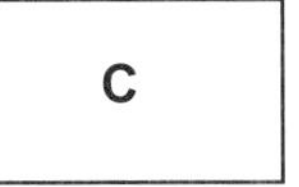

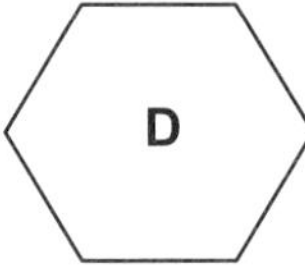

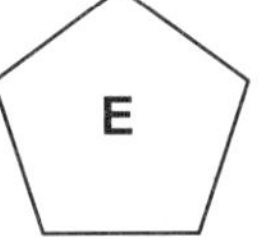

Forme	Quadrilatère	Équilatère	Deux paires de côtés parallèles ou plus	Au moins un angle <u>droit</u>	Au moins un angle <u>aigu</u>	Au moins un angle <u>obtus</u>
A						
B						
C						
D						
E						

3. Fais un tableau et un diagramme de Venn (comme dans la question 1) en utilisant deux propriétés de ton choix. Voici quelques propriétés que tu peux utiliser :

- ✓ Nombre de sommets
- ✓ Nombre de paires de côtés parallèles
- ✓ Nombre d'arêtes
- ✓ Nombre d'angles droits, aigus ou obtus
- ✓ Lignes de symétrie
- ✓ Équilatérale
- ✓ Symétrie par rotation